财政部规划教材
全国财经类应用型本科院校通用教材

投　资　学

赵文君　主编

中国财政经济出版社

图书在版编目（CIP）数据

投资学/赵文君主编．—北京：中国财政经济出版社，2015.11
财政部规划教材　全国财经类应用型本科院校通用教材
ISBN 978－7－5095－6323－6

Ⅰ.①投…　Ⅱ.①赵…　Ⅲ.①投资学－高等学校－教材　Ⅳ.①F830.59

中国版本图书馆CIP数据核字（2015）第168947号

责任编辑：蔡　宾　　　　责任校对：张　凡
封面设计：孙俪铭　　　　版式设计：董生平

中国财政经济出版社 出版
URL：http：//www.cfeph.cn
E－mail：cfeph@cfeph.cn

社址：北京市海淀区阜成路甲28号　邮政编码：100142
营销中心电话：010-88191537 北京财经书店电话：64033436　84041336
北京时捷印刷有限公司印刷　各地新华书店经销
787×1092毫米　16开　24.5印张　568 000字
2015年11月第1版　2019年8月北京第3次印刷
定价：49.00元
ISBN 978－7－5095－6323－6/F·5094
（图书出现印装问题，本社负责调换）
本社质量投诉电话：010－88190744
打击盗版举报热线：010－88191661，QQ：2242791300

前　言

本书编写于中国经济结构调整、经济增长动力转变、金融市场规范化、市场化、国际化的进程不断深入发展的时期。基于对现代投资学范畴的理解，本书在编写过程中参考了大量的国内外教材，为编写这本适合目前中国现状的应用型投资学教材奠定了理论基础。本书在编写过程中坚持掌握基本理论并注重实务的原则；力求实现应用型本科院校财经专业的培养目标。

本书主要面向全国财经类应用型本科院校，涉及投资学、金融学、金融工程、国际金融、保险学、经济学、会计学、审计学、财务管理、国际经济与贸易、信用管理和市场营销等专业。同时，也可作为投资者培训教材或自学指导书籍。

本教材体系完整、内容丰富、结构清晰，在设计上力求做到由浅入深，以案例为切入点，注重实际业务的操作，以中国证券市场为蓝本讲授投资学理论与实务的发展动态。全书共分为十二个项目，项目一介绍投资、证券投资的基本概念和分类；项目二介绍股票的定义、特征、基本分类和红利分配；项目三介绍固定收益证券的含义、特征和分类的基本内容；项目四介绍证券投资基金的含义、特征和分类，也介绍了证券投资基金的投资问题；项目五介绍金融衍生工具的含义、特征和分类等内容；项目六介绍证券估值的方法和基本应用；项目七介绍证券市场参与主体、证券发行与交易的原则、交易程序，也介绍了股价指数的有关内容；项目八介绍证券投资分析、宏观分析、行业分析和公司分析等内容；项目九介绍证券投资技术分析方法和注意事项；项目十介绍证券投资组合的相关内容；项目十一介绍证券市场的异常现象和心理学在投资中的作用；项目十二介绍了证券组合评价和评级的有关内容。

本书编写过程中得到哈尔滨金融学院教务处处长姜佰谦教授的大力支持。本书编写分工如下：项目一、二、七、十二由赵文君编写；项目三、十一由杜学军编写；项目四由董雪梅编写；项目五、十由姜睿编写；项目六、八由李莹编写；项目九由赵学增编写。本书由赵文君拟定大纲并总纂，由赵文君担任主编；赵学增、董雪梅担任副主编，本书集中体现了多位教师集体合作的成果。

中国的证券市场处于快速发展之中，新的业务、新的规则不断推出，理论也在不断创新，这些都对编者的知识体系和认知能力提出了极大的挑战。鉴于作者的专业功底、知识水平和看待问题的视角所限，书中难免存在不妥甚至错误之处，希望广大读者不吝赐教。

赵文君

2015 年 10 月

目 录

项目一

投　　资

知识学习目标：

本项目要求掌握证券、投资和证券投资的概念，理解投资的要素和特点，了解有价证券的分类。

技能训练目标：

本部分只涉及基本理论，没有涉及技能和技能训练。

案例导入

投资方式选择

时间进入2014年夏天，张先生手头有一笔资金想要投资。但是考虑房地产市场未来升值空间有限，存银行收益率太低，买理财产品和信托产品变现又不够灵活。于是张先生咨询理财规划师，还有哪些投资渠道可供选择？理财规划师告诉张先生，目前情况张先生可以有如下投资渠道：第一，到银行去购买基金；第二，购买债券；第三，到证券公司开户购买股票；第四，去购买黄金和外汇资产等几种方式。经过权衡张先生将资金的一部分到银行购买了证券投资基金，另一部分资金安排到证券公司开立证券账户，开始炒股。

从张先生的选择来看，不论到银行去购买基金还是到证券公司开户炒股都属于证券投资的范畴，那么到底什么是证券投资呢？

模块一
认 知 证 券

任务描述

本部分需要了解证券的基本概念和有价证券的基本分类，并要熟练掌握狭义有价证券的种类。

业务描述

本部分没有要办理的具体业务。

一、证券的概念

证券是指各类记载并代表一定权利的法律凭证。它表明证券持有人或第三者有权取得该证券拥有的特定权益，或证明其曾发生过的行为。从这个角度来说，股票、国债、证券投资基金是证券，提单、保险单、存款单也是证券。

通常所说的证券指的是有价证券。有价证券是指标有票面金额，用于证明持有人或该证券指定的特殊主体对特定财产拥有所有权或债权的凭证。有价证券不是劳动产品，所以本身没有价值。但由于它代表着一定量的财产权利，持有人可凭该证券直接取得一定量的商品、货币，或是利息、股息等收入，因而可以在证券市场上买卖，客观上具有交易价格。

二、有价证券的分类

（一）广义和狭义的界定

广义的有价证券包括商品证券、货币证券和资本证券。

商品证券是指证明持有人拥有商品所有权或使用权的凭证，取得这种证券就等于取得这种商品的所有权，持有人对这种证券所代表的商品所有权受法律保护。属于商品证券的有提货单、运货单和仓库栈单等。

货币证券是指本身能使持有人或第三者取得货币索取权的有价证券。它可以代替货币使用，主要用于单位之间商品交易、劳务报酬的支付以及债权债务的清算等经济往来，是商业信用工具。货币证券主要包括两大类：一类是商业证券，主要包括商业汇票和商业本票；另一类是银行证券，主要包括银行汇票、银行本票和支票。

资本证券是指由金融投资或与金融投资有直接联系的活动而产生的证券。持有人有一定的收入请求权。

狭义的有价证券指的就是资本证券。在日常生活中，人们通常把资本证券直接称为有价证券乃至证券，本书后面涉及的有价证券即指资本证券。

(二) 按照证券代表的权利性质分类

按照证券代表的权利性质，有价证券划分为股票、债券和其他证券。

股票和债券是证券市场的两个最基本和最主要的品种。其他证券衍生品，如金融期货、可转换债券、金融期权等将在第二项目详细介绍。

(三) 按照证券的发行主体分类

按照证券的发行主体，有价证券划分为政府证券、政府机构证券和公司（企业）证券。

政府证券是指由中央政府或地方政府发行的债券，是政府凭借其信誉，采用信用方式，筹措财政资金或建设资金的债务凭证。公司（企业）证券是公司（企业）为筹措资金而发行的有价证券。公司（企业）证券包括的范围比较广泛，主要有股票、公司（企业）债券及商业票据等。此外，在公司（企业）证券中，通常将银行及非银行金融机构发行的证券称为金融证券，主要包括金融债券、大额可转让定期存单等，其中又以金融债券最为常见。

(四) 按照上市与否分类

按照上市与否，有价证券划分为上市证券和非上市证券。这种划分一般只适用于股票和债券。

上市证券是指经过证券主管机关核准发行，并经证券交易所依法审核同意，允许在证券交易所内公开买卖的证券。非上市证券是指未申请上市或不符合证券交易所上市条件的证券。非上市证券不允许在证券交易所内交易，但可以在其他证券交易市场交易。凭证式国债和普通开放式基金属于非上市证券。

(五) 按照募集方式分类

按照募集方式，有价证券划分为公募证券和私募证券。

公募证券是指发行人通过中介机构向不特定的社会公众投资者公开发行的证券。公募证券审核较严格，并且采取公示制度。私募证券是指向少数特定的投资者发行的证券。私募证券审查条件相对宽松，投资者相对较少，所以不采取公示制度。目前我国信托投资公司发行的集合资金信托计划以及商业银行和证券公司发行的理财计划均属于私募基金。

模块二
认知投资

任务描述

掌握投资和证券投资的基本概念，了解投资学的概念和投资的特点，熟悉证券投资的要素。

业务描述

打开股票行情软件，查看技术分析的数据来源。

一、投资的概念

（一）投资

在商品经济社会中，投资是普遍存在的经济现象，很多情况下，人们往往把能够带来报酬的支出行为称为投资。一般来说，投资是指预先投入货币或实物，以形成实物资产或金融资产，借以获取未来收益的经济行为。投资本质上是一种基于获取未来收益为目的而提前进行的财富预付行为。

（二）投资学概念

投资学学科着重介绍证券投资方面的基本理论和相关知识，主要涉及证券投资工具、证券市场及其运行、证券交易的程序和方式、证券投资的风险与收益、证券投资的分析方法和证券投资管理与评价等内容，其中，证券投资分析方法的内容最为复杂和深奥，共有如下三种：基本分析、技术分析和演化分析，所涉及的学术领域相当广泛，包括经济学、金融学、心理学、行为学、生物学、认知科学、应用数学等。

二、投资的特点

投资是当前支出一定财富的经济活动。从静态的角度来说，投资是现在垫支一定量的资金。从动态的角度来说，投资是为了获得未来的报酬而采取的经济行为。从动态和静态两方面看，投资具有以下特点：

第一，投资具有时间性。从资金的投入到资金的收回需要一段时间间隔，是一个过程。

第二，投资具有收益性。一项投资从其终极目标来看都是为了收益。

第三，投资具有风险性。由于投资需要一定的时间间隔，在这期间将会有很多不确定的因素发生，导致收益和本金都具有不确定性。

三、投机

投机指利用市场出现的价差进行买卖从中获得利润的交易行为。投机可分为实体经济投机和虚拟经济投机两大领域，其中内涵最为丰富、原理最为复杂的是证券投机。

四、投资与投机的联系和区别

（一）投资与投机的相同之处

第一，两者都以获得未来货币的增值或收益为目的而预先投入货币的行为，即本质上没有区别。

第二，两者的未来收益都带有不确定性，都要承担本金损失的风险。

（二）投资与投机的不同之处

第一，两者行为期限的长短不同。一般认为，投资的期限较长，投资者愿意进行实物投资或长期持有证券，而投机的期限较短，投机者热衷于频频的快速买卖。

第二，两者的利益着眼点不同。投资者着眼于长期的利益，而投机活动只着眼于短期的价格涨落，以谋取短期利益。

第三，两者承担的风险不同。一般认为，投资的风险较小，本金相对安全，而投机所包含的风险则可能很大，本金有损失的危险，因此，投机被称为“高风险的投资”。

第四，两者的交易方式不同。投资一般是一种实物交割的交易行为，而投机往往是一种信用交易。

五、证券投资

（一）证券投资的概念

证券投资是指经济主体投入资本，通过购买股票、债券等有价证券以获取股权和预期投资收益的投资活动。

（二）证券投资的要素

1. 证券投资主体

证券投资主体就是证券市场上的投资者，包括法人和自然人。

（1）机构投资者。机构投资者主要包括金融机构投资者、各类基金、政府机构和企事业法人。

（2）个人投资者。个人投资者是从事证券投资的社会自然人，是证券市场最为广泛的投资者。

2. 证券投资客体

证券投资客体就是证券投资的对象，是指包括股票、债券在内的各种有价证券。证券发行人用其作为筹资工具；投资者则将其作为投资工具，借以获取投资收益。

3. 证券投资目的

通常，投资者进行证券投资的目的主要有以下几个方面：第一，获取预期收益；第二，分散风险；第三，提高资产的流动性；第四，充分利用闲置资金；第五，取得公司实际控制经营权。

4. 证券投资方式

证券投资的方式多种多样，投资者可以针对某种特定证券进行投资，也可以选择几种证券组合投资；可以长期持有，也可以短线操作；可以定期投资，也可以一次性投入。证券投资方式没有一定之规，投资者根据自己的资金实力、预期收益和风险承受能力来选择适合的投资方式。

5. 证券投资风险

证券投资风险指的是证券投资收益的不确定性。由于证券市场瞬息万变，导致投资者的实际收益有可能比预期收益高，也可能比预期收益低。实际收益与预期收益的差额越大，说明证券投资风险越大。根据风险的影响范围和是否能通过一定手段分散为标准，证券投资风险可分为系统风险与非系统风险。

六、证券投资的分析方法

证券投资的分析方法主要有基本分析法，技术分析法、行为分析法和组合分析法四种。其中基本分析主要应用于投资标的物的价值判断和选择上，技术分析和行为分析则主要应用于具体投资操作的时间和空间判断上，组合分析主要运用于大资金运作管理上，作为提高证券投资分析有效性和可靠性的重要补充。

（一）基本分析

基本分析法是根据经济学、金融学、会计学及投资学等基本原理，对决定证券价值和价格的基本要素进行分析，从而评估证券的投资价值，判断证券的合理价位，最终提出相应的投资建议的一种分析方法。

任何资产都有其内在价值，当市场价格与其内在价值不相等时就会出现“定价错误”。基本分析方法的主要内容就是对能够影响证券价格的因素，如宏观经济、行业因素和公司具体因素这三个层次进行分析。基本分析方法的优点主要是能够比较全面地把握证券价格的基本走势，适用于波动周期比较长的证券价格预测；缺点是对短线投资者的指导作用比较弱，预测的精度比较低。这些基本走势若能够预测出来，便不能够被轻易左右，可见基本分析方法适合于长线投资。

（二）技术分析

技术分析法是以证券市场过去和现在的市场行为为分析对象，运用图表形态、逻辑和数学的方法，探索证券市场已有的一些典型变化规律，并据此预测证券市场的未来变化趋势的技术方法。

该方法的基本假定是“历史会重演”。它以证券市场已有的价、量为基础，运用图示分析法，如K线类、切线类、波浪类；指标分析法，如趋向指标（DMI）、能量潮（OBV，又称平衡成交量法，是由格兰维尔于1963年提出。能量潮是将成交量数量化，制成趋势线，配合股价趋势线，从价格的变动及成交量的增减关系，推测市场气氛。）及乖离率（BIAS，是测量股价偏离均线大小程度的指标。）等；量价关系分析法，如古典量价关系理论、葛兰碧量价关系理论等。技术分析方法的优点是以市场数据为基础，对市场的反应比较直接，其结果也更接近市场实际，分析的结论时效性强对短线投资有很强的指导意义。其缺点是考虑问题的范围较窄，对市场的长远趋势不能进行有效判断。

（三）行为分析

行为分析是源于20世纪80年代证券市场上不断出现了一些与经典理论相悖而经典理论无法解释的“异象”问题，如周末现象（一些下个周一的信息提前反映到本周五的股票价格上）、假日现象等，一些投资者利用这些“异象”进行投资确实获得了超常收益。因此该方法是以这些“异象”为研究对象，从对标准金融理论的质疑开始，以行为科学为基础研究投资者的心理行为，进行投资决策的分析方法。

该方法以古典金融理论的严格假定与现实市场相悖为出发点，如市场无摩擦、投资者是完全理性的，而在证券市场中并不是每一个投资者都会用投资理论中的复杂数学方法来推导所谓的理性与均衡价格来指导自己的投资行为，投资者并不总是根据基本面来进行投资决策，有时会根据噪音来决策，成为所谓的噪音交易者（noise traders）。行为分析方法的优点是能够使投资者在证券投资过程中保证正确的观察视角，特别是在市场重大转折点的心理分析上，往往具有很好的效果；缺点是该方法基于人的不同理性行为和心理假设，很难得到一个统一的结论用于指导投资者的行为。

当前，行为分析已成为投资学的热门边缘交叉学科，对传统投资理论的创新发展具有重要意义。

（四）组合分析

证券组合分析是根据不同的证券具有不同的风险收益特征，通过构建多种证券的组合投资以达到投资收益和投资风险平衡的分析方法，在处理上，它通过求解在特定的风险条件下实现收益的最大化或在特定的收益条件下使得风险最低，来求得组合内各个证券的组合系数，进而进行组合投资的分析方法。

它可以分为传统的证券组合分析方法和现代证券组合分析方法。传统分析方法是根据不同证券对相同的系统性风险的不同反应，来降低非系统性风险；而现代组合分析方法是一种数量化的组合管理方法，以实现投资收益和风险的最佳平衡，如马克维茨的均值方差模型、夏普和林特纳的资本资产定价模型和罗斯的套利定价理论。

投资组合分析方法的优点是在投资分析中对风险进行分类和定量化描述，寻求收益和风险的制衡（trade - off），在理论上证明了组合投资可以有效降低非系统风险的同时，还能够运用定量化的方法来求解证券组合中各个证券的最佳比例关系，这样就克服了传统证券组合方法在确定各组合证券比例中的盲目性，从而实现投资收益和风险的最佳平衡。缺点是需要计算复杂模型；对证券市场的假定条件过于苛刻，甚至这些条件与实际市场存在很大差距，如果证券市场的发展不是很成熟的话，一些条件不可能满足；计算组合比例需要大量的数据支撑，而且模型没有考虑到有的证券之间根本无法构建投资组合。投资组合分析方法由于受到市场条件的限制，如交易成本的存在、对信息的了解度等，因此该方法比较适合于大资金投资者，并且在配合基本面分析的情况下进行。由于考虑到了风险和收益的制衡，使证券组合的收益有时较低，但收益较稳定，比较适合于基金公司和社保公司资本的运作。

总之，以上四种分析方法的使用都是有条件的，并且各有优缺点，要想在证券市场中获得稳定的利润，只靠一种分析方法来指导投资决策是不行的，甚至是要冒很大风险的，必须把上述几种方法结合起来使用。相信随着证券市场的不断发展，投资者会变得越来越成熟，对市场的洞察力也会越来越强，进而娴熟地综合运用各种分析方法，以最小的损失获取更大的收益。

项目总结

操作要点

能够打开股票行情软件并进行基本操作。

知识要点

1. 证券是指各类记载并代表一定权利的法律凭证。它表明证券持有人或第三者有权取得该证券拥有的特定权益，或证明其曾发生过的行为。从这个角度来说，股票、国债、证券投资基金是证券，提单、保险单、存款单也是证券。

2. 有价证券是指标有票面金额，用于证明持有人或该证券指定的特殊主体对特定财产拥有所有权或债权的凭证。广义的有价证券包括商品证券、货币证券和资本证券。狭义的有价证券指的就是资本证券。按照证券代表的权利性质，有价证券划分为股票、债券和其他证券。按照证券的发行主体，有价证券划分为政府证券、政府机构证券和公司（企业）证券。按照上市与否，有价证券划分为上市证券和非上市证券。这种划分一般只适用于股票和债券。按照募集方式，有价证券划分为公募证券和私募证券。

3. 一般来说，投资是指预先投入货币或实物，以形成实物资产或金融资产，借以获取未来收益的经济行为。投资本质上是一种基于获取未来收益为目的而提前进行的财富预付行为。投资具有、时间性、收益性和风险性特点。投资与投机的区别。

4. 证券投资是指经济主体投入资本，通过购买股票、债券等有价证券以获取股权和预期投资收益的投资活动。证券投资的要素包括证券投资主体、证券投资客体、证券投资目的、证券投资方式和证券投资风险。证券投资的分析方法主要有基本分析法，技术分析法、行为分析法和组合分析法四种。

问题讨论

1. 投资的获利途径有哪些？

2. 证券投资是赌博吗？

推荐阅读

《证券市场基础知识》，中国金融出版社，2012 年版。

做一做

一、选择题

1. （　　）是指各类记载并代表一定权利的法律凭证。它表明证券持有人或第三者有权取得该证券拥有的特定权益，或证明其曾发生过的行为。

A. 股票　　B. 债券

C. 证券　　D. 基金

2. 广义的有价证券包括（　　）、货币证券和资本证券。

A. 商品证券　　B. 有价证券

C. 无价证券　　D. 大华证券

3. 按照证券代表的权利性质，有价证券划分为（　　）、债券和其他证券。

A. 基金　　B. 股票

C. 债券　　D. 有价证券

4. 按照上市与否，有价证券划分为上市证券和非上市证券。这种划分一般只适用于股票和（　　）。

A. 证券　　B. 有价证券

C. 基金　　D. 债券

5. 一般来说，（　　）是指预先投入货币或实物，以形成实物资产或金融资产，借以获取未来收益的经济行为。

A. 投资　　B. 投机

C. 股票　　D. 债券

6. 证券投资的分析方法主要有基本分析法，技术分析法、行为分析法和（　　）四种。

A. 组合分析法　　B. 投资分析法

C. 投资三分法　　D. 综合分析法

7. （　　）指利用市场出现的价差进行买卖从中获得利润的交易行为。

A. 投资　　B. 投机

C. 套利　　D. 套保

8. （　　）是源于20世纪80年代证券市场上不断出现了一些与经典理论相悖而经典理论无法解释的“异象问题”，如周末现象（一些下个周一的信息提前反映到本周五的股票价格上）、假日现象等，一些投资者利用这些“异象”进行投资确实获得了超常收益。

A. 组合分析法　　B. 基本分析法

C. 技术分析法　　D. 行为分析法

9. 一般认为，（　　）的期限较长，投资者愿意进行实物投资或长期持有证券。

A. 投资　　B. 投机

C. 套利　　　　　　　　　　　　　　　D. 套保

10. 上市证券是指经过证券主管机关核准发行，并经（　　）依法审核同意，允许在证券交易所内公开买卖的证券。

A. 证券交易所　　　　　　　　　　　B. 证券公司

C. 证券业协会　　　　　　　　　　　D. 投资公司

二、判断题

1. 证券是指各类记载并代表一定权利的法律凭证，它表明证券持有人或第三者有权取得该证券拥有的特定权益，或证明其曾发生过的行为；从这个角度来说，股票、国债、证券投资基金是证券，提单、保险单、存款单也是证券。（　　）

2. 有价证券是指标有票面金额，用于证明持有人或该证券指定的特殊主体对特定财产拥有财产权或债权的凭证。（　　）

3. 广义的有价证券包括商品证券、货币证券和资本证券，狭义的有价证券指的就是资本证券。（　　）

4. 按照证券代表的权利性质，有价证券划分为股票、债券和基金三个品种。（　　）

5. 按照证券的投资主体，有价证券划分为政府证券、政府机构证券和公司（企业）证券。（　　）

6. 按照是否可以交易，有价证券划分为上市证券和非上市证券。（　　）

7. 按照募集方式，有价证券划分为公募证券、半公开募集证券和私募证券。（　　）

8. 一般来说，证券投资是指预先投入货币或实物，以形成实物资产或金融资产，借以获取未来收益的经济行为。（　　）

9. 投资本质上是一种基于获取未来收益为目的而提前进行的财富预付行为，具有时间性、收益性和风险性特点。（　　）

10. 证券投资的要素包括证券投资主体、证券投资客体、证券投资目的、证券投资方式和证券投资风险。（　　）

三、简述题

1. 现实中判断投资和投机的方法有哪些？

2. 股票上市对上市公司有什么好处？

3. 组合分析法在应用时应该注意什么？

项目二

股　票

知识学习目标：

本项目需要掌握股票的定义、特征、基本分类和红利分配。了解股份的基本知识和股票的性质，运用红利分配的基本知识分析上市公司红利分配政策和对股票价格的影响。

技能训练目标：

需要掌握除权除息价格的计算，明确区分分红与派息。对市场上的股票进行分类。

案例导入

新中国第一股——飞乐音响

1986年11月10日至13日，中国人民银行在北京举行了中美金融市场研讨会。会后，邓小平在11月14日会见参会的纽约证交所董事长约翰·范尔霖，并同他作了长时间的谈话。在会见时范尔霖向邓小平赠送了纽约证券交易所的证章，邓小平回赠给他的是一张中国公司—飞乐音响的股票。

就这样，范尔霖成为了第一位拥有中国股票的美国金融家，从而享有上海飞乐音响公司的股份权，这也是中国当时中央最高层第一次用具体的行动肯定了企业发行股票这件事的正当性。

实际上，那时候的中国股市还处在起步的状态。在上海开设的全国第一个股票营业柜台上只有飞乐音响和延中实业两只股票在交易。交易场所没有电脑，没有行情显示屏，成交价由客户口头协商，然后写在黑板上。交割、登记卡号、盖章、过户，所有的程序都是手工完成，每天的平均交易量只有数十笔。

邓小平的这一举动无疑给了正在蹒跚学步的中国股市以莫大的肯定和鼓励。

图 2－1　飞乐音响股票票样（正面）

三十年前中国的股票市场刚刚起步，那么，现在中国股票市场发展到什么规模？达到什么水平了呢？读完本项目内容你会有清晰地认识。

资料来源：FT 中文网，http：//www. ftchina. com/。

模块一

认 知 股 票

任务描述

本部分重点理解股票的定义，确定股票和股份的区别。

业务描述

到百度搜索股票票样，通过股票票样了解股票的要素。

一、股票的定义

（一）股份

1. 股份含义

股份是股份公司全部资本的平均单位，或总资本额的平均最小单位。例如，在我国，某公司注册资本一亿元，那么就会有一亿个股份，通常称为该公司有一亿股本。股份代表一种所有权，即拥有股份就拥有公司的所有权，投资者所有权多寡根据其所持股份占公司总股份的比例来确定。所以持有股份的投资者就被称之为公司股东。一般来说，股份一般有以下三层含义：第一，股份是股份有限公司资本的构成成分；第二，股份代表了股份有限公司股东的权利与义务；第三，股份可以通过股票价格的形式表现其价值。

2. 股份特点

为了更好地理解股份的含义，我们看一下股份的特点。

（1）股份的金额性，股份有限公司的资本划分为股份，每一股的金额相等，即股份是一定价值的反映，并可以用货币加以度量。

（2）股份的平等性，即同种类的每一股份应当具有同等权利。

（3）股份的不可分性，即股份是公司资本最基本的构成单位，每个股份不可再分。

（4）股份的可转让性，即股东持有的股份可以依法转让。

我国《公司法》第一百四十二条规定：公司董事、监事、高级管理人员应当向公司申报所持有的本公司的股份及其变动情况，在任职期间每年转让的股份不得超过其所持有本公司股份总数的百分之二十五；所持本公司股份自公司股票上市交易之日起一年内不得转让。公司董事、监事、高级管理人员离职后半年内，不得转让其所持有的本公司股份。

（二）股票

上面我们已经学习和了解了股份的含义和特点，那么到底什么是股票呢？简单来说所谓股票是股份的外在表现形式，即我们能看到的是股票，但在公司账目上体现的是股份。

股票是一种有价证券，它是股份有限公司发行的用以证明投资者的股东身份、所持股份，据以获得股息和红利并承担义务的凭证，股票是虚拟资产，即股票本身没有价值，其代表的股份却是有价值的。可以从以下两方面来理解股票的定义可以理解为：第一，股票是股份有限公司发行的；第二，股票是投资者投资入股的凭证。

持有股票（实际上是持有公司的股份）代表股东对股份公司的所有权。这种所有权为一种综合权利，如参加股东大会、投票表决、参与公司的重大决策、收取股息或分享红利等，但也要共同承担公司运作所带来的风险。

二、股票的性质

股票具有有价证券、要式证券、证权证券、资本证券和综合权利证券等性质。

（一）股票是有价证券

有价证券是财产价值和财产权利的统一表现形式。持有有价证券，一方面表示拥有一定价值量的财产，另一方面也表示有价证券的持有人可以行使该证券所代表的权利。因此，股票的转让是有价的。

（二）股票是要式证券

所谓要式是指具备法律规定且必须采取一定形式、具备一定要素要件。股票作为一种所有权凭证，应具备法律规定的要件，否则就不具备法律效力。我国《公司法》规定，股票采用纸面形式或国务院证券监督管理机构规定的其他形式。股票应载明的事项主要有公司名称、公司成立的日期、股票种类、票面金额及代表的股份数、股票的编号。股票由法定代表人签名，公司盖章。而且，我国股票的制作和发行实行核准制，任何个人或者团体，不得擅自印制、发行股票。

（三）股票是证权证券

证券可以分为设权证券和证权证券。设权证券是指证券所代表的权利，原本不存在，是随着证券的制作而产生，以证券的存在为条件的。股票代表的是股东的权利，它的发行是以股份的存在为条件的，股票只是把已存在的股东权利表现为证券的形式。股东权利不会随股票的毁损、遗失而消失，这也是股票无纸化发行得以推广的原因。

（四）股票是资本证券

股份有限公司发行股票是筹措公司自有资本的手段，对于认购股票的人来说，购买股票就是一种投资行为。因此，股票是投入股份有限公司资本份额的证券化，属于资本证券。但是，股票又不是一种现实的资本。股份有限公司通过发行股票筹措的资金，是公司用于营运的真实资本。股票独立于真实资本之外，在股票市场上进行着独立的价值运动，是一种虚拟资本。虚拟资本虽然也有价格，但自身却没有价值，形成的价格只是资本化了的收入。资本证券与实际资本在量上也不相同。一般情况下，资本证券的价格总额总是大于实际资本额，所以它的变化并不能真实地反映实际资本额的变化。形象地来说，所谓的虚拟资本就是指不参与实际生产，却可以参与税后利润分配的资本。

（五）股票是综合权利证券

股票不属于物权证券，也不属于债权证券，而是一种综合权利证券。物权证券是指证券持有者对公司的财产有直接支配处理权的证券。债权证券是指证券持有者为公司债权人的证券。股票持有者作为股份有限公司的股东，享有独立的股东权利。换言之，当公司股东将出资交给公司后，股东对其出资财产的所有权就转化为股权了。股东权是一种综合权利，股东在性质上是公司内部的构成分子，依法享有资产收益、重大决策、选择管理者等权利，但对于公司的财产不能直接支配处理。

三、股票的特征

（一）不可偿还性与流通性

股票是一种无偿还期限的有价证券。投资者认购股票后，不能要求发行人退还其投资入股的资金。从期限看，股票的期限等于公司的存续期限。同理，股票所载权利的有效性是始终不变的。因此，不可偿还性也称做永久性。

股票虽然是一种无期限的有价证券，但并不意味着投资者一旦购买就不能变现，股本的无期限性决定股票必须能够自由转让。

（二）收益性与风险性

收益性既是股票认购者向公司投资的目的，也是公司发行股票的必备条件。股票的收益来源可分为两类：一是来自股份有限公司的利润分配；二是来自股票流通。股票持有者可以通过低进高出赚取差价利润。这种差价收益称为资本利得。其他收益形式如在货币贬值时，股票会因为公司资产的增值而升值。

股票的风险性与收益性是相对应的。风险性是指持有股票获取的收益具有很大的不确定性。由于多种不确定因素的影响，股东能否获得预期的股息红利收益，完全取决于公司的盈利情况。如果股价下跌，股票持有者会因股票贬值而蒙受损失。由此可见，股票的风险性与收益性是并存的，股东的收益在很大程度上是对其所担风险的补偿。

（三）参与性

参与性是指股票持有人有权参与公司重大决策的特性。股票持有人作为股份有限公司的股东，有权出席股东大会，选举公司的董事会，参与公司的经营管理。股东参与公司重大决策权力的大小取决于其持有股份数量的多少。如果某股东持有的股份数量达到决策所需要的有效多数时，就能实质性地影响公司的经营方针。

模块二 股票分类

任务描述

对股票不同分类标准和各种分类下的股票的意义要充分理解。

业务描述

打开股票行情软件，分别找到部分蓝筹股、绩优股、成长股、投机股和题材股。

从全世界的范围来看，股票的种类很多，分类方法多种多样。常见的股票分类如下。

一、普通股股票和优先股股票

对于同一公司所发行的不同股票来说，股东享有的权利和承担的义务也是不一样的，按股东所有权权限划分，股票可以分为普通股股票和优先股股票。

（一）普通股股票

1. 普通股股票的特征

普通股股票是指持有者在公司的经营管理和盈利以及财产的分配上享有普通权利的股票，常简称为普通股。我国上海和深圳证券交易所上市交易的股票均是普通股。普通股主要具有以下特征。

（1）普通股是最基本、最重要、最常见的股票。股份有限公司在设立的时候，最初公开发行的股票多为普通股，因此普通股是发行量最大的股票。通过发行普通股所筹集的资金，成为股份有限公司股本的基础。普通股的发行状况与公司的设立和发展密切相关。一般而言，没有特殊说明的话，在证券投资领域所说的股票就是指普通股。

（2）普通股是标准的股票。普通股的有效期与股份有限公司的存续期间一致，其持有者是公司的基本股东，平等地享有股东的基本权利，承担基本义务。普通股在权利义务上不附加任何条件，因此，它是一种标准的股票。通常，人们在阐述股票的一般性质和特征时，都是以普通股为对象归纳的。

（3）普通股是风险最大的股票。普通股的股息和红利受公司盈利水平、股利政策的影响，收益并不确定。而且，在公司盈利和剩余财产的分配顺序上，普通股股东列在债权人和优先股股东之后。加之，普通股的价格波动幅度比较大，投资者要承受巨大的市场风险。因此，普通股是风险最大的股票。

2. 普通股股东的权利

按照我国《公司法》的规定，公司股东依法享有资产收益、参与重大决策和选举管理者等权利。

（1）公司重大决策参与权。投资者基于股票的持有而享有股东权，这是一种综合权利，其中首要的是以股东身份参与股份有限公司的重大事项决策。作为普通股股东，行使这一权利的途径是参加股东大会、行使表决权。

（2）盈余分配权。普通股股东这一权利直接表明了其在经济利益上的要求，体现了按照实缴的出资比例分取红利的权利。

普通股股东行使盈余分配权有一定的限制条件：普通股股东的红利只能用留存收益支付；股利的支付不能减少其注册资本；公司在无力偿债时不能支付红利。

（3）剩余资产分配权。普通股股东行使剩余资产分配权也有一定的先决条件。第一，普通股股东要求分配公司资产的权利不是任意的，必须是在公司解散清算之时。第二，按我国《公司法》规定，公司财产在分别支付清算费用、职工的工资、社会保险费用、法定补偿金、缴纳所欠税款和清偿公司债务后的剩余财产，再按照股东持有的股份比例分配。公司财产在未按照规定清偿前，不得分配给股东。

（4）优先认股权。优先认股权是指当股份有限公司为增加公司资本而决定增加发行新的股票时，原普通股股东享有的按其持股比例、以低于市价的某一特定价格优先认购一定数量新发行股票的权利，所以又称为配股权。行使配股权股东追加投资，公司得到资金以充实资本。配股后虽然股东持有的股票增多了，但它并不是公司给股东的投资回报。赋予股东这种权利有两个主要目的：一是能保证普通股股东在股份有限公司中保持原有的持股比例；二是能保护原普通股股东的利益和持股价值。因为当公司增资扩股后，在一段时间内，公司的每股税后净利会因此而摊薄，原普通股股东以优惠价格优先购买一定数量的新股，可从中得到补偿或取得收益。

除此之外，普通股股东还可以享有由法律和公司章程所规定的其他权利，如股份转让权。

3. 普通股股东的义务

我国《公司法》规定，股东可以用货币出资，也可以用实物、知识产权、土地使用权等可以用货币估价并可以依法转让的非货币财产作价出资。但是，法律、行政法规规定不得作为出资的财产除外。全体股东的货币出资额不得低于注册资本的30%。

（二）优先股股票

1. 优先股股票定义

优先股股票是一种与普通股股票相对应的特殊股票，指股份有限公司发行的在分配公司收益和剩余资产方面给予投资者某些优先权的股票，常简称为优先股。优先股具有下列特征。

2. 优先股股票及其特征

（1）股息率固定。一般情况下，优先股在发行时就约定了固定的股息率，无论公司经营状况和盈利水平如何变化，该股息率不变。而普通股的股息是不固定的，它取决于股份有限公司的经营状况和盈利水平。这种规定有利有弊。相对于稳定的股息收益，在公司经营状况良好、盈利增加时，优先股股东也不能分享公司利润增长的利益。

（2）股息分派优先。在股份有限公司盈利分配顺序上，优先股排在普通股之前。各国公司法对此一般都规定，公司盈利首先应支付债权人的本金和利息，缴纳税金；其次是支付优先股股息；最后才分配普通股股利。因此，从红利分配稳定性角度看，优先股的风险小于普通股。

（3）剩余资产分配优先。当股份有限公司因解散或破产进行清算时，在对公司剩余资产的分配上，优先股股东排在债权人之后、普通股股东之前。优先股股东可优先于普通股股东分配公司的剩余资产，但一般是按优先股票的面值清偿。

（4）一般无表决权。优先股股东权利是受限制的，最主要的是表决权限制。普通股股东参与股份有限公司的经营决策主要通过参加股东大会行使表决权，而优先股股东在一般情况下没有投票表决权，不享有公司的决策参与权。然而在涉及优先股股东权益时，例如公司连续若干年不支付或无力支付优先股股息，或者公司要将一般优先股改为可转换优先股时，优先股股东也享有相应的表决权。

3. 优先股股票的种类

股份有限公司为了吸引投资者，在发行优先股时往往附加了一定的优惠条件。根据条件的不同，优先股又可以分为以下几种。

（1）累积优先股和非累积优先股。累积优先股是指如果公司在某个时期内所获盈利不足以支付优先股股息时，公司可以将未付股息累积至次年或以后某年有盈利时一并补足。非累积优先股是指股息当年结清，若本年度公司盈利不足以支付全部优先股股息，对其所欠部分，公司不予累积计算，优先股股东不得要求公司在以后的营业年度中予以补发。

（2）参与优先股和非参与优先股。参与优先股是指优先股股东除享受按既定比率优先获得股息外，当公司盈利较多时，还有权与普通股股东一起参与本期剩余盈余分配的优先股，所以又称分红优先股。非参与优先股是指优先股股东除了按规定分得本期固定股息外，无权再参与对本期剩余盈余分配的优先股。

（3）股息率可调整优先股和股息率固定优先股。股息率可调整优先股是指股票发行后，股息率可以根据情况按规定进行调整的优先股。股息率固定优先股是指发行后股息率不再变动的优先股。

（4）可转换优先股与不可转换优先股。可转换优先股是指发行后，在一定条件下允许持有者将它转换成其他种类股票的优先股。不可转换优先股则不具备这种转换的权利。

（5）可赎回优先股和不可赎回优先股。可赎回优先股是指在发行时附加赎回条款，发行后一定时期可按特定的赎买价格由发行公司收回的优先股。不可赎回优先股则是永久性的。公司赎回优先股时的赎买价格要在发行价格的基础上加上若干补偿金，以弥补股票购买者因公司赎回所遭受的损失。

在国外投资界，把可转换优先股同可赎回优先股一样视作优先股的收回方式。只是可转换优先股收回的主动权不在公司而在投资者手里。

二、记名股票和无记名股票

按股票或股东名册是否记载股东姓名，股票可以分为记名股票和无记名股票两种。从我国目前发展情况来看，记名股票的数量远远大于无记名股票，我国上市交易的股票都是记名股票。

（一）记名股票

记名股票是在股票票面或股份有限公司的股东名册上记载股东姓名的股票。很多国家的法律法规都对记名股票的有关事项作出了具体规定。一般来说，如果股票是归某人单独所有，则应记载持有人的姓名；如果股票是归国家授权投资的机构或者法人所有，则应记载国家授权投资的机构或者法人的名称；如果股票持有者因故改换姓名或者名称，就应到公司办理变更姓名或者名称的手续。我国《公司法》规定，公司发行的股票可以为记名股票，也可以为无记名股票。我国的股份有限公司向发起人、法人发行的股票，应当为记名股票，并应当记载该发起人、法人的名称或者姓名，不得另立户名或者以代表人姓名记名。股份有限公司发行记名股票的，应当置备股东名册，记载下列事项：股东的姓名或者名称及住所、各股东所持股份数、各股东所持股票的编号、各股东取得股份的日期。一般来说记名股票具有如下特点。

（1）股东权利归属于记名股东。对于记名股票来说，只有记名股东或其正式委托授权的代理人才能行使股东权利。其他持有者不具备股东权利。

（2）股东可以一次或分次缴纳出资。一般来说，股东应在认购时一次缴足股款。但是，基于记名股票所确定的股份有限公司与记名股东之间的特定关系，有些国家也规定允许记名股东在认购股票时可以不需一次缴足股款。

（3）转让复杂且受限制。记名股票的转让必须依据相关法律和公司章程规定的程序进行，而且要服从有关规定的转让条件。一般来说，记名股票的转让都必须由股份有限公司将受让人的姓名或名称、住所记载于公司的股东名册，办理股票过户登记手续，这样受让人才能取得股东的资格和权利。

(4) 可以挂失，相对安全。记名股票与记名股东的关系是特定的，因此，如果股票遗失，记名股东的资格和权利并不消失，并可依据法定程序向股份有限公司挂失，要求公司补发新的股票。我国《公司法》规定：记名股票被盗、遗失或者灭失，股东可以依照《中华人民共和国民事诉讼法》规定的公示催告程序，请求人民法院宣告该股票失效。依照公示催告程序，人民法院宣告该股票失效后，股东可以向公司申请补发股票。

(二) 无记名股票

所谓无记名股票，是指在股票票面和股份有限公司股东名册上都不记载股东姓名的股票，也叫做不记名股票。与记名股票相比，差别不是在股东权利等方面，而是在股票的记载方式上。无记名股票发行时一般留有存根联，它在形式上分为两部分：一部分是股票的主体，记载了有关公司的事项，如公司名称、股票所代表的股数等；另一部分是股息票，用于进行股息结算和行使增资权利。我国《公司法》规定，发行无记名股票的，公司应当记载其股票数量、编号及发行日期。

三、面额股票和无面额股票

按是否在股票票面标明金额或电子股票的设计方案中设计票面金额，股票可以分为面额股票和无面额股票两种。

(一) 面额股票

面额股票是指在股票票面上或股票的设计方案中记载一定金额的股票。这一记载的金额也称为票面金额、票面价值或股票面值。股票票面金额的计算方法是用资本总额除以股份数求得的，但实际上很多国家是通过法规予以直接规定，而且一般是限定了这类股票的最低票面金额。另外，同次发行的面额股票的每股票面金额是相等的。现在各国股份有限公司发行的股票仍以面额股票居多。我国《公司法》规定，股份有限公司的资本划分为股份，每股的金额相等。

(二) 无面额股票

无面额股票是指在股票票面上不记载股票面额，只注明它在公司总股本中所占比例的股票，因此也称为比例股票或份额股票。无面额股票的价值随股份公司净资产和预期未来收益的增减而相应增减。公司净资产和预期未来收益增加，每股价值上升；反之，每股净资产和预期未来收益减少，每股价值下降。

四、实物股票和无实物股票

按照发行时是否印制股票实物，可以将股票分为实物股票和无实物股票。

(一) 实物股票

实物股票是指股份有限公司发行的采用一定纸张，印有票面内容和不同标志图案，可触摸的纸质股票实物。由于印制股票需要纸张、制版、油墨、人工等，从而增加了股票的发行成本，并且耗费时间。更进一层，发行的实物化必然导致交易的实物化。实物股票在交易中会出现磨损、保管等问题，尤其是异地交易多有不便，会大大降低股票交易的效率和安全性。因此，现代社会中，随着股票发行规模不断扩大，大多数国家采用了股票的无纸化发行。

（二）无实物股票

无实物股票就是指股票的无纸化发行，股份有限公司不再印制股票实物，而是通过登记股东姓名、购买金额的方式来发行股票，因而又叫做登记式股票。无实物股票节约了发行成本，缩短了发行时间，简化了发行、交易手续，为利用计算机网络发行和买卖股票提供了可能。

我国在上海和深圳证券交易所成立以前，采用的是实物股票形式。沪深交易所成立后，随着上市公司的增加，股票的发行和交易规模迅速扩大。为了适应证券市场的发展，1992年，我国股票的发行和交易基本实现了集中化和无纸化。

五、我国特定股票称谓

（一）内资股

我国由计划经济转而发展市场经济，所以我国的股权结构有着自身的特征，2005 年股权分置改革以前，我国股票种类包括国家股、法人股、社会公众股等。

1. 国家股

国家股是指有权代表国家投资的部门或机构以国有资产向股份有限公司投资形成的股份，一般不上市交易。国家股是国有股权的一个组成部分（另一个组成部分是国有法人股）。我国国家股的构成，从资金来源看，主要包括三部分：一是现有国有企业改组为股份有限公司时所拥有的净资产；二是现阶段有权代表国家投资的政府部门向新组建的股份有限公司的投资；三是经授权代表国家投资的投资公司、资产经营公司、经济实体性总公司等机构向新组建股份有限公司的投资。

2. 法人股

法人股是指企业法人或具有法人资格的事业单位和社会团体以其依法可支配的资产投入公司形成的股份，一般不上市交易。法人持股所形成的也是一种所有权关系，是法人经营自身财产的一种投资行为。法人股股票应记载法人名称，不得以代表人姓名记名。法人不得将其所持有的公有股份、认股权证和优先认股权转让给本法人单位的职工。

3. 社会公众股

社会公众股是指社会公众依法以其拥有的财产投入公司时形成的可上市流通的股份。在社会募集方式下，股份有限公司发行的股份，除了由发起人认购一部分外，其余部分应该向社会公众公开发行。我国《证券法》规定，社会募集公司申请股票上市的条件之一是向社会公开发行的股份达到公司股份总数的 25% 以上。公司股本总额超过人民币 4 亿元的，向社会公开发行股份的比例为 10% 以上。

上述国家股、法人股和社会公众股都属于 A 股。A 股的正式名称是人民币普通股票，指由我国境内的股份有限公司发行，供境内机构投资者、合格的境外机构投资者、各类组织和个人以人民币认购和交易的普通股。A 股是相对于 B 股、H 股、N 股等外资股而言的。

需要特殊说明的是，从2005年我国启动股权分置改革工作，该项工作到2012年已经基本完成。目前，我国交易所股票市场上股票主要划分为流通股和限售条件股两大类，不再划分为国有股、法人股和社会公众股。

（二）外资股

外资股是指境内股份有限公司向境外和我国香港、澳门、台湾地区投资者发行的股票。这是我国股份有限公司吸收外资的一种方式。外资股按上市地域划分可以分为境内上市外资股和境外上市外资股。

1. 境内上市外资股

境内上市外资股原来是指股份有限公司向境外投资者募集并在我国境内上市的股份。投资者限于：外国的自然人、法人和其他组织；我国香港、澳门、台湾地区的自然人、法人和其他组织；定居在国外的中国公民等。这类股票称为B股。B股的正式名称是人民币特种股票，采取记名股票形式，以人民币标明股票面值，以外币认购、买卖，在境内证交所交易上市。在上证上市的B股以美元认购、买卖；在深证上市的B股以港元认购、买卖。自1991年底第一只B股——上海电真空B股上市发行以来，经过近20年的发展，中国的B股市场已经由地方性市场发展到由中国证监会统一管理的全国性市场。截至2009年3月，我国B股市场上的股票已有上百只，总市值为580亿元人民币。当然B股市场规模与A股市场相比要小得多。

自2001年2月起，我国对境内居民个人开放B股市场之后，境内投资者逐渐成为B股市场的重要投资主体，B股的“外资股”性质也发生了变化。

2. 境外上市外资股

境外上市外资股是指股份有限公司向境外投资者募集并在境外上市的股票。它也采取记名股票形式，以人民币标明面值，以外币认购。在境外上市时，可以采取境外存托凭证形式或者股票的其他派生形式。在境外上市的外资股除了应符合我国的有关法规外，还须符合上市所在地国家或者地区证券交易所规定的上市条件。依法持有境外上市外资股、其姓名或者名称登记在公司股东名册上的境外投资人，为公司的境外上市外资股股东。公司向境外上市外资股股东支付股利及其他款项，以人民币计价和宣布，以外币支付。

境外上市外资股主要由H股、N股、S股等构成。H股是指注册地在我国内地，上市地在我国香港的外资股。香港的英文是HONGKONG，取其首个字母，在港上市外资股就称为H股。依此类推，纽约英文的第一个字母是N，新加坡英文的第一个字母是S，伦敦英文的第一个字母是L，那么，在纽约、新加坡、伦敦上市的外资股就分别称为N股、S股、L股。

六、行情表中的特殊股票称谓

所谓股票简称是指证券交易所发布股票交易行情时用来代替上市公司全称的简要称呼。股票简称一般由4个汉字构成，也有的只有3个汉字，例如中国石油天然气股份有限公司简称中国石油。在我国的股票行情中，有一些股票的简称前面带N、S、XD、XR、DR、ST、*ST和PT等字母，分别代表不同的含义。

（一）字母 N＋股票简称

当股票名称前出现 N 字母，则表示这只股是当日新上市的股票，字母 N 是英文 New（新）的首字母。对于带有 N 字母的股票，规定该股票的股价当日在市场上不受涨跌幅限制，涨幅可以高于 10%，跌幅也可低于 10%。投资者在把握投资机会的同时要做好风险控制。

（二）字母＊ST＋股票简称

沪深证券交易所于 2003 年 4 月 4 日发布《关于存在股票终止上市风险的公司加强风险警示等有关问题的通知》，并于 5 月 8 日起开始实行退市风险警示制度。退市风险警示制度指由证券交易所对存在股票终止上市风险的公司股票交易实行“警示存在终止上市风险的特别处理”，是在原有“特别处理”基础上增加的另一种类别的特别处理。其主要措施为在其股票简称前冠以“＊ST”字样，以区别于其他股票；在交易方面，被实施退市风险警示处理的股票日涨跌幅限制为前收盘价的 5%。

证券交易所对上市公司股票实行退市风险警示，旨在进一步完善退市机制，提高市场透明度，向投资者充分揭示其终止上市的风险，并不是对上市公司的处罚，上市公司在上述特别处理期间的权利义务不变。

（三）字母 XD＋股票简称

XD 是英文 Exclude（除去）Dividend（利息）的简写。当股票名称前出现 XD 字母时，表示当日是这只股票的除息日。截止到股权登记日，证券登记公司统计出一份股东持股情况的名册。在除息日，股份有限公司向这部分股东分派股息。现实操作中，除息一般分派的是现金股利，俗称“派现”。

（四）字母 XR＋股票简称

XR 是英文 Exclude（除去）Right（权利）的简写，当股票名称前出现 XR 字母时，表明当日是这只股票的除权日。截止到股权登记日，证券登记公司统计出一份股东持股情况的名册。在除权日，股份有限公司向这部分股东分配股利或进行配股。现实操作中，除权一般分派的是股票股利，俗称“送红股”。

（五）字母 DR＋股票简称

DR 是英文 Dividend（利息）的缩写，R 是 Right（权利）的缩写。当股票名称前出现 DR 字样时，表示当天是这只股票的除息、除权日。有些上市公司分配时不仅派发现金股息，还送红股，或者同时配股，所以这种情况下会出现既除息又除权的现象。

（六）字母 ST＋股票简称

沪深证券交易所在 1998 年 4 月 22 日宣布，根据 1998 年实施的股票上市规则，将对财务状况或其他状况出现异常的上市公司的股票交易进行特别处理。“特别处理”的英文是 Special Treatment，缩写是 ST，因此这些股票就简称为 ST 股。

七、投资者常用股票称谓

在股票市场上，投资者根据股票价格行为、市场表现和交易量大小又将股票划分成不同的种类，具体有：

（一）蓝筹股、绩优股和成长股

1. 蓝筹股

（1）含义。蓝筹股指在某一行业中处于重要支配地位，业绩优良，交易活跃，红利优厚的大公司的股票。但蓝筹股并不等于具有很高投资价值的股票。“蓝筹”一词源与西方赌场。在西方赌场中，有三种颜色的筹码，其中蓝色筹码最为值钱，红色筹码次之，白色筹码最差。投资者把这些行话套用到股票上，引申为最大规模或市值的上市公司。

（2）分类。蓝筹股也有很多，可以分为：一线蓝筹股、二线蓝筹股、绩优蓝筹股和大盘蓝筹股等。一般来讲，公认的一线蓝筹，是指业绩稳定，流股盘和总股本较大，也就是权重较大的个股，这类股一般来讲，价位不是太高，但群众基础好。这类股票可起到四两拨千斤的作用，牵一发而动全身，这类个股主要有：四大商业银行、中国石化、万科、中国联通、中国石油、大秦铁路和上海机场等。一般来说，二线蓝筹是指在市值、行业地位上以及知名度上略逊于以上所指的一线蓝筹公司，是相对于几只一线蓝筹而言的。比如海螺水泥、三一重工、格力电器、青岛海尔、美的电器、苏宁电器、云南白药、张裕、中兴通讯等，其实这些公司也是行业内部响当当的龙头企业。一线蓝筹股和二线蓝筹股并没有明确的界定，而且有些人认为的一线蓝筹股，在另一些人眼中却属于二线蓝筹股。绩优蓝筹股是从蓝筹股中因对比而衍生出的词，是以往业内已经公认业绩优良、红利优厚的公司股票。从各国的经验来看，那些市值较大、业绩稳定、在行业内居于龙头地位并能对所在证券市场起到相当大影响的公司，比如香港的长实、和黄；美国的 IBM；中国的工商银行，中国石油等。

2. 绩优股

（1）含义。绩优股就是业绩优良公司的股票。但对于绩优股的定义国内外却有所不同。在我国，投资者衡量绩优股的主要指标是每股税后利润和净资产收益率。一般而言，每股税后利润在全体上市公司中处于中上地位。这些公司经过长时间的努力，具有较强的综合竞争力与核心竞争力，在行业内有较高的市场占有率，形成了经营规模优势，利润稳步增长，市场知名度很高。

（2）特点。绩优股具备两大特点：第一，具有较高的投资价值。绩优股公司拥有资金、市场、信誉等方面的优势，对各种市场变化具有较强的承受和适应能力，绩优股的股价一般相对稳定且呈阶段上升趋势。因此，绩优股受到投资者、尤其是从事长期投资的稳健型投资者的青睐。第二，回报率高、稳定。投资报酬率相当优厚稳定，股价波幅变动不大。当多头市场来临时，它不会首当其冲而使股价上涨。经常的情况是，其他股票已经连续上涨一截，绩优股才会缓慢攀升；而当空头市场到来，投机股率先崩溃，其他股票大幅滑动时，绩优股往往仍能坚守阵地，不至于在原先的价位上过分滑降，具有典型的防守性特点。

3. 成长股

（1）含义。成长股是指这样一些公司所发行的股票，它们的销售额和利润额持续增长，而且其速度快于整个国家和本行业的增长。这些公司通常有宏图伟略，注重科研，留有大量利润作为再投资以促进其扩张。由于公司再生产能力强劲，随着公司的成长和发展，所发行的股票的价格也会上升，股东便能从中受益。

（2）成长股选择标准。

第一，企业要有成长动因。这种动因包括产品、技术、管理及企业领导人等重大生产要素的更新以及企业特有的某种重大优势等。

第二，企业规模较小。小规模企业对企业成长动因的反映较强烈，资本、产量、市场等要素的上升空间大，因而成长条件较优越。

第三，行业具有成长性。有行业背景支持的成长股，可靠性程度较高。成长性行业主要有优先开发产业和朝阳行业等特点。

第四，评价成长股的主要指标应为利润总额的增长率而不是每股收益的增长水平，因为后者会因为年终派送红股而被摊薄。

第五，成长股的市盈率可能很高，如开发区概念股、高科技概念股等。这是投资人良好预期的结果。成长股的高价位有利于公司的市场筹资行为，从而反过来成为成长股成长的动力。

有的股票既是蓝筹股、绩优股，优势成长股。所以不能分得太清楚。

（二）大盘股、中盘股和小盘股

对股票按照公司规模分类是由于不同规模公司的股票具有不同的流动性，投资收益率又往往和流动性大小密切相关。从实践经验来看，人们通常用公司股票市值所表示的公司规模作为流动性的近似衡量标准。根据股票市值可以将股票划分为小盘股、中盘股和大盘股三类。在具体划分时有两种划分方法，具体如下：

（1）依据公司股票市值绝对值的大小划分。例如目前阶段将市值 50 亿元以上的划分为大盘股，市值 10 亿元以下的划分为小盘股，市值处于 10～50 亿元之间的为中盘股。这种划分方法在股票市场长期下跌或长期上涨后，不同股票变化会比较大。

（2）依据公司股票市值排序的相对位置划分。将一个股票市场全部股票按照流通市值大小排序。从高市值股票向下累加市值，当累加值达到整个市场总流通市值的 50% 时，此时累加进来的上市公司股票为大盘股。从低市值股票向上累加市值，当累加值达到整个市场总流通市值的 20% 时，此时累加进来的上市公司股票为小盘股。其余为中盘股。从发展的角度看，第二种划分方法更为科学。

（三）白马股和黑马股

1. 白马股

白马股一般是指其有关的信息已经公开的股票，由于业绩较为明朗，同时又兼有业绩优良、高成长、低风险的特点，因而具备较高的投资价值，往往为投资者所看好。如，我国大陆股市中的贵州茅台、云南白药等。具有信息透明、业绩优良、增长持续稳定和低市盈率等特点。

2. 黑马股

黑马股是指价格可能脱离过去的价位而在短期内大幅上涨的股票。黑马股是可遇而不可求得。黑马起初并不是股市中的术语。它是指在赛马场上本来不被看好的马匹，却能在比赛中让绝大多数人跌破眼镜，成为出乎意料的获胜者。时下，很多投资者对黑马的认识存在一定的误区，以为黑马股就是股市中的明星。其实，这个认识是错误的。因为黑马股不是人人瞩目的明星，也不是涨幅最大的个股，而是投资者本来不看好，却能够异军突起的个股。

（四）新股和次新股

1. 新股

新股在这里有两个概念。第一是指某公司股票发行，投资者认购。此时该股票可以称之为新股；第二是指股票上市不足两个月，在股票上市两个月内都被称为新股，此时股价波动较大。

2. 次新股

所谓次新股是指公司股票上市时间超过两个月，但不足一年。这一段时间股价逐渐减小波动幅度，股价行为趋于正常。次新股由于上市的时间较短，业绩方面一般不会出现异常的变化，这样年报的业绩风险就基本不存在，可以说从规避年报地雷的角度来说，次新股是年报公布阶段相对最为安全的板块。

（五）热门股和冷门股

1. 热门股

热门股是指交易量大、流通性强、股价变动幅度较大的股票，即一天内成交量最多的股就是当天的热门股。这些股票的交易量大、流通性强、价格变动幅度大称其为热门股。热门股也可能并不是那些优良企业发行的股票，可能是热炒的股票种类。

2. 冷门股

冷门股票一般是那些交易量小、周转率低、流通性差、股价变动幅度小，因而较少人问津的股票，通常横盘为主。冷门股往往由于长时间无人问津，股价较低。一些黑马股往往就是从冷门股中脱颖而出的。

（六）题材股和投机股

1. 题材股

顾名思义，题材股是有炒作题材的股票。通常指由于一些突发事件、重大事件或特有现象而使部分个股具有一些共同的特征（题材），这些题材可供炒作者借题发挥，可以引起市场大众跟风。题材股起初往往是抽象、朦胧的，似明非明，吸引着股民们的关注。一旦完全看清了，这类题材股的炒作也接近了尾声，题材股往往具有极大的想象空间：给人以非常大的想象空间，对后势发展充满希望，但也往往是一个阶段所发生的，时效性强，也即人们所说的“过期不候”，持续性弱。

2. 投机股

所谓投机性股。是指那些价格很不稳定或公司前景很不确定的普通股。这主要是那些雄心很大，开发性或冒险性的公司的股票，热门的新发行股以及一些面值较低的石油与矿业公司发行的普通股票。这些普通股的价格，有时会在几天或几周内上涨 2～3 倍，也可能在几天或几周内下跌 2～3 倍，故其收益与风险均超过一般的普通股，往往是是专业投机者进行买卖的主要对象，由于这种股票易暴涨暴跌，投机者通过经营和操纵这种股票可以在短时间内赚取相当可观的利润。

模块三
红 利 分 配

任务描述

正确理解股息和红利的概念，熟练计算股票除权除息参考价，了解红利分配的流程。

业务描述

找到一家上市公司最近的一次分红，并计算出其除权除息开盘参考价。

一、股息和红利

股份有限公司发行的股票，不仅是股东投资入股、取得股东身份的所有权凭证，而且还代表股东可以定期从股份有限公司取得一定的投资利益，这就是通常所说的股利。股利是股息和红利的统称。

（一）股息

股息是股份有限公司定期按照股票份额的一定比例支付给股东的收益。一般来说，优先股股东按照固定的股息率优先取得股息，不以公司盈利水平大小为转移。

（二）红利

红利是股份有限公司按规定分配优先股股息之后，将尚剩余的利润再分配给普通股股东的部分。股份有限公司只有在有剩余利润时才能分派红利，而不得以公司的财产作为红利分派给股东。

股息和红利这两个概念在使用方面的区别变得越来越模糊。在市场中，股息往往指优先股股东所获得的收益，红利指给普通股股东分配的收益，也可以将二者统称为股利。股息、红利来源于股份有限公司的净利润。如前所述，净利润是股份有限公司总利润中作出各项扣除之后的利润部分，因此，净利润是股份有限公司分配股息、红利的基础和最高限额。

二、股利的支付形式

在成熟的市场中，股息、红利是投资者获取收益的重要来源。股份有限公司支付给股东的股息、红利主要有以下几种形式。

(一) 现金股利

现金股利是股份有限公司以货币形式支付给股东的股息、红利，俗称派现金或派现，是最普遍、最基本的股利形式。分配现金股利，既可满足股东获得预期现金收益的要求，又有助于提高股票的市场价格，吸引更多的投资者。而且，分配现金股利也最为简单，是从公司净利润中支出现金直接分配。但是，现金股利的分配数额，必须兼顾公司和股东两者的利益。一般来说，股东更关心当前收益，现金股利过少，会影响股东的投资热情；公司董事会则偏重于公司的财务状况和未来发展，现金股利分配过多，又会减少公司扩大再生产的资金储备，影响公司长期发展。因此，董事会在权衡公司的长远利益和股东近期利益后，会制定出较为合理的现金股利发放政策。

(二) 股票股利

股票股利是股份有限公司以股票的形式向股东支付的股息、红利，俗称送红股或送股。通常是由股份有限公司以新增发的股票或一部分库存股票作为股利，代替现金分派给股东。采用股票股利对于股份有限公司的资产和股东的收益都没有影响，只是减少了公司账户上的留存收益，转增公司资本（股本）。因此，对于股份有限公司而言，股票股利不仅不影响其资产和负债，还可保留现金资本，防止资本外流，解决公司发展对现金的需要，壮大公司经营实力。对于股东而言，股票股利是股东分享利润的一种收益形式，这种收益使股东持有的股票股数增加，股东可以通过出售增加的股票转化为现实的货币，实现股票投资收益，甚至得到超过现金股利以外的溢价收入。有利就有弊，由于分派股票股利增加了公司的股份数量，所以有可能引起股票价格下跌，使股东出售股票的收益减少。

(三) 其他股利形式

其他股利形式包括财产股利、建设股息和负债股利等。财产股利是指股份有限公司以现金以外的其他资产向股东分派股息、红利。建设股息是指经主管机关批准，并有公司章程证明，从其已筹集的资本中提取一部分向股东分配的股息，也称为建业股息。负债股利是指股份有限公司通过建立一种负债，用债券或应付票据作为股利分派给股东。负债股利一般是在公司已经宣布发放股利但又面临现金不足、难以支付的情况下不得已采取的权宜之计。对于董事会来说，往往更倾向于推迟股利发放日期。

沪深股市的上市公司进行利润分配一般只采用股票红利和现金红利两种，即所说的送红股和派现金。

三、股息、红利的分配原则

股份有限公司分配股息、红利，一般应遵循以下几项原则。

(一) 分配前扣除

公司必须依法进行必要的扣除后，在尚有盈余情况下才能分配股息、红利。一般情况下，公司在取得盈利后，要按下列顺序做出扣除后才能用于股息、红利的分配：一是缴纳税款；二是清偿债务；三是弥补亏损；四是提取法定盈余公积金；五是根据公司章程规定可以提取一定的公益金和任意盈余公积金等。

建设股利是个特例。建设股息支付到公司正式经营时止，并以预付股息列于资产负债表的资产项下。待公司开始营业后，再以营业利润扣抵冲销，以充实公司的股本金。

（二）执行股利政策

分配股息、红利，必须执行股份有限公司已定的股息政策。股份有限公司要将公司的长远发展需要同股东对投资收益的追求有机地结合起来，制定相应的股息政策，作为分配股息、红利的依据。

（三）按比例分配

股息、红利的分配，原则上以股东持有的股份比例为依据，公司章程另有规定的除外。

（四）同股同权

股息、红利的分配，应严格遵守股东平等原则。这主要表现在，同一种类股票的股东在分配股息、红利的数额、形式、时间等内容上没有差别。

四、股息、红利的分配程序

根据各国公司法规定，股份有限公司分配股息、红利的基本程序是：首先，由公司董事会根据公司的盈利水平和股息政策，确定股利分配方案；然后提交股东大会审议，通过后方能生效；最后，由董事会依股利分配方案向股东宣布，并在规定的付息日派发股息、红利。

股息、红利的分配程序涉及几个重要的日期，包括分配公告日、股权登记日、除权除息日和付息日等。

（一）分配公告日

分配公告日是公司董事会将决定在某日发放股息、红利的消息向股东宣布的日期。

（二）股权登记日

股权登记日是股份有限公司规定的股东进行股权登记的日期，通常称为 R 日。在股权登记日收盘前的股票称为“含权股票”或“含息股票”。证券无纸化发行后，交易所根据股权登记日当日闭市后的有关资料进行核对并且自动登记，投资者不需办理任何手续。

（三）除权除息日

除权除息日，是相对于股权登记日的下一个交易日，即 R+1 日，又叫除权除息基准日，是指在该日及之后买进的股票不再享有送配公告中所登载的各种权利。如在股权登记日已拥有该股票，在除权除息日将股票卖出，仍然享有送配权利。

1. 除权除息

除权或除息的产生是因为在除权或除息日之前的投资人与当日的购买者，两者买到的是同一家公司的股票，但是内含的权益不同，显然相当不公平。例如股份有限公司送配股行为引起发行股本增加，股票的内在价值已被摊薄，因此，必须在除权或除息日当天向下调整股价，称为除权或除息。

2. 除权除息开盘参考价

除权除息开盘参考价是以除权除息基准日前一天的收盘价格除去当年所含有的股权计算。具体计算因派发现金、无偿送股和有偿配股而不同。

（1）股利分配的除权除息计算。一般来说，上市公司进行红利分配的形式有送现金、送股和转增股三种形式。其中送现金是直接用未分配利润进行分配，导致公司总体价值下降；送股是用未分配利润转增股本，公司总价值不变；转增股是用公积金转增股本，公司总价值也不变。送股和转增股都是上市公司将股票免费发放给公司股东。具体计算公式为：

$$\text{送股除权开盘参考价}=\frac{\text{股权登记日收盘价}-\text{每股现金红利}}{(1+\text{送股比例}+\text{转股比例})}$$

（2）配股的除权除息计算。所谓配股是上市公司对老股东的股票发行，一般股价较该股票的市场价有一定折让。配股除权开盘参考价格的计算要根据发行公司配售情况来计算。一种情况是公司所有股东都参加配股，则配股除权价计算公式为：

$$\text{配股除权开盘参考价}=\frac{\text{股权登记日收盘价}+\text{配股价}\times\text{配股比例}}{(1+\text{配股比例})}$$

【例 2-1】 某股票股权登记日的收盘价为 20.5 元，每 10 股派发现金红利 4.00 元，送 1 股转增 3 股；则次日除权除息开盘参考价为

$$(20.5-0.4)\div(1+0.1+0.3)=14.36\text{（元）}$$

【例 2-2】 某股票股权登记日的收盘价为：10.5 元，公司对老股东每 10 股配 3 股，配股价为 8.5 元，则配股除权开盘参考价为：

$$\text{配股除权开盘参考价}=(10.5+8.5\times0.3)/(1+0.3)=10.04\text{（元）}$$

开盘参考价只能作为除权除息当日该股开盘的参考价，除权除息日开盘价仍是经过集合竞价产生的。当实际开盘价高于这一理论价格时，就称为填权，在册股东即可获利；反之实际开盘价低于这一理论价格时，就称为贴权。填权和贴权是股票除权后的两种可能，它与整个市场的状况、上市公司的经营情况、送配的比例等多种因素有关，并没有确定的规律可循。但一般来说，上市公司股票通过送配以后除权，其单位价格下降，流动性进一步加强，上升的空间也相对增加。

（四）付息日

付息日一般在股权登记日（R）后的第五个工作日支付，即在 R+5 日支付，通过登记结算公司的结算系统完成，现阶段都是自动派发到投资者的账户，不需要投资者办理。

项目总结

操作要点

本部分要求能够较为准确分辨出已经在交易所挂牌的各种不同类型股票，主要

分辨出蓝筹股、绩优股、成长股、题材股和投机股等，并能够说出每种股票的投资策略。

知识要点

股份是股份公司全部资本的平均单位，或总资本额的平均最小单位。股票是一种有价证券，它是股份有限公司发行的用以证明投资者的股东身份、所持股份，据以获得股息和红利并承担义务的凭证。股票具有有价证券、要式证券、证权证券、资本证券和综合权利证券等性质。股票具有不可偿还性与流通性、收益性与风险性、参与性。常见的股票分类包括普通股股票和优先股股票、记名股票和无记名股票、面额股票和无面额股票；我国特定股票称谓包括内资股、外资股。行情表中的特殊股票称谓包括字母 N + 股票简称、字母 * ST + 股票简称、字母 XD + 股票简称、字母 XR + 股票简称、字母 DR + 股票简称、字母 ST + 股票简称等。投资者常用股票称谓包括蓝筹股、绩优股、成长股、大盘股、中盘股、小盘股、白马股、黑马股、新股、次新股、热门股、冷门股、题材股、投机股。

股息是股份有限公司定期按照股票份额的一定比例支付给股东的收益。红利是股份有限公司按规定分配优先股股息之后，将尚剩余的利润再分配给普通股股东的部分。股份有限公司支付给股东的股息、红利主要有现金股利、股票股利、其他股利形式几种形式。根据各国公司法规定，股份有限公司分配股息、红利的基本程序是：首先，由公司董事会根据公司的盈利水平和股息政策，确定股利分配方案；然后提交股东大会审议，通过后方能生效；最后，由董事会依股利分配方案向股东宣布，并在规定的付息日派发股息、红利。股息、红利的分配程序涉及的几个重要的日期，包括分配公告日、股权登记日、除权除息日和付息日等。除权（息）参考价 =（股权登记日收盘价 - 每股所派现金 + 配股价 × 配股率）/（1 + 流通股份变动比例）。

问题讨论

1. 蓝筹股、绩优股和成长股的收益率与投机股和题材股收益率哪些更高？
2. 公司发行股票后为什么安排股票上市交易？
3. 股票与股份的区别是什么？
4. 上市公司分红和配股后，股票为什么要除权或除息？

推荐阅读

1. 《证券市场基础知识》，中国金融出版社，2012 年版。
2. 《证券交易》，中国金融出版社，2012 版。

做一做

一、选择题

1. 股份是股份有限公司（　　）的表现形式。

A. 资本　　B. 净资产

C. 每股平均资产　　D. 发起人资产

2. 股票是一种（　　）。

A. 物权证券　　B. 债券证券

C. 综合权利证券　　D. 单一权利证券

3. 记名股票的特点不包括（　　）。

A. 股东权利归属于记名股东　　B. 转让相对复杂或受限制

C. 便于挂失，相对安全　　D. 认购股票时要求一次性缴纳出资

4. 优先股票的特征不包括（　　）。

A. 一般无表决权　　B. 股息率不固定

C. 股息率固定　　D. 优先分配剩余资产

5.（　　）是股份公司全部资本的平均单位，或总资本额的平均最小单位。

A. 股票　　B. 股份

C. 股权　　D. 债券

6.（　　）是一种有价证券，它是股份有限公司发行的用以证明投资者的股东身份、所持股份，据以获得股息和红利并承担义务的凭证，具有有价证券、要式证券、证权证券、资本证券和综合权利证券等性质。

A. 基金　　B. 债券

C. 股票　　D. 股份

7. 股票具有不可偿还性、流通性、收益性、风险性和（　　）。

A. 投资性　　B. 股东性

C. 决策性　　D. 参与性

8. 行情表中的特殊股票称谓包括字母（　　）+股票简称、字母 *ST+股票简称、字母 XD+股票简称、字母 XR+股票简称、字母 DR+股票简称、字母 ST+股票简称等。

A. 字母 N　　B. 字母 L

C. 字母 J　　D. 字母 S

9. 投资者常用股票称谓包括（　　）、黑马股、新股、次新股、热门股、冷门股、题材股、投机股。

A. 蓝筹股　　B. 成长股

C. 成长股　　D. 白马股

10.（　　）是股份有限公司定期按照股票份额的一定比例支付给股东的收益。

A. 股息　　　　B. 红利
C. 股利　　　　D. 收益

二、判断题

1. 只有股份有限公司才可以发行股票。（　　）
2. 我国的股票发行实行注册制并配之以发行审核制度和保荐人制度。（　　）
3. 红筹股是指在中国内外注册，在我国香港、澳门、台湾地区上市但主要业务在中国内地或大部分股东权益来自中国内地的股票。（　　）
4. 我国的法人股股票以法人记名。（　　）
5. 股票是实际资本。（　　）
6. 股份制的金融机构发行的股票并没有定义为一般的公司股票，而是归类于金融债券。（　　）
7. 境外上市外资股是以外币标明面值，以人民币认购。（　　）
8. 红利是股份有限公司按规定分配优先股股息之后，将尚剩余的利润再分配给普通股股东的部分。（　　）
9. 股份有限公司支付给股东的股息、红利主要有现金股利、股票股利、其他股利形式几种形式。（　　）
10. 除权（息）参考价 =（股权登记日收盘价 − 每股所派现金 + 配股价 × 配股率）/（1 + 流通股份变动比例）。（　　）

三、简述题

1. 股票的分类有哪些？
2. 为什么说股票是虚拟资产？
3. 某上市公司进行红利分配，分配方案为每 10 股派现金 3.50 元（含税），送 3 股，股权登记日收盘价为 6 元，计算除权除息日开盘参考价？
4. 蓝筹股、成长股和绩优股的区别联系？

项目三

固定收益证券

知识学习目标：

要求学生了解固定收益证券的重要地位，理解固定收益证券的种类和我国证券市场中固定收益证券的种类与创新，掌握固定收益证券的特征与风险，并运用于固定收益证券的投资决策实践中。

技能训练目标：

通过该课程的教学，使学生能够在了解各种固定收益品种性质的基础上，熟练操作构建固定收益投资组合，并对中国证券金融市场一些现象进行合理的解释。

案例导入

中国版"市政债"正式亮相　财政部代理发行终结

改革开放三十多年来，城市化率平均每年提高约1个百分点，每年新增的城市基础设施投资需求达到数万亿元。但是，我国城乡差距依然较大，这决定了未来二十年仍将是我国城市化快速发展的时期，也是城市建设大规模投资的时期。因此，必须从制度上开辟资金来源渠道，满足地方政府的城市建设投融资需要。

市政债券是发达国家普遍采取的满足城市基础设施建设融资需求的做法。主要有以下几个特点：一是发行主体为地方政府或其下属运营机构，后者居多；二是权责关系划分清晰；三是透明度较高，市场约束机制强，信用风险较低；四是可享受利息所得税减免政策。从成熟市场的实践来看，市政债券在城市化进程中的基础设施融资中发挥着十分积极的作用。以美国为例，几乎所有的地方政府和地方政府代理机构都将市政债券作为其融资工具，美国共有约55 000个市政债券发行者，且大部分是小规模发债者；从投资者来看，美国市政债券的投资群体通常包括个人、保险公司、银行、共同基金、信托基金、封闭式基金、公司、对冲基金等，由于投资者群体分散，非系统性风险也得以有效降低。

财政部2014年5月21日下发通知称，经国务院批准，2014年，上海、浙江、广东、深圳、江苏、山东、北京、江西、宁夏、青岛共十省区市试点地方政府债券自发自还，地方债发行由此终结了由财政部统一代理发行的时代。

根据财政部制定并下发的《2014年地方政府债券自发自还试点办法》，各试点地区债券自发自还是指在国务院批准的发债规模限额内，自行组织本地区政府债券发行、支付利率和偿还本金的机制。

为了增加地方政府的融资渠道，从2009年开始，中央开始允许地方发行地方政府债券，但所有的地方债券都是由财政部代理发行并还本付息。从2011年开始，试点地方政府自行发债，虽然发行过程放开给地方政府，但还本付息仍由财政部代理。

最新的《办法》规定，试点自发自还地区发行政府债券实行年度发行额度管理，2014年度发债限额当年有效，不得结转下年。发行期限为5年、7年和10年，结构比例为4比3比3。与以往地方政府自行发债相比，自发自还的债券期限少了3年期，增加了10年期。还有一点非常值得关注，试点地区发债要与信用评级机构签署信用评级协议，评级机构要及时发布信用评级报告。

资料来源：《北京晨报》，2014年5月22日。

模块一 固定收益证券

任务描述

了解固定收益证券的重要地位；理解固定收益证券的种类；掌握固定收益证券的特征与风险。

业务描述

向风险偏好较低的投资者推荐几种固定收益产品。

一、固定收益证券的定义

固定收益证券（Fixed - income Instrument），通常也被称为“债券（Bond）”。从投资者的角度来说，固定收益证券是指持有人可以在未来特定的时间内按照事先确定的条款获得现金流的一大类金融工具的总称。从发行人的角度来说，固定收益证券也可理解为是政府、金融机构、工商企业等直接向社会筹措资金时，向投资者发行，承诺按一定利率支付利息并按约定条件偿还本金的债权债务凭证或者债务工具。固定收益已经变成一个非常不精确的名词。债券最初被称为是固定收益证券，是因为早期的债务工具相对简单，在契约期内提供固定的现金流量，因而其未来收益是固定的。但伴随着金融创新的步伐，许多固定收益证券提供的现金流量不再固定，而是随着利率水平的变动而变动；由此可见，固定收益证券不再是价格和投资回报率被固定起来的有价证券，而是可以用数学公式测算其价格以及波动、投资回报率的有价证券。因此有时也把固定收益证券称为利率相关资产（Interest Rate Related Assets）。固定收益证券就是指在未来期能够给持有者带来稳定的现金收益的证券，它是对债券性质的证券的统称。从这个角度上来讲，我们可以把债券、优先股、银行存款、银行短期理财、国债、企业债、债券逆回购、货币型基金、信托产品等统称为固定收益证券。

符合以下三个准则之一的公有部门或私有部门的证券都属于固定收益证券：

（1）定期支付固定金额的证券。

（2）定期根据某一公式支付一定金额的证券。

（3）到期支付某一固定金额、或由某一公式决定的金额的证券。

二、我国固定收益证券的主要种类

虽然同为固定收益证券，但是不同的产品结构和属性决定了它们不同的风险和收益。按照我国已有的固定收益证券的品种，可以分为以下四类：

（1）信用风险可以忽略的债券，包括国债、央行票据、金融债和有担保企业债。

（2）无担保企业债，包括短期融资券和普通无担保企业债。

（3）混合融资证券，包括可转换债券和分离型可转换债券。

（4）结构化产品，包括信贷证券化，专项资产管理计划和不良贷款证券化。

三、固定收益证券的风险

固定收益证券能够提供相对稳定的现金流回报，往往将其视为无风险或低风险证券。但事实上，投资固定收益证券同样也面临一系列潜在风险，包括利率风险、再投资风险、信用风险、流动性风险、通货膨胀风险、赎回风险以及波动率风险等。

（一）利率风险

作为利率敏感性证券，利率风险是固定收益证券最重要的风险之一。以普通债券为例：债券的价格与利率呈反向变动关系，当利率上升时，债券价格下降；而当利率下降时，债券价格上升。这意味着利率的变动将给固定收益证券的价格带来不确定性，这就是利率风险。

（二）再投资风险

除了会对证券价格产生直接影响，市场利率的变动还可能为固定收益证券的投资者带来再投资风险。以普通固定利率债券为例，一个投资了该张债券的投资者每年都将收到利息，需要将其进行再投资获取投资收益。如果市场利率下降，其再投资收益显然将趋于减少，这种不确定性就是再投资风险。显然，债券剩余期限越长，每期现金流入越多，再投资风险越大。

（三）信用风险

除了利率风险之外，信用风险是投资固定收益证券时所面临的另一个重要风险。现代固定收益证券可能给投资者带来两类信用风险：一是债券发行者信用问题导致的风险，这一风险可能源于债务人不能如约履行按期还本付息义务，也可能源于债务人信用等级下降导致的债券市场价值下跌；二是固定收益证券衍生产品交易对手不履约带来的风险，由于衍生品交易为零和游戏，一方的盈利对应着另一方的亏损，亏损的一方可能不愿或者无法履行事先约定的义务，从而给盈利方带来损失。但一般来说，人们在提及固定收益证券的信用风险时，多指前一种信用风险，而将后一种信用风险称为对手风险。

（四）流动性风险

流动性的概念包括市场流动性与融资流动性两个层面。市场流动性指的是资产的变现能力。当固定收益证券的交易不活跃时，投资者变现不易，从而产生流动性风险。一般而言，新发行的、期限较短、信用等级高的债券流动性较好。当市场情况恶化，特别是出现经济危机时，投资者将特别偏好流动性高的证券，导致流动性好的债券相对流动性差的债券出现溢价，产生追逐流动性效应。融资流动性则指金融机构或投资者融通资金进行持续交易的能力。

（五）其他风险

利率风险、再投资风险、信用风险和流动性风险是投资固定收益证券时最主要的四类风险。然而对某些特殊情形或某些工具而言，投资固定收益证券还会面临若干其他风险，主要包括通货膨胀风险、赎回风险和波动率风险等。

通货膨胀风险，又称购买力风险，是指通货膨胀率的变化影响固定收益证券的实际购买力，从而给投资者的实际财富水平带来的风险。对固定利率的固定收益证券来说，剩余期限越长，往往通货膨胀的影响越大。与固定利率的固定收益证券相比，通货膨胀联结债券由于按照通胀率调整本息，通货膨胀风险较小。

赎回风险是专门针对发行时有赎回条款的固定收益证券而言的。赎回条款指的是固定收益证券的发行人有权在证券到期前以事先约定的价格购回全部或者部分的在外流通证券。当利率大幅走低时，债券的发行人可能会选择（以市场的低利率）借新债还旧债，赎回已发行的息票率较高的证券，转而发行息票率较低的证券，以降低利息支出。而对投资者来说，此时提前赎回得到的现金不得不以较低的利率进行再投资，从而降低了整个投资期的平均回报。因证券的强制赎回给投资者带来损失的可能即被称为赎回风险。

波动率风险是针对利率期权和含有期权的固定收益证券而言的。预期（利率）波动率的变动会影响期权价值，进一步会影响固定收益证券的价值，相应产生的风险就是波动率风险。

除了以上风险，如果投资者购买外国的固定收益证券，还将面对到期汇率的不确定性，即汇率风险；如果投资者所享受的税收待遇发生变化，还会面临税收风险等。

模块二
货币市场工具

任务描述

了解货币市场的作用；理解投资者进入货币市场的方式；掌握货币市场工具的种类。

业务描述

向普通投资者推荐参与货币市场的几种方式。

一、货币市场的概念

货币市场是投资者进行短期资金融通的场所，以1年及1年以内的票据和有价证券为主要投资对象。这些金融工具具有准货币的性质，流通性强，安全性大．但是收益较低，属于固定收入证券的一部分。货币市场的特点可以从以下几个方面表现出来：

（1）货币市场的主要资金来源是银行信用，主要交易对象是短期工商企业资金周转、拆借和短期政府债券。

（2）货币市场的作用是调节短期资金的流动性，解决季节性和临时性的资金周转问题。

（3）货币市场的交易品种大都是银行和政府以及工商企业发行的短期证券，以流动性强和风险小为特征。

（4）货币市场不是单一的金融市场，它是由各种不同类型的证券市场所构成，各个市场从事不同类型的信用活动，但彼此之间相互联系、互相影响。

（5）货币市场的主要参与者包括机构参与者和专业交易员。机构参与者包括商业银行、中央银行、保险公司、金融公司、工商企业和政府。而专业交易人员则包括证券经纪商、证券交易商等等。个人投资者往往是通过金融中介机构参与该市场内活动。

（6）货币市场中的各种金融创新围绕参与者最大限度地降低交易的风险、增加交易的收益性展开。

二、货币市场的主体

由于货币市场交易对象的特殊性，对于参与交易人员的资信程度、自有资本、交易经验等均有着严格的限制，由于这些证券的交易在许多情况下是大宗交易，个人投资者难以参与这些证券的买卖，他们是通过货币市场基金来间接参与这些证券的投资的。货币市场的参与者主要是机构与专门从事货币市场业务的专业人员。机构类参与者包括商业银行、中央银行、非银行金融机构、政府、非金融性企业；货币市场专业人员包括经纪人、交易商、承销商等。

（一）政府

政府参与货币市场的主要目的是筹集资金以弥补财政赤字，以及解决财政收支支付过程中短期资金不足的困难。财政发行债券的期限有短、中、长期之分。发行何种期限的债券取决于政府债务管理的考虑。政府债务管理的一个基本原则就是保证发行顺利和发行成本最低。一般来说，资本市场的利率走势不易预测，这给政府确定适当的国债利率带来一定的困难，如利率定得过高，会使发行价格低于面值，发行成本过高。货币市场利率相对稳定，容易预测，有助于降低发行成本。因此，货币市场是政府筹措资金、尤其是短期资金的重要场所，由于政府参与货币市场的主要目的是筹集资金，因此，政府在货币市场中的活动主要集中于发行市场。从外国经验看，国债的规模越大，政府参与货币市场的程度越高，短期国债发行与交易对货币市场的影响就越大。

（二）中央银行

中央银行是货币市场的主要参与者。中央银行参与货币市场的主要目的是通过进行公开市场交易，实现货币政策目标。中央银行运用货币政策工具，调节货币数量和利率水平，实现宏观经济调控的目的，已成为20世纪30年代以来各国的普遍做法。货币政策工具中，公开市场业务，已经被越来越多的人认为是一种相对灵活、有效的政策工具。由于公开市场业务对市场的规模、市场流动性均有较高的要求，而货币市场拥有大量信誉较高、流动性较强的短期国债，货币市场便成为中央银行进行公开市场业务操作的理想场所。鉴于中央银行参与货币市场的主要目的，其活动基本集中于货币市场的二级交易市场。出于货币政策的考虑，中央银行在货币市场上的活动往往十分频繁并且规模较大。

（三）商业银行

商业银行参与货币市场的主要目的，是为了进行头寸管理。商业银行的头寸不是银根，是指在某一时点上银行可以营运的资金，一般以天为计。头寸多少取决于一天以前资金来源增长和各项未到期金融资产的差额。银行头寸不能太多也不能太少，头寸少了会影响经营，头寸多了会影响盈利，这决定了银行经营的一个重要内容就是调度头寸。银行调度头寸的重要途径是参与货币市场交易，以借贷和买卖短期证券的方式取得或售出头寸。由于商业银行的经营性质与经营规模决定了它在货币市场上每次交易的量较大，交易频繁。因此，商业银行是货币市场参与者中的大户。

（四）非银行金融机构

保险公司、养老基金和各类共同基金，也是货币市场的重要参与者。它们参与货币市场的主要目的，是希望利用该市场提供的低风险、高流动性的金融工具，实现最佳投资组合。这类金融机构的共同特点是拥有大量个人的长期资金，通过专家式的投资运作和管理，在追求高投资利润的同时，尽可能降低风险。为此，需要将资产组合调整到一个最佳位置，即资产构成中不仅包含高收益率的风险资产，还必须包含收益率虽低，但风险亦低的资产。市场价格、风险、收益率的频繁变动，使得这些金融机构频繁出入于货币市场，以实现资产组合调整的目标。保险公司与各类基金参与货币市场活动的主要目的，决定了他们更看中的是这个市场高流动性与低风险性，而非盈利性。

（五）金融专业人员

参与货币市场的金融专业人员指该市场上的经纪人、交易商和承销商。他们接受客户的委托进行证券发行与交易，或直接进行交易。货币市场专业人员一般是以证券公司和投资银行人员的身份出现的。他们长期活跃于各类证券市场上，扮演经纪人、交易商和承销商的角色。货币市场专业人员中的一部分还具有做市商的资格。做市商（market maker）在发行市场中的作用是充当承销商，即买进新发行的证券，然后向零售商及最终投资人推销。做市商在流通市场上的作用是不断提出买卖价格。这些报价一部分是为做市商自己提出，另一部分是为其他非做市商的交易商提出。不断公开报价的作用在于维持市场稳定交易品种的交易作价。货币市场专业人员通过进行以上活动，可以取得佣金收入和差价收入。收入的高低取决于市场交易的规模、证券上市规模以及价格变动的幅度。

（六）企业

企业参与货币市场活动的目的，是调整流动性资产比重，取得短期投资收益。非金融企业，如从事贸易、工农业生产、通讯、交通等行业的企业，经营过程中会形成一定数量的短期闲置资金。这些资金闲置期可能很短，如果存在银行活期存款账上，将无分文利息，但投入于流动性高的货币市场，却能取得可观的利息收入，并且不至于冒很大资本金损失的风险。因此，货币市场流动性高低以及收益水平的高低，都是企业关注的对象。

三、国内货币市场工具

（一）短期国债

短期国债是政府为满足先支后收所产生的临时性资金需要而发行的短期债券，又称国库券。在国外，国库券是指国家为了解决急需的预算开支而由财政部发行的一种国家债券。中央政府发行国库券的主要目的是筹措短期资金，弥补财政收支短期不平衡。国库券由于期限短，因此流动性强；又由于是中央政府发行，故还本付息的可靠性高。有些国家还规定购买国库券的投资收益可免缴个人所得税。因此，国库券常常被人们称为“金边证券”。国库券现已发展成为重要的短期信用工具，在货币市场上占有重要地位。

（1）对发行人来讲，有利于用经济方法弥补国家财政收支差额，发挥国家财政在国家经济建设中的主导作用。

（2）对投资者来讲，是短期资金投资的重要市场。国库券在市场上之所以受到欢迎，是由它本身的特征所决定的。

（3）对中央银行来讲，是贯彻其货币政策的首要场所。

国库券的发行通常采取招标投标制。财政部确定本次发行规模以后，向社会公告。各投标人在一定的约束条件下，报出自己拟购买的数量和价格。投标有两种形式，一种是竞争性投标，出价最高者首先中标，之后按出价顺序，由高到低依次配售，直至售完为止。另一种是非竞争性投标，适用于一些小规模的金融机构，它们无力或不愿意参与竞争性投标，便按照竞争性投标决出的最高价和最低价的平均数购买。国库券的发行价格一般采用贴现价格，即以低于票面金额的价格发行，国库券的票面金额减去贴现利息作为发行价格。到期再按票面金额足值偿付。发售价格与票面额之差额即为国库券的利息。

世界上最早的国库券出现在1877年的英国。美国首次发行国库券是1929年，在美国，时间3个月到1年的短期国库券，由联邦储备银行在每周的拍卖市场上出售，方式按票面金额以折扣方式发行，利率被定在足以吸引过多认购者的水平上。原则上任何人都可以参与认购，但大多数新债券都卖给了银行、政府债券商与其他金融机构。由于政府举债信誉很高，国库券又具有期限短、价格波动幅度与风险都比较小的特点，因而成为货币市场上重要的融资工具。我国自1981年恢复发行国库券，但我国的国库券大多数是中长期债券，因此并非国际上通常意义的国库券。

（二）大额可转让存单

大额可转让定期存单（简称CD）是由银行发行的、规定一定期限的、可在市场上流通转让的定期存款凭证。CD与一般定期存款单的主要差别是：

（1）不记名。可以自由转让，持有者需用现款时即可在市场上转让出售。

（2）金额固定，面额大。美国的CD最低起价为10万美元。存单的期限通常不少于2周，大多为3～6个月，一般不超过1年。CD的利率略高于同等期限的定期存款利率，与当时的货币市场利率基本一致。

（3）允许买卖、转让。这一金融产品集中了活期存款和定期存款的优点。

CD发行采取批发和零售两种形式。批发发行时，发行银行将发行CD的总额、利率、期限、面额等有关内容预先公布，等候认购。零售发行时，发行银行随时根据投资者的需要发行，利率可以双方议定。许多CD发行不通过经纪人和交易商，由发行银行直接向大企业或自己的客户出售。因为这样做可以增加发行银行经营状况的透明度，保证发行银行始终如一的良好信誉形象。

CD交易市场上的主要交易者是为数不多的专职交易商，他们一方面积极参与CD的发行，同时努力创造和维持良好的二级交易市场，保证CD发行市场的顺畅。交易商们这样做时，主要是随时对零售商和其他投资人提出买卖价格，不断地活跃市场。

CD不仅面额较高，交易起点额更高（如美国为100万美元），这在很大程度上限制了个人投资者进入市场，但却为机构投资者提供了大规模交易的条件。

CD是1961年首创于美国花旗银行，实际上是20世纪60年代美国的银行界为逃避法律管制而推出的一项金融创新措施。在我国，CD业务是从1986年开始的，投资者主要是个人，面额为500元及其整数倍。期限有1个月、3个月、6个月、9个月和一年，不分段计息，逾期不计利息。利率水平通常是在同期定期储蓄存款的利率基础上再加上1～2个百分点。大额可转让定期存单在我国的发展非常缓慢。

（三）商业票据

商业票据指发行体为满足流动资金需求所发行的、期限为2天至270天的、可流通转让的债务工具。一般是指商业上由出票人签发，无条件约定自己或要求他人支付一定金额，可流通转让的有价证券，持有人具有一定权力的凭证。商业票据是用以确定商业信用活动中债权关系的凭证。在法制国家，商业票据的使用通常以该国颁布的票据法为保证。商业票据的基本特征是：

（1）确立商业活动中的债权债务关系。商业票据一经生效，商业活动中的债权人和债务人就成为受商业票据内容约束的票据关系人，各自的权利和义务随之确定。

（2）商业票据是一种有价票证，以一定的货币金额表示其价值。这种价值在票据的有效期内一直存在，并且可以随票据持有人的变更而转让。

（3）商业票据具有法定的式样和内容。其票面所载内容必须合乎法律要求，一般必须载明票据种类名称、金额、付款人名称、收款人名称、支付日期、发票人签字等各项内容。

（4）商业票据的有效性与商业活动的内容和取得票据的过程无关，是一种无因票证。只要票据是真实的，付款人不得以任何理由拒付。

（5）商业票据是可以转让流通的。商业票据有确切的偿还期限，在偿还期到达时，债务人支付票款，持票人则将票据交还债务人，票据关系随债权关系的终结而消失。但在偿还期到达之前的票据有效期内，票据的持票人是可以变更的。这种变更引起了票据的转让和流通，也使资金融通有了更灵活的形式。

商业票据有商业汇票和商业本票两种形式。商业票据既是用以证明债权债务关系的凭证，又是融通资金的重要工具。商业票据在签发时，无须担保和抵押品，票据一经生效，交易活动中的买方就可以负债的方式代替即期支付，得到了资金融通。对于卖方来说，货物售出后并未得到现款，而是以票据约定了将来收款的期限。但这并不意味着这笔资金一直会被占压到票据到期之日，当需要资金时，可以将手中的票据做多种处理：

（1）背书转让。在相互了解信用状况的企业之间，商业票据可以直接充当支付手段，用于购买商品或清偿债务，接受转让的受票人在需要资金支付时还可以再行转让票据。这样，商业票据事实上就代替了交易中所需的货币资金，并在市场上流通周转。票据在转让时要经过背书手续。所谓背书，就是指票据的持票人在转让票据时，在票据背面签章并作日期记载，表明对票据的转让负责。持票人经背书转让了票据后，就成为票据的背书人。多次转让的票据，就会有多个背书人。背书人要对票据的清偿负连带责任。当票据到期，持票人要求承兑人付款而遭到拒绝时，背书人和发票人将依次承担付款责任。

（2）票据贴现。商业票据的持票人在需要资金时，可以将持有的未到期票据提交给银行，银行按照票面金额扣除利息后将余款付给票据持有人，收进票据，待票据到期后，由银行向付款人收款。显然，票据贴现是持票人通过向银行转让票据而获得资金的行为。其实质是持票人将票据出卖给银行，从而提前收回垫付于商业信用活动中的资金。对于银行来说，办理贴现业务就是发放了一笔短期商业贷款，是以银行信用来保证商业信用，是以银行贷款来润滑商业票据的流通。

（3）票据抵押。商业票据的持票人可以通过向银行申请贴现的方式得到资金，也可以将票据作为抵押物向银行申请抵押贷款。票据抵押贷款的期限不超过票据未到期的期限。与贴现不同的是，作为抵押的票据并不是由银行在票据到期时向票据的债务人收款，而是在贷款期限到达时由借款人向银行还贷赎票，只有在不能还贷赎回票据的情况下，银行才处理票据。

在发达的市场经济中，已经形成了规范有序的票据市场。这是企业实现流动资金正常、高效运转所必需的市场。票据市场是票据被作为融资工具灵活运用的结果，而这一市场的发展又进一步强化了票据的融资功能。商业票据市场主要是指商业票据的流通及转让市场，包括票据承兑市场和票据贴现市场。

（1）票据承兑市场。承兑是指汇票到期前，汇票付款人或指定银行确认票据记明事项，在票面上做出承诺付款并签章的一种行为。汇票之所以需要承兑，是由于债权人作为出票人单方面将付款人、金额、期限等内容记载于票面，从法律上讲，付款人在没有承诺前不是真正的票据债务人。经过承兑，承兑者就成了汇票的主债务人，因此，只有承兑后的汇票才具有法律效力，才能作为市场上合格的金融工具转让流通。由于承兑者以自己的信用作保证，负责到期付款，故若委托他人或银行办理承兑，需支付承兑手续费。在国外，汇票承兑一般由商业银行办理，也有专门办理承兑的金融机构，如英国的票据承兑所。

（2）票据贴现市场。票据贴现是指票据持有者为取得现金，以贴付利息为条件向银行或贴现公司转让未到期票据的融资关系。票据贴现可以使工商企业的资本从票据债权形式转化为现金形式，从而有利于资金周转，使资金循环顺利进行。贴现交易的工具是经过背书的汇票和本票以及政府国库券与短期债券。商业银行贴入票据，目的在于获取利润，一般情况下，会将购入票据保存到期，向承兑人收取票款，还复本息。如在实际经营中急需资金，商业银行可用贴入票据向中央银行再贴现，中央银行运用再贴现率来调节或控制商业银行的信贷规模，保持适当的市场货币供给量。

与一般的银行贷款相比，票据贴现具有以下几种特点：

①票据贴现体现的是票据债权债务关系，而非借贷契约关系。

②票据贴现由于涉及票据的背书和承兑，涉及多方当事人。

③经过贴现之后的票据还可以转贴现或再贴现，因此流动性较好。

④票据贴现的时间较短，一般为 3 个月至 6 个月。

⑤由于票据贴现的风险较小，其利率一般低于银行贷款利率，并且票据贴现的利息在贴现时先从票面金额中扣收的。

我国票据市场主要以商业汇票为主。1981 年，我国试行商业票据承兑和贴现业务。1995 年 5 月，《中华人民共和国票据法》在第八届人大第十三次会议上获得通过，并于 1996 年 1 月正式生效。该法对规范票据行为，保障票据活动中当事人的合法权益，理顺社会主义市场经济下的各种信用关系，促进票据承兑和贴现市场健康发展具有重要意义。加快培育我国的票据市场是发展我国金融市场的重要组成部分。

（四）回购协议

回购协议是指按照交易双方的协议，由卖方将一定数额证券临时性地出售给买方，并承诺在日后将该证券如数买回。买方也承诺在日后将买入的证券售回给卖方。回购协议在表面上看是一笔证券买卖业务，而实质是以证券为抵押品的短期资金融通，通过回购协议融资的市场便称为回购协议市场。回购价格可以内含利息，大于售价，即售价加利息，也可以与售价相同，但需加付利息。由于卖方也有可能违约，为保护买方，卖方卖出证券时通常交存买方一定的保证金。也就是说，卖方出售证券实际获得的资金是售价减除保证金。尽管回购协议涉及证券的买卖，但从性质上说，它相当于一笔以证券为抵押品的抵押贷款。反向回购协议是从买方角度来看的同一笔回购协议交易，即买方按照协议向卖方买进证券并承诺在日后将该证券卖回给卖方，售价应加上卖方应付的利息。每笔回购协议交易由一方的回购协议和另一方的反向回购协议组成。

回购协议交易的特点是：金额大，期限短，风险小，但收益较低。因此，回购协议是一种有效、安全的短期融资工具，投资者和筹资者都愿意利用这一工具获取收益或筹措资金。回购协议市场的参加者比较广泛，有金融机构，包括银行和非银行金融机构、企业以及政府等。

回购协议的期限分隔夜、定期和连续性合约三种，其中以隔夜占多数。隔夜是指卖出和买回证券相隔一天，相当于日拆。定期是指卖出和买回的时间规定为若干天，回购协议交易的主要问题是利率风险或市场风险，即由于利率变动而导致所持有的抵押品证券的市价变动，回购协议的期限越长，这种可能性越大。

无论在西方国家还是在我国，国债都是主要的回购交易对象。国债回购交易的开展，增强了一些投资者购买长期国债的信心，当他们遇到临时性资金短缺时，可以通过国债回购交易解决资金头寸不足问题。国债回购业务还增强了券商参与国债发行和国债流通的能力，通过国债回购交易，券商可以筹得大量的资金，一方面解决了国债认购中资金短缺的问题，另一方面使其有能力进行券商的基本活动。近年来，定期存单、商业票据等都有回购协议形式。我国国债回购业务的运行试点始于 1991 年。我国的国债回购市场还很不成熟，中央银行的国债资产比重过小，商业银行参与回购交易的动力显得不足，回购市场的制度管理和运作技术亟待完善。另外，有待于建立起一个统一的国债回购市场。

模块三
债　　券

任务描述

了解债券的特点和种类；理解债券风险的内涵；掌握债券投资的技巧。

业务描述

选取一家上市公司发行的可转债，对公司的可转债发行公告、募集公告及募集说明书中的相关条款进行熟悉掌握，结合公司的股票价格给出投资决策。

一、债券的含义

（一）债券的定义

债券是国家政府、金融机构、企业等机构直接向社会借债筹措资金时，向投资者发行，并且承诺按规定利率支付利息并按约定条件偿还本金的债权债务凭证。由此，债券包含了以下四层含义：

(1) 债券的发行人（政府、金融机构、企业等机构）是资金的借入者。

(2) 购买债券的投资者是资金的借出者。

(3) 发行人（借入者）需要在一定时期还本付息。

(4) 债券是债的证明书，具有法律效力。债券购买者与发行者之间是一种债权债务关系，债券发行人即债务人，投资者（或债券持有人）即债权人。

（二）债券的特征

债券体现的是债券持有人与债券发行者之间的债权、债务关系，具有以下特征：

(1) 偿还性。债券一般都规定有偿还期限，发行人必须按约定条件偿还本金并支付利息。

(2) 流通性。债券一般都可以在流通市场上自由转让。

(3) 安全性。与股票相比，债券通常规定有固定的利率。与企业绩效没有直接联系，收益比较稳定，风险较小。此外，在企业破产时，债券持有者享有优先于股票持有者对企业剩余资产的索取权。

(4) 收益性。债券的收益性主要表现在两个方面：一是投资债券可以给投资者定期或不定期地带来利息收入；二是投资者可以利用债券价格的变动，买卖债券赚取差额。

（三）债券与股票的区别

(1) 性质不同。债券的发行者与投资者之间是债权债务关系，而股东与股份公司之间是所有权关系。

(2) 责任不同。债券持有人不能参与发行公司的经营管理活动，而股票持有人通过一定形式参与公司的经营管理。

(3) 期限不同。债券必须有到期日，而股票没有。

(4) 发行主体不同。股票只能由股份公司发行，而债券的发行主体并不限于股份公司。

(5) 财务处理不同。公司发行债券所筹集的资金列为公司的负债，所需支付的债息作为公司的成本费用支出；而发行股票所筹集的资金列为公司的资产，股票的股息红利则属于利润分配。

(6) 收益不同。债券收益具有稳定性，其收益率实现确定，一般与企业经营状况无关；而股票收益具有不稳定性，其收益与企业经营状况密切相关。

(7) 清偿顺序不同。当企业因经营不善破产倒闭或解散时，债券优于股票清偿。

二、债券的基本要素

（一）面值

债券面值（Par Value 或 Face Value）是指债券发行时所设定的票面金额，它代表着发行人借入并承诺于未来某一特定日期（如债券到期日），偿付给债券持有人的金额，我国发行各类债券的面值通常为 100 元。

（二）期限

债券的期限（Term）是指债券发行时就确定的债券还本的年限，债券的发行人到期必须偿还本金，债券持有人到期收回本金的权利得到法律的保护。

（三）票面利率

指债券发行人每年向投资者支付的利息占票面金额的比率。债券的票面利率通常以年利率（Annual Coupon Rate）来表示。

（四）发行价格

债券投资者认购新债券时实际支付的价格。债券的发行价格（Issue Price）可能不等同于债券面值。当债券发行价格高于面值时，称为溢价发行；当债券发行价格低于面值时，称为折价发行；当债券发行价格等于面值时，称为平价发行。影响债券价格变动的因素主要有债券收益率（债券收益率越高，债券价格越低）、市场利率（市场利率上升，债券价格下跌）、市场供求（市场对债券的需大于供，债券价格就上升）、发行者的信誉、经营状况等因素。

（五）信用级别

信用级别是指债券发行人按期履行合约的规定，足额支付利息和本金的可靠程度。信用级别越低的债券，风险越大，投资者要求的收益率越高。国家财政发行的国库券和国家银行发行的金融债券，由于有政府的保证，通常不参加债券信用评级。而对于一些信用等级较低的企业，在发行债券时，为了提升投资人的信心，规避兑付风险，可以由更高信用级别的企业甚至银行等金融机构为其正常还本付息提供担保，以此达到所谓“信用增级”（Credit Enlancement）的效果。

三、债券的种类

（一）按发行主体划分

1. 政府和政府机构债券

（1）政府债券。政府为筹集资金而发行的债券。主要包括国债、财政债券等，其中最主要的是国债。国债因其信誉好、利率优、风险小而又被称为“金边债券”。国债是一种收入稳定、风险极低的投资工具，这一特性使得国债利率处于整个利率体系的核心环节，并且成为其他金融工具定价的基础。国债市场的高效运行有助于形成市场基准利率，及时反映出金融市场的资金供求状况。另外，中央银行通过在二级市场上买卖国债来进行公开市场操作，借此吞吐基础货币，调节货币供应量和利率。

（2）政府机构债券。政府机构债券是由一国中央政府部门（除财政部外）或其所属机构发行的债券。例如，美国的联邦机构债券（Federal Agency Securities）就是由美国联邦政府所属机构或联邦政府创办的经营机构发行的债券。联邦政府机构债券属于政府债券的一个组成部分，具有政府债券的一些特点，例如风险小、安全性高等。所不同的是，政府债券可以通过增发纸币来实现其无限的清偿权；而政府机构债券的信誉是靠政府的支持和资助才得以实现的。联邦政府机构债券所筹资金的用途不同于政府公债，后者广泛地用于政府的各项财政开支，只有少数用于特定的建设项目，而前者所筹资金主要用于各个不同的行业，以实现其各自特定的职能。比较知名的美国联邦政府机构债券包括联邦国民抵押贷款协会（Federal National Mortgage Association，简称房利美（Fannie Mae））和联邦住房抵押贷款公司（Federal Home Loan Mortgage Corp，简称房地美（Freddie Mac））发行的债券。这两家均为私人拥有的上市公司，但它们是作为美国联邦法律创建的“政府赞助企业”，可以享受特殊的权利，包括它们可以免交各种联邦及州政府的税收。它们发行的债券也具有较高的信用等级。因此，2008 年 11 月 25 日，美联储宣布将从两大住房抵押贷款机构——房利美和房地美以及联邦住房贷款银行购买最高达 1 000 亿美元的机构债（Agency Debt），用于刺激经济复苏，这一举动被称为量化宽松政策（Quantitative Easing Policy，QE）。2009 年 3 月 18 日又宣布将机构债的采购额最高增至 2 000 亿美元。

我国的中央银行票据也可看作是一种特殊的政府机构债券，它是中央银行为调节货币供应量和短期利率，而向商业银行等机构发行的短期债务凭证，其实质是中央银行债券。之所以叫“中央银行票据”，是为了突出其短期性特点。从已发行的央行票据来看，期限主要有 3 个月、6 个月、12 个月及 3 年。其中，3 个月和 12 个月期限的央票所占比例最大。我国的央行票据最早出现于 2002 年 6 月，当时出现的背景是外汇占款持续上升而导致基础货币增加和银行体系内流动性过剩。为确保稳健货币政策的实施，央行将原本由商业银行持有、可以直接用于发放贷款的超额准备金存款，转变为仍由商业银行持有、但却不能直接用于发放贷款的央行票据，减少了可贷资金量；从而起到与提高法定存款准备金率来吸收超额存款准备金的相同效果，同时在一定程度上也避免了对金融体系造成猛烈冲击，产生过于强烈的紧缩信号。但近些年来，巨额的央行票据存量，加大了央行的利息支出；而且央行票据集中到期带来的还本付息压力，可能会导致基础货币的大幅增加，从而增加货币调控的难度。在这种情况下，自 2012 年以来，我国中央银行暂停了央行票据的发行，而改为通过短期回购操作调节市场的流动性。

2. 金融债券

是由银行和非银行金融机构发行的债券。在我国目前金融债券主要由国家开发银行、进出口银行等政策性银行发行。三大政策性银行（国家开发银行、中国农业发展银行和中国进出口银行）所发行的政府性金融债，其信用级别较高，也可看作是政府机构债券。发行政策性金融债的主要目的是为政策性银行筹集资金。其发行对象主要是国有商业银行、区域性商业银行、保险公司和农村信用社等金融机构。我国政策性银行担负着贯彻国家产业政策、支持国家重点建设的重要职能，其资金来源除了国家财政拨款外，主要是靠发行政策性金融债。作为规模仅次于国债的债种，政策性金融债有力地支持了国家大中型基础设施、基础产业、支柱产业的发展，为缓解瓶颈制约、调整产业和区域经济结构，促进整个国民经济健康发展发挥了重要作用。2004 年以前，国家开发银行和中国进出口银行是政策性金融债的唯一两家发行人，其中又以国家开发银行为主要发行体，其发行的“国开债”占整个政策性金融债券发行量的 90% 以上。2004 年以后，中国农业发展银行正式恢复政策性银行债券的发行业务。这三家政策性银行债券的信用等级较高，仅略低于国债，长期以来享有国家信用等级，能够持续以低成本在债券市场融资。但随着国家开发银行商业化改革的推进，一些机构开始将国开行债券作为与商业银行债券相当的信用产品来对待。

3. 公司（企业）债券

公司债券是公司为了筹措资金发行的一种债权债务契约，承诺在未来特定日起偿还本金并按事先规定的利率支付利息的有价证券。狭义的公司债券指的是股份公司发行的债券。

公司债券是指企业依照法定程序发行、约定在一定期限内还本付息的有价证券。由于公司债券的还款来源是公司的经营利润，而任何一家公司的未来经营都存在很大的不确定性，因此公司债券持有人承担着损失利息甚至本金的风险，这使得公司债的信用风险要高于前面介绍的其他三类债券。当然，按照风险与收益成正比的原则，公司债券预期的收益水平也较高。另外，对于某些公司债券而言，发行者与持有者之间可以相互给予一定的选择权。

在发达国家的债券市场中，企业债与公司债并没有明确的区分，但在我国，企业债一般是指由中央政府部门所属机构、国有独资企业或国有控股企业发行的债券，因而严格意义上讲带有极强的政府信用性质，并不是真正意义上有信用风险的公司债。随着经济市场化程度的提高，中国证监会于2007年8月14日公布了《公司债券发行试点办法》，将公司债券明确为是由股份有限公司或有限责任公司发行的债券，其后长江电力股份有限公司发行了国内首笔公司债。发展我国公司债市场，对于拓展企业融资渠道、丰富证券投资品种、完善金融市场体系以及促进资本市场协调发展都具有重要意义。

另外，中期票据（Medium－term Notes，MTN）也是公司债的一种重要形式。它是一种经监管当局一次注册批准后、在注册期限内可以多次发行的债券。最早的中期票据可以追溯到1972年，通用汽车承兑公司（General Motors Acceptance Corporation）首次发行了期限不超过5年的债务工具，以优化其资产负债管理。由于其期限介于商业票据和公司债券之间，因而被形象地称作“中期票据”。1982年3月美国证监会颁布了415规则（Rule 415），允许中期票据的发行采用注册制度（Shelf Registration），在注册后两年的有效期内，可以根据市场变化分批发行，且每次发行时可灵活确定发行规模、发行利率等，且不再需要获得监管部门的核准。这种一次注册、分批发行的灵活操作，使得企业对于票据的发行时机和发行条款具有灵活的选择权。随着中期票据市场的发展，中期票据已成为美国公司债券的主要品种。中期票据的期限也不再限于2～5年之间，10～30年之间的中期票据也变得较为普遍。这使得“中期票据”这一叫法更多的是出于惯例，而与实际内容有些差异。

2008年4月，中国人民银行发布《银行间债券市场非金融企业债务融资工具管理办法》，中国银行间市场交易商协会发布《银行间债券市场中期票据业务指引》和《银行间债券市场非金融企业债务融资工具注册规则》等七项自律规则，铁道部等七家大型央企获批总额度高达1 190亿元的发行注册，并开始实施首期的发行工作。这些重大举措标志着中国银行间债券市场中期票据业务的正式开启。作为我国债券市场上的一个新品种，中期票据具有“一次注册、分批发行”的特点，减少了发行的中间环节；同时对我国当前缺乏的1～5年的企业债券品种作了很好的填补，对于企业融资以及中国资本市场的发展具有深远的意义。据联合资信发布的2011年度中期票据市场分析报告，2011年中期票据发行量已达7 269.70亿元同比增长47.64%。

（二）按计息方式划分

1. 贴现债券

零息债券（Zero Coupon Bonds）又称为贴现债券，指债券券面上不附有息票，发行时按规定的折扣率，以低于债券面值的价格发行，到期按面值支付本息的债券。贴现债券的发行价格与其面值的差额即为债券的利息。一般而言，贴现国债一般期限较短，例如，美国的每周四发行4周、13周、26周国库券，均是以贴现债券的形式发行，其中的13周（三个月期）国库券债的发行利率已成为全球金融市场重要的基准利率。我国1996年推出贴现国债品种。根据财政部1997年的规定，期限在一年以内（不含一年）以贴现方式发行的国债归入贴现国债类别。

2. 一次还本付息债券

一次还本付息债券是指债券到期时和本金一起一次性付息、利随本清。

3. 附息债券

附息债券（Coupon Bond）指债券券面上附有息票的债券，是按照债券票面载明的利率及支付方式支付利息的债券。息票上标有利息额、支付利息的期限和债券号码等内容。持有人可从债券上剪下息票，并据此领取利息。附息国债的利息支付方式一般是在偿还期内按期付息，如每半年或一年付息一次。是指在每一期都能获得一个现金流量的债券，又叫息票债券。它又可进一步分为固定利率债券（固定票息债券）和浮动利率债券（浮动票息债券）。

4. 单利债券

单利债券是指在计息时，不论期限长短，仅按本金计息，所生利息不再加入本金计算下期利息的债券。

5. 复利债券

与单利债券相对应，指计算利息时，按一定期限将所生利息加入本金再计算利息，逐期滚动计算的债券。

6. 累进利率债券

累进利率债券是指年利率以利率逐年累进方法计息的债券。累进利率债券的利率随着时间的推移，后期利率比前期利率更高，呈累进状态。

（三）按利率确定方式划分

1. 固定利率债券

固定利率债券是指在发行时规定利率在整个偿还期内不变的债券。因此，债券发行人和投资者必须承担市场利率波动的风险。如果未来市场利率下降，发行人能以更低的利率发行新债券，则原来发行的债券成本就显得相对高昂，而投资者则获得了相对现行市场利率更高的报酬，原来发行的债券价格将上升；反之，如果未来市场利率上升，新发行债券的成本增大，则原来发行的债券成本就显得相对较低，而投资者的报酬则低于购买新债券的收益，原来发行的债券价格将下降。

2. 浮动利率债券

浮动利率债券是与固定利率债券相对应的一种债券，它是指发行时规定债券利率随市场利率定期浮动的债券，其利率通常根据市场基准利率加上一定的利差来确定。浮动利率债券往往是中长期债券。由于利率可以随市场利率浮动，采取浮动利率债券形式可以有效地规避利率风险。

（四）按偿还期限划分

可将债券分为长期债券、中期债券和短期债券。长期债券期限在10年以上，短期债券期限一般在1年以内，中期债券的期限则介于二者之间。短期债券又包括短期国债、央行票据、短期融资券等，其主要特点是期限在1年以内，有很强的流动性。（注：我国企业债券的期限划分与上述标准有所不同。我国短期企业债券的偿还期限在1年以内，偿还期限在1年以上5年以下的为中期企业债券，偿还期限在5年以上的为长期企业债券）。

在我国的短期债券中，值得一提的是短期融资券和超级短期融资券。短期融资券是指中华人民共和国境内具有法人资格的非金融企业，依照《短期融资券管理办法》规定的条件和程序，在银行间债券市场发行并约定在一定期限（一般是一年）内还本付息的有价证券。超级短期融资券（Super & Short - term Commercial Paper，SCP），是指具有法人资格、信用评级较高（一般为中央AAA级企业）的非金融企业在银行间债券市场发行的，期限在270天（九个月）以内的短期融资券。SCP期限最短为7天，也可以此类推为14天、21天等，但最长期限不超过九个月。SCP比短期融资券更为灵活，可以满足企业短期流动资金不足的瓶颈，有助于提高企业流动性管理水平，特别适合财务集中管理的大型企业集团；在利率上也比银行流动性贷款更有竞争优势、更市场化，而银行贷款还要受制于央行的管制利率。目前超短期融资券试点范围包括九家大型国有企业及中国铁道部，根据试点结果将会决定是否进一步扩大到其他企业。九家大型企业分别为中国国家电网公司、中国南方电网有限责任公司、中国石油天然气集团公司、中国石油化工股份有限公司、中国海洋石油总公司、神华集团有限责任公司、中国电信集团公司、中国联通集团及中国移动有限公司。自2010年12月推出超级短期融资券以来，截至2012年5月初，7家超级央企和3家发电企业发行SCP，共注册4 300亿元，累计发行3 480亿，存续期余额1 580亿元。其中3个月期占比24.7%，6个月期占35.9%，9个月期占比39.4%

另外，从广义上讲，同业拆借和债券回购作为一种短期债务融资工具，也可看作是一种短期固定收益证券。同业拆借，或同业拆款、同业拆放、资金拆借，是指具有法人资格的金融机构及经法人授权的金融分支机构之间进行短期资金融通的行为。同业拆借发生量大，交易频繁，对市场反应敏感，能作为一国银行利率的中间指标。同业拆借除了通过中介机构进行外也可以是双方直接联系，同业拆借期限短，一般为1~2天，最多不过1~2周，拆款利息按日计算，拆息变化频繁，甚至一日内都会发生变化。同业拆借的资金主要用于弥补银行短期资金的不足、票据清算的差额以及解决临时性资金短缺需要。同业拆借市场亦称“同业拆放市场”，是金融机构之间进行短期、临时性头寸调剂的市场。

债券回购是指债券持有人（卖方）在将债券卖给债券购买人（买方）时，以契约方式约定在将来某一日期以约定的价格（本金和按约定回购利率计算的利息），由债券的卖方向买方买回相等数量的同品种债券的交易行为。实际上，债券回购可看作是债券持有人（卖方）将债券抵押给债券购买方，从债券购买方短期借入资金的一种行为，因而也可将两个主体称为融资方（债券卖方）和融券方（债券买方）。国债回购包括正回购和逆回购两种，根据国际通常做法，从交易发起人的角度出发，凡是抵押出债券，有效借入资金的交易就称为进行债券正回购；凡是主动贷出资金，获取债券质押的交易就称为进行债券逆回购。

（五）按信用等级划分

信用评级机构对债券进行评级的主要原因是方便投资者进行债券投资决策。如果发行者到期不能偿还本息，投资者就会蒙受损失，这种风险称为信用风险。债券的信用风险因发行后偿还能力不同而有所差异，对广大投资者尤其是中小投资者来说，事先了解债券的信用等级是非常重要的。由于受到时间、知识和信息的限制，无法对众多债券进行分析和选择，因此需要专业机构对准备发行的债券还本付息的可靠程度，进行客观、公正和权威的评定，也就是进行债券信用评级，以方便投资者决策。债券信用评级的另一个重要原因，是减少信誉高的发行人的筹资成本。一般来说，信用等级越高的债券，越容易得到投资者的信任，能够以较低的利率出售；而资信等级低的债券，风险较大，只能以较高的利率发行。

垃圾债券（Junk Bond）也称为高风险债券，是指根据美国两大债券评级机构穆迪和标准普尔的评定结果，评信级别在标准普尔公司BB级或穆迪公司BA级以下的公司发行的债券，属于可能无法偿付类别的公司债券，垃圾债券向投资者提供高于其他债务工具的利息收益，因此垃圾债券也被称为高收益债券（High Yield Bond）。但由于垃圾债券的发行主体信用评级都比较低，因此相对于投资级债券而言，垃圾债券的投资风险更大，投资者更容易遭受因发行者到期无法偿还本息的违约风险。

20世纪80年代垃圾债券在美国能风行一时，主要有以下几个原因：一是20世纪80年代初正值美国产业大规模调整与重组时期，由此引发的更新、并购所需资金单靠股市是远远不够的，加上在产业调整时期这些企业风险较大，以盈利为目的的商业银行不能完全满足其资金需求，这是垃圾债券应时而兴的重要背景。二是美国金融管制的放松，也是造成素质低下的垃圾债券纷纷出笼的原因。再就是80年代后美国经济步入复苏，经济景气使证券市场更加繁荣。在经济持续旺盛时期，人们对前景抱有美好憧憬，更多地注意到其高收益而忽略了风险，商业银行、证券承销商及众多投机者都趋之若鹜，收购者、被收购者、债券持有者、发行人和包销商都有利可获。

作为企业的一种直接融资工具，垃圾债券有助于企业经营状况的改善。第一，垃圾债券市场的繁荣可以使企业尤其是中小企业以低利率借债，企业在融资成本降低的情况下获利能力将得到显著增强；第二，垃圾债券让实力更弱的公司在业务回暖之前获得财务上的喘息空间；第三，垃圾债券的繁荣将有力地激活企业并购尤其是杠杆并购。利用发行垃圾债券来筹集资金对被收购公司的股权进行收购的行为，在西方证券市场上被称作杠杆收购。与垃圾债券市场繁荣相伴随的是杠杆并购的大量涌现。当然，垃圾债券的发行人所背负的沉重债务负担有可能使垃圾债券陷入“高风险—高负担—高拖欠—更高风险”的恶性循环之中。而且，垃圾债券存在着明显的投机风险。在发行垃圾债券的公司出现资金周转困难、商业银行纷纷撤回担保的情况下，垃圾债券的市场危机将不可避免。

理论界与实务界对于中国是否要发展高收益债、如何发展高收益债，还存在争议。但不可否认的是，我国债券市场特别是银行间债券市场经过多年的发展，为推出高收益债券奠定了基础。企业类债券由单一的企业债发展到商业银行债、短期融资券、中期票据、公司债、可转债、资产支持证券、中小企业集合债、中小企业集合票据等多种产品；同时发行门槛降低，发债企业和融资规模不断扩大。随着市场的不断扩容，低评级信用债发行规模不断增加，并有进一步扩大的趋势。其次，目前中小企业融资困境已经成为当今中国融资环境的首要问题，而高收益债的推出，在一定程度上可以缓解中小企业融资难的现状。大量的中小企业是未来我国高收益债的潜在发行主体。当然中国发行高收益债仍存在一些制度上的问题，例如：国内评级机构的权威程度不够，不同评级公司对同一发债主体评级差异较大，近年来评级向高等级迁移明显，而发行主体出现一些风险点的时候评级公司的评级调整也较滞后。另外，衍生产品不够发达，如果想要高收益债能够真正活跃交易，仍需衍生产品来转移风险。再就是目前市场对债权人保护不够。如果市场上出现高收益债，那么相信中国的债券市场离出现违约债券也将不远了。然而，目前市场在信息披露方面对债权人保护不够，如2014 年部分城投债甚至在未经过债权人同意的情况下已部分转移资产。而一旦公司破产，也很难马上启动相关程序让债权人介入，以保障其相应权利。

（六）按债券形态划分

1. 实物债券（无记名债券）

实物债券是以实物债券的形式记录债权，券面标有发行年度和不同金额，可上市流通。实物债券由于其发行成本较高，将会被逐步取消。

2. 凭证式债券

凭证式债券是一种储蓄债券，通过银行发行，采用“凭证式国债收款凭证”的形式，从购买之日起计息，但不能上市流通。

3. 记账式债券

记账式债券是指没有实物形态的票券，以记账方式记录债权，通过证券交易所的交易系统发行和交易。由于记账式国债发行和交易均无纸化，所以交易效率高，成本低，是未来债券发展的趋势。

（七）按募集方式划分

1. 公募债券

指按法定手续，经证券主管机构批准在市场上公开发行的债券。这种债券的认购者可以是社会上的任何人。发行者一般有较高的信誉。除政府机构、地方公共团体外，一般企业必须符合规定的条件才能发行公募债券，并且要求发行者必须遵守信息公开制度，向证券主管部门提交有价证券申报书，以保护投资者的利益。

2. 私募债券

指以特定的少数投资者为对象发行的债券，发行手续简单，一般不能公开上市交易。

（八）按嵌入期权特征划分

在债券市场上，许多债券都附加一些期权条款，赋予发行者或投资者某种期权（又称选择权）。最常见的就是发行人可赎回债券（Callable Bond）、投资人可回售债券（Puttable Bond）以及可转换债券（Convertible Bond）。

普通债券发行以后，如果利率上升，发行人将获利，因为他以相对偏低的利率借款，反之，如果利率下降，则发行人将受损，因为他以相对偏高的利率借款。而可赎回债券则给予发行人在利率下降、债券价格上升时以事先规定的价格提前买回债券，并以较低的市场利率重新发行新债券的权利。发行人所持有的这种可赎回权，将限制投资者因为债券价格上升而获得的利润。而投资人可回售债券则是允许投资者根据一组预先设定的回售价格（Puttable Price）将债券提前卖还给发行人，从而有利于投资者避免在债券持有期内因利率上升、债券价格下跌而遭受更大的损失。

可转换债券是可转换公司债券的简称，简称可转债。它赋予持有人在发债后一定时间内，可依据本身的自由意志，选择是否依约定的条件将持有的债券转换为发行公司的股票或者另外一家公司股票的权利。换言之，可转换公司债券持有人可以选择持有至债券到期，要求公司还本付息；也可选择在约定的时间内转换成股票，享受股利分配或资本增值。可转换公司债券为投资者提供了转换成股票的权利，这种权利具有选择权的含义，也就是投资者既可以行使转换权，将可转换公司债券转换成股票，也可以放弃这种转换权，持有债券到期。也就是说，可转换公司债券包含了股票买入期权的特征，投资者通过持有可转换公司债券可以获得股票上涨的收益。因此，可转换公司债券是股票期权的衍生，往往将其看作为期权类的二级金融衍生产品。

例如，某可转换债券面值为1 000元，转换价格为25元，则转换比例为40，即1 000元债券可按25元一股的价格转换为40股普通股股票。

转换价格，是指可转换债券转为每股普通股所支付的价格。转换价格 = 可转换债券面值/转换比例。这两个指标都是在发行时由发行公司事先确定的。

例如，A上市公司发行公司债券，债券投资人持有一段时间之后，可以持债券向A公司换取A公司的股票。债权人摇身一变，变成股东身份的所有权人。债券面额100 000元，除以转换价格50元，即可换取股票2 000股，合20手。

如果A公司股票市价已涨到60元，投资人一定乐于去转换，因为换股成本为转换价格50元，所以换到股票后立即以市价60元抛售，每股可赚10元，总共可赚到20 000元。反之，如果A公司股票市价已跌到40元，投资人一定不愿意去转换，因为换股成本为转换价格50元，如果真想持有该公司股票，应该直接去市场上以40元价购，不应该以50元成本价格转换取得。

模块四
证券化产品

任务描述

了解资产证券化的作用；理解证券化产品的实质和特点；掌握国内证券化产品的具体内容。

业务描述

向普通投资者推荐几种证券化产品，并解释收益和蕴含的风险状况。

一、资产证券化和证券化产品

资产证券化是以特定资产组合或特定现金流为支持，发行可交易证券的一种融资形式。传统的证券发行是以企业为基础，而资产证券化则是以特定的资产池为基础发行证券。在资产证券化过程中发行的以资产池为基础的证券就称为证券化产品。

资产证券化（asset - backed securitization）是指将缺乏流动性的资产，转换为在金融市场上可以自由买卖的证券的行为，使其具有流动性。资产证券化产品在发达国家的债券市场上占有极其重要的地位，其与普通债券和债券衍生品并列，作为债券市场的三大金融工具之一。以美国为例，20 世纪 80 年代以来，美国的资产证券化发展速度非常迅速，传统范围涵盖了抵押担保证券、信用卡贷款、助学贷款、房屋净值贷款、汽车贷款等基础资产，根据美国债券协会的统计，到 2006 年底，抵押贷款证券化市场的规模达到 3.9 万亿美元，资产证券化市场的总规模接近 9 万亿美元，远大于国债 4.3 万亿美元和企业债 5.2 万亿美元的市场规模。在 2008 年美国次贷危机爆发前，其国内很多资产证券化产品层层打包过度增信，结构越来越复杂，投资者也很难真正理解其中的风险，最终成为金融危机全面爆发的一个重要原因。由此可见，过度的资产证券化也有潜在的不稳定性，但适度的证券化对整个金融体系而言肯定是利大于弊。

二、具体分类

（一）按基础资产划分

根据证券化的基础资产不同，可以将资产证券化分为不动产证券化、应收账款证券化、信贷资产证券化、未来收益证券化（如高速公路收费）、债券组合证券化等类别。

（二）按资产证券化的地域划分

根据资产证券化发起人、发行人和投资者所属地域不同，可将资产证券化分为境内资产证券化和离岸资产证券化。国内融资方通过在国外的特殊目的机构（Special Purpose Vehicles，SPV）或结构化投资机构（Structured Investment Vehicles，SIVs）在国际市场上以资产证券化的方式向国外投资者融资称为离岸资产证券化；融资方通过境内 SPV 在境内市场融资则称为境内资产证券化。

（三）按证券化产品的属性划分

根据证券化产品的金融属性不同，可以分为股权型证券化、债券型证券化和混合型证券化。

值得注意的是，尽管资产证券化的历史不长，但相关证券化产品的种类层出不穷，名称也千变万化。最早的证券化产品以商业银行房地产按揭贷款为支持，故称为按揭支持证券（MBS）；随着可供证券化操作的基础产品越来越多，出现了资产支持证券（ABS）的称谓；再后来，由于混合型证券（具有股权和债权性质）越来越多，干脆用 CDOs（Collateralized Debt Obligations）概念代指证券化产品，并细分为 CLOs、COMs、CBOs 等产品。最近几年，还采用金融工程方法，利用信用衍生产品构造出合成 CDOs。

广义的资产证券化是指某一资产或资产组合采取证券资产这一价值形态的资产运营方式，而狭义的资产证券化是指信贷资产证券化。按照被证券化资产种类的不同，信贷资产证券化可分为住房抵押贷款支持的证券化（Mortgage - Backed Securitization，MBS）和资产支持的证券化（Asset - Backed Securitization，ABS）。目前我国试点资产证券化的银行有两家，分别是国家开发银行和中国建设银行。

三、主要特点

（1）利用金融资产证券化可提高金融机构资本充足率。

（2）增加资产流动性，改善银行资产与负债结构失衡。

（3）利用金融资产证券化来降低银行固定利率资产的利率风险。

（4）银行可利用金融资产证券化来降低筹资成本。

（5）银行利用金融资产证券化可使贷款人资金成本下降。

（6）金融资产证券化的产品收益良好且稳定。

四、资产证券化过程中的主体

资产证券化交易比较复杂，涉及的当事人较多，一般而言，下列当事人在证券化过程中具有重要作用：

（1）发起人。发起人也称原始权益人，是证券化基础资产的原始所有者，通常是金融机构或大型工商企业。

（2）特定目的机构或特定目的受托人（SPV）。这是指接受发起人转让的资产，或受发起人委托持有资产，并以该资产为基础发行证券化产品的机构。选择特定目的机构或受托人时，通常要求满足所谓破产隔离条件，即发起人破产对其不产生影响。

（3）资金和资产存管机构。为保证资金和基础资产的安全，特定目的机构通常聘请信誉良好的金融机构进行资金和资产的托管。

（4）信用增级机构。此类机构负责提升证券化产品的信用等级，为此要向特定目的机构收取相应费用，并在证券违约时承担赔偿责任。有些证券化交易中，并不需要外部增级机构，而是采用超额抵押等方法进行内部增级。

（5）信用评级机构。如果发行的证券化产品属于债券，发行前必须经过评级机构进行信用评级。

（6）承销人。承销人是指负责证券设计和发行承销的投资银行。如果证券化交易涉及金额较大，可能会组成承销团。

（7）证券化产品投资者。证券化产品投资者即证券化产品发行后的持有人。

除上述当事人外，证券化交易还可能需要金融机构充当服务人，服务人负责对资产池中的现金流进行日常管理，通常可由发起人兼任。

五、资产证券化的经济意义

（一）对发起人的意义

1. 增强资产的流动性

从发起人（一般是金融机构）的角度来看，资产证券化提供了将相对缺乏流动性、个别的资产转变成流动性高、可在资本市场上交易的金融商品的手段。通过资产证券化，发起者能够补充资金，用来进行另外的投资。例如，商业银行利用资产证券化提高其资产流动性。一方面，对于流动性较差的资产，通过证券化处理，将其转化为可以在市场上交易的证券，在不增负债的前提下，商业银行可以多获得一些资金来源，加快银行资金周转，提高资产流动性。另一方面，资产证券化可以使银行在流动性短缺时获得除中央银行再贷款、再贴现之外的救助手段，为整个金融体系增加一种新的流动性机制，提高了流动性水平。

2. 获得低成本融资

资产证券化还为发起者提供了更加有效的、低成本的筹资渠道。通过资产证券化市场筹资比通过银行或其他资本市场筹资的成本要低许多，这主要是因为：发起者通过资产证券化发行的证券具有比其他长期信用工具更高的信用等级，等级越高，发起者付给投资者的利息就越低，从而降低筹资成本。投资者购买由资产担保类证券构成的资产组合的整体信用质量，而不是资产担保类证券发起者的信用质量。同时，资产证券化为发起者增加了筹资渠道，使他们不再仅仅局限于股权和债券两种筹资方式。

3. 减少风险资产

资产证券化有利于发起者将风险资产从资产负债表中剔除出去，有助于发起者改善各种财务比率，提高资本的运用效率，满足风险资本指标的要求。例如：根据《巴塞尔协议》和我国《商业银行法》的要求，一个稳健经营的商业银行，资本净额占表内外风险加权资产总额的比例不得低于8%，其中核心资本不得低于4%。为了满足这一要求，许多银行必须增加资本或出售资产。由于增加资本是昂贵的，通过资产证券化交易出售资产就成为商业银行满足《巴塞尔协议》要求的有效途径。资产证券化可以将一部分资产从资产负债表上分离出去，减少分母资产数额，提高资本充足率以更好的满足监管要求。

4. 便于进行资产负债管理

资产证券化还为发起者提供了更为灵活的财务管理模式。这使发起者可以更好地进行资产负债管理，取得精确、有效的资产与负债的匹配。借短贷长的特点使商业银行不可避免地承担资产负债期限不匹配风险，通过资产证券化市场，商业银行即可以出售部分期限较长、流动性较差的资产，将所得投资于高流动性的金融资产，也可以将长期贷款的短期资金来源置换为通过发行债券获得的长期资金来源，从而实现了风险合理配置，改善了银行的资产负债管理。同时，由于资产证券化允许将发起、资金服务等功能分开，分别由各个机构承担，这有利于体现各金融机构的竞争优势，便于确立金融机构各自的竞争策略。

总之，资产证券化为发起者带来了传统筹资方法所没有的益处，并且随着资产证券化市场的不断深入发展，将愈加明显。

（二）对投资者的益处

从投资者的角度来看，资产担保类证券提供了比政府担保债券更高的收益。这部分高收益来源于许多因素，但最主要的是资产担保类证券的信用质量。资产证券化品种一般是以超过一个基准利率的利差来交易的。例如在浮动利率资产证券化品种中，一般基准利率使用伦敦银行同业拆借利率，该种投资工具称为“基于利差的投资工具”。资产证券品种的出现满足了投资者对“基于利差的投资工具”的需求，从而达到投资多样化及分散、降低风险的目的。

资产证券化可以帮助投资者扩大投资规模。一般而言，证券化产品的风险权重比基础资产的风险权重低得多。比如，美国住房贷款的风险权重为50%，而由联邦国民住房贷款协会发行的以住房抵押贷款为支撑的过手证券却只占20%的风险权重，金融机构持有的这类投资工具可以大大节省为满足资本充足率要求所须要的资本金，从而可以扩大投资规模，提高资本收益率。资本金所创造的压力已经成为对银行等金融机构对支撑证券进行投资的主要驱动力。

投资者的风险偏好各不相同，资产证券化为投资者提供了多样化的投资品种，例如，有的投资者对风险比较厌恶，就会选择国债等风险较低的投资品种，相应会得到较低的收益，而有的投资者风险偏好较高，就会投资股票或衍生金融工具，当然要求的收益也较高。而资产担保类证券丰富了投资品种的风险/收益结构，为投资者提供了更多的投资品种选择。

现代证券化交易中证券一般不是单一品种，而是通过对现金流的分割和组合，可以设计出具有不同档级的证券。不同档级证券具有不同的偿付次序，以“熨平”现金流波动。升值将不同种类的证券组合在一起，形成合成证券，从而可以更好地满足不同投资者对期限、风险和利率同偏好。资产证券化技术可以提供无限证券品种和灵活的信用、到期日、偿付结构等，这样就可以“创造”出投资者需要的特定证券品种。这种的多样性与结构的灵活性是资产证券化的优良特性，也是投资期最关注的性质。

六、程序流程

一般来说，一个完整的资产证券化融资过程的主要参与者有：发起人、投资者、特设信托机构、承销商、投资银行、信用增级机构或担保机构、资信评级机构、托管人及律师等。通常来讲，资产证券化的基本运作程序主要有以下几个步骤：

第一步：重组现金流，构造证券化资产。发起人（一般是发放贷款的金融机构，也可以称为原始权益人）根据自身的资产证券化融资要求，确定资产证券化目标，对自己拥有的能够产生未来现金收入流的信贷资产进行清理、估算和考核，根据历史经验数据对整个组合的现金流的平均水平有一个基本判断，决定借款人信用、抵押担保贷款的抵押价值等并将应收和可预见现金流资产进行组合，对现金流的重组可按贷款的期限结构、本金和利息的重新安排或风险的重新分配等进行，根据证券化目标确定资产数，最后将这些资产汇集形成一个资产池。

第二步：组建特设信托机构，实现真实出售，达到破产隔离。特设信托机构是一个以资产证券化为唯一目的的、独立的信托实体，有时也可以由发起人设立，注册后的特设信托机构的活动受法律的严格限制，其资本化程度很低，资金全部来源于发行证券的收入。特设信托机构是实现资产转化成证券的“介质”，是实现破产隔离的重要手段。

第三步：完善交易结构，进行信用增级。为完善资产证券化的交易结构，特设机构要完成与发起人指定的资产池服务公司签订贷款服务合同、与发起人一起确定托管银行并签订托管合同、与银行达成必要时提供流动性支持的周转协议、与券商达成承销协议等一系列的程序。同时，特设信托机构对证券化资产进行一定风险分析后，就必须对一定的资产集合进行风险结构的重组，并通过额外的现金流来源对可预见的损失进行弥补，以降低可预见的信用风险，提高资产支持证券的信用等级。

第四步：资产证券化的信用评级。资产支持证券的评级为投资者提供证券选择的依据，因而构成资产证券化的又一重要环节。评级由国际资本市场上广大投资者承认的独立私营评级机构进行，评级考虑因素不包括由利率变动等因素导致的市场风险，而主要考虑资产的信用风险。

第五步：安排证券销售，向发起人支付。在信用提高和评级结果向投资者公布之后，由承销商负责向投资者销售资产支持证券，销售的方式可采用包销或代销。特设信托机构从承销商处获取证券发行收入后，按约定的购买价格，把发行收入的大部分支付给发起人。至此，发起人的筹资目的已经达到。

第六步：挂牌上市交易及到期支付。资产支持证券发行完毕到证券交易所申请挂牌上市后，即实现了金融机构的信贷资产流动性的目的。但资产证券化的工作并没有全部完成。发起人要指定一个资产池管理公司或亲自对资产池进行管理，负责收取、记录由资产池产生的现金收入，并将这些收款全部存入托管行的收款专户。

七、资产证券化在我国的发展

（一）国内资产证券化发展历程

国内最早动议资产证券化是在1996年，随后市场和监管部门对资产证券化都进行了广泛研究和讨论。2005年3月，人民银行、银监会等十部委组成信贷资产证券化试点工作协调小组，正式启动我国信贷资产证券化试点。2005年12月，国家开发银行和中国建设银行分别发行了我国首支信贷资产支持证券和住房贷款支持证券，成为我国试点发行的首批信贷资产证券化产品。2005年9月，证监会推出中国联通CDMA网络租赁费收益计划，是我国推出的首支企业资产证券化产品。2007年9月，我国启动第二批信贷资产支持证券试点。2008年，建行发行了国内首只不良贷款资产支持债券。国际金融危机期间，我国出于宏观审慎和控制风险的考虑暂停了资产证券化试点。2011年9月，证监会重启对企业资产证券化的审批。2012年5月，人民银行、银监会和财政部联合发布《关于进一步扩大信贷资产证券化试点有关事项的通知》，正式重启了信贷资产证券化试点，并推动国开行、工商银行等机构发行了我国第三批信贷资产支持证券。2012年8月，银行间交易商协会正式发布《银行间债券市场非金融企业资产支持票据指引》，资产支持票据（ABN）正式诞生。2013年3月，证监会发布《证券公司资产证券化业务管理规定》，证券公司资产证券化业务由试点业务开始转为常规业务。2013年7月，国务院发布《关于金融支持经济结构调整和转型升级的指导意见》，明确要逐步推进信贷资产证券化常规化发展，盘活资金支持小微企业发展和经济结构调整。同年8月，国务院总理李克强召开国务院常务会议，决定进一步扩大资产证券化试点。随后，央行发言人答记者问表示，在扩大信贷资产证券化试点过程中，人民银行将会同有关金融监管部门，在尊重发行人自主选择发行窗口的基础上，引导大盘优质信贷资产证券化产品在银行间市场和交易所市场跨市场发行。

（二）国内资产证券化发展现状

经过了多年探索，我国资产证券化发展在多个方面取得了成效：

第一，参与主体范围逐步扩大。从发起主体来看，目前已涵盖政策性银行、国有商业银行、股份制商业银行、汽车金融公司、资产管理公司以及其他非金融企业。在投资主体方面，我国资产支持证券的投资者结构也日渐多元化。以信贷资产证券化为例，在我国信贷资产支持证券最初的持有人结构整体上比较集中，商业银行占比超过70%，银行互持现象明显。而随着近年来债券市场的快速发展，各类投资者对创新产品的认知和接受程度也有所提高。信贷资产支持证券的投资者范围也逐步扩展至国有商业银行、股份制商业银行、城市商业银行、城乡信用社、财务公司、证券公司、证券投资基金、社会保障基金等。

第二，产品种类日益丰富，基础资产范围逐步扩大。我国资产证券化产品目前主要有三类：一是由银监会审批发起机构资质、人民银行主管发行的信贷资产支持证券；二是由中国银行间市场交易商协会主管的资产支持票据；三是由证监会主管、主要以专项资产管理计划为特殊目的载体的企业资产支持证券。其中，信贷资产支持证券规模最大，其次为企业资产支持证券，资产支持票据规模最小。截至2014年上半年，我国信贷资产支持证券余额为960.07亿元，占我国资产证券化存量的74%；券商专项资产管理计划余额为212.5亿元，占比16%；资产支持票据余额为129.3亿元，占比10%。

在相关产品日益丰富的同时，基础资产池中基础资产的种类不断丰富，目前已经涵盖一般中长期贷款、个人住房抵押贷款、汽车贷款、中小企业贷款和不良贷款五大类。监管部门于2012年5月下发的《关于进一步扩大信贷资产证券化试点有关事项的通知》鼓励选择符合条件的国家重大基础设施项目贷款、涉农贷款、中小企业贷款、经清理合规的地方政府融资平台公司贷款、节能减排贷款、战略性新兴产业贷款、文化创意产业贷款、保障性安居工程贷款、汽车贷款等多元化信贷资产作为基础资产。

项目总结

操作要点

利用行情软件和市场数据的方法，将来能胜任相关投资领域的工作岗位，具备基本的债券投资分析能力。

知识要点

固定收益证券是指持有人可以在未来特定的时间内按照事先确定的条款获得现金流的一大类金融工具的总称。固定收益债券可以分为四类：信用风险可以忽略的债券、无担保企业债、混合融资证券、结构化产品。固定收益证券可以视为无风险或低风险证券风险，其中利率风险和信用风险是固定收益证券最重要的风险。按照资金融通的时限，可以把固定收益证券分为货币市场工具和债券。货币市场的参与者主要是机构与专门从事货币市场业务的专业人员。国内货币市场工具主要包括短期国债、大额可转让存单、商业票据、回购协议等。债券按照不同的分类标准，有较丰富的品种。按发行主体不同可分为：政府和政府机构债券、金融债券、公司债券；按计息方式不同可分为：贴现债券、一次还本付息债券、附息债券、单利债券、复利债券、累进利率债券；按利率确定方式不同可分为：固定利率债券、浮动利率债券；还可以按偿还期限将债券分为长期债券、中期债券和短期债券。

资产证券化产品在发达国家的债券市场上占有极其重要的地位，其与普通债券和债券衍生品并列，作为债券市场的三大金融工具之一。资产担保类证券丰富了投资品种的风险、收益结构，为投资者提供了更多的投资品种选择。一个完整的资产证券化融资过程的主要参与者包括发起人、投资者、特设信托机构、承销商、投资银行、信用增级机构或担保机构、资信评级机构、托管人及律师等。在我国，构成证券化的资产主要包括一般中长期贷款、个人住房抵押贷款、汽车贷款、中小企业贷款和不良贷款五大类。

问题讨论

1. 债券的价格与债券的收益率成反比例关系，请学生思考当债券的收益率不变，债券的到期时间与债券价格是什么关系？

2. 债券包含的基本因素有哪些？

3. 从投资者角度看，债券具有哪些特征？

4. 债券具有哪些属性？它们如何影响债券的价格？

推荐阅读

请同学登录上海证券交易所（http：//www.sse.com.cn）或深圳证券交易所（http：//www.szse.com.cn）网站，查询目前国内的固定收益证券的市场的发展情况。

做一做

一、选择题

1. 现代大多数公司的债券都具有“赎回”的特性，或者说它们的债券契约中包含赎回条款。那么债券发行公司常常在（　　）的情况下，在债券未到期以前赎回一部分在外流通的债券。

A. 发行在外的债券的票面利率较高，当前市场利率较低

B. 发行在外的债券的票面利率较低，当前市场利率较高

C. 发行在外的债券的票面利率较高，当前市场利率较高

D. 发行在外的债券的票面利率较低，当前市场利率较低

2. 根据债券定价原理，债券的价格与债券的收益率具有（　　）的关系。

A. 当债券价格上升时，债券的收益率上升

B. 当债券价格上升时，债券的收益率下降

C. 当债券价格上升时，债券的收益率不变

D. 二者没有相关关系

3. 中期债券的偿还期在（　　）。

A. 1 年以上、5 年以下　　B. 1 年以上、10 年以下

C. 半年以上、1 年以下　　D. 1 年以上、1 年半以下

4. （　　）是反映债券违约风险的重要指标。

A. 流动性　　B. 债券面值

C. 债券评级　　D. 息票率

5. 债券在发行时含有可赎回条款有利于（　　）。

A. 持有人　　B. 税收机构

C. 投资者　　D. 发行人

6. （　　）不属于中长期国债与短期国库券的区别。

A. 发行方式　　B. 发行主体

C. 利息支付　　D. 期限

7. 债券的基本因素有（　　）。

A. 票面价值　　B. 偿还期限

C. 利率　　D. 赎回条款

8. 债券的种类繁多，按发行主体不同可以划分为（　　）。

A. 政府债券　　B. 公司债券

C. 金融债券　　D. 国际债券

9. 利率是债券票面要素中不可缺少的内容，债券利率亦受很多因素影响，其主要影响因素不包括(　　)。

A. 借贷资金市场利率水平　　B. 筹资者的资信

C. 债券期限长短　　D. 资金使用方向

10. 大额存单是（　　）发行的可以流通的短期存单。

A. 企业　　B. 国家财政

C. 银行　　D. 地方政府

二、判断题

1. 公司债券投资者一般不可参与公司的经营管理。（　　）

2. 国债不存在投资风险。（　　）

3. 如果市场利率下降，已上市国债的市场价格，在正常情况下是下降。（　　）

4. 债券的偿还性是指债券的变现能力。（　　）

5. 回购协议的回购方是以有价证券做抵押向另一方贷款。（　　）

6. 浮动利率是指在借贷期内随市场利率的变化而自由变化的利率。（　　）

7. 国库券与同期的其他金融工具相比流动性高。（　　）

8. 实物债券一般可以记名，可挂失，可上市流通。（　　）

9. 附有出售选择权条款的债券是指债券持有人具有在指定的日期内以票面价值将债券卖回给发行人的权利。（　　）

10. 金融债券的发行主体是银行或非银行金融机构。金融机构一般有雄厚的

资金实力，信用度较高，通常被称为“金边债券”。　　(　　)

三、简述题

1. 债券作为一种重要的融资工具，请简述其含义及分类。
2. 分别依据到期期限和发行价对国债进行分类。
3. 简述资产证券化的含义以及发行动机。

项目四

证券投资基金

知识学习目标：

本项目要掌握和理解证券投资基金的概念，熟悉证券投资基金的特点和分类，熟练掌握证券投资基金的利润分配，了解证券投资基金的资产和估值；掌握证券投资基金的费用情况，熟练掌握封闭式基金上市交易和开放式基金的申购与赎回。

技能训练目标：

能够做出封闭式基金的买卖指令，并能够在银行柜台认购、申购和赎回开放式基金。

案例导入

汇丰晋信新动力混合型基金申购、赎回公告

1. 公告基本信息

基金名称：汇丰晋信新动力混合型证券投资基金，基金简称：汇丰晋信新动力混合；基金管理人名称：汇丰晋信基金管理有限公司；基金托管人名称：中国建设银行股份有限公司；基金注册登记机构名称：汇丰晋信基金管理有限公司；申购起始日：2015 年 3 月 16 日；赎回起始日：2015 年 3 月 16 日。

2. 日常申购、赎回业务的办理时间：本基金办理申购、赎回业务的开放日为上海、深圳证券交易所交易日。

3. 日常申购业务

申购金额限制：投资人首次单笔申购最低金额 1 000 元（已认购本基金基金份额的投

资人，不受首次申购最低金额限制）；追加申购每次单笔最低金额1 000元。基金投资人将当期分配的基金收益转购基金份额时，不受最低申购金额的限制。申购费率：申购金额<50万元，申购费率为1.50%；50万元≤申购金额<100万元；申购费率为1.20%；100万元≤申购金额<500万元；申购费率为0.80%；申购金额≥500万元，申购费为每笔1 000元。

4. 日常赎回业务

赎回份额限制：投资人可将其全部或部分基金份额赎回，每次赎回申请不得低于500份基金份额；每个交易账户的最低基金份额余额不得低于500份，基金份额持有人赎回时或赎回后将导致在销售机构（网点）保留的基金份额余额不足500份的，需一次全部赎回。持有时间<7天，赎回费率为1.50%；7天≤持有期<30天，赎回费率为0.75%；30天≤持有期<6个月，赎回费率为0.50%；6个月≤持有期<1年，赎回费率为0.25%；持有期≥1年，赎回费率为0.15%。

基金的申购与赎回是基金实务中最为重要的一块内容，下面就重点进行讲解。

资料来源：汇丰晋信基金管理有限公司，http：//www.hsbcjt.cn/。

模块一 认知投资基金

任务描述

掌握基金的含义和特点，熟悉股票、债券和基金的区别与联系；了解基金当事人之间的关系。

业务描述

到财经网站查找基金频道，了解基金的基本情况。

一、证券投资基金的含义

证券投资基金是指通过发售基金份额，将众多投资者的资金集中起来，形成独立财产，由基金托管人托管，基金管理人管理，以投资组合的方法进行证券投资的一种利益共享、风险共担的集合投资方式。

证券投资基金通过发行基金份额的方式募集资金，个人投资者或机构投资者通过购买一定数量的基金份额参与基金投资。基金所募集的资金在法律上具有独立性，由选定的基金托管人保管，并委托基金管理人进行股票、债券等分散化组合投资。基金投资者是基金的所有者。基金投资收益在扣除由基金承担的费用后的盈余全部归基金投资者所有，并依据各个投资者所购买的基金份额的多少在投资者之间进行分配。

作为一种大众化的信托投资工具，各国对证券投资基金的称谓不尽相同，如美国称“共同基金”，英国和我国香港称“单位信托基金”，日本和我国台湾地区则称“证券投资信托基金”等。

二、基金特点

证券投资基金之所以在许多国家受到投资者的广泛欢迎，与证券投资基金本身的特点有关。作为一种现代化投资工具，证券投资基金所具备的特点是十分明显的，具体如下：

1. 集合理财，专业管理

证券投资基金是将零散的资金汇集起来，交给专业机构投资于各种金融工具，以谋取资产的增值。基金实行专业理财制度，由受过专门训练、具有比较丰富的证券投资经验的专业人员运用各种技术手段收集、分析各种信息资料，预测金融市场上各个证券品种的价格变动趋势，制定投资策略和投资组合方案，从而最大限度地避免投资决策失误，提高投资收益。

2. 组合投资，分散风险

以科学的投资组合降低风险、提高收益是基金的另一大特点。在投资活动中，风险和收益总是并存的，因此，“不能将鸡蛋放在一个篮子里”。但是，要实现投资资产的多样化，需要一定的资金实力。对小额投资者而言，由于资金有限，很难做到这一点，而基金则可以帮助中小投资者解决这个困难，即可以凭借其集中的巨额资金，在法律规定的投资范围内进行科学的组合，分散投资于多种证券，实现资产组合多样化。通过多元化的投资组合，一方面借助于资金庞大和投资者众多的优势使每个投资者面临的投资风险变小，另一方面又利用不同投资对象之间收益率变化的相关性，达到分散投资风险的目的。

3. 利益共享，风险共担

基金投资的收益在扣除基金托管人和基金管理人按规定收取的托管费和管理费后，所有盈余按各投资者所持有的基金份额比例进行分配。

4. 严格监管，信息透明

各国监管机构都对基金业实行严格的监管，对各种有损投资者利益的行为进行严厉的打击，并强制基金进行较为充分的信息披露。

5. 独立托管，保障安全

基金管理人只负责基金资产的投资运作，不负责基金财产的保管，基金财产由独立于基金管理人的基金托管人负责。两者相互制约、相互监督的制衡机制保护了投资者的利益。

三、基金与股票和债券的比较

与直接投资股票或债券不同，证券投资基金是一种间接投资工具。一方面，基金投资者通过购买基金份额的方式间接进行证券投资；另一方面，证券投资基金以股票、债券等金融证券为投资对象。

1. 反映的经济关系不同

股票反映的是一种所有权关系，是一种所有权凭证，投资者购买股票后就成为公司的股东；债券反映的是债权债务关系，是一种债权凭证，投资者购买债券后就成为公司的债权人；基金反映的则是一种信托关系，是一种受益凭证，投资者购买基金份额就成为基金的受益人。

2. 所筹资金的投向不同

股票和债券是直接投资工具，筹集的资金主要投向实业领域；基金是一种间接投资工具，所筹集的资金主要投向有价证券等金融工具或产品。

3. 投资收益与风险大小不同

通常情况下，股票价格的波动性较大，是一种高风险、高收益的投资品种；债券可以给投资者带来较为确定的利息收入，波动性也较股票要小，是一种低风险、低收益的投资品种；基金投资于众多金融工具或产品，能有效分散风险，是一种风险相对适中、收益相对稳健的投资品种。

四、基金的当事人

我国的基金依据基金合同设立，基金投资者、基金管理人与基金托管人是基金的当事人。

（一）基金投资者

基金投资者即基金份额持有人，是基金的出资人、基金资产的所有者和基金投资收益的受益人。按照《中华人民共和国证券投资基金法》（以下简称《证券投资基金法》）的规定，我国基金投资者享有以下权利：分享基金财产收益，参与分配清算后的剩余基金财产，依法转让或者申请赎回其持有的基金份额，依据规定要求召开基金份额持有人大会，对基金份额持有人大会审议事项行使表决权，查阅或者复制概况披露的基金信息资料，对基金管理人、基金托管人、基金份额发售机构损害其合法权益的行为依法提出诉讼。

（二）基金管理人

基金管理人是基金产品的募集者和基金的管理者，其最主要职责就是按照基金合同的约定，负责基金资产的投资运作，在风险控制的基础上为基金投资者争取最大的投资收益。基金管理人在基金运作中具有核心作用，基金产品的设计、基金份额的销售与注册登记、基金资产的管理等重要职能多半都要由基金管理人或基金管理人选定的其他服务机构承担。在我国，基金管理人只能由依法设立的基金管理公司担任。

（三）基金托管人

为了保证基金资产的安全，《证券投资基金法》规定，基金资产必须由独立于基金管理人的基金托管人保管，从而使得基金托管人成为基金的当事人之一。基金托管人的职责主要体现在基金资产保管、基金资金清算、会计复核以及对基金投资运作的监督等方面。在我国，基金托管人只能由依法设立并取得基金托管资格的商业银行担任。

模块二
投资基金分类

任务描述

掌握按是否可以赎回、投资对象和投资目标的基金分类，掌握开放式基金、封闭式基金、股票基金、债券基金、货币市场基金、混合基金、ETF 和 LOF 的定义和分析；熟悉特殊类型基金、主动基金和被动基金。

业务描述

到财经网站分别找到一只股票基金、债券基金、ETF、LOF 和分级基金，查看其交易和申购、赎回的要求。

一、按组织形式的不同划分

证券投资基金的发展历史已经有 100 多年的历史，在这 100 多年中，证券投资基金显示出强大的生命力，不断创新，新品种涌现。按照不同的标准可以对基金进行多角度分类。

（一）契约型基金

契约型基金是指将投资者、管理人、托管人三者作为基金的当事人，通过签订基金契约的形式发行受益凭证而设立的一种基金。契约型基金起源于英国，后来在中国香港、新加坡、印度尼西亚等国家和地区十分流行。契约型基金是基于信托原理而组织起来的代理投资方式，没有基金章程，也没有公司董事会，而是通过基金契约来规范三方当事人的行为。基金管理人负责基金的管理操作；基金托管人作为基金资产的名义持有人，负责基金资产的保管和处置，对基金管理人的运作实行监督。

（二）公司型基金

公司型基金是依据基金公司章程设立，在法律上具有独立法人地位的股份投资公司。公司型基金以发行股份的方式募集资金，投资者购买基金公司的股份后，以基金持有人的身份成为基金公司的股东，凭其持有的股份依法享有投资收益。公司型基金在组织形式上与股份有限公司类似，由股东选举董事会，由董事会选聘基金管理公司，基金管理公司负责管理基金的投资业务。

（三）公司型基金与契约型基金的区别

契约型基金与公司型基金虽然都是证券投资基金，但在筹集资金性质、投资者地位、基金的运营依据等方面存在区别。

1. 所筹资金的性质不同

契约型基金的资金是通过发行基金份额筹集起来的信托财产；公司型基金的资金是通过发行普通股票筹集起来的，是公司法人的资本。

2. 基金投资者的地位不同

契约型基金的投资者购买基金份额后成为基金契约的当事人之一，投资者既是基金的委托人，即基于对基金管理人的信任，将自己的资金委托给基金管理人管理和营运；又是基金的受益人，即享有基金的受益权。公司型基金的投资者购买基金公司的股票后成为该公司的股东，因此，公司型基金的投资者对基金运作的影响比契约型基金的投资者大。

3. 基金的营运依据不同

契约型基金依据基金契约营运基金，公司型基金依据基金公司章程营运基金。公司型基金的法律关系明确清晰，监督机制较为完善；契约型基金在设立上更为简单易行。

由此可见，契约型基金和公司型基金在法律依据、组织形式以及有关当事人的地位等方面是不同的，但这两种基金没有优劣之分。

二、按是否可以赎回划分

证券投资基金按是否可自由赎回和基金规模是否固定，可分为封闭式基金和开放式基金。

（一）封闭式基金

封闭式基金是指经核准的基金份额总额在基金合同期限内固定不变，基金份额可以在依法设立的证券交易场所交易，但基金份额持有人不得申请赎回的基金。由于封闭式基金在封闭期内不能追加认购或赎回，投资者只能通过证券经纪商在二级市场上进行基金的买卖。封闭式基金的期限是指基金的存续期，即基金从成立到终止之间的时间。

（二）开放式基金

开放式基金是指基金份额总额不固定，基金份额可以在基金合同约定的时间和场所申购或者赎回的基金。为了满足投资者赎回资金、实现变现的要求，开放式基金一般都从所筹资金中拨出一定比例，以现金形式保持这部分资产。这虽然会影响基金的盈利水平，但作为开放式基金来说是必需的。

（三）封闭式基金与开放式基金的区别

封闭式基金与开放式基金具有以下区别。

1. 存续期限不同

封闭式基金有固定的期限，通常在 5 年以上，一般为 10 年或 15 年，经持有人大会通过并经主管机关同意可以适当延长期限。开放式基金没有固定期限，投资者可随时向基金管理人赎回基金份额，若大量赎回甚至会导致清盘。

2. 发行规模限制不同

封闭式基金的基金规模是固定的，在封闭期限内未经法定程序认可不能增加发行。开放式基金没有发行规模限制，投资者可随时提出申购或赎回申请，基金规模随之增加或减少。

3. 基金份额交易方式不同

封闭式基金的基金份额在封闭期限内不能赎回，但为方便投资者变现，往往在证券交易所挂牌买卖，持有人可以在证券交易所卖出，交易在基金投资者之间完成。开放式基金的投资者在首次发行结束一段时间后，在交易日中可以随时向基金管理人或中介机构提出申购或赎回申请。绝大多数开放式基金不上市交易，交易在投资者与基金管理人或其代理人之间进行。

4. 基金份额的交易价格计算标准不同

封闭式基金与开放式基金的基金份额首次发行价都是按面值加一定百分比的认购费计算，但成立以后的交易计价方式不同。封闭式基金的买卖价格受市场供求关系的影响，常出现溢价或折价现象，并不必然反映单位基金份额的净资产值。开放式基金的交易价格则取决于基金份额净资产值的大小，其申购价一般是基金份额净资产值加一定的购买费，赎回价是基金份额净资产值减去一定的赎回费，不直接受市场供求影响。

5. 交易费用不同

投资者在买卖封闭式基金时，在基金价格之外要支付手续费；投资者在买卖开放式基金时，则要支付申购费和赎回费。开放式基金和封闭式基金不论是计费标准还是计费模式都是不一样的。

6. 投资策略不同

封闭式基金在封闭期内基金规模不会减少，没有赎回压力，因此可进行长期投资，基金资产的投资组合能有效地在预定计划内进行。开放式基金因基金份额可随时赎回，为应付投资者随时赎回兑现，所募集的资金不能全部用来投资，更不能把全部资金用于长期投资，必须保持基金资产的流动性，组合资产中需保留一部分现金和高流动性的金融工具。

7. 基金份额资产净值公布的时间不同

封闭式基金一般每周或更长时间公布一次份额净值，开放式基金一般在每个交易日后公布份额净值。

我国《证券投资基金法》规定：按照基金合同的约定或者基金份额持有人大会的决议，并经国务院证券监督管理机构核准，可以转换基金运作方式。

三、按投资对象不同划分

证券投资基金按投资对象不同划分，可分为债券基金、股票基金、混合基金和货币市场基金四种形式。

（一）债券基金

债券基金是一种以债券为主要投资对象的证券投资基金。由于债券的年利率固定，又有还款保证，因而这类基金的风险较低，适合于稳健型投资者。债券基金的收益会受市场利率的影响，当市场利率下调时，其收益会上升；反之，若市场利率上调，其收益将下降。除此以外，汇率也会影响基金的收益，管理人在购买国际债券时，往往还需要在外汇市场上做套期保值。

（二）股票基金

股票基金是指以上市股票为主要投资对象的证券投资基金。股票基金的投资目标侧重于追求资本利得和长期资本增值。基金管理人拟定投资组合，将资金投放到一个或几个国家甚至全球的股票市场，以达到分散投资、降低风险的目的。

股票基金是最重要的基金品种，它的优点是资本的成长潜力较大，投资者不仅可以获得资本利得，还可以通过股票基金将较少的资金投资于各类股票，从而实现在降低风险的同时保持较高收益的投资目标。按基金投资的分散化程度，可将股票基金划分为一般股票基金和专门化股票基金。由于股票投资基金聚集了巨额资金，几只甚至一只大规模的基金就可以引发股市动荡，为保护投资者利益，各国政府对股票基金的监管都十分严格，不同程度地规定了基金购买某一家上市公司的股票总额不得超过基金资产净值的一定比例，以防止基金过度投机和操纵股市。

（三）混合基金

混合基金是指投资于股票、债券以及货币市场工具，且不符合股票基金和债券基金的分类标准的基金。根据股票、债券投资比例以及投资策略的不同，混合基金又可以分为偏股型基金、偏债型基金、股债平衡型基金和灵活配置型基金等类型。

1. 偏股型基金

偏股型基金中股票的配置比例较高，配置比例范围是50%～70%；债券的配置比例较低，配置比例范围是20%～40%。

2. 偏债型基金

一般来说，偏债型基金中债券的配置比例较高，股票的配置比例较低。债券配置比例在50%以上。

3. 股债平衡型基金

在这种基金中，股票和债券的配置比例较为均衡，基本都处于40%～60%之间。

4. 灵活配置型基金

在这种基金中，股票和债券的投资比例没有固定范围。随着基金经理对股票市场和债券市场未来走势判断的不同而动态调整组合中股票和债券的配置比例。

（四）货币市场基金

货币市场基金是以货币市场工具为投资对象的一种基金，其投资对象期限在1年以内，包括银行短期存款、国库券、公司债券、银行承兑票据及商业票据等货币市场工具。货币市场基金的优点是资本安全性高、购买限额低、流动性强、收益较高、管理费用低，有些还不收取赎回费用。因此，货币市场基金通常被认为是低风险的投资工具。

四、按投资目标划分

证券投资基金按投资目标划分，可分为成长型基金、收入型基金和平衡型基金。

（一）成长型基金

成长型基金追求的是基金资产的长期增值。为了达到这一目标，基金管理人通常将基金资产投资于信誉度较高、有长期成长前景或长期盈余的所谓成长型公司的股票。成长型基金又可分为稳健成长型基金和积极成长型基金。

（二）收入型基金

收入型基金主要投资于可带来现金收入的有价证券，以获取当期的最大收入为目的。收入型基金资产的成长潜力较小，损失本金的风险相对也较低，一般可分为固定收入型基金和股票收入型基金。固定收入型基金的主要投资对象是债券和优先股，因而尽管收益率较高，但长期成长的潜力很小，而且当市场利率波动时，基金净值容易受到影响。股票收入型基金的成长潜力比较大，但易受股市波动的影响。

（三）平衡型基金

平衡型基金将资产分别投资于两种不同特性的证券上，并在以取得收入为目的的债券及优先股和以资本增值为目的的普通股之间进行平衡。这种基金一般将 25% ~50% 的资产投资于债券及优先股，其余的投资于普通股。平衡型基金的主要目的是从其投资组合的债券中得到适当的利息收益，与此同时又可以获得普通股的升值收益。投资者既可获得当期收入，又可得到资金的长期增值。平衡型基金的特点是风险较低，缺点是成长的潜力不大。

五、按一、二级市场差异不同划分

证券投资基金按交易变现方式的差异可以划分为交易所交易基金和上市开放式基金。

（一）交易所交易基金

ETF 是 Exchange Traded Funds 的简称，常被译为“交易所交易基金”，上海证券交易所则将其定名为“交易型开放式指数基金”。ETF 是一种在交易所上市交易，并且可以申购和赎回，基金份额可变的基金运作方式。ETF 结合了封闭式基金与开放式基金的运作特点，投资者一方面可以像封闭式基金一样在交易所二级市场进行 ETF 的买卖，另一方面又可以像开放式基金一样申购、赎回。不同的是，它的申购是用一揽子股票换取 ETF 份额，赎回时也是换回一揽子股票而不是现金。这种交易制度使该类基金存在一、二级市场之间的套利机制，可有效防止类似封闭式基金的大幅折价。

ETF 由基金管理公司发起设立。由于 ETF 采用指数化投资策略，除非指数样本股发生调整，一般基金经理不用时常调整股票组合。在我国受托人一般为银行，投资者为购买 ETF 的机构或个人。

ETF 的重要特征在于它独特的双重交易机制。ETF 的双重交易特点表现在它的申购和赎回与 ETF 本身的市场交易是分离的，分别在一级市场和二级市场进行。也就是说，ETF 同时为投资者提供了两种不同的交易方式：一方面投资者可以在一级市场交易 ETF，即进行申购与赎回；另一方面，投资者可以在二级市场交易 ETF，即在交易所挂牌交易。

普通投资者尽管可以像买卖封闭式基金一样在交易所买卖 ETF，但对未参与股票二级市场交易的投资者而言仍无法参与ETF投资。在这种情况下，一种将其绝大部分基金财产投资于跟踪同一标的指数的ETF（简称“目标ETF”）、密切跟踪标的指数表现、采用开放式运作方式、可以在场外申购或赎回的、被称为“ETF联接基金”的基金应运而生。

根据中国证监会的相关指引，ETF联接基金投资于目标ETF的资产不得低于基金资产净值的90%，其余部分应投资于标的指数的成分股和备选成分股以及中国证监会规定的其他证券品种。从性质上看，可以将ETF联接基金看作是一种指数型的基金中的基金。

（二）上市开放式基金

上市开放式基金（Listed Open - ended Funds，LOF），是一种可以同时在场外市场进行基金份额申购、赎回，在交易所进行基金份额交易，并通过份额转托管机制将场外市场与场内市场有机地联系在一起的新的基金运作方式。深圳证券交易所推出的LOF在世界范围内具有首创性。

上市开放式基金并没有增加基金的品种，而是一种开放式基金增加了在交易所交易的机制。

六、按投资理念的不同划分

证券投资基金按投资理念的不同划分，可分为主动型基金和被动（指数）型基金。

（一）主动型基金

主动型基金是一类力图超越基准组合表现的基金。基金管理人通过甄选投资证券，建立投资组合，力图超越同类基金的平均收益水平。

（二）被动型基金

被动型基金不主动寻求取得超越市场的表现，而是试图复制指数的表现，一般选取特定的指数作为跟踪的对象，因此通常又被称为指数型基金。指数基金就是选择一个特定市场的指数进行跟踪，根据指数的成分股（计算指数时使用的股票）来构造投资组合，使得基金的收益与这个市场指数的收益大致相同，从而达到一个被动地投资于市场的效果。

相比较而言，主动型基金比被动型基金的风险更大，但取得的收益也可能更大。

七、特殊类型基金

随着基金在全世界的发展和创新，出现了特殊类型基金，主要包括包括系列基金和保本基金。

（一）系列基金

系列基金又被称为伞型基金，实际上就是开放式基金的一种组织结构。在这一组织结构下，基金发起人根据一份总的基金招募书发起设立多只独立运作的基金，各基金依据不同投资目标和投资方针进行独立的投资决策，相互之间可以根据规定的程序进行转换，这些基金称为子基金或成分基金，而由这些子基金共同构成的这一基金体系就合称为伞型基金。我国首只伞形基金泰达宏利价值优化型系列基金（泰达宏利成长、泰达宏利周期、泰达宏利稳定）于2003年4月25日正式成立，首只伞形基金的成立可谓一针振奋剂，注入了当时低迷的资本市场。

（二）保本基金

保本基金是指在一定时期后（一般是3~5年，最长可达10年），投资者会获得投资本金的一个百分比（如100%的本金）的回报，而同时如果基金运作成功，投资者还会得到额外收益。由于保本基金有一定的封闭期，投资者如果在封闭期内赎回份额的话将得不到基金公司的保本承诺，所以保本基金也被称为“半封闭基金”。保本基金属于低风险、低回报的基金。

（三）分级基金

分级基金（Structured Fund）又叫“结构型基金”，是指在一个投资组合下，通过对基金收益或净资产的分解，形成两级（或多级）风险收益表现有一定差异化基金份额的基金品种。它的主要特点是将基金产品分为两类或多类份额，并分别给予不同的收益分配。分级基金各个子基金的净值与份额占比的乘积之和等于母基金的净值。例如拆分成两类份额的母基金净值等于A类子基金净值乘以A份额占比% 加上B类子基金净值乘以B份额占比%。如果母基金不进行拆分，其本身是一个普通的基金。

根据分级母基金的投资性质，母基金可分为分级股票型基金（其中多数为分级指数基金）、分级债券基金。分级债券基金又可分为纯债分级基金、混合债分级基金、可转债分级基金，区别在于纯债基金不能投资于股票，混合债券基金可用不高于20%的资产投资股票，可转债分级基金投资于可转债。

根据分级子基金的性质，子基金中的A类份额可分为有期限A类约定收益份额基金、永续型A类约定收益份额基金；子基金中的B类份额又称为杠杆基金。杠杆基金可分为股票型B类杠杆份额基金（其中多数为杠杆指数基金）、债券型B类杠杆份额基金（杠杆债基）、反向杠杆基金等。

模块三 基金运作实务

任务描述

掌握封闭式基金交易规则、开放式基金申购和赎回要求；掌握基金管理费、托管费、销售服务费等费用，熟悉基金资产和基金估值要考虑的因素；了解基金估值的方法；掌握基金收入来源和基金利润分配。

业务描述

模拟买入封闭式基金和模拟申购开放式基金；查找最近发布的年度报告，分析基金的收入来源及所占比例。

一、证券投资基金的交易

基金交易方式因基金的性质不同而不同。为满足投资者的变现需要，封闭式基金成立后通常申请在证券交易所挂牌。开放式基金的交易方式为场外交易，在投资者与基金管理人或其代理人之间进行交易，投资者可在基金管理公司或其代理机构的营业网点进行基金券的买卖，办理基金单位的随时申购与赎回。

（一）封闭式基金的交易

如前所述，封闭式基金的交易方式为在证券交易所挂牌上市，因此，封闭式基金在募集成立后，应及时向证券交易所申请上市。封闭式基金的交易遵循如下规则。

（1）基金单位的买卖应遵循“公开、公平、公正”的“三公”原则和“价格优先、时间优先”的原则。

（2）以标准手数为单位进行集中无纸化交易，电脑自动撮合，跟踪过户。

（3）基金单位的价格以基金单位资产净值为基础，受市场供求关系的影响而波动，行情即时揭示。

（二）开放式基金的交易及交易价格

1. 开放式基金的申购与赎回

（1）开放式基金申购和赎回的原则。开放式基金申购与赎回应遵循如下原则：第一，未知价原则。所谓未知价指申购、赎回价格以申请当日的基金单位资产净值为基准进行计算，在交易时间申购和赎回时单位资产净值还没有计算出来。第二，金额申购、份额赎回原则。金额申购是指投资者申购投资基金时以金额申请，赎回基金时以份额申请的做法。

（2）开放式基金日常申购与赎回的程序。开放式基金日常申购与赎回一般应符合以下程序：第一，投资者开户。投资者要想对开放式基金进行投资，必须具有证券账户或开放式基金账户，可以在证券公司处开立，也可以在银行等代销机构处开立。第二，投资者提出申请。投资者必须根据基金销售网点规定的程序，在工作日的交易时间段内向基金销售网点提出申购或赎回的申请。第三，登记机构的确认。投资基金登记机构收到申购和赎回申请的当天作为申购或赎回申请日（T日），并在T+2工作日前（包括该日），对该交易的有效性进行确认。投资者可在T+2工作日之后（包括该日）的工作日向基金销售网点进行成交查询。

（3）巨额赎回。如果一个工作日内的基金单位净赎回申请（赎回申请总数扣除申购申请总数后的余额）超过当日基金单位总份数的10%，即认为是发生了巨额赎回。

当出现巨额赎回时，基金管理人可以根据该基金当时的资产组合状况决定全额赎回、部分顺延赎回和暂停赎回。

2. 开放式基金的申购、赎回价格

开放式基金的交易价格即为申购、赎回价格。开放式基金申购和赎回的价格是建立在单位基金净值基础上的，基金的申购价格，由申购申请日当天每份基金单位资产净值再加上一定比例的申购费所形成；基金的赎回价格，由基金赎回申请日当天每份基金单位资产净值再减去一定比例的赎回费所形成。

单位基金资产净值，即每一基金单位代表的基金资产的净值，是指在某一基金估值时点上，按照公允价格计算的基金资产的总市值扣除负债后的余额，该余额是基金单位持有人的权益。单位基金资产净值计算的公式为：

单位基金资产净值 =（总资产 - 总负债）/基金单位总数

其中，总资产是指基金拥有的所有资产（包括股票、债券、银行存款和其他有价证券等）按照公允价格计算的资产总额。基金往往分散投资于证券市场的各种投资工具，如股票、债券等，由于这些资产的市场价格是不断变动的，所以需要按照公允价格估算基金资产的价值。基金估值是计算单位基金资产净值的关键。只有每日对单位基金资产净值进行系统地计算，才能及时反映基金的投资价值；总负债是指基金运作及融资时所形成的负债，包括应付给他人的各项费用、应付资金利息等；基金单位总数是指当时发行在外的基金单位的总量。

二、基金估值

（一）基金费用

基金运作过程中涉及的费用很多，包括申购费、赎回费、基金转换费、基金管理费、基金托管费、信息披露费等。这些费用可分为两大类：一类是基金销售过程中发生的由基金投资者自己承担的费用，主要包括申购费、赎回费、基金转换费。这些费用直接从投资者申购、赎回或转换的金额中收取。另一类是基金管理过程中发生的费用，主要包括基金管理费、基金托管费、证券交易费用和基金运作费等，这些费用由基金资产承担，从基金资产中扣除。

1. 基金管理费

基金管理费是指基金管理人管理基金资产而向基金收取的费用。基金管理费率通常与基金规模成反比，与风险成正比。基金规模越大，基金管理费率越低；基金风险程度越高，基金管理费率越高。我国股票基金大部分按照 1.5% 的比例计提基金管理费，债券基金的管理费率一般低于 1%，货币市场基金的管理费率为 0.33%。

2. 基金托管费

基金托管费是指基金托管人为基金提供托管服务而向基金收取的费用。基金托管费收取的比例与基金规模、基金类型有一定关系。通常基金规模越大，基金托管费率越低。新兴市场国家和地区的托管费收取比例相对要高。我国封闭式基金按照 0.25% 的比例计提基金托管费；开放式基金根据基金盒同的规定比例计提，通常低于 0.25%；股票基金的托管费率要高于债券基金及货币市场基金的托管费率。

3. 基金销售服务费

基金销售服务费是指从基金资产中扣除的用于支付销售机构佣金以及基金管理人的基金营销广告费、促销活动费、持有人服务费等方面的费用。基金销售服务费目前只有货币市场基金和一些债券基金收取。费率大约为0.25%。收取销售服务费的基金通常不收申购费。

4. 基金交易费

基金交易费指基金进行证券买卖交易时所发生的相关交易费用。目前，我国证券投资基金的交易费用主要包括印花税、交易佣金、过户费、经手费、证管费。交易佣金由证券公司按成交金额的一定比例向基金收取，印花税、过户费、经手费、证管费等则由登记公司或交易所按有关规定收取。参与银行间债券交易的，还需向中央国债登记结算有限责任公司支付银行间账户服务费，向全国银行间同业拆借中心支付交易手续费等服务费用。

5. 基金运作费

基金运作费指为保证基金正常运作而发生的应由基金承担的费用，包括审计费、律师费、上市年费、信息披露费、分红手续费、持有人大会费、开户费、银行汇划手续费等。

（二）基金资产

基金资产包括基金持有的各种有价证券和货币市场工具，也包括基金应付未付的费用。

1. 基金持有的资产

基金持有的资产即包括上市的股票、债券，也包括银行间市场交易的债券和资产证券化产品等有价证券，也包括现金、票据、国库券等货币市场工具，

2. 应付未付的费用（就是基金的负债）

基金应付而未付的费用包括未支付的管理费、托管费、销售服务费和基金运作费，但一般不会包括证券交易费、

（三）基金估值

1. 定义

基金资产估值是指通过对基金所拥有的全部资产及所有负债按一定的原则和方法进行估算，进而确定基金资产公允价值的过程。基金资产总值是指基金全部资产的价值总和。基金资产净值等于基金资产减去基金费用。基金资产净值除以基金当前的总份额，就是基金份额净值。基金份额净值是计算投资者申购基金份额、赎回资金金额的基础，也是评价基金投资业绩的基础指标之一。

2. 基金估值考虑因素

（1）估值频率。所谓估值频率是指多长时间估值一次。我国基金每交易日估值一次，开放式基金于次日公告基金份额净值；封闭式基金每周披露一次基金份额净值。

（2）交易价格。基金估值时要使用基金资产的交易价格，当基金只投资于交易活跃的证券时，对其资产进行估值较为容易。当基金投资于交易不活跃的证券时，对基金资产进行估值就需要非常慎重，其中证券资产的流动性是非常关键的因素。

（3）价格操纵。在对基金资产估值时还需注意价格操纵和滥估问题。例如，某债券流动性很差，基金管理人可以连续少量买入以“制造”出较高的价格，从而提高基金的业绩，这就是价格操纵。

（4）滥估问题。在对流动性差的证券及问题证券进行估值时需要有主观判断，此时的主观判断如果由基金管理人来作出，便为滥估提供了机会。

(5) 估值方法的一致性及公开性。估值方法的一致性是指基金在进行资产估值时均应采取同样的估值方法，遵守同样的估值规则。估值方法的公开性是指基金采用的估值方法需要在法定募集文件中公开披露。假若基金变更了估值方法，也需要及时进行披露。

3. 基金估值方法

对于不同的品种估值方法是不一样的，对于估值日有市价的证券，应采用市价确定公允价值。估值日无市价的证券，但最近交易日后经济环境未发生重大变化，应采用最近交易市价确定公允价值。

估值日无市价的，且最近交易日后经济环境发生了重大变化的，应参考类似投资品种的现行市价及重大变化因素，调整最近交易市价，确定公允价值。

对于不存在活跃市场的投资品种，应采用市场参与者普遍认同且被以往市场实际交易价格验证具有可靠性的估值技术确定公允价值。

三、基金利润

(一) 定义

基金利润是指基金在一定会计期间的经营成果。利润包括收入减去费用后的净额、直接计入当期利润的利得和损失等。基金收入是基金资产在运作过程中所产生的各种收入。

(二) 基金收入来源

基金收入来源主要包括利息收入、投资收益以及其他收入。基金资产估值引起的资产价值变动作为公允价值变动损益计入当期损益。

1. 利息收入

利息收入指基金经营活动中因债券投资、资产支持证券投资、银行存款、结算备付金、存出保证金、按买入返售协议融出资金等而实现的利息收入。具体包括债券利息收入、资产支持证券利息收入、存款利息收入、买入返售金融资产收入等。

2. 投资收益

投资收益是指基金经营活动中因买卖股票、债券、资产支持证券、基金等实现的差价收益，因股票、基金投资等获得的股利收益，以及衍生工具投资产生的相关损益，如卖出或放弃权证、权证行权等实现的损益。具体包括股票投资收益、债券投资收益、资产支持证券投资收益、基金投资收益、衍生工具收益、股利收益等。

3. 其他收入

其他收入是指除上述收入以外的其他各项收入，包括赎回费扣除基本手续费后的余额、手续费返还、ETF 替代损益，以及基金管理人等机构为弥补基金财产损失而支付给基金的赔偿款项等。

4. 公允价值变动损益

公允价值变动损益（浮动盈亏）指基金持有的采用公允价值模式计量的交易性金融资产、交易性金融负债等公允价值变动形成的应计人当期损益的利得或损失，并于估值日对基金资产按公允价值估值时予以确认。

（三）基金利润分配

1. 封闭式基金利润分配

根据《证券投资基金运作管理办法》有关规定，封闭式基金的利润分配，每年不得少于一次，封闭式基金年度利润分配比例不得低于基金年度已实现利润的90%。

封闭式基金当年利润应先弥补上一年度亏损，然后才可进行当年分配。封闭式基金一般采用现金方式分红。

2. 开放式基金利润分配

我国开放式基金按规定需在基金合同中约定每年基金利润分配的最多次数和基金利润分配的最低比例。利润分配比例一般以期末可供分配利润为基准计算。

开放式基金的分红方式有两种：一种是现金分红方式。根据基金利润情况，基金管理人以投资者持有基金单位数量的多少，将利润分配给投资者。这是基金分配最普遍的形式。另一种是分红再投资转换为基金份额。分红再投资转换为基金份额是指将应分配的净利润按除息后的份额净值折算为等值的新的基金份额进行基金分配。

根据有关规定，基金分配应当采用现金方式。开放式基金的基金份额持有人可以事先选择将所获分配的现金利润，按照基金合同有关基金份额申购的约定转为基金份额。基金份额持有人事先未作出选择的，基金管理人应当支付现金。

3. 货币市场基金的利润分配

《货币市场基金管理暂行规定》第九条规定："对于每日按照面值进行报价的货币市场基金，可以在基金合同中将收益分配的方式约定为红利再投资，并应当每日进行收益分配。"

根据相关规定：当日申购的基金份额自下一个工作日起享有基金的分配权益，当日赎回的基金份额自下一个工作日起不享有基金的分配权益。具体而言，货币市场基金每周五进行分配时，将同时分配周六和周日的利润；每周一至周四进行分配时，则仅对当日利润进行分配。投资者于周五申购或转换转入的基金份额不享有周五和周六、周日的利润，投资者于周五赎回或转换转出的基金份额享有周五和周六、周日的利润。

项目总结

操作要点

封闭式基金买入委托指令，开放式基金申购申请，基金管理费、托管费和营销服务费的规定，熟悉基金的收入来源和利润分配规定。

知识要点

证券投资基金是指通过发售基金份额，将众多投资者的资金集中起来，形成独立财产，由基金托管人托管，基金管理人管理，以投资组合的方法进行证券投资的一种利益共享、风险共担的集合投资方式。证券投资基金具备集合理财，专业管理、组合投资，分散风险、利益共享，风险共担、严格监管，信息透明、独立托管，保障安全等特点。

按组织形式的不同分为契约型基金、公司型基金；公司型基金与契约型基金的所筹资金的性质不同、基金投资者的地位不同、基金的营运依据不同；证券投资基金按是否可自由赎回和基金规模是否固定，可分为封闭式基金和开放式基金。封闭式基金与开放式基金存续期限不同、发行规模限制不同、基金份额交易方式不同、基金份额的交易价格计算标准不同、交易费用不同、投资策略不同和基金份额资产净值公布的时间不同；证券投资基金按投资对象不同划分，可分为债券基金、股票基金、混合基金和货币市场基金四种形式。证券投资基金按投资目标划分，可分为成长型基金、收入型基金和平衡型基金。证券投资基金按交易变现方式的差异可以划分为交易所交易基金和上市开放式基金。证券投资基金按投资理念的不同划分，可分为主动型基金和被动（指数）型基金。特殊类型基金主要包括包括系列基金、保本基金和分级基金。

基金单位的买卖应遵循“公开、公平、公正”的“三公”原则和“价格优先、时间优先”的原则。开放式基金申购与赎回应遵循未知价，金额申购、份额赎回原则。开放式基金日常申购与赎回一般应符合投资者开户、投资者提出申请和登记机构的确认。如果一个工作日内的基金单位净赎回申请（赎回申请总数扣除申购申请总数后的余额）超过当日基金单位总份数的10%，即认为是发生了巨额赎回。开放式基金申购和赎回的价格是建立在单位基金净值基础上的。单位基金资产净值，即每一基金单位代表的基金资产的净值，是指在某一基金估值时点上，按照公允价格计算的基金资产的总市值扣除负债后的余额，该余额是基金单位持有人的权益。单位基金资产净值 =（总资产 - 总负债）/基金单位总数。基金运作费用包括两大类：一类是基金销售过程中发生的由基金投资者自己承担的费用，主要包括申购费、赎回费、基金转换费。另一类是基金管理过程中发生的费用，主要包括基金管理费、基金托管费、证券交易费用和基金运作费等。

基金资产估值是指通过对基金所拥有的全部资产及所有负债按一定的原则和方法进行估算，进而确定基金资产公允价值的过程。基金资产总值是指基金全部资产的价值总和。基金估值考虑因素包括估值频率、交易价格、价格操纵、滥估问题和估值方法的一致性及公开性。基金利润是指基金在一定会计期间的经营成果。利润包括收入减去费用后的净额、直接计入当期利润的利得和损失等。基金收入来源主要包括利息收入、投资收益以及其他收入。基金资产估值引起的资产价值变动作为公允价值变动损益计入当期损益。封闭式基金的利润分配，每年不得少于一次，封闭式基金年度利润分配比例不得低于基金年度已实现利润的90%。封闭式基金当年利润应先弥补上一年度亏损，然后才可进行当年分配。封闭式基金一般采用现金方式分红。开放式基金按规定需在基金合同中约定每年基金利润分配的最多次数和基金利润分配的最低比例。开放式基金的分红方式有两种：一种是现金分红方式，另一种是分红再投资转换为基金份额。对于每日按照面值进行报价的货币市场基金，可以在基金合同中将收益分配的方式约定为红利再投资，并应当每日进行收益分配。

问题讨论

1. 我国基金为什么发展这么快？
2. 是购买封闭式基金好还是购买开放式基金好？
3. 基金资产估值对于投资者来说意味着什么？

推荐阅读

《证券投资基金》，中国证券业协会编写，中国金融出版社，2012 版。

做一做*

一、选择题

1. （　　）的期限是指基金的存续期，即基金从成立起到终止之间的时间。

A. 开放式基金　　B. 契约型基金

C. 封闭式基金　　D. 公司型基金

2. 认购公司型基金的投资人是基金公司的（　　）。

A. 债权人　　B. 受益人

C. 股东　　D. 委托人

3. 买卖封闭式基金在基金价格之外要支付的费用为（　　）。

A. 手续费　　B. 印花税

C. 申购费　　D. 赎回费

4. 在以下几种基金中，管理费率最低的是（　　）。

A. 货币基金　　B. 股票基金

C. 债券基金　　D. 认股权证基金

5. 契约型基金反映的是（　　）。

A. 所有权关系　　B. 债权债务关系

C. 委托代理关系　　D. 信托关系

6. 证券投资基金的特征主要有（　　）。

A. 集合投资　　B. 分散风险

C. 专家管理　　D. 收益有保障

7. 按基金的法律基础和组织形式不同，基金可分为（　　）。

A. 契约型　　B. 协议型

C. 组合型　　D. 公司型

8. 公募证券与私募证券的不同之处在于（　　）。

A. 审核的严格程度不同　　B. 发行对象特定与否

---

* 习题，包含“操作指导”，这是强化的重点。

C. 采取公示制度与否　　　　　　D. 上市与否

9. 开放式基金的特点有（　　）。

A. 没有预定存续期限

B. 没有发行规模限制

C. 可以上市交易

D. 每个交易日连续公布基金单位资产净值

10. 影响封闭式基金单位价格的直接因素有（　　）。

A. 资产净值　　　　　　B. 基金收益

C. 市场供求状况　　　　　　D. 基金风险

二、判断题

1. 资产管理产品是指通过发售基金份额，将众多投资者的资金集中起来，形成独立财产，由基金托管人托管，基金管理人管理，以投资组合的方法进行证券投资的一种利益共享、风险共担的集合投资方式。（　　）

2. 证券投资基金具备集合理财，专业管理、组合投资，分散风险、利益共享，风险共担、严格监管，信息透明、独立托管，保障安全等特点。（　　）

3. 按组织形式的不同证券投资基金分为封闭式基金和开放式基金。（　　）

4. 封闭式基金与开放式基金存续期限不同、发行规模限制不同、基金份额交易方式不同、基金份额的交易价格计算标准不同、交易费用不同、投资策略不同和基金份额资产净值公布的时间不同。（　　）

5. 证券投资基金按投资目标划分，可分为成长型基金、偏股型基金和平衡型基金。（　　）

6. 基金单位的买卖应遵循“公开、公平、公允”的“三公”原则和“价格优先、时间优先”的原则。（　　）

7. 开放式基金申购与赎回应遵循已知价，金额申购、份额赎回原则。（　　）

8. 基金资产净值是指在某一基金估值时点上，按照公允价格计算的基金资产的总市值扣除负债后的余额，该余额是基金单位持有人的权益。（　　）

9. 基金资产估值是指通过对基金所拥有的全部资产及所有负债按一定的原则和方法进行估算，进而确定基金资产公允价值的过程。（　　）

10. 封闭式基金的利润分配，每年不得少于一次，封闭式基金年度利润分配比例不得低于基金年度已实现利润的90%。（　　）

三、简述题

1. 我国投资基金可以分为哪些种类？

2. 巨额赎回在什么情况才会发生？

3. 基金估值需要考虑哪些因素？

4. 封闭式基金和开放式基金的区别有哪些？

5. LOF 和 ETF 之间的区别有哪些？

项目五

衍生金融工具

知识学习目标：

掌握金融衍生工具的概念、基本特征和按照基础工具的种类、产品形态、交易场所及交易方法等不同的分类方法；了解金融衍生工具产生和发展的原因、金融衍生工具最新的发展趋势。

掌握现货、远期、期货交易的定义、基本特征和主要区别；掌握金融远期合约和远期合约市场的概念、远期合约的类型；了解现阶段我国银行间债券市场远期交易、外汇远期交易、远期利率协议以及境外人民币 NDF 的基本情况。

掌握金融期货、金融期货合约的定义；熟悉金融期货交易与金融现货交易及远期交易的区别；掌握金融期货的集中交易制度、标准化期货合约和对冲机制、保证金制度、无负债结算制度、限仓制度、大户报告制度、每日价格波动限制及断路器规则等主要交易制度；掌握金融期货合约的主要类别；了解境外金融期货合约的主流品种和交易规则。掌握沪深 300 股指期货合约的内容及交易规则；掌握金融期货的套期保值功能、价格发现功能、投机功能、套利功能。了解互换交易的主要类别和交易特征；了解人民币利率互换的业务内容；了解信用违约互换（CDS）的含义和主要风险。

掌握金融期权的定义和特征；掌握金融期货与金融期权在基础资产、权利与义务的对称性、履约保证、现金流转、盈亏特点、套期保值的作用与效果等方面的区别；熟悉金融期权按选择权性质、合约履行时间、期权基础资产性质划分的主要种类；了解金融期权的主要功能。

掌握权证的定义、分类、要素；熟悉权证的发行、上市与交易。

掌握可转换债券的定义和特征；掌握可转换债券的主要要素。

技能训练目标：

熟练进行期货投机操作；
能够进行期货套期保值操作；
熟练进行期货套利操作；
熟练进行期权投机操作；
能够进行期权套期保值操作；
能够进行权证投机操作；
熟练进行可转换债券转股操作。

案例导入

2015 年 5 月份沪市期货交易情况统计

1. 金融期货

2015 年 5 月份，中国金融期货交易所股指期货成交额 594 340 亿元，环比增加 14.2%，同比增加 563.6%；成交量 4 181 万手，环比增加 6.5%，同比增加 199.9%。国债期货成交额 3 240 亿元，环比增加 8.5%，同比增加 812.7%；成交量 33 万手，环比增加 6.5%，同比增加 791.9%。中国金融期货交易所全年累计成交 2 010 689 亿元和 16 371 万手，分别占全国期货成交额和成交量的 79.2% 和 11.7%。沪深 300 股指期货主力合约收于 4 897.00 点，比上月底上涨 2.71%，沪深 300 指数同期上涨 1.91%；上证 50 股指期货主力合约收于 3 118.60 点，比上月底下跌 4.79%，中证 500 股指期货主力合约收于 10 121.00 点，比上月底上涨 21.13%。5 年期国债期货主力合约收于 94.920 点，比上月底下跌 3.63%；10 年期国债期货主力合约收于 95.655 点，比上月底下跌 2.42%。

2. 商品期货

2015 年 5 月份，上海期货交易所成交额 38 768 亿元，环比减少 25.1%，同比减少 7.6%；成交量 6 152 万手，环比减少 39.0%，同比增加 29.2%。上海期货交易所今年累计成交额 237 416 亿元，同比减少 7.2%，占全国商品期货的 44.9%；累计成交量 36 945 万手，同比增加 32.2%，占全国商品期货的 30%。

中国金融期货交易所及上海期货交易所今年累计成交额 2 248 105 亿元，占全国期货市场的 88.5%，份额占比较上年末上升 10.7 个百分点；累计成交量 53 316 万手，占全国期货市场的 38.3%，较上年末下降 4.1 个百分点。

资料来源：中国金融期货交易所、上海期货交易所。

模块一
衍生金融工具

任务描述

利用金融衍生工具构建投资组合，规避和对冲风险。

业务描述

证券公司在进行自营业务和资产管理业务时，通过做空股指期货进行套期保值。

一、金融衍生工具的概念和特征

（一）金融衍生工具的概念

指建立在基础产品或基础变量之上，其价格取决于基础金融产品价格（或数量）变动的派生金融产品。这里所说的基础产品是一个相对的概念，不仅包括现货金融产品（如债券、股票、银行定期存款单等等），也包括金融衍生工具。作为金融衍生工具基础的变量种类繁多，主要是各类资产价格、价格指数、利率、汇率、费率、通货膨胀率以及信用等级等等，近些年来，某些自然现象（如气温、降雪量、霜冻、飓风）甚至人类行为（如选举、温室气体排放）也逐渐成为金融衍生工具的基础变量。

（二）金融衍生工具的基本特征

1. 跨期性

无论是交易利率、汇率还是股价、股价指数，都约定在未来某一时间按照一定条件进行交易或选择是否交易的合约。因此交易成败取决于对未来价格变动走势正确的判断。

2. 杠杆性：放大效应

金融衍生工具一般只需要支付少量的保证金或权利金就可签订远期大额合约或互换不同的金融工具。例如，若期货交易保证金为合约金额的5%，金融期货合约价值10 000元，保证金为500元，如果合约价值涨到10 500元，其收益率为100%，但如果是全价交易，收益只有5%，因此收益扩大了20倍，杠杆倍数＝1/保证金比率。在收益可能成倍放大的同时，交易者所承担的风险与损失也会成倍放大，基础工具价格的轻微变动也许就会带来交易者的大盈大亏。金融衍生工具的杠杆效应一定程度上决定了它的高投机性和高风险性。

3. 联动性

金融衍生工具的价值与基础产品或基础变量紧密联系、规则变动。

4. 不确定性和高风险性

金融衍生工具的交易后果取决于交易者对基础工具（变量）未来价格（数值）的预测和判断的准确程度，具有不确定性和高风险性，其风险主要包括：信用风险、市场风险、流动性风险、结算风险、操作风险、法律风险等。

二、金融衍生工具的分类

（一）按照产品形态分类

1. 独立衍生工具

本身就是独立的金融合约。远期、期权、期货、互换。

2. 嵌入式衍生工具

嵌入式衍生工具是指嵌入到非衍生工具（即主合同）中，使混合工具的全部或部分现金流量随特定利率、金融工具价格、商品价格、汇率、价格指数、费率指数、信用等级、信用指数或其他类似变量的变动而变动的衍生工具。嵌入衍生工具与主合同构成混合工具，如可转换公司债券等。

（二）按照交易场所分类

1. 交易所交易的衍生工具

在有组织的交易所上市交易的衍生工具。

2. OTC 交易的衍生工具

分散的一对一交易的衍生工具。交易份额已经超过上一种。

（三）按照基础工具种类分类

1. 股权类产品的衍生工具

是指以股票指数为基础工具的金融衍生工具，主要包括股票期货、股票期权、股票指数期货、股票指数期权以及上述合约的混合交易合约。

2. 货币衍生工具

是指以各种货币作为基础工具的金融衍生工具，主要包括远期外汇合约、货币期货、货币期权、货币互换以及上述合约的混合交易合约。

3. 利率衍生工具

是指以利率或利率的载体为基础工具的金融衍生工具，主要包括远期利率协议、利率期货、利率期权、利率互换以及上述合约的混合交易合约。

4. 信用衍生工具

是以基础产品所蕴含的信用风险或违约风险为基础变量的金融衍生工具，用于转移或防范信用风险，是 20 世纪 90 年代以来发展最为迅速的一类衍生产品，主要包括信用互换、信用联结票据等等。

5. 其他衍生工具

例如用于管理气温变化风险的天气期货，管理政治风险的政治期货、管理巨灾风险的巨灾衍生产品等。

（四）按照金融衍生工具自身交易的方法及特点分类

金融远期合约、金融期货、金融期权、金融互换、结构化金融衍生工具。

结构化金融衍生工具。前述5种常见的金融衍生工具通常也被称作建构模块工具，它们是最简单和最基础的金融衍生工具，而利用其结构化特性，通过相互结合或者与基础金融工具相结合，能够开发设计出更多具有复杂特性的金融衍生产品，后者通常被称为结构化金融衍生工具，或简称为结构化产品。例如，在股票交易所交易的各类结构化票据、目前我国各家商业银行推广的挂钩不同标的资产的理财产品等都是其典型代表。通过与证券、利率、汇率、指数、基金等各类金融资产表现挂钩，根据多样化的收益支付条款为您提供潜在回报及控制风险。

模块二 远期合约

任务描述

进行远期利率协议和汇率协议的操作。

业务描述

银行作为中介机构为公司和企业办理远期利率协议。

一、金融远期的含义

远期合约是20世纪80年代初兴起的一种保值工具，它是一种交易双方约定在未来的某一确定时间，以确定的价格买卖一定数量的某种金融资产的合约。合约中要规定交易的标的物、有效期和交割时的执行价格等项内容。

二、金融远期的特点

1. 远期交易的优点

（1）合约的非标准化。远期交易的标的物、交割数量、交割时间、交割地点等都是买卖双方协商确定的，而不像期货合约那样，是事先规定好的。

（2）场外交易，交易比较灵活。远期合约不在交易所中进行集中交易，交易双方可通过协商的方式确定交易时间和交易地点，交易的灵活度较高。

2. 远期交易的缺点

非集中交易同时也带来了搜索困难、交易成本较高、存在对手违约风险等缺点。

三、远期交易的种类

1. 股权类资产的远期合约

包括单个股票的远期合约、一揽子股票的远期合约和股票价格指数的远期合约三个子类。

2. 债权类资产的远期合约

主要包括定期存款单、短期债券、长期债券、商业票据等固定收益证券的远期合约。如我国全国银行间债券市场的债券远期交易。该交易在全国银行间同业拆借中心进行，中心为市场参与者债券远期交易提供报价、交易和信息服务，并接受中国人民银行的监管。交易数量最小为债券面额 10 万元，交易单位为债券面额 1 万元。交易期限最短为 2 天，最长为 365 天，其中 7 天品种最为活跃。交易成员可在此区间内自由选择交易期限，不得展期。

3. 远期利率协议

按照约定的名义本金，交易双方在约定的未来日期交换支付浮动利率和固定利率的远期协议，协议的买方支付以合同利率计算的利息，卖方支付以参考利率计算的利息。

自 2007 年 11 月以来，人民币远期利率协议的参考利率均为 3 个月期上海银行间同业拆借利率（Shibor）。主要的品种有 1m × 4m，3m × 9m，9m × 12m 等。如“6 × 9、8.03% ~ 8.09%”，的市场术语作如下解释：“6 × 9”（6 个月对 9 个月，英语称为 six against nine）是表示期限，即从交易日（7 月 13 日）起 6 个月末（即次年 1 月 13 日）为起息日，而交易日后的 9 个月末为到期日，协议利率的期限为 3 个月期。“8.03% ~ 8.09%”为报价方报出的 FRA 买卖价：前者是报价银行的买价，若与询价方成交，则意味着报价银行（买方）在结算日支付 8.03% 利率给询价方（卖方），并从询价方处收取参照利率。后者是报价银行的卖价，若与询价方成交，则意味着报价银行（卖方）在结算日从询价方（买方）处收取 8.09% 利率，并支付参照利率给询价方。

4. 远期汇率协议

远期汇率协议指按照约定的汇率，交易双方在约定的未来日期买卖约定数量的某种外币的远期协议。目前国内主要外汇银行均开设远期结售汇业务，同时，在新加坡、我国香港地区，还广泛存在着不交割的人民币远期交易。无本金交割远期外汇交易（non – deliverable forward – NDF）是一种离岸金融衍生产品，交易双方基于对汇率的不同看法，签订非交割远期交易合约，确定远期汇率、期限和金额，合约到期时只需将远期汇率与实际汇率的差额进行交割清算，与本金金额、实际收支毫无关联。

模块三
金融期货

任务描述

金融期货的套期保值、投机交易和套利操作。

掌握沪深300股指期货和5年期国债期货的交易规则，进行期货投机交易，利用沪深300股指期货进行股票的套期保值操作。

业务描述

证券公司期货介绍业务

1. 期货介绍业务的含义

证券公司向全资拥有或控股的期货公司或被同一家公司拥有的期货公司介绍客户，收取佣金的业务。

2. 期货介绍业务的范围

协助客户开户，提供交易设施和场地，发布期货价格行情。

3. 期货介绍业务的流程

（一）开户

1. 自然人客户

（1）签署文件和协议。包括《期货交易风险说明书》、《期货经纪合同》、《银期转账协议》等协议书，如实提供固定电话、手机号、联系地址和邮政编码等。提供办理期货结算的银行。（2）留取影像资料。包括开户人头部正面照；身份证原件正反扫描件。（3）设置资金密码和交易密码。（4）本人持银期转账协议、本人身份证、银行卡至相应的银行网点办理银期转账手续。（5）客户通过银期转账和非银期转账的方式入金。（6）开户成功后，营业部将合同寄给客户。

2. 法人客户

（1）签署文件和协议。包括《期货交易风险说明书》、《期货经纪合同》、《银期转账协议》等协议书，如实提供固定电话、手机号、联系地址和邮政编码等。出示有效《企业法人营业执照的原件并留复印件》；出示有效的组织机构代码证并留复印件；出示税务登记证并留复印件；出示开户代理人授权委托书原件；出示法定代表人身份证并留复印件；提供法定代表人身份证明书；出示被授权人身份证并留复印件；提供企业公章及法人章。

（2）留存影像资料。包括机构开户法定代表人或代理人身份证原件正面扫描件；机构客户营业执照（副本）原件扫描件；机构客户组织机构代码原件扫描件。

（二）出入金

客户入金前，应当在中国证监会指定的期货结算银行开立用于期货交易出入金的银行结算账户或选择已在结算银行开立的银行结算账户登记为期货结算账户。客户可在期货公司登记多家结算银行的期货结算账户。

（三）银期转账

银期转账开通流程：

（1）个人客户持本人身份证原件先到国泰君安证券公司营业部签署银期转账三方协议（期货公司、银行 和客户）及交行的银期转账业务申请表；

（2）个人客户持本人身份证原件、银期转账三方协议、交行的银期转账业务申请表到银行办理开通手续。

一、金融期货的定义和特征

（一）金融期货定义

期货合约是由交易双方订立的，约定在未来某日按成交时约定的价格交割一定数量的某种商品的标准化协议。1730 年，日本德川幕府正式批准大阪堂岛大米市场的运作，被公认为期货交易所的雏形。1848 年，芝加哥期货交易所（CBOT）成立，1865 年，CBOT 推出标准化期货合约。金融期货是以金融工具为标的物的期货。

（二）金融期货的特征

（1）与金融现货相比，金融期货的特征具体表现，如表 5－1 所示。

表 5－1　金融现货与金融期货的特征比较

区别	金融现货	金融期货
交易对象	股票、债券或其他金融工具	期货合约，质量、规格、数量、交割时间、交割地点都事先规定
交易目的	筹资或投资	投机、套期保值、套利
价格含义	当前时点形成的市场均衡价格	对金融现货价格未来的预期，发现价格功能，但二者不相等。
交易方式	全价交易	保证金交易
结算方式	交割	交割、对冲平仓

（2）金融期货与金融远期的区别（见表 5－2）。

表 5－2　金融期货与金融远期的特征比较

区别	金融远期	金融期货
场所和组织形式	场外双边	场内集中

续表

区别	金融远期	金融期货
监管程度	监管不严	监管严格，交易品种和交易者行为均需受到控制
合约标准化程度	非标准化，买卖双方商议	标准化
违约风险	较高	保证金和每日无负债结算，以交易所未结算对手，风险不高。

二、金融期货的主要交易制度

（一）双向交易制度

既能做多也能做空，预测价格上涨，做多买入，预测价格下跌，做空卖出，价格上涨或下跌都有获利机会。

（二）集中交易制度

期货合约是在期货交易所组织下成交的，具有法律效力。期货价格是在交易所的交易厅里通过公开竞价方式产生的。国外大多采用公开喊价方式，而我国均采用电脑交易。期货合约的履行由交易所担保，不允许私下交易。期货交易所是期货市场的核心。

（三）标准化期货合约和对冲机制

1. 标准化期货合约

期货合约的商品品种、数量、质量、等级、交货时间、交货地点等条款都是既定的，是标准化的，唯一的变量是价格。期货合约的标准通常由期货交易所设计，经国家监管机构审批上市。

2. 对冲机制

对冲机制是指分别作两笔品种、数量、期限相同但方向相反的交易，无需进行实物交割，直接清算买卖差价了结头寸。期货交易的主要平仓方式不是交割而是对冲。

（四）保证金及其杠杆作用

设立保证金的主要目的是当交易者出现亏损时能及时制止，防止出现不能偿付的现象。

（五）无负债结算制度，逐日盯市

以每种期货合约在交易日收盘前最后1段交易时间的加权平均成交价作为当日结算价（股指期货每日结算价为最后交易日标的指数最后1小时的算术平均价），与每笔交易成交时的价格作对照，计算每个结算所会员账户的浮动盈亏、平仓盈亏、保证金、手续费，进行随市清算。如果客户保证金不足须补充保证金或减仓，不按规定减仓则强行平仓。

（六）限仓制度

限仓制度是交易所为了防止市场风险过度集中和防范操纵市场的行为，而对交易者持仓数量加以限制的制度。如沪深 300 股指期货限仓数量为 300 手。

（七）大户报告制度

交易所每日根据当日结算情况列出大户报告名单，会员通过服务系统查询名单，将开户、交易、资金来源通过交易系统进行上传，以便交易所审查大户是否有过度投机和操纵市场行为。

限仓制度和大户报告制度是降低市场风险，防止人为操纵，提供公开、公平、公正市场环境的有效机制。

（八）每日价格波动限制及断路器规则

1. 每日价格波动限制

涨跌幅限制，主要是为了防范价格波动的风险，如沪深 300 股指期货的涨跌幅限制是 10%。

2. 断路器规则（熔断制度）

在期货交易中，当价格波幅触及所规定的点数时，交易随之 停止一段时间，或交易可以继续进行，但价幅不能超过规定点数之外的一种交易制度。设置“熔 断”机制的目的是为了控制交易风险。沪深 300 股指期货合约申报价触及熔断价格（上一交易日结算价的 ± 6%）并持续 5 分钟后，熔断机制启动并持续 5 分钟。在这期间内，买卖申报在熔断价格区间内按照平仓优先、时间优先的原则继续撮合成交。每日只启动一次熔断机制，并且在收市前 30 分钟内，不设熔断机制，最后交易日亦不设熔断机制。

3. T+0 交易

当日可以进行买卖。

三、金融期货的种类

按照基础工具划分，可分为外汇期货、利率期货、股权类期货。

（一）外汇期货

外汇期货又称货币期货，是金融期货中最先产生的品种，主要用于规避外汇风险。1972 年，外汇期货由芝加哥商业交易所（CME）所属国际货币市场（IMM）率先推出。目前的外汇期货主要以美元计价，包括欧元、日元；外币对外币，如欧元对日元，欧元对英镑等多个品种。

（二）利率期货

主要指各类固定收益金融工具，利率期货主要是为了规避利率风险而产生的。利率期货产生于 1975 年 10 月，美国芝加哥期货交易所（CBOT）推出首个以按揭贷款为基础资产利率期货，并于 77 年推出国债期货。虽然时间晚，但发展迅速。

利率期货的主要品种：

1. 债券期货

以国债期货为主的债券期货是各主要交易所最重要的利率期货品种。1992 年 12 月 18

日，上海证券交易所开办国债期货交易，并于1993年10月25日向社会公众开放。“3.27国债期货事件”，主要是因为期货交易规则不完善。1995年5月17日，证监会暂停国债期货试点。2013年9月6日，5年期国债期货合约在中金所上市交易，标志着暂停将近20年的国债期货恢复交易。

2. 主要参考利率期货

常见参考利率包括国债利率，伦敦银行间同业拆放利率（1IBOR）、香港银行间同业拆放利率（HIBOR）、欧洲美元定期存款单利率（1981年CME推出，全球第一个以现金结算期货）和联邦基金利率等等。

（三）股权类期货

股权类期货：以单只股票、股票组合、股票价格指数为基础资产的期货合约。

1. 股指期货

股票价格指数期货是以股票价格指数为基础变量的期货交易。

1982年，美国堪萨斯期货交易所（KCBT）正式开办世界上第一个股票指数期货交易—价值线性指数期货，此后发展迅速，覆盖了所有指数。CME的标普、CBOT的道琼斯、伦敦的富时100、香港的恒生、新加坡期货交易所的日经225。2006年9月8日，中国金融期货交易所正式成立。2010年4月16日，沪深300股指期货正式上市交易。

2. 单只股票期货

以单只股票为基础变量的期货。一般选择流通性好的股票。

3. 股票组合期货

以标准化的股票组合为基础资产的金融期货。2005年，推出3只以ETF为标的物的股票组合期货，但交易不活跃已于2011年停止交易。

四、我国的金融期货

（一）沪深300股指期货

1. 合约文本

沪深300股指期货于2010年4月16日在中国金融期货交易所正式上市交易。其合约文本如表5-3所示。

表5-3　　沪深300股指期货

合约标的	沪深300指数
合约乘数	每点300元
报价单位	指数点
最小变动价位	0.2点
合约月份	当月、下月及随后两个季月
交易时间	上午：9:15~11:30，下午：13:00~15:15
最后交易日交易时间	上午：9:15~11:30，下午：13:00~15:00
每日价格最大波动限制	上一个交易日结算价的±10%

续表

最低交易保证金	合约价值的8%
最后交易日	合约到期月份的第三个周五，遇国家法定假日顺延
交割日期	同最后交易日
交割方式	现金交割
交易代码	IF
上市交易所	中国金融期货交易所

2. 交易规则

(1) 分类编码。中金所实行一户一码的交易编码制度，在交易所内客户只有一个客户号；期货公司将通过交易所计算机系统为客户申请交易编码；特定客户（证券公司、证券投资基金等）以书面形式申请交易编码。

(2) 保证金。分为结算准备金和交易保证金。结算准备金未被占用的保证金，交易保证金指已被占用的保证金。

(3) 竞价交易。开盘集合竞价和盘中连续竞价。开盘集合竞价成交价是成交量最大的价格，盘中连续竞价采取价格优先、时间优先原则，涨跌停板平仓优先、时间优先原则。

(4) 结算价。当日结算价指最后1小时成交价加权平均价，股指交割结算价指最后2小时成交价加权平均价。

(5) 涨跌停板。股指期货合约涨跌停板为10%，这个和一般的股票一样。但是有一个例外，就是“季月合约”，如当前是7月，季月合约就是9月份的合约。在这个合约上市的第一天（首日），他的涨跌停板是20%，不是10%。如果这个合约在第一天有成交，那么从第二天起，这个合约的涨跌停板回复到10%，不再是20%。有一个极端情况，就是这个合约在第一天完全没有成交，那么他上市的第二天，他的涨跌停板仍然是20%。最后交易日涨跌停板幅度为上一交易日的20%。

(6) 持仓限额和大户报告。持仓限额最初规定是100手，2012年5月30日调升至300手，自2013年3月12日起，沪深300股指期货持仓限额标准调整为：①进行投机交易的客户号某一合约单边持仓限额为600手。②某一合约结算后单边总持仓量超过10万手的，结算会员下一交易日该合约单边持仓量不得超过该合约单边总持仓量的25%。

(7) 其他风险控制规定。如提高保证金、限制开仓、出仓、平仓、暂停交易、调整涨跌停板、强制减仓或其他风险措施。

(8) 最小变动价位。0.2点及其整数倍。也就是在报价的时候，只能报如2 046.2、2 046.4等这种0.2的整数倍，不能报2 046.3或2 046.5。

(9) 合约月份。当月、下月随后两个季月。即沪深300股指期货一共4个合约，如当前4月份，那么上市交易的合约为4月、5月、6月、9月合约。

(10) 交易时间。比股票早开盘15分钟，为了有效地扮演价格发现的角色和降低现货市场开盘时的波幅。比股票晚迟收盘15分钟意在降低现货市场收盘时的波幅，给予套期保值者调整投资策略的充分时间。

(11) 最后交易日。合约到期月份第三个周五，主要是为了避免股市月末效应和期市到期效应重叠，防止交割日价格异常波动。

(12) 交易代码。IF，如2015年1月份的合约，即可以表示为IF1501，期货交易代码类似的作用和股票代码是相同的。

(二) 5年期国债期货

5年期国债期货合约自2013年9月6日起在中国金融期货交易所正式上市交易。5年期国债券期货的合约文本如表5-4所示。

表5-4 5年期国债期货

合约标的	面值为100万元人民币、票面利率为3%的名义中期国债
可交割国债	合约到期月首日剩余期限为4~7年的记账式附息国债
报价方式	百元净价报价
最小变动价位	0.002元
合约月份	最近的三个季月（3月、6月、9月、12月中的最近三个月循环）
交易时间	09:15—11:30，13:00—15:15
最后交易日交易时间	09:15—11:30
每日价格最大波动限制	上一交易日结算价的±1.5%
最低交易保证金	合约价值的1.5%
最后交易日	合约到期月份的第二个星期五
最后交割日	最后交易日后的第三个交易日
交割方式	实物交割
交易代码	TF
上市交易所	中国金融期货交易所

五、金融期货的基本功能

(一) 套期保值功能（hegding）

1. 套期保值的含义

同时在现货市场和期货市场建立月份相近、数量相同、方向相反的头寸，则到期时不论现货价格上涨或是下跌，两种头寸的盈亏恰好抵消，使套期保值者避免承担风险损失。

2. 套期保值的原理

期货交易之所以能够套期保值，其基本原理在于某一特定商品或金融工具的期货价格和现货价格受相同经济因素的制约和影响，从而它们的变动趋势大致相同；而且，现货价格与期货价格在走势上具有收敛性，即当期货合约临近到期日时，现货价格与期货价格将逐渐趋同。

3. 套期保值的基本做法

套期保值的基本类型有两种：一是多头套期保值。现货做空，期货做多，适用于现货买者。二是空头套期保值。现货做多，期货做空，适用于卖者。

由于期货交易的对象是标准化产品，因此，套期保值者很可能难以找到与现货头寸在品种、期限、数量上均恰好匹配的期货合约。如果选用替代合约进行套期保值操作，则不能完全锁定未来现金流，由此带来的风险称为“基差风险”（基差 = 现货价格 - 期货价格）。

【例5-1】 多头套期保值

某投资者在今年3月已经知道在5月有300万资金到账可以投资股票。他看中了A、B、C三只股票，当时的价格为10元、20元和25元，准备每个股票投资100万，可以分别买10万股、5万股和4万股。假设三个股票与沪深300指数的相关系数β为1.3、1.2和0.8，则其组合β系数 = 1.3 × 1/3 + 1.2 × 1/3 + 0.8 × 1/3 = 1.1。由于行情看涨，担心到5月底股票价格上涨，决定采取1406股票指数期货锁定成本。

已知3月22日沪深300指数的现指为1 000点，3月22日1406沪深300指数期货合约为1 200点，所以该投资者需要买入的期货合约数量 = 3 000 000/（1 200 × 300） × 1.1 = 10手假设5月30日沪深300指数的现指为1 300点。股票市场上：A、B、C三只股票价格上涨为：12.6元、24.8元和29元，仍按计划数量购买，所需资金为366万元，多支付66万元。5月30日1406沪深300指数期货合约为1 418点。请问套期保值效果如何？

所以该投资者需要买入的期货合约数量 = 3 000 000/（1 200 × 300） × 1.1 = 10手

表5-5

日期	现货市场	期货市场
3月22日	300万元	1 200点
5月30日	366万元	1 418点
盈亏	-66万元	（1 418 - 1 200） × 300 × 10 = 65.4万元
总盈亏	-0.6万元，部分保值	

若5月30日1406沪深300指数期货合约为1 420点，套期保值效果如何？

表5-6

日期	现货市场	期货市场
3月22日	300万元	1 200点
5月30日	366万元	1 418点
盈亏	-66万元	（1 420 - 1 200） × 300 × 10 = 66万元
总盈亏	0万元，完全保值	

若5月30日1406沪深300指数期货合约为1 500点，套期保值效果如何？

表5-7

日期	现货市场	期货市场
3月22日	300万元	1 200点
5月30日	366万元	1 500点

续表

日期	现货市场	期货市场
盈亏	-66万元	(1 500 - 1 200) ×300×10 = 90万元
总盈亏	24万元，完全保值且有盈利	

(二) 价格发现功能

价格发现功能是指在一个公开、公平、高效、竞争的期货市场中，通过集中竞价形成期货价格的功能。期货价格具有预期性、连续性和权威性的特点，能够比较准确地反映出未来商品价格的变动趋势。期货市场之所以具有价格发现功能，是因为期货市场将众多影响供求关系的因素集中于交易所内，通过买卖双方公开竞价，集中转化为一个统一的交易价格，具有公开性、连续性、预期性的特点。

(三) 投机功能

与所有有价证券交易相同，期货市场上的投机者也会利用对未来期货价格走势的预期进行投机交易，预计价格上涨的投机者会建立期货多头，反之则建立空头。

【例5-2】 沪深300股指期货投机

2014年4月21日，某投资者做空1手IF1406合约，卖出价格2 056.4点，保证金比率10%，当日买平，买平价格2 026.4点，请问投资者的盈利和盈利率是多少？

盈利 = (2 056.4 - 2 026.4) ×300 = 9 000 (元)

保证金 = 2 056.4×300×10% = 61 692 (元)

盈利率 = 900/61 692 = 14.59%

(四) 套利功能

套利的理论基础在于经济学中的一价定律，即忽略交易费用的差异，同一商品只能有一个价格。套利大致分跨期套利、跨品种套利、跨市场套利三种。

(1) 跨期套利。利用同一品种不同月份合约差价进行套利。

【例5-3】 IF1406和IF1409合约合理价差是200点，现在IF1406合约2 200点，IF1409合约2 600点，价差400点，投资者认为，价差不正常的原因是6月份被低估，而9月份被高估，因此决定进行买6卖9套利。

①价差缩小。

表5-8

日期	IF1406	IF1409	基础
4月24日	2 200	2 600	400点
5月24日	2 400	2 700	300点
盈亏	200	-100	100点
总盈亏	100点		

②价差拉大。

表 5 - 9

日期	IF1406	IF1409	基础
4 月 24 日	2 200	2 600	400 点
5 月 24 日	2 400	2 900	500 点
盈亏	200	- 300	- 100 点
总盈亏	- 100 点		

因此，套利也有风险，只有价差向合理水平回归时，投资者才能获利。

（2）跨品种套利。利用不同品种差价进行套利。

（3）跨市场套利。利用同一品种不同市场差价进行套利。

模块四

金融期权（包含权证）

任务描述

金融期权的交易和交割；权证的交易和结算。

业务描述

权证交易的办理流程。

权证的买卖与股票相似，所需账户就是股票账户，已有股票账户的客户不需开设新的账户。

已经在证券公司各营业网点开设资金账户的投资者须带本人身份证和证券账户卡亲临营业部开通权证交易权限。权限开通后，投资者可以直接通过任何营业部柜台、电话委托、网上交易、手机交易系统进行权证交易。

未开户的投资者按以下流程办理开户手续：

个人开户需提供身份证原件及复印件，深、沪证券账户卡原件及复印件（没有可以委托营业部代办）。若是代理人，还需与委托人同时临柜签署《授权委托书》并提供代理人的身份证原件和复印件。法人机构开户：应提供法人营业执照及复印件；法定代表人证明书；证券账户卡原件及复印件；法人授权委托书和被授权人身份证原件及复印件；单位预留印鉴。B 股开户还需提供境外商业登记证书及董事证明文件。

填写开户资料并与营业部签订《证券买卖委托合同》（或《证券委托交易协议书》），同时签订有关沪市的《指定交易协议书》。

营业部为投资者开设资金账户，若需开通权证交易的客户，还须阅读和书面签署《权证风险揭示书》后，营业部为其开通权证交易权限。

需开通证券营业部银证转账业务功能。

投资者在开户的同时，需要对今后自己采用的交易手段、资金存取方式进行选择，并与营业部签订相应的开通手续及协议。例如，电话委托、网上交易、手机炒股、银证转账等。

一、金融期权的定义和特征

（一）金融期权的定义

1. 含义

期权又称选择权，是指其持有者在支付了一定的期权费用之后（权利金）能在规定的期限内按交易双方商定的价格购买或出售一定数量的基础工具的权利。金融期权就是以金融产品为标的物的期权。1973 年，芝加哥期权交易所（CBOE）成立，全球第一家期权交易所，1973 年 4 月 26 日开始看涨期权交易，1977 年推出看跌期权，1983 年推出股指期权（标普 100），1983 年，CME 推出长期国债期权，是首个以金融衍生品为基础资产的衍生品。目前，我国也在酝酿推出股票期权。

2. 基本要素

（1）买方。期权的买方以支付一定数量的期权费为代价而拥有了这种权利，但不承担必须买进或卖出的义务。期权交易实际上是一种权利的单方面有偿让渡。

（2）卖方。期权的卖主则在收取了一定数量的期权费后，在一定期限内必须无条件服从买方的选择并履行成交时的允诺。

（3）权利。买入权和卖出权。

（4）权利金。期权的费用，期权的价格，随着期权价值的变化而波动。

（5）敲定价格。事先约定的买入价格或卖出价格，即行权价格。

对于看涨期权，当市场价格大于敲定价格为实值期权，差额越大权利金越高，行权有利可图；当市场价格等于敲定价格时为平值期权，行权和放弃行权效果一样，均损失权利金；当市场价格小于敲定价格为虚值期权，买方放弃行权。因此，看涨期权的盈亏平衡点为敲定价格加上权利金，如图 5 – 1、图 5 – 2 所示。

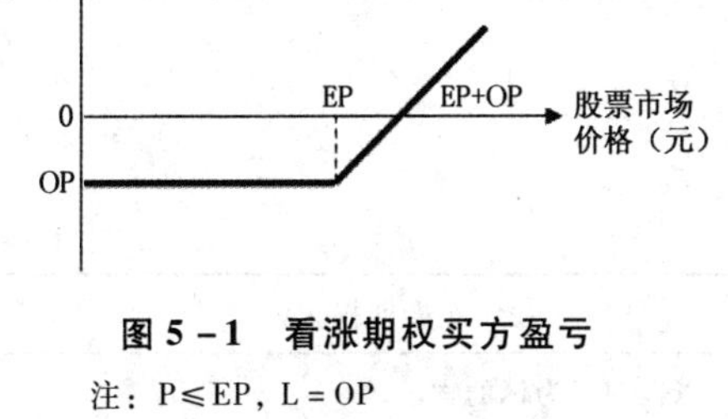

图 5 – 1 看涨期权买方盈亏

注：P≤EP，L = OP

EP < P < EP + OP，L < OP

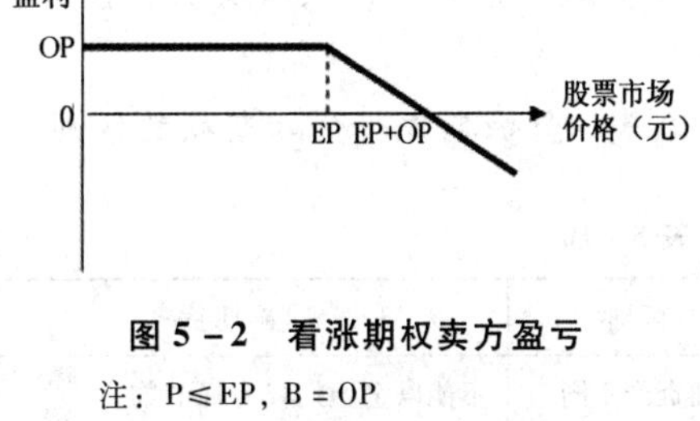

图 5 – 2 看涨期权卖方盈亏

注：P≤EP，B = OP

EP < P < EP + OP，B < OP

对于看跌期权，当市场价格小于敲定价格为实值期权时，差额越大权利金越高，行权有利可图；当市场价格等于敲定价格时，为平值期权，行权和放弃行权效果一样，均损失权利金；当市场价格大于敲定价格时，为虚值期权，买方放弃行权。由此可见，看跌期权的盈亏平衡点等于敲定价格减掉权利金，如图 5-3、图 5-4 所示。

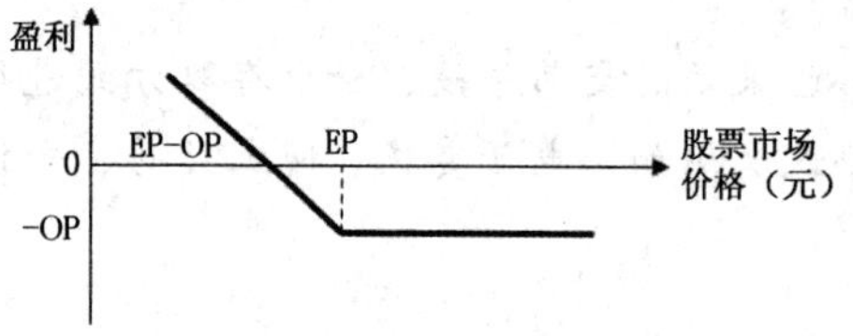

图 5-3 看跌期权买方盈亏

注：P≥EP，L=OP

EP-OP<P<EP，L<OP

P=EP-OP，L=0

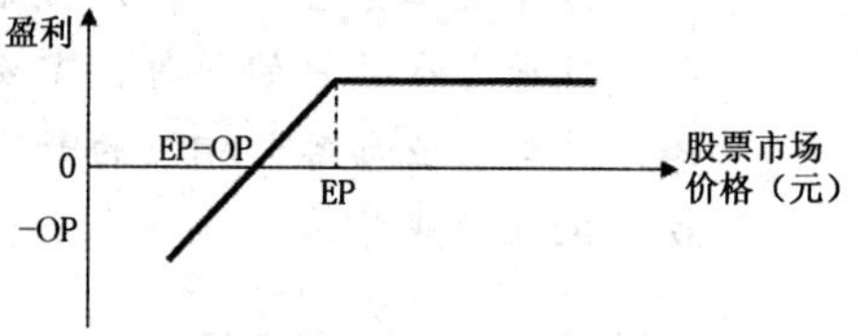

图 5-4 看跌期权卖方盈亏

注：P≥EP，B=OP

EP-OP<P<EP，B<OP

P=EP-OP，B=0

3. 买方结算方式

期权的买方较期货交易的结算方式更为多样。当期权为虚值期权和平值期权时，可选择放弃行权；当期权为实值期权时，既可以对冲赚取权利金差价，也可以进行交割赚取市场价格与敲定价格的差价。

【例 5-4】 2013 年 3 月 1 日，甲买入 WS1305 看涨期权，执行价格 1 600 元/吨，权利金 30 元/吨，3 月 26 日，WS1305 上涨到 1 650 元/吨，权利金相应上涨到 50 元/吨，此时甲可以：

（1）交割。

甲盈利：1 650 - 1 600 - 30 = 20 元/吨

（2）对冲平仓。

甲盈利：50 - 30 = 20 元/吨

（3）若小麦价格下跌到 1 590 元/吨，甲可以放弃行权。

亏损权利金 30 元/吨

（二）金融期权的特征

金融期权的主要特征在于它仅仅是买卖权利的交换。

买方支付期权费，获得权利，没有义务。买方盈利无限，亏损有限，只损失权利金。

卖方取得期权费，只有义务，没有权利。卖方盈利有限，亏损无限，只盈利权利金。

（三）金融期货与金融期权的区别（见表 5-10）

表 5-10

区别	金融期货	金融期权
基础资产不同	不能以金融期权为标的物	较广泛，可以以期货为标的物
交易者权利与义务的对称性不同	买卖双方的权利义务对等	买卖双方的权利义务不对等，买方只有权利，没有义务；卖方只有义务，没有权利
履约保证不同	买卖双方均需缴纳保证金	只有卖方缴纳权利金，买方无需缴纳权利金，杠杠作用更大

续表

区别	金融期货	金融期权
现金流转不同	每日无负债结算	除到期履约，期间不发生任何现金流转
风险收益	承担同样风险，获利机会均等	买方盈利无限，亏损有限；卖方盈利有限，亏损无限
套保效果	价格有利也要放弃收益	价格不利可以放弃行权

二、金融期权的分类

1. 按选择权的性质划分

金融期权可以分为看涨期权和看跌期权，双向期权。

（1）看涨期权也称认购权，是指期权的买方具有在约定期限内（或合约到期日）按协定价格买入一定数量基础金融工具的权利。

（2）看跌期权也称认沽权，是指期权的买方具有在约定期限内按协定价格卖出一定数量金融工具的权利。

（3）双向期权。同时买入看涨期权和开跌期权，哪个有利哪个行权，另一个放弃行权。权利金也较高。

2. 按合约所规定的履约时间的不同划分

金融期权可以分为欧式期权、美式期权和修正的美式期权（百慕大式期权）。

（1）欧式期权只能在期权到期日执行。

（2）美式期权则可在期权到期日或到期日之前的任何一个营业日执行。

（3）修正的美式期权又称百慕大期权或大西洋期权，是指可以在期权到期日之前的一系列规定日期执行。

3. 按金融期权基础资产性质的不同划分

金融期权可以分为股权类期权、利率期权、货币期权、金融期货合约期权、互换期权等。

（1）股权类期权。与股权类期货对比记忆。包括单只股票期权、股票组合期权、股票指数期权。

（2）利率期权。利率期权合约通常以政府短期、中期、长期债券，欧洲美元债券，大面额可转让存单等利率工具为基础资产。

（3）货币期权（外币期权、外汇期权）。美元、欧元、日元、英镑、瑞士法郎、加拿大元及澳元。

（4）金融期货合约期权。

（5）互换期权。后两种期权基础资产是期货不具备的种类。

除此之外，还有诸如奇异类期权这种创新类期权，即非标准化的期权，例如，任选期权、百慕大期权、障碍期权和平均期权。

三、金融期权的基本功能

同金融期货一样，金融期权同样具有套期保值和价格发现的功能。

四、权证

（一）权证的含义

权证是基础证券发行人或其以外的第三人发行的，约定持有人在规定期间内或特定到期日，有权按约定价格向发行人购买或出售标的证券，或以现金结算方式收取结算差价的有价证券。

权证与交易所交易期权的主要区别在于：交易所挂牌交易的期权是交易所制定的标准化合约，具有同一基础资产、不同行权价格和行权时间的多个期权形成期权系列进行交易，而权证则是权证发行人发行的合约，发行人作为权利的授予者承担全部责任。

1992 年 6 月 3 日，飞乐股份发行配股权证并于上交所交易，首例权证。1992 年 10 月 30 日，深交所上市深圳宝安认股权证，1992～1996 年期间我国共发行 100 中权证。1996 年暂停，2005 年恢复发行股改权证，2011 年之后，中国市场再无权证交易。

（二）权证的分类

1. 按基础资产划分

分为股权权证、债权类权证以及其他权证。

目前我国证券市场推出的权证均为股权类权证，其标的资产可以是单只股票或股票组合（如 ETF）。

2. 按基础资产的来源划分

分为认股权证和备兑权证。

（1）认股权证。也称为股本权证，一般由基础证券的发行人发行，行权时上市公司增发新股售予认股权证的持有人。

（2）备兑权证。通常由投资银行发行，备兑权证所认兑的股票不是新发行的股票，而是已在市场上流通的股票，不会增加股份公司的股本。目前创新类证券公司创设的权证均为备兑权证。2005 年 8 月 22 日第一只股改权证、第一只备兑权证——宝钢认购权证于上海证券交易所挂牌上市。

3. 按持有人权利划分

分为认购权证和认沽权证。

（1）认购权证。它是股票衍生性金融商品，发行人发行一定数量、特定条件的有价证券，投资者付出权利金持有该权证后，有权在某一特定期间（美式权证）或特定时点（欧式权证），按一定的履约价格，向发行人买进一定数量之标的股票。

（2）认沽权证。认沽权证即认售权证，就是看跌期权，具体地说，就是在行权日期，持有认沽权证的投资者可以按照约定的价格卖出相应的股票的权证。

2005 年 11 月 23 日第一只认沽权证——武钢认沽权证于上海证券交易所挂牌上市。2008 年 6 月 13 日 南航权证正式终结交易，认沽权证暂时从股市消失。随着 2011 年 8 月 11 日收盘四川长虹权证（长虹 CWB1，580027）的交易结束，中国 A 股市场暂时告别权证时代。

4. 按行权的时间划分

可分为美式权证、欧式权证、百慕大式权证等类别。

（1）欧式权证只能在期权到期日执行。

（2）美式权证则可在期权到期日或到期日之前的任何一个营业日执行。

（3）修正的美式期权又称百慕大期权或大西洋期权，是指可以在期权到期日之前的一系列规定日期执行。

5. 按权证的内在价值划分

可分为平价权证、价内权证和价外权证。

（1）价内权证。是指权证持有人行权时，权证行权价格与行权费用之和低于标的证券结算价格的认购权证；或者行权费用与标的证券结算价格之和低于权证行权价格的认沽权证。

（2）价外权证。是指权证持有人行权时，权证行权价格与行权费用之和高于标的证券结算价格的认购权证；或者行权费用与标的证券结算价格之和高于权证行权价格的认沽权证。

（三）权证的要素

（1）权证类别。是认购权证还是认沽权证。沪市认购权证用 B（buy warrant）表示；深市认购用 C（Call warrant：认购权证）表示；沪市认沽、深市认沽权证军用 P（put warrant 认沽权证）表示。

（2）标的。可以是股票、债券、外币、指数、商品或是其他金融工具。

（3）行权价格。权证买方买入或卖出股票的价格，标的证券有除权、除息时，要对行权价格进行调整。

（4）存续时间。我国权证存续期一般为 6 个月 ~24 个月。如四川长虹认购权证存续期就是 24 个月。

（5）行权日期。

（6）行权结算方式。（1）证券给付结算方式。类似于交割。（2）现金结算。结算行权价格与结算价格之间的差额。

（7）行权比例。同一份权证可以购买或出售的股票数量。可以大于 1，等于 1，小于 1，比例越大，购买或出售的数量越多。除权时比例相应调整，除息不用做出调整。比如股票 10 送 10 之后，原来的行权比例是 1：1.5，现在的行权比例就要相应调整为 1：3。

模块五
互 换 合 约

任务描述

互换的含义和种类

业务描述

人民币利率互换业务申报流程

1. 客户评估

客户应首先接受工行的尽职调查、信用评级、授信核定等工作，填写《客户评估表》。

2. 签署总协议

客户通过工行评估后，与工行签订《中国工商银行代客风险管理业务协议》。

3. 风险揭示及签署确认书

工行向客户出示《风险提示函》，就交易条款、挂钩指标、现金流情景分析、市值及影响因素、市值潜在损失等因素向客户进行风险提示，客户应对风险提示内容等事项进行书面确认。

4. 客户向工行提交正式的《交易委托书》

随后由分行向总行提交委托，经总行确认成交后，由分行向客户出具《交易证实书》，以此作为正式交易凭证反馈给客户。

5. 注意事项

目前人民币利率互换交易名义本金的最小金额不低于1 000万元，交易期限至少为1个月，最长不超过十年。

一、互换合约的含义

互换合约是指两个或两个以上的当事人按共同商定的条件，在约定的时间内定期交换现金流的金融交易，可分为货币互换、利率互换、股权互换、信用互换等。从交易结构上看，可以将互换交易视为一系列远期交易的组合。1981年美国所罗门兄弟公司（1910年成立，现归花旗银行）为IBM和世界银行办理首笔美元与马克和瑞士法郎之间的货币互换业务。

二、利率互换

2006年1月24日，中国人民银行发布了《关于开展人民币利率互换交易试点有关事宜的通知》，批准在全国银行间同业拆借中心开展人民币利率互换交易试点。利率互换可以帮助企业降低筹资成本，只涉及利率不涉及本金，风险较小，增加商业银行收入，利率互换属于商业银行表外业务，无需进行信息披露，有助于保密。

利率互换参考利率包括shibor，含隔夜、1周、3个月；国债回购利率（7天）；1年期定期存款利率。

【例5-5】 A公司和B公司的固定利率水平和浮动利率水平如下：

公司	固定利率	浮动利率
A公司	12%	LIBOR +0.1%
B公司	13.4%	LIBOR +0.6%

由已知条件可知，A公司在固定利率上有比较优势，B公司在浮动利率上有比较优势，因此A公司可用固定利率换取公司的浮动利率，互换过程如下：

$$12\% \rightarrow A \underset{LIBOR-0.3\%}{\overset{12\%}{\rightleftarrows}} Bank \underset{13\%}{\overset{LIBOR-0.6\%}{\rightleftarrows}} B \leftarrow LIBOR+0.6\%$$

通过互换，A 公司、B 公司、银行都获取了相应的利益。

A 公司：获得浮动利率借款 LIBOR－0.3%，比原来直接借款节约 0.4%（0.1%＋0.3%）。

B 公司：获得固定利率借款 13%，比原来直接借款节约 0.4%（13.4%－13%）。

银行：借入固定利率 12%，贷出固定利率 13%，利率差 1%。

借入浮动利率 LIBOR＋0.6%，贷出浮动利率 LIBOR－0.3%，利率差－0.9%。

净利差 1%－0.9%＝0.1%。

三、信用违约互换（CDS）

信用违约互换（Credit Default Swap，简称 CDS）又称为信贷违约掉期，也叫贷款违约保险，是目前全球交易最为广泛的场外信用衍生品。国际互换和衍生品协会（简称 ISDA）于 1998 年创立了标准化的信用违约互换合约，在此之后，CDS 交易得到了快速的发展。信用违约互换的出现解决了信用风险的流动性问题，使得信用风险可以像市场风险一样进行交易，从而转移担保方风险，同时也降低了企业发行债券的难度和成本。

1. CDS 的概念

CDS 中包括三个主体：

（1）申请贷款者。CDS 的标的债券或对应的打包后的贷款的申请者。

（2）放贷者（银行或其他金融机构）。CDS 购买方（金融机构，在中国内地只能是具有银监会批准资格的商业银行）

（3）保险提供者。CDS 交易对手方，CDS 卖出方（金融机构，在中国内地只能是具有银监会批准资格的商业银行）

CDS 的运作过程为，A 向 B 申请贷款，B 为了利息而放贷给 A，放贷出去的钱总有风险（如 A 破产，无法偿还利息和本金），那么这时候 C 出场，由 C 对 B 的这个风险予以保险承诺，条件是 B 每年向 C 支付一定的保险费用（违约风险越高，保费越高，保费相对于参考品的价一般都很低，如西班牙国债 CDS 的保费只有 47 个基点，意味着价值 1 000 万美元的西班牙 10 年期国债的保费只有 4.7 万美元，杠杆倍数 212 倍）。如万一 A 破产的情况发生，那么由 C 补偿 B 所遭受的的损失。

2. 信用违约互换（CDS）交易的风险

（1）具有较高的杠杆性。如上，西班牙国债 CDS 的杠杆可以达到 212 倍。

（2）由于信用保护的买方并不需要真正持有作为参考的信用工具，因此，特定信用工具可能同时在多起交易中被当作 CDS 的参考，有可能极大地放大风险敞口总额，在发生危机时，市场往往恐慌性地高估涉险金额。雷曼兄弟破产时信用保护金额高达 4 000 亿美金。

（3）由于场外市场缺乏充分的信息披露和监管，危机期间，每起信用事件的发生都会引起市场参与者的相互猜疑，担心自己的交易对手因此倒下从而使自己的敞口头寸失去着落。

模块六
可转换债券

任务描述

可转换债券的含义、特征和基本要素。

业务描述

可转债转股详细操作流程

1. 上海市场

(1) 在证券交易页面，委托卖出栏中输入转股代码（注意不要输成转债代码，否则就成买卖交易了），再输入要转股的数量即可（不用填转股价，系统自动显示的是100元）。有的券商界面中，委托买入亦可。这是因为，只要你下面输入的是转股代码，则系统就默认为你要行使转股的权利。(2) 券商柜台或电话转股，方法同上。

2. 深圳市场

(1) 券商柜台转股（大多数券商要求只能到柜台转股）。投资者需要带身份证和股东卡，到所在开户地柜台填表申请转股。(2) 有些券商支持网上转股，例如银河证券、宏源证券等。操作流程：在证券交易页面，选择其他业务（各个券商界面可能会有所区别，有疑问可向您的券商咨询）中的转股回售，操作方式选择“可转债转股”，下面输入可转债代码（深市转债没有转股代码），再输入要转股的数量即可。(3) 有些券商支持电话转股，例如光大证券。操作流程：1 买入，2 卖出，3 撤单，4 债转股。按 4 债转股，输入可转债代码及数量即可。有关转股数量，各个券商的页面可能有所不同，有些是以“手”，而有的是以“张”为单位。1 手等于 10 张，即如果你有 1 000 元面值的转债，有些券商要求你填数量 1（手），有些则需要填 10（张）。

转股一旦下单成功不可撤单。

一、可转换债券的定义和特征

1. 可转换证券的定义

持有者可以在一定时期内按一定比例或价格将其转换成一定数量的另一种证券；可转换债券通常是转换成普通股票，当股票价格上涨时，可转换债券的持有人行使转换权比较有利。因此，可转换债券实质上嵌入了普通股票的看涨期权。

2. 可转换证券特征

（1）是附有认股权的债券，兼有公司债券和股票的双重特征。

（2）具有双重选择权的特征。持有人具有是否转换的权利；发行人具有是否赎回的权利。一方面，投资者可自行选择是否转股，并为此承担转债利率较低的机会成本；另一方面，转债发行人拥有是否实施赎回条款的选择权，并为此要支付比没有赎回条款的转债更高的利率。双重选择权是可转换公司债券最主要的金融特征。

二、可转换证券的要素

1. 有效期限、转换期限

有效期限与一般债券相同，指债券从发行之日起至偿清本息之日止的存续时间。

转换期限是指可转换债券转换为普通股票的起始日至结束日的期间。

可转换公司债的期限最短为 1 年，最长为 6 年，自发行之日 6 个月后可转换为公司股票。

2. 票面利率或股息率

可转换债券的票面利率一般低于相同条件下的不可转换公司债券。

3. 转换比例、转换价格

转换比例是指一定面额可转换债券可转换成普通股的股数。

转换比例 = 可转换债券面值/转换价格

转换价格是指可转换债券转换为每股普通股份所支付的价格。

转换价格 = 可转换债券面值/转换比例

如果某可转换债券面额为 1 000 元，规定其转换价格为 25 元，则转换比例为 40，即 1 000 元债券可按 25 元 1 股的价格转换为 40 股普通股票。

4. 赎回条款或回售条款

赎回是指发行人在发行一段时间后，可以提前赎回未到期的发行在外的可转换公司债券。赎回条件一般是当公司股票价格在一段时间内连续高于转换价格达到一定幅度时，公司可按照事先约定的赎回价格买回发行在外尚未转股的可转换公司债券。

回售是指公司股票在一段时间内连续低于转换价格达到某一幅度时，可转换公司债券持有人按事先约定的价格将所持可转换债券卖给发行人的行为。

赎回条款和回售条款是可转换债券在发行时规定的赎回行为和回售行为发生的具体市场条件。

5. 转换价格修正条款

转换价格修正是指发行公司在发行可转换债券后，由于公司的送股、配股、增发股票、分立、合并、拆细及其他原因导致发行人股份发生变动，引起公司股票名义价格下降时而对转。

项目总结

操作要点

期货投机操作
期货套期保值操作
期货套利操作
期权投机操作
期权套期保值操作
权证投机操作
可转换债券转股操作

知识要点

金融衍生工具指建立在基础产品或基础变量之上，其价格取决于基础金融产品价格（或数量）变动的派生金融产品。金融衍生工具具有跨期性、杠杆性、联动性和不确定性和高风险性的特点。金融衍生工具按照产品形态分类包括独立衍生工具和嵌入式衍生工具；按照交易场所分类包括交易所交易的衍生工具和 OTC 交易的衍生工具；按照基础工具种类分类包括股权类产品的衍生工具、货币衍生工具、利率衍生工具、信用衍生工具和其他衍生工具；按照金融衍生工具自身交易的方法及特点分类包括金融远期合约、金融期货、金融期权、金融互换、结构化金融衍生工具。

远期合约是20世纪80年代初兴起的一种保值工具，它是一种交易双方约定在未来的某一确定时间，以确定的价格买卖一定数量的某种金融资产的合约，具有合约的非标准化和场外交易的特点。远期交易包括股权类资产的远期合约、债权类资产的远期合约、远期利率协议、远期汇率协议等。

金融期货合约是由交易双方订立的，约定在未来某日按成交时约定的价格交割一定数量的某种金融商品的标准化协议。金融期货与金融现货在交易对象、交易目的、价格含义、交易方式、结算方式等方面有所区别。金融期货与远期在场所和组织形式、监管程度、合约标准化程度、违约风险等方面有所不同。金融期货的交易制度包括双向交易制度、集中交易制度、标准化期货合约和对冲机制、保证金及其杠杆作用、无负债结算制度，逐日盯市、限仓制度、大户报告制度、每日价格波动限制及断路器规则。金融期货合约包括外汇期货、利率期货、股权类期货。我国的金融期货包括沪深300股指期货和5年期国债期货。金融期货具有套期保值、价格发现、投机、套利等功能。

金融期权又称选择权，是指其持有者在支付了一定的期权费用之后（权利金）能在规定的期限内按交易双方商定的价格购买或出售一定数量的金融基础工具的权利。金融期权包括买方、卖方、权利、权利金和敲定价格。买方结算方式包括交割、对冲平仓和放弃行权。金融期货与金融期权在基础资产、交易者权利与义务的对称性、履约保证、现金流转、风险收益、套保效果等方面有所不同。金融期权根据选择权的性质划分，可以分为看涨期权和看跌期权，双向期权；按照合约所规定的履约时间的不同，可以分为欧式期权、美式期权和修正的美式期权（百慕大式期权。）；按照金融期权基础资产性质的不同，股权类期权、利率期权、货币期权、金融期货合约期权、互换期权等。金融期权和金融期货一样，金融期权同样具有套期保值和价格发现的功能。

权证是基础证券发行人或其以外的第三人发行的，约定持有人在规定期间内或特定到期日，有权按约定价格向发行人购买或出售标的证券，或以现金结算方式收取结算差价的有价证券。权证按基础资产分类可分为股权权证、债权类权证以及其他权证；按基础资产的来源分类可分为认股权证和备兑权证；按持有人权利分类可分为认购权证和认沽权证；按行权的时间分类可分为美式权证、欧式权证、百慕大式权证等；按权证的内在价值分类可分为平价权证、价内权证和价外权证。权证的要素包括类别、标的、行权价格、存续时间、行权日期、行权结算方式、行权比例。

互换合约是指两个或两个以上的当事人按共同商定的条件，在约定的时间内定期交换现金流的金融交易，可分为货币互换、利率互换、股权互换、信用互换等。互换合约包括利率互换、信用违约互换。

可转换证券指持有者可以在一定时期内按一定比例或价格将其转换成一定数量的另一种证券；可转换债券通常是转换成普通股票，当股票价格上涨时，可转换债券的持有人行使转换权比较有利。可转换证券特征是附有认股权的债券，具有双重选择权的特征。可转换证券的要素包括有效期限、转换期限；票面利率或股息率；转换比例、转换价格；赎回条款或回售条款；转换价格修正条款。

问题讨论

1. 采用对冲交易手段的基金称为对冲基金（hedge fund）也称避险基金或套期保值基金。是指金融期货和金融期权等金融衍生工具与金融工具结合后以营利为目的的金融基金。对冲基金采用各种交易手段进行对冲、换位、套头、套期来赚取巨额利润。这些概念已经超出了传统的防止风险、保障收益操作范畴。加之发起和设立对冲基金的法律门槛远低于互惠基金，使之风险进一步加大。请查阅相关资料，探讨对冲基金的利弊。

2. 金融现货、金融期货、金融期权的区别。

3. 股指期货跨市场套利如何操作。

4. 可转换债券的债权、股权、期权性质是如何体现的。

推荐阅读

1.《金融衍生工具理论与实践（修订版）》，西南财经大学出版社，2007年版。

2.《金融衍生工具内部模型》（第二版），经济管理出版社，2009年版。

3.《金融衍生工具》，东南大学出版社，2010年版。

4.“金融衍生工具的风险及其防范——以信息不对称为视角”，《金融理论与教学》，2014年5月。

5.“利用金融衍生工具避险”，《中国海关》，2014年7月。

6.“降低出口企业外汇风险的主要金融衍生工具探析”，《财经界（学术版）》，2014年7月。

7.“期权——更加灵活的衍生工具”，《中国证券报》，2014年5月。

8.“存货购销中最优期权合约交易量研究”，《21世纪经济报道》，2014年12月。

9.“基于ETF180的沪深300股指期货套期保值实证分析”，《时代金融》，2014年5月。

10.“公募基金使用股指期货套期保值行为对市场影响浅析”，《时代金融》，2014年2月。

做一做

一、选择题

1. 目前我国各家商业银行推广的（　　）是结构化金融衍生工具的典型代表。

A. 资产结构化理财产品　　B. 利率结构化理财产品

C. 挂钩不同标的资产的理财产品　　D. 股权结构化理财产品

2. 金融期货交易实行保证金制度和每日结算制度，交易者均以（　　）为交易对手。

A. 卖方　　B. 期货经纪公司

C. 买方　　D. 交易所（或期货清算公司）

3. 金融期货中最先产生的品种是（　　）。

A. 股票价格指数期货　　B. 外汇期货

C. 股票期货　　D. 利率期货

4. 按照约定的名义本金，交易双方在约定的未来日期交换支付浮动利率和固定利率的远期协议是（　　）。

A. 远期利率协议　　B. 远期汇率协议

C. 债券类资产的远期合约　　D. 股权类资产的远期合约

5. 美式看跌期权允许持有者（　　）。

A. 在到期日或之前以执行价格购买某种资产

B. 在到期日或之前以执行价格卖出某种资产

C. 随股价的降低而获得潜在的利润而不是在短期内卖出股票

D. B 和 C

6. 在下列各种情况下，看跌期权是实值的是（　　）。

A. 股票价格高于执行　　B. 股票价格低于执行价格

C. 股票价格等于执行价格　　D. 以上情况均不正确

7. 在下列各种情况下，看涨期权是实值的是（　　）。

A. 股票价格高于执行价格　　B. 股票价格低于执行价格

C. 股票价格等于执行价格　　D. 以上情况均不正确

8. 某股票的看涨期权买者承受的最大损失等于（　　）。

A. 执行价格减去股票市价　　B. 股票市价减去期权价格

C. 期权价格　　D. 股票价格

9. 如果股票价格上升，则该股票的看跌期权价格（　　），它的看涨期权价格（　　）。

A. 下跌、上涨　　B. 下跌、下跌

C. 上涨、下跌　　D. 上涨、上涨

10. 看涨期权的多头（　　）交纳保证金，看跌期权的出售者（　　）交纳保证金。

A. 需要、不需要　　B. 需要、需要

C. 不需要、需要　　D. 不需要、不需要

11. 金融衍生工具的基本特征包括（　　）。

A. 杠杆性　　B. 跨期性

C. 不确定性和高风险性　　D. 联动性

12. 下列金融衍生工具中，属于交易所交易的衍生工具有（　　）。

A. 期权合约　　B. OTC 交易的衍生工具

C. 期货合约　　D. 股票期权产品

13. 金融期货的结算方式有（　　）。

A. 转为期权　　B. 实物交割

C. 对冲平仓　　D. 延期交收

14. 金融期货的基本功能有（　　）功能。

A. 套利　　B. 投机

C. 价格发现　　D. 套期保值

15. 期货市场上的投机者利用对未来期货价格走势的预期投机交易，（　　）。

A. 预计价格上涨的投机者会建立期货空头

B. 预计价格上涨的投机者会建立期货多头

C. 预计价格下跌的投机者会建立期货空头

D. 预计价格下跌的投机者会建立期货多头

16. OTC交易的衍生工具是指（　　）交易的衍生工具。

A. 不通过集中的交易所　　B. 实行分散的、一对一

C. 通过各种通讯方式　　D. 实行集中的、一对一

17. 股权类产品的衍生工具的种类包括（　　）。

A. 股票期货　　B. 股票期权

C. 股票指数期货　　D. 股票指数期权

18. 金融衍生工具从其自身交易的方法和特点可以分为（　　）。

A. 金融期权和金融互换　　B. 结构化金融衍生工具

C. 金融期货　　D. 金融远期合约

19. 下列属于美式看跌期权的特征的是（　　）。

A. 该期权只能在到期日执行

B. 该期权可以在到期日或到期日之前的任何时间执行

C. 持有人在到期日或到期日之前，可以以固定价格购买标的资产的权利

D. 持有人在到期日或到期日前，可以以固定价格出售标的资产的权利

20. 下列属于欧式期权特征的是，在到期日（　　）。

A. 若市价大于执行价格，多头与空头价值：金额绝对值相等，符号相反。

B. 若市价小于执行价格，多头与空头价值均为0。

C. 多头的净损失有限，而净收益却潜力巨大。

D. 空头净收益的最大值为期权价格

二、判断题

1. 在金融衍生工具交易中，因交易或管理人员的人为错误或系统故障、控制失灵而造成的风险是市场风险。（　　）

2. 所有的金融衍生工具都是在金融变量的基础上开发的。（　　）

3. 今天的期货价格等于未来的现货价格。（　　）

4. 金融期货合约设计成标准化合约的目的之一是为了便于对冲，从而避免实物交割。（　　）

5. 金融期货交易中的大户报告制度是指在限仓制度尚未建立的情况下，当交易所会员或客户的持仓量过大时，必须向交易所报告有关开户、交易、资金来源、交易动机等情况的一种制度。（　　）

6. 以现款买现货方式进行的交易是现货交易。（　　）

7. 现货价格和期货价格具有市场走势发散性的特征。（　　）

8. 期权交易的卖方负有必须履约的义务。（　　）

9. 期权的买方支付权利金后，既承担很大风险，也掌握巨大的获得权利。（　　）

10. 期权从买方的权利来划分，分为认购期权和认沽期权。（　　）

三、简述题

1. 某投资者在今年3月份持有A、B、C三只股票，当时的价格为10元、20元和25元，准备每只股票投资100万，可以分别买10万股、5万股和4万股。假设三只股票与沪深300指数的相关系数β为1.3、1.2和0.8，则其组合β系数$=1.3\times1/3+1.2\times1/3+0.8\times1/3=1.1$

由于行情看涨，准备月底股票卖出股票，但又担心股票价格下跌，决定采取1 406股票指数期货锁定风险。请问应该如何进行套期保值？

已知3月22日沪深300指数的现指为1 000点，3月22日1 406沪深300指数期货合约为1 200点，假设股票市场上：A、B、C三只股票价格下跌为：9元、18元和23元，而5月30日1 406沪深300指数期货合约为1 100点。请问套期保值效果如何？

2. IF1403和IF1406合约合理价差是400点，现在IF1403合约3 100点，IF1406合约3 300点，价差200点，请问应该如何进行套利操作？当IF1403合约价格上涨到3 300点，IF1406价格上涨到3 400点，请问投资者是否套到利？

3. 2014年12月19日，某投资者做多10手IF1501合约，买入价格3 234.6点，保证金比率10%，当日买平，卖平价格为3 300.8点，请问该投资者的盈利和盈利率是多少？

项目六

证券估值

知识学习目标：

证券价值分析就是围绕着对证券的定价开展的。通过本项目的学习，要求熟练掌握对各种证券价值的分析与确定：对固定收益证券来说，如何计算不同种类的债券价值是学习的重点，而对Macaulay久期的计算则是学习的难点；对于权益证券来说，掌握三大定价模型以及模型中参数的确定；对于金融衍生工具来说，重点把握如何为金融期货和金融期权进行定价。

技能训练目标：

通过对各种证券价值的分析与确定，熟练掌握价值投资的操作方法。

案例导入

东风科技（600081）：盈利快速提升，业务整合可期

东风科级公司是东风有限公司旗下汽车零部件业务企业。主导产品包括汽车内饰系统、电子电器系统、汽车制动系统等三大类。公司主要客户为东风重卡等商用车企业（配套制动系统、仪表、饰件），东风神龙等乘用车企业（配套仪表电子、座椅、内饰件）以及东风汽车集团旗下其他公司等。

现有业务2010年盈利能力显著提升。尽管2009年汽车市场繁荣，但公司主要客户东风重卡、东风神龙市场表现偏弱，公司当年仅微盈0.10元。2010年上半年，东风重卡、东风神龙等公司市场地位显著提升，公司实现每股收益 0.40 元（扭亏）。我们对下半年的重卡及乘用车市场维持相对乐观判断，预计公司盈利能力有望持续，下半年盈利不逊于上半年。

公司目前配套比例较低，成长空间广阔。公司收入主要源自东风重卡和东风神龙，在东风有限等集团内企业的配套比例仍然较低。2009 年公司收入规模仅为 13 亿元（华域同期为 247 亿）。以东风集团 09 年汽车产量 189 万辆测算，全集团的零部件总采购规模应在百亿元量级。东风科技是东风集团零部件领域唯一上市公司，如果被明确定位为业务平台，则业务规模增长空间极大。

东风有限零部件资源丰富。东风有限公司旗下拥有包含东风科技在内的 17 家汽车零部件企业，业务领域覆盖车轮、传动轴、散热器、瓦轴、铸件等多个门类。依公开数据统计，上市公司体外业务收入规模或为体内业务的 4 ~ 5 倍。

风险因素：宏观经济放缓致汽车需求低于预期，投资下降致商用车市场低迷，东风集团主要公司市场地位下降，石油、钢铁等大宗原材料价格显著上涨等。

盈利预测、估值及投资评级：东风科技现有业务 2010/2011/2012 年盈利预测为 0.89/1.05/1.21 元，当前价 15.54 元，对应 2010/2011/2012 年 PE 为 17/15/13 倍。我们认为公司自身业务处于较快增长阶段；其在东风集团的地位有望上升，驱动业务规模快速提升；公司市值较小，体外零部件资产规模较大，有望享有估值溢价。我们首次给予公司“买入”评级，目标价 22 元，对应 2010 年 25 倍 PE。

上述材料是投资者投资某只股票可行性分析的缩减版，在里面涉及到很多的数据，这些数据如何得来，如何使用，投资者如何利用这些数据进行投资分析的判断，将在本项目中得到相应解答。

资料来源：财富赢家网，http：//stock1. cf8. com. cn/。

模块一 债券估值

任务描述

在本模块中熟练掌握对各种不同类型债券的估值及收益率的计算。

业务描述

学会利用债券估值计算公式和债券的到期和持有期收益率计算公式判断某只债券是否具有投资价值。

一、固定收益证券的概念

固定收益证券（Fixed－income instrument）是指持券人可以在特定的时间内取得固定的收益并预先知道取得收益的数量和时间。固定收益证券主要可以分为两类，即债务工具和优先股。就债务工具而言，发行人称为借款人或债务人，购买债务工具的一方称为贷款人或债权人。债务到期时债务人承诺支付的款项包括两个部分：一部分是所借的本金，另一部分是利息。常见的债务工具包括债券、抵押担保债券、资产担保债券及银行贷款等。

与债务工具体现出的债务性质不同，优先股体现的是对企业的所有权。对优先股股东所支付的股息是企业利润的分配。不同于普通股可以按比例分配企业利润，优先股股东只能按约定的固定利率分得企业利润。但优先股有股东有优先分配企业利润的权力，即在给优先股股东分配利润之前，普通股股东不能作利润分配。另外，在企业清算时，优先股的股东也有优先于普通股股东受偿的权力。虽然优先股有这些权益性特征，但由于其收益通常是固定的，所以也可作为固定收益证券的一类加以讨论。

尽管固定收益证券不只包含债券，但无容置疑的是债券是固定收益证券的最主要形式。所以在本项目内容中，如果没有特别说明，固定收益证券和债券是通用的，并且在提到债券时，可能指的是一种包括所有债券种类在一起的总称。

二、固定收益证券的基本特征

固定收益证券一般具有偿还性、安全性、收益性、流动性四个基本特征。

1. 偿还性

偿还性即必须规定固定收益债证券的偿还期限，债务人必须如期向债权人支付利息、偿还本金。

2. 安全性

固定收益证券由于其具有还本付息的偿还特性，与其他有价证券相比投资风险较小。

3. 收益性

一方面投资者根据固定利率，可取得稳定的、一般高于银行存款利率的利息收入；另一方面可在证券市场上通过较低价买进、较高价卖出获得价差收入。

4. 流动性

流动性即变现能力，指的是在偿还期届满前能在市场上转变为货币，以满足投资者对货币的需求；或到银行等金融机构进行抵押，以取得相应数额的抵押贷款。

三、固定收益证券的定价

（一）固定收益证券价格的确定

由于固定收益证券的收益是在未来某一特定时刻才能获得的。但是由于通货膨胀等因素的存在，未来的证券收益价值与现在的证券代表的收益价值却不相等，也就是说1年后的100元不等于现在的100元。而投资固定证券的时机却是在现在，这就需要将未来的收益贴现到现在，这里引进了贴现率的概念。那么，固定收益证券价格的确定需要以下两个因素：

1. 未来现金流的确定

一般债券的现金流包括：（1）债券持有期间利息的支付，一般支付利息是一年一次，或者每半年一次。（2）债券到期时的票面价值。因此，一般债券的现金流（不含期权的）由年金（固定的票面利息）以及债券到期价值两部分组成。

【例 6－1】 一个 10 年期年利率为 10%（每半年付息一次）的债券的现金流由以下部分组成：

半年的利息：1 000×10%/2＝50（元）

到期价值：1 000（元）

该债券有 20 笔半年的现金流和一笔现在起 20 个半年期后的 1 000 的现金流。

2. 贴现率的确定

（1）现率要对市场可比债券的利率考察后才能决定，一般是比照同一到期日，同一信用等级的债券利率情况。

（2）贴现率一般用年利率表示，当半年付息一次时，采用年利率的一半表示半年的贴现率。

（二）债券定价

1. 债券定价的决定因素

（1）债券的价格是由其未来现金流入量的现值决定的。

（2）债券未来现金收入由各期利息收入和到期时债券的变现价值两部分组成。

2. 一年付息一次的附息债券的价格

$$P=\frac{I_1}{(1+r)}+\frac{I_2}{(1+r)^2}+\cdots+\frac{I_n+F}{(1+r)^n}=\sum_{t=1}^{n}\frac{I_t}{(1+r)^t}+\frac{F}{(1+r)^n} \quad (6-1)$$

式中，I_t——各期利息收入；

F——债券到期时的变现价值；

n——债券的付息期数；

r——市场利率（或贴现率）。

半年付息一次的附息债券的价格为：

$$P=\frac{\frac{1}{2}I_1}{\left(1+\frac{r}{2}\right)}+\frac{\frac{1}{2}I_2}{\left(1+\frac{r}{2}\right)^2}+\cdots+\frac{\frac{1}{2}I_{2n}+F}{\left(1+\frac{r}{2}\right)^{2n}}=\sum_{t=1}^{2n}\frac{\frac{1}{2}I_t}{\left(1+\frac{r}{2}\right)^t}+\frac{F}{\left(1+\frac{r}{2}\right)^{2n}} \quad (6-2)$$

【例 6－2】 某公司于 2013 年 5 月 1 日购买一张票面额为 1 000 元的债券，票面利息为 8%，每年 5 月 1 日支付一次利息，并于 5 年后 4 月 30 日到期。当时的市场利率为 10%，请为该债券定价。

$$P=\frac{80}{(1+10\%)}+\frac{80}{(1+10\%)^2}+\cdots+\frac{80+100}{(1+10\%)^5}$$

$$=\sum_{t=1}^{5}\frac{80}{(1+10\%)^t}+\frac{100}{(1+10\%)^5}=924.28(\text{元})$$

【例 6－3】 某公司发行票面金额为 100 000 元，票面利率为 8%，期限为 5 年的债券。该债券每年 1 月 1 日，7 月 1 日付息一次，到期归还本金。（1）当时的市场利率为 10%，计算该债券的价值；(2) 当市价为 92 000 元时，判断是否买入。

$$P = \frac{\frac{1}{2} \times 100\ 000 \times 8\%}{\left(1 + \frac{10\%}{2}\right)^1} + \frac{\frac{1}{2} \times 100\ 000 \times 8\%}{\left(1 + \frac{10\%}{2}\right)^2} + \cdots + \frac{\frac{1}{2} \times 100\ 000 \times 8\% + 100\ 000}{\left(1 + \frac{10\%}{2}\right)^{2\times5}}$$

$$= \sum_{t=1}^{2\times5} \frac{\frac{1}{2} \times 100\ 000 \times 8\%}{\left(1 + \frac{10\%}{2}\right)^t} + \frac{100\ 000}{\left(1 + \frac{10\%}{2}\right)^{2\times5}} = 92\ 278(\text{元})$$

债券目前的市价为 92 000，债券价值为 92 278（元）大于市价，如果不考虑其他风险问题，应该购买债券，它可以获得大于 10% 的收益。

【例 6-4】 某债券票面金额为 1 000 元，票面利率为 8%，期限为 5 年的债券。该债券每年付息一次，到期归还本金。若该债券的贴现率为 10%，计算该债券的价值。

$$P = \frac{1\ 000 \times 8\%}{1 + 10\%} + \frac{1\ 000 \times 8\%}{(1 + 10\%)^2} + \cdots + \frac{1\ 000 \times 8\% + 1\ 000}{(1 + 10\%)^5} = 924.18(\text{元})$$

该债券的价值为 924.18 元。如果贴现率高于票面利率，那么债券为低于债券票面金额发行，此时我们称该债券折价发行（如例 6-3）。

如果贴现率等于票面利率，那么债券的价格就是面值。此时我们称该债券平价发行。当债券逼近到期日时，债券将继续以票面价值出售，也就是说，当时间向到期日逼近时，平价发行的债券的价格将保持为票面价值。

如果贴现率低于票面利率，那么债券为高于债券票面金额发行。此时我们称该债券溢价发行。

综上所述，如果债券溢价或者折价发行时，其价格就不会保持不变。

◆ 折价发行的债券价格随时间变化情况

表 6-1 列示了 10 年的票面利率为 10%、市场贴现率为 12% 的债券价格随剩余到期时间的变化情况，设定面值为 1 000。

表 6-1　　**折价债券价格**　　单位：元

剩余到期年数	利息贴现值	票面价值贴现值	债券价格
10	573.35	311.80	885.15
8	505.30	393.60	898.90
6	419.19	497.00	916.19
4	310.49	627.40	937.89
2	173.26	792.10	965.36
1	92.67	890.00	982.67
0	0.00	1 000.00	1 000.00

对所有的折价债券满足下面的规律：当时间临近到期日时，若贴现利率不变，则价格上升。当债券逼近到期日时，债券持有人收到的利息现值越来越少，票面价值的现值不断上

升。票面价值的现值的增长大于利息现值的减少额，导致债券价格的不断上升。债券价格的变化速度随着到期日的接近而逐渐减少直至趋近于零。

◆ **溢价发行的债券价格随时间变化情况**

表 6-2 列示了 10 年的票面利率为 12%、市场贴现率为 10% 的债券价格随剩余到期时间的变化情况，设定面值为 1 000。

表 6-2 **溢价债券价格** 单位：元

剩余到期年数	利息贴现值	票面价值贴现值	债券价格
10	688.02	376.90	1 064.92
8	606.36	458.10	1 064.46
6	503.03	556.80	1 059.83
4	372.59	676.80	1 059.39
2	207.91	822.70	1 030.61
1	111.20	907.00	1 018.20
0	0.00	1 000.00	1 000.00

对所有溢价债券满足下面的规律：当时间临近到期日利率不变，则价格下降。当债券逼近到期日时．债券持有人收到的利息现值越来越小，票面价值的现值不断增加。票面价值的现值的增加额小于利息现值的减少额，导致债券价格的不断下降。债券价格的变化速度随着到期日的接近而逐渐减少直至趋近于零。

◆ **结 论：**

（1）溢价发行的债券，当债券逼近到期日时，债券价格的不断下降。

（2）折价发行的债券，当债券逼近到期日时，债券价格的不断上升。

（3）平价发行的债券，由于债券的票面利率等于市场贴现率，债券价格始终保持不变。

（4）当债券逼近到期日时，债券价格趋近于债券的票面价值。债券价格的变化速度随着到期日的接近而逐渐减少直至趋近于零。

3. 零息债券的价格

某些债券在其存续期内不支付利息，投资者收益的获取是通过购买价格和到期值的差额来实现的。我们将这类特殊的债券称为零息债券。而零息债券唯一的现金流就是到期后票面价值的赎回。

零息债券的价格为：

$$P = \frac{F}{(1+r)^n} \tag{6-3}$$

式中，F——零息债券到期时的变现价值；

n——债券的付息期数；

r——市场利率（或贴现率）。

【例 6-5】 计算 8 年后到期，到期价值为 1 000 美元，年市场利率为 8% 的零息债券的价格。

$$P=\frac{1\,000}{(1+8\%)^{8}}=533.9028(\text{美元})$$

4. 一次性还本付息债券的价格

有些债券在其存续期内不支付利息，到期时一次性偿还本金和利息。我们将这样一类债券称为一次性还本付息债券。而一次性还本付息债券的现金流就是到期后票面价值及利息的赎回。

一次性还本付息债券的价格为：

$$P=\frac{F+I}{(1+r)^{n}} \tag{6-4}$$

式中，F——债券的票面价值；

I——债券到期时的利息收入总和；

r——市场利率（或贴现率）。

【例6-6】 某债券为一次性还本付息债券，期限为5年，该债券的票面金额为1 000元，票面利率为8%，以单利计息。若贴现率为10%，则该债券的价格是多少？

$$P=\frac{1\,000+5\times1\,000\times8\%}{(1+10\%)^{5}}=869.29(\text{元})$$

5. 贴现债券的价格

贴现债券，指债券券面上不附有息票，发行时按规定的折扣率，以低于债券面值的价格发行，到期按面值支付本息的债券。

$$P=F\times\left(1-r\times\frac{t}{360}\right) \tag{6-5}$$

式中，F——债券的票面价值；

t——债券的到期天数；

r——市场利率（或贴现率）。

【例6-7】 已知某债券为贴现债券，面值为1 000元，期限为180天，贴现率若为10%，请计算该债券的发行价格应定多少比较合适？

$$P=1\,000\times\left(1-10\%\times\frac{180}{360}\right)=950(\text{元})$$

该债券的发行价格应定为950元比较合适。

（三）债券收益率

任何一项投资的结果都可以用收益率来衡量，通常收益率的计算公式为：

$$\text{收益率}=\frac{\text{收入}-\text{支出}}{\text{支出}}\times100\%$$

投资期限一般用年来表示；如果期限不是整数，则转换为年。通常情况下，收益率受许多不确定因素的影响，因而是一个随机变量。我们为了能够简化收益率的计算，采用以下估算公式计量固定收益证券的收益率。而收益率又有两种：到期收益率和持有期收益率。前者是投资者在债券发行的那一天购买债券，一直持有该债券到期日为止的收益率；后者是指投资者在到期日之前的任意一天买入该债券，持有一段时间后将其卖出，并没有持有到期，在持有该债券的这段时间里的收益率。

1. 附息债券的到期收益率估算公式

$$R_{到期} = \frac{C + (F - P_{买入价})/n}{P_{买入价}} \times 100\% \quad (6-6)$$

式中，$R_{到期}$——附息债券的到期收益率；

C——附息债券的一次利息收入；

F——附息债券票面金额；

$F - P_{买入价}$——附息债券的价差收入；

n——附息债券的到期期限。

【例6-8】 某投资者以950元的价格购买了一只票面价值为1 000元，票面利率为8%，期限为5年的附息债券。投资者一直持有该债券到期，请问该债券的到期收益率为多少？

$$R = \frac{1\ 000 \times 8\% + (1\ 000 - 950)/5}{950} \times 100\% = 9.47\%$$

2. 附息债券的持有期收益率估算公式

$$R_{持有期} = \frac{C + (P_{卖出价} - P_{买入价})/t}{P_{买入价}} \times 100\% \quad (6-7)$$

式中，$R_{持有期}$——附息债券的持有期收益率；

C——附息债券的一次利息收入；

$P_{卖出价} - P_{买入价}$——附息债券的价差收入；

t——附息债券的持有期限。

【例6-9】 某投资者以950元的价格购买了一只票面价值为1 000元，票面利率为8%，期限为5年的附息债券。投资者持有该债券2年后以980元的价格卖出，请问该债券的持有期收益率为多少？

$$R_{持有期} = \frac{1\ 000 \times 8\% + (980 - 950)/2}{950} \times 100\% = 10\%$$

通过【例6-8】和【例6-9】计算结果的比较，我们会发现，附息债券持有期的收益率估算结果大于同一只附息债券到期的收益率估算结果，这也就解释了为什么有些投资者在投资的过程中频繁的买卖债券的原因。在不考虑通货膨胀等因素的影响下，当持有某债券到一定时期，当计算的持有期收益率大于预计的到期收益率时，投资者会毫不犹豫的将手中持有的债券卖出。

3. 一次性还本付息债券到期收益率估算公式

$$R_{到期} = \frac{(F + I - P_{买入价})/n}{P_{买入价}} \times 100\% \quad (6-8)$$

式中，$R_{到期}$——一次性还本付息债券的到期收益率；

I——一次性还本付息债券的利息收入；

F——附息债券票面金额；

$F + I - P_{买入价}$——一次性还本付息债券的价差收入；

n——一次性还本付息债券的到期期限。

【例6-10】 某投资者以950元的价格购买了一只票面价值为1 000元，票面利率为8%，期限为5年的一次性还本付息债券（利息按单利计算）。投资者一直持有该债券到期，请问该债券的到期收益率为多少？

$$R_{到期} = \frac{(1\,000 + 1\,000 \times 8\% \times 5 - 950)/5}{950} \times 100\% = 9.47\%$$

4. 一次性还本付息债券持有期收益率估算公式

$$R_{持有期} = \frac{(P_{卖出价} - P_{买入价})/t}{P_{买入价}} \times 100\% \tag{6-9}$$

式中，$R_{持有期}$——一次性还本付息债券的持有期收益率；

$P_{卖出价} - P_{买入价}$——一次性还本付息债券的价差收入；

t——一次性还本付息债券的持有期限。

【例 6-11】 某投资者以 950 元的价格购买了一只票面价值为 1 000 元，票面利率为 8%，期限为 5 年的一次性还本付息债券（利息按单利计算）。投资者持有该债券 1 年后以 990 元的价格卖出，请问该债券的持有期收益率为多少？

$$R_{持有期} = \frac{(990 - 950)/1}{950} \times 100\% = 4.21\%$$

5. 贴现债券的到期收益率估算公式

$$R_{到期} = \frac{F - P_{买入价}}{P_{买入价}} \times \frac{365}{n} \times 100\% \tag{6-10}$$

式中，$R_{到期}$——贴现债券的到期收益率；

F——贴现债券票面金额；

$P_{买入价}$——贴现债券的买入价格；

n——贴现债券的到期天数。

【例 6-12】 已知某债券为贴现债券，面值为 1 000 元，期限为 180 天，某投资者以 950 元的价格买入。若投资者持有该贴现债券到到期日后卖出，请计算该债券的到期收益率？

$$R_{到期} = \frac{1\,000 - 950}{950} \times \frac{365}{180} \times 100\% = 10.67\%$$

6. 贴现债券的持有期收益率估算公式

$$R_{持有期} = \frac{P_{卖出价} - P_{买入价}}{P_{买入价}} \times \frac{365}{t} \times 100\% \tag{6-11}$$

式中，$R_{持有期}$——贴现债券的持有期收益率；

$P_{卖出价} - P_{买入价}$——贴现债券的价差收入；

t——贴现债券的持有天数。

【例 6-13】 已知某债券为贴现债券，面值为 1 000 元，期限为 180 天，某投资者以 950 元的价格买入。若发行 90 天后，该债券若在市场上以 980 元为卖价卖出该债券，则持有人的持有其收益率是多少？

$$R_{持有期} = \frac{980 - 950}{950} \times \frac{365}{90} \times 100\% = 12.80\%$$

通过【例 6-12】和【例 6-13】计算结果的比较，我们会发现，贴现债券持有期的收益率估算结果大于同一只贴现债券到期的收益率估算结果，这也就解释了为什么有些投资者在投资的过程中频繁的买卖债券的原因。在不考虑通货膨胀等因素的影响下，当持有某债券到一定时期，当计算的持有期收益率大于预计的到期收益率时，投资者会毫不犹豫的将手中持有的债券卖出。

（四）收益率的期限结构

在定价过程中，实际上假设了贴现率不随时间变化，也就是说不管是从现在开始的一年还是从明年开始的一年，只要时间长度相同，不同时间起点的利率是相同的。

实际情况不是这样的，投资者认为现在的一年期利率不等于一年后的一年期利率。从固定收益证券的到期收益率来看，利率不随时间变化意味着所有信用风险相同的债券的到期收益率都相等。假设短期债券和长期债券的收益率相同，那么由于长期债券的期限比短期债券的期限长，投资者在持有长期债券时的风险显然要大于投资者持有短期债券时的风险，长期债券的吸引力下降使得价格下跌，收益率上升，而短期债券由于风险小，价格会上升，收益率下降，最终两者的收益率应该是有区别的，收益率的大小与时间应该是有关的。

将具有同样信用级别而期限不同的债券收益率的关系用坐标图曲线表示出来便形成了收益率曲线。收益率和期限间的关系被称为利率期限结构。利率的期限结构有以下三种形式，如图 6－1、图 6－2、图 6－3 所示。

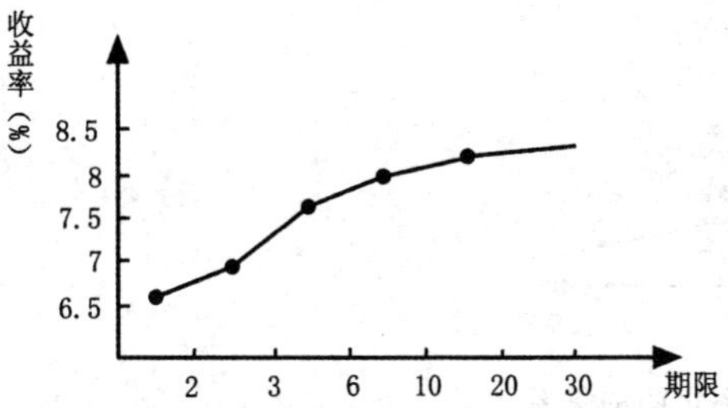

图 6－1　向上的收益率曲线（正常的）

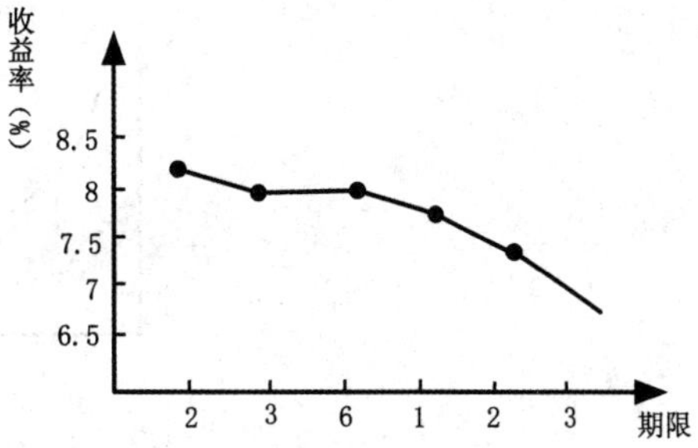

图 6－2　反向的收益率曲线

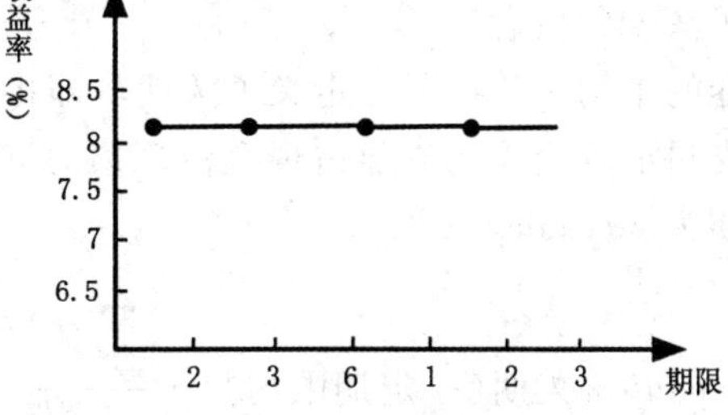

图 6－3　水平收益率曲线

（五）固定收益证券价格的波动性

由债券（不内嵌期权）的定价公式可看出，债券的价格和债券的预期收益率成反向变动。当预期收益率升高的时候，债券的价格会下跌；当预期收益率下降的时候，债券的价格会上涨。表 6－3 列出了 10 种不同债券在不同收益率下的价格。

表 6-3 10种债券在不同收益率下的价格表

票面利率	期限（年）	收益率水平						
		10.00%	10.01%	10.10%	10.50%	11.00%	12.00%	13.00%
0.00%	5	61.39	61.36	61.1	59.95	58.54	55.84	53.27
0.00%	10	37.69	37.65	37.33	35.94	34.27	31.18	28.38
0.00%	20	14.2	14.18	13.94	12.92	11.75	9.72	8.05
7.00%	5	88.42	88.38	88.06	86.65	84.92	81.6	78.43
7.00%	10	81.31	81.25	80.77	78.65	76.1	71.33	66.94
7.00%	20	74.26	74.19	73.58	70.97	67.91	62.38	57.58
9.00%	5	96.14	96.1	95.76	94.28	92.46	88.96	85.62
9.00%	10	93.77	93.71	93.17	90.85	88.05	82.8	77.96
9.00%	20	91.42	91.34	90.63	87.56	83.95	77.43	71.71
12.00%	5	107.72	107.68	107.32	105.72	103.77	100	96.41

将债券的价格和其收益率描绘在平面坐标图上，如图 6-4 所示。

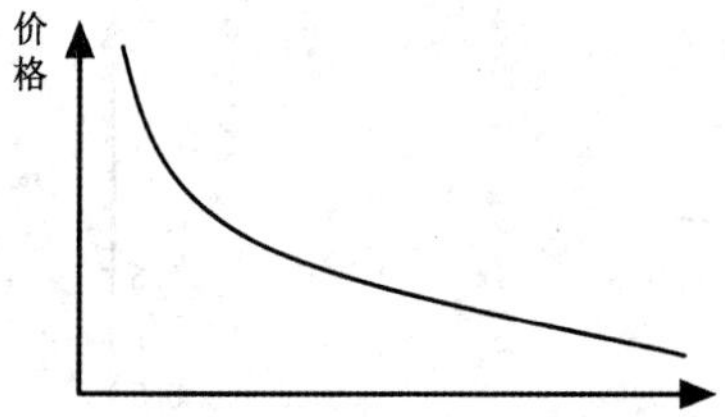

图 6-4 价格与收益率之间的关系

从图 6-4 可以看出收益率和债券价格的关系不是线性关系，而是一种非线性的关系，一般称这种非线性关系为凸性（convex）。这时再用债券的定价公式来计算债券的价格就有失准确。所以，我们引入了久期的概念。

Macaulay 为了评估债券的平均还款期限，定义了久期。即将每次支付现金所用时间的加权平均值，而权重为每次支付的现金流的现值占现金流现值总和（即债券的价格）的比率。称采用这种方法定义的久期为 Macaulay 久期。

$$Macaulay\text{久期(一定期限内)} = \frac{\sum_{t=1}^{n} tPVCF_t}{PVTCF} \tag{6-12}$$

式中，$PVCF_t$ ——t 时刻的现金流的现值；

t——现金流支付的时间；

n——债券到期之前利息支付的次数；

$PVTCF$ ——债券贴现流贴现值的总和。

上面的公式给出的是在利息支付时间间隔内的久期计算公式，1 年内的久期计算公式：

$$Macaulay\text{ 久期(年)} = \frac{Macaulay\text{ 久期}}{k}$$

式中，k——每年支付的利息次数。

【例 6-14】 某 5 年期债券票面金额为 100 元，票面利率为 10%，半年付息一次，初始收益率为 11%，各项数据见表 6-4，计算其久期。

表 6-4　　半年付息一次的债券的久期计算各项数值列表

时间 t	现金流	贴现值 $PVCF$	$t \times PVCF$
1	5	4.739 336 493	4.739 336 493
2	5	4.492 262 079	8.984 524 157
3	5	4.258 068 321	12.774 204 96
4	5	4.036 083 717	16.114 334 87
5	5	3.825 671 769	19.128 358 85
6	5	3.626 229 165	21.757 374 99
7	5	3.437 184 043	24.060 288 3
8	5	3.257 994 353	26.063 954 83
9	5	3.088 146 306	27.793 316 76
10	105	61.470 210 84	614.702 108 4
总和		96.231 187 09	776.147 802 6

那么，

$$Macaulay\text{ 久期(半年)} = \frac{776.1478026}{96.23118709} = 8.07$$

$$Macaulay\text{ 久期(一年)} = \frac{8.07}{2} = 4.04$$

对于半年付息的 Macaulay 久期，可以采用下面的简化公式来计算：

$$Macaulay\text{ 久期(半年)} = \left(\frac{1+y}{y}\right)H + \left(\frac{y-i}{y}\right)n(1-H) \qquad (6-13)$$

式中，y——年收益率的 1/2；

H——利息现值之和占债券价格的比率；

i——半年的利率；

n——利息支付次数。

在【例 6-14】中，利息现值之和为 37.688 129，债券价格为 96.231 187，半年支付的利息为 5，则有：

$$H = \frac{37.688129}{96.231187} = 0.39164$$

$$\begin{aligned} Macaulay\text{ 久期(半年)} &= \left(\frac{1+0.055}{0.055}\right) \times 0.39164 + \left(\frac{0.055-0.05}{0.055}\right) \times 10 \times (1-0.39164) \\ &= 8.07 \end{aligned}$$

四、债券的交易策略

（一）债券远期的交易策略

债券远期交易一方面能够为避险型的投资者提供提前锁定收益率的管理工具，为投资型的投资者提供基于准确预期而盈利的投机空间；另一方面则可和现券、回购等现有金融工具相配合，组合产生一系列复杂的交易方式，实现避险或盈利的目的。具体来说，可以采取以下四种基本策略：

1. 债券远期交易为投资者提供了一个利用预期盈利的机会

如果投资者预测市场利率将会上升，某只债券价格将会下跌，则可在限额内对该只债券远期卖出。只要远期合约的卖出收益率低于远期合约履行时即期市场的收益率，投资者便可从即期市场买入该债券并履行远期卖出合约，继而从中获利。反之，则反向操作。

2. 债券远期交易可以和买断式回购相组合，实现无风险产品间套利

如果投资者预期收益率水平将会上升，则可以通过买断式逆回购交易融入债券，立即通过即期交易卖出，同时进行一笔相同债券相同数量，期限与买断式回购期限相同的远期买入交易。只要远期买入交易的收益率高于买断式回购到期买回收益率，投资者便可获得无敞口风险的利差收益，同时还能获得回购交易的利息收入。

3. 对于有持券需求的投资者，债券远期交易是一个有效的套期保值工具

如果投资者担心较长时期持有的债券未来价格下跌从而导致不确定的损失，则可以在当前利用远期卖出交易提前锁定收益。有一定预测分析能力的机构还可以通过远期卖空该债券获取盈利的方式来对冲掉持仓的敞口风险。同样，未来将要买入债券的机构也可以通过远期交易来提前锁定买入收益率水平，从而提高资金运营的管理水平。

4. 债券远期交易使得投资者可以进行基差套利

期限相同或是特性相同的债券之间存在明显的收益率相关性。如果相关性很强的两个债券的收益率差出现了明显的扩大，则必然存在着盈利的机会。投资者在此时可以买入收益率较高的债券并持有，而对收益率较低的债券远期卖出。在远期合约到期时，只要两只债券的收益率差缩小，投资者都可以通过高收益率债券价格的升高，或低收益率债券价格的下跌获得盈利，反之亦然。这一套利机会在现有的债券市场是不存在的。

风险和收益从来就是一对孪生兄弟。债券远期交易在给债券市场投资者带来机遇的同时，也带来了严峻的挑战。

第一，对市场走势的正确研判直接影响到投资者损益。做空盈利和做多盈利一样都是基于正确的收益率走势判断。一旦单边做多的格局被打破，市场走势将会更加变幻莫测。如果金融机构缺乏对市场走势进行研究的专业人才，则有可能既抓不住市场机会，又成了其他机构实现盈利的对手方。

第二，利用债券远期交易进行做空或做多套利操作都需要在远期协议到期时将标的债券在即期市场上买回或卖出。但是在当前流动性还不是很强的债券市场上，一旦不能够及时从市场上买回债券，就会存在违约的风险。交易双方在签订债券远期交易协议时都必须认真研究整个市场或单个债券的流动性风险。

第三，由于债券远期买卖合约属于表外业务，不反映在财务报表的盈亏之中，其风险控制难度相对较大。国内金融业界目前尚无对此类表外业务的健全和完善的制度。

第四，债券远期交易是基于双方信用的提前约定，因此在债券市场价格出现大幅波动的情况下，觉得损失有可能导致交易对手方在远期合约到期时拒不执行。因此，如何建立完善的交易对手信用监控制度，如何严格控制开放式回购的信用风险，是当前面临的重大问题。

（二）债券回购交易策略

债券投资的魅力更多的来自于杠杆融资进行放大带来的收入。

1. 杠杆作用

杠杆作用（Leverage Effects）指投资者通过借入资金，如果借入的资金能获得高于资金成本的盈利，则投资者可以获得更高的投资收益率；如果投资出现损失，投资者的亏损率也会被放大的而蒙受更高的损失。如下表中的例，投资者 A，拥有 100 万的自有资金，如果投资者以自有资金及借入资金购买的债券作抵押，可以另借入 100 万资金，借款利率为 10%，按面值买入某种息票利率为 10%、期限为 10 年的债券，当市场要求收益率不同时，则半年后投资者的权益收益率或投资收益率见表 6-5、表 6-6。

表 6-5　相同市场条件下、无杠杆投资者的损益情况

要求收益率	债券价格	债券的市场价值	半年期息票收入	收入额	年收益率
6%	128.65	1 286 476	50 000	336 476	67.30%
7%	120.56	1 205 648	50 000	255 648	51.13%
8%	113.13	1 131 339	50 000	181 339	36.27%
9%	106.30	1 062 966	50 000	112 966	22.59%
10%	100.00	1 000 000	50 000	50 000	10.00%
11%	94.20	941 962	50 000	-8 038	-1.61%
12%	88.84	888 419	50 000	-61 581	-12.32%
13%	83.90	838 979	50 000	-111 021	-22.20%
14%	79.33	793 288	50 000	-156 712	-31.34%

表 6-6　相同市场条件下、有杠杆（1∶1）投资者的损益情况

要求收益率	债券价格	债券的市场价值	半年期息票收入	利息支出	收入额	年收益率
6%	128.65	2 572 952	100 000	50 000	622 952	124.59%
7%	120.56	2 411 295	100 000	50 000	461 295	92.26%
8%	113.13	2 262 679	100 000	50 000	312 679	62.54%
9%	106.30	2 125 933	100 000	50 000	175 933	35.19%
10%	100.00	2 000 000	100 000	50 000	50 000	10.00%
11%	94.20	1 883 923	100 000	50 000	-66 077	-13.22%
12%	88.84	1 776 838	100 000	50 000	-173 162	-34.63%
13%	83.90	1 677 959	100 000	50 000	-272 041	-54.41%
14%	79.33	1 586 576	100 000	50 000	-363 424	-72.68%

从表6-5中可以清楚的看到，当不使用杠杆时，投资者的最高和最低收益率分别为67.3%和-31.34%；如表6-6所示，当使用杠杆时，其最高和最低收益率分别成了124.59%和-72.68%。可见杠杆的使用，使投资者的收益或损失都放大了。较高的财务杠杆，既可能成倍地提高资本收益率，也可能成倍地扩大损失，这就是杠杆作用。

2. 证券回购协议

回购协议（Repurchase Agreement）是由资产的卖方承诺在将来某时间按约定价格买回所出售的资产而向买方融资的一种方式，其中约定的买回价格即回购价（Repurchase Price），约定的买回日期称为回购日（Repurchase Date）。回购协议也可以被看成质押贷款，即以所出售并约定将来买回的资产或质押进行的贷款。回购协议的期限有长有短，最短的仅一天，或称隔夜回购（Overnight Repo），期限不只一天的称为定期回购（Term Repo）。约定的买卖价差，就是该贷款融资所支付的利息。根据所融通的资金及所支付的利息及回购协议的期限长短，可以推算出回购融资的利率，此即回购利率（Repo Rate）。

例如，某投资者与证券公司之间签订一份回购协议如下：投资者A将所持有的1 000万国库券以988万元的价格出售给B证券公司，约定将于31天后，以990万元的价格买回，则该回购协议中的回购利率为：

$$\text{回购利率} = [(\text{回购价} - \text{卖出价}) / \text{卖出价}] \times 360 / \text{实际天数} \quad (6-14)$$
$$= [(990 - 988)/988] \times 360/31 = 2.35079\%$$

上式中的360与31，是以回购利率计算的惯例，即一年按实际天数/360天的惯例计算的，即一年按360天，不到一年的时间，则按实际天数计算。上面计算出来的2.35079%是年回购利率。当然，现实生活中，也可能是先确定回购利率，再根据所要融通的资金数量，来计算回购价格，上例中，如果事先确定了回购利率为2.35079%，则回购价格应为：

$$\text{回购价格} = \text{卖出价格}(1 + \text{回购利率} \times \text{实际回购天数}/360) \quad (6-15)$$
$$= 988 \times (1 + 2.35079\% \times 31/360)$$
$$= 990 \text{（元）}$$

除了上述回购方式融资外，还存在一种被称为逆向回购（Reverse Repo）的形式，即以承诺卖回证券为前提，买进某种资产。在这种情况下，买进资产的一方，实际上也相当于是向卖出资产的一方提供质押贷款，只是合约的发起方不同，对标的资产的处理方式不同。

有了回购利率，就可以计算出回购时的现金利息额（Dollar Interest）了，公式为：

$$\text{现金利息额} = \text{借款额} \times \text{回购利率} \times \text{回购期限（天）}/360 \quad (6-16)$$

与前面一样，这里的天数仍然使用实际天数/360天的惯例计算，按前面的例，则相应的现金利息额为：

$$\text{现金利息额} = 988 \times 2.35079\% \times 31/360 = 2 \text{（万元）}$$

3. 债券回购交易策略

简单来说，债券回购交易策略可以分为两种：杠杆正回购（融资）放大模式和买断式杠杆逆回购（融券）放大模式。杠杆正回购放大模式为不断回购融资的循环，放大自身的多头头寸。杠杆逆回购放大模式同正回购放大模式几乎正好相反，通过不断将购得的债券融出，放大自己的空头头寸。可以看到，放大策略其实就是通过融资或融券放大持券规模，从而获得券与融资成本的收益差。

以上海市场正回购为例，进行二次杠杆操作：不考虑交易费用，我们有初始资金100

万，要购买100张票面利率为6%的某债券，回购利率为3%（固定不变），债券折算成标准券的比例为（1：0.8），按交易规则标准券使用比例不得超过可用额的90%。

首先，我们买到了1万张该债券，之后我们把债券质押去融资，得到了8 000张标准券。此时我们可用的只有7 200张。由于申报融资时，最小单位必须是1 000张或是其整数倍。因此我们可用7千张标准券融到70万元，继续买入上述债券7 000张。此轮操作结束后，我们赚的的收益为：

$$70\times(6\% - 3\%) = 2.1\ (\text{万元})$$

其次，继续操作，用融资买入的7 000张债券质押，换的5 600张标准券，我们可用的券为5 040张，再次申报融资时，还是由于最小申报单位的限制，我们只能用5 000张标准券去融到50万块钱了（回购利率3%）。随后我们进行第二轮放大操作，用融到的50万元，继续买入上述债券5 000张。此轮操作到期结束后，我们赚得收益为：

$$50\times(6\% - 3\%) = 1.5\ (\text{万元})$$

所有交易到期结束后，算上我们最初买入的100万票面利率为8%的债券，我们一共赚得：

$$6+2.1+1.5=11.6\ (\text{万元})$$

收益率为9.6%。

在牛市中，因放大操作或取得实际利差不断扩大，并且资本利得为正，因此操作策略上具有很强的自由性。机构可以根据自身的流动性要求和风险承受能力去配置套利品种。如果对流动性要求较高，则可以选择中短期利率品种，虽然资本利得和离差都比较有限，但可以随时获利了结；如果对流动性要求较低，则可以选择中长期利率品种或短期信用品种，获取较多的资本利得和更高的利差收益。

在熊市当中，放大操作的难度会有所加大，策略上需要相对谨慎。可以选择的策略包括：（1）以短久期的品种作为套利对象，可以是剩余期限处于考核期内的短期信用品种，因其能够规避市场下跌的风险，重要保证在持有期利差为正即可获取超额收益；也可以是利率风险较低的浮动利息债，其票面利率不断跟随市场情况调整，能够基本锁定利差。（2）结合融资和利率掉期操作，买入对应的浮动利息债券，基本锁定利差。

获得这种放大收益的风险是什么呢？

第一，对使用信用债来说，收益其实是来自于对违约风险的把握，做多则承担了违约风险加大的风险，做空则承担了违约风险变小的风险。这需要找准时间点来进行操作，对投资者对经济的把握能力有相当高的要求。

第二，由于杠杆的实际作用是成倍的增加久期，一旦时机走势与预期走势相反，会导致巨大的亏损。极端情况下，当利用杠杆正回购时头寸受到非常大亏损可能导致流动资产枯竭。还有一种情况就是头寸亏损导致信用受到冲击。在利用质押式杠杆正回购放大时，头寸亏损可能导致需要补充质押物。这时，选择保持杠杆率不变，需要用流动资产来补充质押物，这对流动资产有较大的冲击。选择低杠杆率，则需要出售债券，而债券的流动性不佳就会导致无法售出或较大幅度折价售出，这将再次打击自身的多头头寸，甚至导致连锁反应。实际操作中，需要做足够的压力测试来了解风险暴露的大小。

第三，信用风险。利用杠杆回购放大收益的策略对双方的信用要求非常高。对正回购来说，足够的信用可以得到较多的授信，能将杠杆放大，获得更大的收益。但信用受损的话可能会受到第一点中所谈的信用风险冲击。逆回购则相反，由于逆回购是授信的过程，自身必须承受对方可能违约的风险，若对手方违约，则会受到非常大的损失。

第四，价格冲击。无论是正回购放大或者逆回购放大都需要通过买卖债券来完成放大的过程，而若标的债券本身流动性不佳，则会造成正回购买入债券的成本过高和逆回购卖出债券的价格过低，侵蚀杠杆。当回购到期时，正回购债券的卖出价过低，逆回购买入价过高导致浮盈的利差缩小，侵蚀最终的浮盈。

模块二
股 票 估 值

任务描述

在本模块中熟练掌握不同股票的定价模型。

业务描述

学会利用股票的定价模型判断某只股票是否具有投资价值。

一、权益价值的概念

股东权益的市场价值通常是指上市公司的股票价值，它和资产负债表中的所有者权益存在一定联系，因为股东权益的市场价值包含资产负债表中已经存在的所有者权益，同时还包括市场对上市公司未来盈利能力和市场价值的估计。对于一个发展前景看好的公司，其权益市场价值通常会高于其账面的所有者权益价值；反正亦然。

二、权益价值的计量

投资报酬若以货币衡量称为报酬金额，若以百分比衡量称为报酬率。假设投资者 A 在本期期初购入 ABC 公司股票 1 000 股，每股价格为 300 元。请问投资者 A 持有 ABC 公司股票一期的报酬有多少？

投资者 A 持有 ABC 公司股票一期的投资报酬来源有二：ABC 公司发放的股利（dividend），ABC 公司因经营而获利，公司可将部分税后盈余发放给股东，称之为股利；另一来源则是投资者 A 结束持有时出售股票的资本利得（capital gain）或资本损失（capital loss）。所以，持有股票的报酬金额是股利所得加上资本利得（损失）金额的总和，即：

$$持有股票的报酬金额 = 股利所得 + 资本利得（资本损失） \quad (6-17)$$

假设投资者 A 是以 30 万元（300 元 × 1 000 股）购入 1 000 股，投资成本为 30 万元。若持有一年期间每股获配股利 15 元，持有 ABC 公司 1 000 股的股利所得，即：

$$股利所得 = 15 元 × 1\ 000 股 = 15\ 000（元）$$

一年后，投资者 A 出售所持有的 1 000 股。假设当时股价为 350 元，由于期末价格较期初价格为高，投资者 A 出售这 1 000 股的资本利得，即：

资本利得 =（350 元 - 300 元）×1 000 股 = 50 000（元）

投资者 A 持有 ABC 公司股票一年的报酬金额，即：

15 000 元 + 50 000 元 = 65 000（元）

依资本利得（损失）的定义，报酬的定义可改写成：

报酬金额 = 股利所得 + 资本利得

= 股利所得 + 期末出售股票价款 - 期初投资成本 (6 - 18)

股利所得加上期末出售股票价款称为投资收益（retums），若扣掉期初投资成本（或持有股票成本）后就是投资净收益（net returns），投资净收益就是投资报酬。一年后出售股票时，假设当时股价只有 250 元，投资者 A 出售 1 000 股的资本损失，即：

资本损失 =（250 元 - 300 元）×1 000 股 = -50 000（元）

此时，投资者 A 持有 ABC 股票一年的报酬金额变为 -35 000 元，即（15 000 元 - 50 000 元）。

一年后若投资者 A 决定继续持有 ABC 公司股票，纵使当初购入的价格和此时的股价出现差异，由于价格变动所产生的资本利得（或损失）尚未实现，故不应记入投资报酬。换句话说，投资报酬只记入已实现的现金流量，此即为财务管理所强调的“只有实际的现金流量才应记入投资的投资收益”的概念。

由于市场投资者投资金额各不相同，为了有相同的比较基础，可改用百分比率来衡量投资报酬。投资报酬率衡量的是本期投资一元至持有期满后将会有多少投资报酬。简单的说就是将投资 1 元的投资净收益除以投资成本（1 元）。为方便说明，以 P_t 表示 t 期期初的股票价格，DIV_{t+1} 为 t 期期末（或 $t+1$ 期期初）所收到的股利所得。就如同投资报酬金额的定义，（投资）报酬率亦可分为两个部分：

第一部分是以百分率表示的股利收益率（dividend yield），即：

$$\text{股利收益率} = \frac{DIV_{t+1}}{P_t} \tag{6-19}$$

再以投资者 A 的例子说明：假设期初股价为 300 元，该期股利所得为 15 元，故股利收益率为：

$$\text{股利收益率} = \frac{15\text{ 元}}{300\text{ 元}} = 5\%$$

第二部分则是资本利得（损失）率，即资本利得（损失）除以期初股价，即：

$$\text{资本利得率} = \frac{P_{t+1} - P_t}{P_t} \tag{6-20}$$

若预期期末出售股票的价格（P_{t+1}^e）为 350 元，则资本利得率为：

$$\text{资本利得率} = \frac{350\text{ 元} - 300\text{ 元}}{300\text{ 元}} = 16.67\%$$

这两个部分加总就是持有股票一期的预期报酬率（expected returns on stock，以 r_t^e 简记），即：

$$r_t^e = \frac{\text{投资报酬}}{\text{投资成本}} = \frac{DIV_{t+1}^e + P_{t+1}^e - P_t}{P_t} = \text{股利复利率} + \text{资本利得率} \tag{6-21}$$

市场投资者计算持有股票报酬率以决定是否持有股票时，由于下年度股利（DIV_{t+1}）以及下一期股价（P_{t+1}）均为未知的随机变量，故投资者必须先对下年度股利（DIV_{t+1}）和下年度期末股价（P_{t+1}）形成预期，这也是为何要强调“预期”的原因。持有股票的预期报酬率亦可称为市场资本估价率（market capitalization rate）。

三、权益价值的理论

任何资产的价值决定于资产持有期间（或资产存续期间）内各期现金流量的现值。不同于债券，只要公司不破产，不被并购，市场投资者就可以一直持有这家公司的股票。由股票预期报酬率的定义可知：持有股票的预期报酬率是股利收益率以及出售股票时资本利得率之和。不少人就因此认为若市场投资者一直持有而不出售股票，他就无法享受资本利得这部分的报酬，导致长期持有股票的投资报酬率变小。换句话说，不少人认为持有期间长短会影响到股票价值的计算。为正确估算股票价值，我们必须先理清：到底持有期间长短会不会影响到股票价值的计算？换句话说，持有一期和永远持有股票计算投资报酬的方式有无不同？假设市场投资者决定持有股票一期，持有期间的现金流量，如图 6－5 所示。

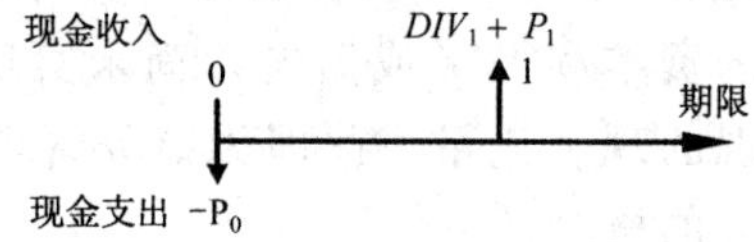

图 6－5　持有一期股票的现金流量图

持有一期的现金收入就是持有股票期间的股利所得及期末处分股票所得价款：$P_1 + DIV_1$，若资本（机会）成本为 r，均衡状态下，持有股票一期现金收入的现值等于本期股价（P_0）：

$$P_0 = \frac{DIV_1 + P_1}{1 + r} \tag{6-22}$$

由于股票是有风险的资产，资本（机会）成本（r）必须比无风险资产报酬率为高以反映持有股票的风险。由式（6－22）可知，持有股票一期时，股票价值等于未来持有期间内投资收益（现金收入）的现值。若股票持有人想持有两期，此时，投资者在第二期预期的投资收益为 $DIV_2 + P_2$，持有期间各期现金流量，如图 6－6 所示。

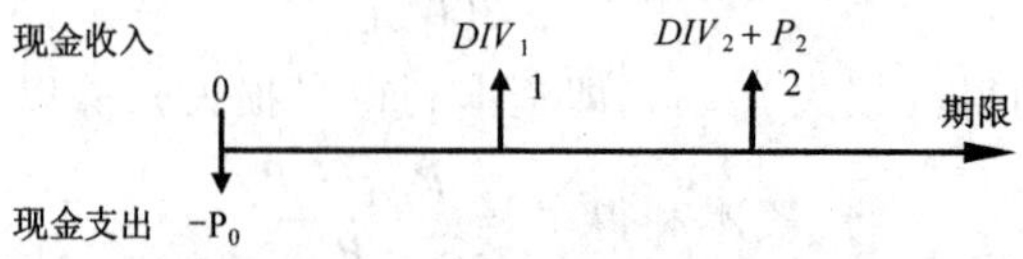

图 6－6　持有两期股票的现金流量图

若资本（机会）成本为 r，均衡状态下，持有股票两期现金收入现值等于本期股价（P_0）：

$$P_0 = \frac{DIV_1}{1 + r} + \frac{DIV_2 + P_2}{(1 + r)^2} \tag{6-23}$$

接下来，将明确持有一期与持有两期时计算投资报酬的方式是否相同。假设市场投资者在第 1 期想持有股票一期，其现金流量，如图 6 – 7 所示。

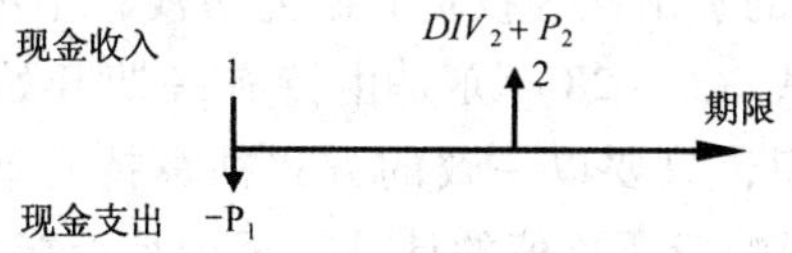

图 6 – 7 投资人在第一期持有下一期股票的现金流量图

在完全竞争市场中，由于均衡状态下，不可能存在套利机会表示下一期的市场均衡价格（P_1）应等于第二期投资收益的现值：

$$P_1 = \frac{DIV_2 + P_2}{1 + r} \qquad (6-24)$$

将式（6 – 24）代入式中（6 – 23）就可算出下式：

$$P_0 = \frac{1}{1 + r}\left(DIV_1 + \frac{DIV_1 + P_2}{1 + r}\right) = \frac{DIV_1 + P_1}{1 + r} = \frac{DIV_1 + P_1}{1 + r} \qquad (6-25)$$

式（6 – 25）就是当市场投资人持有股票一期时的股价（P_0）决定式。持有两期的股价决定模型（式（6 – 23））和持有一期的股价决定模型（式（6 – 22））的概念一致：股票的价值决定于持有期间内所有各期现金收入的现值。持有二期后，股票持有者若仍想多持有一期，由于第二期期末不会出售股票，式（6 – 23）中 P_2 就不应记为持有期间的现金收入。只要 P_2 决定的方式和其他时期股价决定方式一样，类似式（6 – 22）的公式亦可用于决定第二期期末的股价（P_2）：

$$P_2 = \frac{DIV_3 + P_3}{1 + r} \qquad (6-26)$$

将式（6 – 26）代入式（10 – 24）中的 P_2 可得：

$$P_0 = \frac{DIV_1}{1 + r} + \frac{DIV_2}{(1 + r)^2}\frac{DIV_3 + P_3}{(1 + r)^3} \qquad (6-27)$$

式（6 – 27）中 DIV_1，DIV_2 以及 $DIV_3 + P_3$ 可视为持有股票三期时，持有期间各期现金收入。如同式（6 – 23），当市场投资者决定持有股票三期时，均衡状态下，本期股价（P_0）等于持有期间内所有现金收入的现值。就如同式（6 – 22）及式（6 – 23），本期股价（P_0）受到结束持有时，第三期期末出售股票所得价款（P_3）现值的影响。市场投资者一旦决定永远持有，因无结束持有出售股票的问题，此时无限期后的股票价格对当期价格（P_0）的影响自不应存在。亦即，无限期后的股价现值为零：

$$\lim_{t \to \infty} \frac{P_t}{(1 + r)^t} = 0$$

若上述条件成立，重复上述反复代入过程可得下式：

$$P_0 = \frac{DIV_1}{1 + r} + \frac{DIV_2}{(1 + r)^2} + \cdots = \sum_{t=1}^{\infty} \frac{DIV_t}{(1 + r)^t} \qquad (6-28)$$

式（6 – 28）为一般所称的股价决定模型。由式（6 – 28）可知：持有期间若变为无穷多期，持有股票的价值等于持有期间内各期现金收入（各期股利所得）的现值。式（6 – 28）之所以未出现期末股价的现值，系因永远持有就没有期末出售股票的问题。

由式（6 – 22）推导到式（6 – 28）的过程可清楚看出持有期间长短不应影响股票价值

的计算。无论持有期间的长短，股票价值决定于持有期间内所有现金收入的现值。部分反对以式（6－28）计算股价价值的理由认为投资者眼光短浅，不可能会估计所有未来的股利所得。但由推导的过程知道，式（6－28）亦是由持有一期开始一步步增加持有时间利用式（6－22）推导而得。也就是说，只要以一致的方式估算持有期间内各期现金流入，投资者对持有期间长短的偏好并不影响股票价值的计算。至于是否能精确估算未来各期股利所得是市场投资者如何预测的问题，不应成为反对以式（6－28）做为股票价格决定模型的理由。

由于股票价值的计算涉及各期股利所得的估算，若我们不做简化的假设，式（6－28）的应用性不高。一般常用的简化假设有三：固定股利所得水平，单一股利所得成长率以及多重股利所得成长率。

（一）零增长模型

假设各期股利所得均维持在 DIV_1 的水平，即 $DIV_1 = DIV_2 = \cdots$，式（6－28）可写成：

$$P_0 = \frac{DIV_1}{1+r} + \frac{DIV_2}{(1+r)^2} + \cdots = \frac{DIV_1}{r} \tag{6-29}$$

（二）单一股利所得成长率模型

假设未来各期股利所得均以固定成长率（g）增加，式（6－28）可写成：

$$P_0 = \frac{DIV_1}{1+r} + \frac{DIV_1(1+g)}{(1+r)^2} + \frac{DIV_1(1+g)^2}{(1+r)^3} + \cdots \tag{6-30}$$

式（6－30）中 $DIV_2 = DIV_1(1+g)$；$DIV_3 = DIV_1 \times (1+g)^2$。只要 $r > g$，利用永续型年金现值公式，上式可简化为：

$$P_0 = \frac{DIV_1}{r-g} \tag{6-31}$$

（三）多重股利所得成长率模型

假设股利所得成长率分为高成长率（g_1）和低成长率（g_2）：$g_1 > g_2$。假设第 1 期到第 T 期间，股利所得成长率较高（g_1），第 T 期后股利所得成长率降为 g_2。依此设定，各期股利所得的现值为：

$$\begin{aligned} P_0 &= \sum_{t=1}^{T} \frac{DIV_1(1+g_1)^t}{(1+r)^t} + \frac{1}{(1+r)^T}\left(\frac{DIV_{T+1}}{r-g_2}\right) \\ &= \frac{DIV_1}{r-g_1}\left[1-\left(\frac{1+g_1}{1+r}\right)^T\right] + \frac{1}{(1+r)^T}\left[\frac{DIV_1(1+g_1)^T}{r-g_2}\right] \end{aligned} \tag{6-32}$$

【例 6－15】 某法人投资机构正评估应否购入 ABC 公司股票。该法人投资机构预测 ABC 公司下一期每股股利（*DIV*1）应有 3 元的水平，且未来股利所得将以 10% 速度成长。依照 ABC 公司所处产业以及营运特质，该法人投资机构认为持有 ABC 公司股票的资本成本（r）应为 15% 单一股利所得成长率模型，此时本期 ABC 公司股票价格应为：

$$60\text{ 元} = \frac{3\text{ 元}}{0.15-0.1}$$

某次董事会中，某董事认为 10% 的股利所得成长率过分乐观，另外提出较保守的成长率估计值5%。此时，ABC公司股票价值变为：

$$30\text{元} = \frac{3\text{元}}{0.15 - 0.05}$$

股利所得成长由10%降为5%，股价下降50%。由于股价深受股利成长率的影响，评估股票价值时不宜对股利所得成长率估计值过分乐观。

市场投资者股票交易非常频繁，公司并购其他公司或价购其他公司部分资产（或部门）亦相当常见。股价决定模型（式（6－25））是否仍适用于公司并购其他公司或价购其他公司部分资产时对股东权益价值影响的评估？首先，以例子说明计算股票价格决定模型（式（6－25））仍适用于并购其他公司或价购其他公司资产时价值的计算，理由很简单：任何资产的价值等于未来持有期间内所创造各期现金流量的现值。公司现有股东权益价值应等于未来分配给现有股东现金流量所算出的现值。但评估并购或价购其他公司资产时须注意：只能将未来可分配给现有股东的现金流量记入股票价值计算之中。

【例6－16】 ABC公司目前有100万股在外流通，以现有资产投入营运活动预估未来每年将可创造1 000万元的税后盈余。若将此项盈余全数发放给股东做为股利，请问ABC公司的股价为多少？

首先，ABC公司未来各年度每股股利（DIV_1）等于该年度每股税后盈余（EPS_1）：

$$DIV_1 = EPS_1 = \frac{1\,000\text{万元}}{100\text{万股}} = 10\text{元}$$

若市场投资者认为持有ABC公司股票合理的资本（机会）成本（r）为10%，则ABC公司本期股价（P_0）应为：

$$P_0 = \frac{DIV_1}{r} = \frac{10\text{元}}{0.1} = 100\text{元}$$

由于ABC公司有100万股在外流通，每股100元，故公司资产的市场价值（假设ABC公司并未向外举借或发行公司债，故公司资产市场价值（V）亦等于股东权益价值（E））为1亿元。

假设ABC公司决定在第一期以1亿元并购ZF公司以扩大营运规模。购并之后，ABC公司除了营运规模比并购前扩大一倍，营运风险和ABC公司现有风险一样。购并后，公司每年税后盈余将增加为2 000万元。请问宣布购并计划后，ABC公司的股东权益价值变为多少？

假设并购所需资金完全由现有股东提供。购并后，ABC公司拥有的资产所创造出的现金流量当然将由现有股东所享有。故先将并购后股东各期英收入或支出的现金流量列于下表6－7所示。

表6－7　　ABC公司现金流量　　单位：万元

年次	1	2	3	4	· · ·
税后盈余	1 000	2 000	2 000	2 000	· · ·
资本支出	-10 000				
现金流量	-9 000	2 000	2 000	2 000	· · ·

上述现金流量的现值为：

$$PV = \frac{-9\,000\text{万元}}{1.1} + \frac{2\,000\text{万元}}{1.1^2} + \frac{2\,000\text{万元}}{1.1^3} + \cdots$$
$$= \frac{-9\,000\text{万元}}{1.1} + \frac{1}{1.1}\left(\frac{2\,000\text{万元}}{0.1}\right) = 1(\text{亿元})$$

ABC 公司为扩大营业向现有股东募集 1 亿元用以购并 ZF 公司资产，纵使这些新股全数由现有股东购入，ABC 公司市场价值（ABC 公司股东权益价值）仍维持在 1 亿元。

为何 ABC 公司购并 ZF 公司对股东权益市场价值没有任何影响？理由很简单：ABC 公司购并 ZF 公司所创造的净现值为零：

$$NPV = -1\text{亿元} + \frac{1\,000\text{亿元}}{0.1} = 0$$

若 ABC 公司决定对外发行新股做为购买资产的筹资方式。并购后，因并购所增加的现金流量将归新股东所享有。由于，并购计划的净现值为零，公司股票价格不会因而改变（$P_0 = 100$ 元）。此时，ABC 公司应发行 100 万股新股做为并购的财源，而这 100 万股的价值等于：

$$1\text{亿元} = 100\text{万元} \times 100\text{元}$$

发行新股所得价值正好做为资本支出的财源，新股东持有新股票的价值正好等于 1 亿元（=1 000 万元/0.1）。

由这个例子可清楚看出：执行此项投资计划是否为公司创造更多的价值，须视并购（或并购其他公司部分资产）的净现值。

（四）股价决定模型中参数的估计

由单一股利所得成长率模型的讨论可知，股利所得成长率（g）和持有股票的预期报酬率（r）是决定股价的重要参数。现在我们将说明如何推估 g 和 r。

假设各期股利所得皆以单一固定成长率（g）增加，本期股价（P_0）由下式决定：

$$P_0 = \frac{DIV_1}{r - g} \tag{6-33}$$

式（6－33）中 DIV_1 为下一期的股利所得。纵使假设未来各期股利所得皆以 g 的速度成长，我们亦可将此假设视为未来股利所得的平均成长率为 g，此乃未排除未来各期实际股利所得均不得偏离成长率平均值（g）的可能性。由上式可算出持有股票的预期报酬率（r）：

$$r = \frac{DIV_1}{P_0} + g \tag{6-34}$$

由式（6－34）可知，持有股票的预期报酬率（r）为股利收益率（DIV_1/P_0）与股利所得成长率（g）之和。导出预期报酬率的决定后，自然会问如何计算公司股利所得成长率（g）。其中一种方法就是请证券公司或投顾公司或投资银行证券分析师或研究员，评估未来公司投资及营运状况。然后，依据她们所提供的数据推估 g 值。另一种方法是则利用公司或产业相关的财务会计资料算出股东权益的投资报酬率（returns on equity，以 ROE 简记），每股税后盈余（EPS）以及股利发放比（payout ratio）再来估计 g。以下将说明 ROE，EPS 以及股利发放比率与 g 间的关系。由于净投资等于毛投资扣除折旧金额（重置投资）。在无净投资情形下，公司只需筹措资本支出所需财源用于购置重置性固定资产。当公司无任何净投资（即公司的资本存量或固定资产数量不变）时，其他情况不变（如：无物价膨胀）情况下，公司下一期盈余维持不变。假设公司资本支出的财源全数来自于公司保留盈余，当公司有净投资时，公司就须保留部分盈余做为资本支出的财源，本年度盈余及保留盈余与下年度盈余间有以下关系：

$$下年度盈余 = 本年度盈余 + 本年度保留盈余 \times 保留盈余的投资报酬率 \quad (6-35)$$

下年度盈余之所以会增加系因本年度公司保留部分盈余做为本年度资本支出的财源，只要投资报酬率为正，下年度盈余自会有所增加。将上式等号左右两边皆除以本年度盈余可得

$$\frac{下年度盈余}{本年度盈余} = 1 + \left(\frac{本年度保留盈余}{本年度盈余}\right) \times 保留盈余的报酬率 \quad (6-36)$$

式（6－36）等号左边就是1＋盈余成长率（growth rate of earnings）。本年度保留盈余占该年度盈余的比率称为盈余保留比率（retention ratio）。由于股利所得等于（1－盈余保留比率）×本年度盈余，只要盈余保留比率各期维持不变，股利所得成长率（g）等于盈余成长率。盈余保留比率维持不变条件下，式（6－36）就变成股利所得成长率（g）的决定式：

$$g = 盈余保留比率 \times 保留盈余的投资报酬率 \quad (6-37)$$

所以，要估算股利所得成长率（g），除了须先设定盈余保留比率外，还需估算保留盈余的投资报酬率。由于投资计划中相关信息并非都是可以透过公开方式取得的，市场投资者若未能取得这些信息，如何正确推估保留盈余的报酬率成为一项高难度的工作。为解决信息取得的困难，假设将保留盈余所投入的投资计划，其投资报酬率等于过去年度的股东权益报酬率（ROE），我们就可利用会计报表所算出股东权益报酬率做为保留盈余报酬率的估计值。此时，g 的决定式就变为：

$$g = 盈余保留比率 \times ROE \quad (6-38)$$

式（6－38）中 ROE 的定义是每股盈余（EPS）与每股股东权益的账面价值（book value of equity per share，以 $BVPS$ 简记）之比。股东权益的账面价值就是股票总票面价值加上资本公积以及累计保留盈余。

【例 6－17】 炸子鸡软件公司预估本年度税后盈余为 2 亿元。为筹措资本支出所需资金，该公司计划保留 40% 的税后盈余。过去十年，该公司股东权益报酬率（ROE）平均值为16%。假设新的投资计划和现有生产与营运内容没有显著的差异，请问该公司股利所得成长率应为多少？

首先，炸子鸡公司将保留 8 000 万元（＝2 亿元×40%）的税后盈余做为本年度投资计划的资本支出。由于 ROE 平均值为 16%，此项投资计划所创造的额外盈余为 1 280 万元（8 000万元×0.16）由于未来各年度均会保留 40% 的盈余做为扩大生产与营运规模所需的资本支出，故股利成长率（g）为：6.4%（1 280 万元/2 亿元）

一旦估出 g 值后，利用以下公式算出预期报酬率：

$$r = \frac{DIV_1}{P_0} + g \quad (6-39)$$

【例 6－18】 假设炸子鸡软件公司目前在外流通的股数为 1 亿股，股价为 15 元。请问炸子鸡软件公司股票的预期报酬率应为多少？

由于盈余保留比率为 40%，股利发放比率应为 60%，下一期该公司税后盈余预计为 2 亿 1 280 万元，下一年度股利水平为 12 768 万元（＝0.6×21 280 万元）。由于有 1 亿股流通

在外，下年度每股股利（DIV_1）为 1.277 元。有了本期股价（P_0）以及下一期每股股利（DIV_1）后，就可算出股利获利率：

$$股利获利率 = \frac{1.277\ 元}{15\ 元} \times 100\% = 8.515\%$$

由于股利所得成长率（g）为 6.4%，故炸子鸡公司股票的预期报酬率（r）为：

$$r = 6.4\% + 8.51\% = 14.91\%$$

由于 g 又视为股利所得成长率的长期平均值，故估算所得的股利所得成长率（g）和精确预测各期股利所得的概念并不相同。在讯息不完整情况下，估计值和各期实际值出现误差是极正常的现象。然而估算 g 时，我们用了两个较强的假设：保留盈余用于投资计划的报酬率等于公司现有的股东权益报酬率（ROE）以及各期盈余保留比率均维持不变。当以上两个假设不成立时，股利成长率估计值的可信度就会下降。所以，对 g 的估计值不能抱持过分信任的态度。实务上，为了让估算出来的 g 和 r 不至于太过偏差，有些财管学者就建议以产业数据所估算的 g 和 r 值做为个别厂商公司的 g 和 r 估计值。

模块三
其他证券估值

任务描述

在本模块中掌握期货、期权等证券的定价模型。

业务描述

学会利用期货、期权等证券的定价模型判断证券是否具有投资价值。

金融衍生工具（又称“金融衍生产品”，英文名称是 Financial Derivatives，在多数情况下简化为 Derivatives）是指建立在基础产品或基础变量之上，其价格随基础金融产品的价格（或数值）变动的派生金融产品。它具有跨期交易、杠杆效应、高风险性、价格的联动性和套期保值和投机套利共存的特点。其发展过程是从金融远期发展到金融期货，再到金融期权、金融互换。金融衍生工具根据不同的标准可以划分为不同的种类，将在项目七衍生金融市场里介绍，本项目不再累述。本项目重点对金融期货期权的价值决定问题进行深入剖析。

一、金融期货的价值分析

金融期货合约是约定在未来时间以事先协定的价格买卖某种金融工具的双边合约。在合约中对有关交易的标的物、合约规模、交割时间和标价方法等都有标准化的条款规定。金融期货的标的物包括各种金融工具，比如股票、外汇、利率等。

（一）金融期货的理论价格

由于期货合约是联系现在和将来之间的一种合约，因此期货价格反映的是市场对现货价格未来的预期。在一个理性的无摩擦的均衡市场上，期货价格与现货价格具有稳定的关系，即期货价格相当于交易者持有现货金融工具至到期日所必须支付的成本，也成为持有成本。理论上，期货价格有可能高于、等于或低于相应的现货金融工具，现货价格与期货价格之差成为基差，在期货合约到期之前，基差可能为正值，也可能为负值。期货合约临近到期时，期货价格趋同于现货价格，基差消失。

我们用一复利公式表述期货的理论价格。设 t 为现在时刻，T 为期货合约的到期日，S_t 为现货的当前价格，则期货的理论价格 F_t 为：

$$F_t = S_t e^{(r-q)(T-t)} \tag{6-40}$$

式中：r 即无风险利率；Q 即连续的红利支付率；$(T-t)$ 即从 t 时刻持有到 T 时刻。

（二）影响金融期货价格的主要因素

从公式（6－40）可以看出，影响期货价格的主要因素是持有现货的成本和时间价值。在期货市场上，由于持有现货的成本和时间价值是无法预先确定的，比如影响现货金融工具价格的各种因素、市场上的供求关系、利率的变化等都会对持有成本和时间价值产生影响，因此，期货合约的理论价格实际上还是一个估计值。在期货市场上，金融期货的市场价格与其理论价格不完全一致，期货市场价格总是围绕着理论价格而波动。期货市场价格的变动与现货价格的变动之间也不总是一致的，影响期货价格的因素比影响现货价格的因素要多得多，主要有市场利率、预期通货膨胀、财政政策、货币政策、现货金融工具的供求关系、期货合约的有效期、保证金要求、期货合约的流动性等。

（三）金融期货的案例分析

1. 套期保值案例分析

【例 6－19】 商品期货买入套期保值案例分析

一个铜材加工厂，1 月份签订了 6 月份交货的加工合同，加工期为一个月，需买进原料 2 500 吨，合同签订时铜原料价格较低。工厂欲以此为进货成本，而该加工厂又不愿早进原材料库存，决定 5 月份再买进原材料加工。由于担心原料价格上升，于是在期货市场上做了买进套期保值，其交易的价格资料及情况分析如表 6－8 所示。

表 6－8　　商品期货买入套期保值交易的价格资料及情况分析表

日 期	现货市场	期货市场
1 月 1 日	目标成本 28 500 元/吨	买入 6 月份铜期货 2 500 吨，价格 28 700 元/吨
5 月 1 日	买入铜 2 500 吨，价格 28 800 元/吨	卖出 6 月铜期货 2 500 吨，价格 29 000 元/吨
结 果	亏损 300 元	盈利 300 元

【例 6－20】 商品期货套利交易案例分析

在3月份，某人认为7月份大豆期货价与新豆上市后的11月份大豆期货的价差异常。当时，现货大豆价格看好，他估计会带动期货价上涨，且7月份期货价将比11月份期货价上涨快，于是决定进行买近卖远套利。交易的价格资料及情况分析如表6－9所示。

表6－9　商品期货套利交易的价格资料及情况分析表

日期	现货市场	期货市场	价差
3月1日	买入10手7月期货合约，价格5.5美元/蒲式耳	卖出10手11月份期货合约，价格4.9美元/蒲式耳	0.6美元/蒲式耳
7月1日	卖出10手7月期货合约，价格5.74美元/蒲式耳	买入10手11月期货合约，价格5.02美元/蒲式耳	0.72美元/蒲式耳
结果	盈利0.24美元/蒲式耳	亏损0.12美元/蒲式耳	
	净盈利（0.24－0.12）×5 000×10＝6 000（美元）		

【例6－21】外汇期货交易案例分析

美国进口商5月10日从德国购买一批货物，价值125 000马克，1个月后支付货款。为了防止汇率变动风险（因马克升值而付出更多美元）。该进口商5月10日在期货市场买入1份6月期马克期货合约，面值是125 000马克，价格是0.4020美元/马克，操作如表6－10所示。

表6－10　外汇期货交易的价格资料及情况分析表

日期	现汇市场	外汇期货市场
5月10日	现汇汇率为0.3994美元/马克	买入1份6月马克期货合约，价格为0.4020美元/马克
6月10日	现汇汇率为0.4124美元/马克	卖出1份6月马克期货合约，价格为0.4140美元/马克
结果	亏损0.0130美元/马克	盈利0.0120美元/马克
	净损失0.0010×125 000＝125（美元）	

【例6－22】利率期货交易案例分析

8月15日，投资者打算将11月15日将收入的一笔总额为1 000万美元的资金以LIBOR利率存入银行。为避免因利率下降引起的利息收入损失，该投资者对此进行套期保值，操作过程如表6－11所示。

表6－11　利率期货交易的价格资料及情况分析表

日期	现货市场	利率期货市场
8月15日	目标利率为3个月LIBOR利率8%	买入10份12月欧洲美元期货合约，价格：91.00
11月15日	3个月LIBOR利率为7.5%	卖出10份12月欧洲美元期货合约，价格：91.50
结果	亏损1.25万美元 （8%－7.5%）×1 000×3/12＝1.25万美元	盈利1.25万美元 （91.5%－91%）×100×3/12×10＝1.25万美元

【例6－23】股票价格指数期货交易案例分析

某美资基金经理持有一组由50支美国公司股票组成的分散的股票投资组合，6月1日总市值为100万美元，该基金经理分析美国整体经济形势后认为股市可能会面临一个较长的下调期，而根据该基金的总体投资计划必须在股市中保留上述投资组合作为长期策略性投资。为避免股市整体下调产生的股票市值损失，该基金经理在S&P500指数期货市场进行了空头套期保值。操作过程如表6－12所示。

表6－12　　股票价格指数期货交易的价格资料及情况分析表

日期	现货市场	股指期货市场
6月1日	持有一组投资组合的股票，总市值为100万美元	卖出4份12月S&P500股指期货合约，价格为1 020.85点
12月1日	股市整体下调，该投资组合的股票总市值为85万美元	买入4份12月S&P500股指期货合约，价格878.60点
结 果	亏损15万美元	盈利142.25点
	净损失7 750美元（150 000－142.25×250×4＝7 750美元）	

二、金融期权的价值分析

金融期权是指其持有者能在规定的期限内按交易双方商定的价格购买或出售一定数量的某种金融工具的权利。具体地说，其购买者在向出售者支付一定的费用后，就获得了能在规定期限内以某一特定价格向出售者买进或卖出一定数量的某种金融工具的权利。

金融期权是一种权利的交易。在期权交易中，期权的买方为获得期权合约所赋予的权利向期权的卖方支付的费用就是期权的价格。期权价格受多种因素影响，但从理论上说，有两个部分组成，即内在价值和时间价值。

（一）金融期权的内在价值

金融期权的内在价值也称履约价值，是期权合约本身所具有的价值，也就是期权的买方如果立即执行该期权所能获得的收益。一种期权有无内在价值以及内在价值的大小取决于该期权的协定价格与其标的物市场价格之间的关系。协定价格是指期权的买卖双方在期权成交时约定的、在期权合约被执行时交易双方实际买卖标的物的价格。根据协定价格与标的物市场价格的关系，可将期权分为实值期权、虚值期权和平价期权三种类型。

对看涨期权而言，若市场价格高于协定价格，期权的买方执行期权将有利可图，此时为实值期权；市场价格低于协定价格，期权的买方将放弃执行期权，为虚值期权。对看跌期权而言，市场价格低于协定价格为实值期权；市场价格高于协定价格为虚值期权。若市场价格等于协定价格，则看涨期权和看跌期权均为平价期权。

从理论上说，实值期权的内在价值为正，虚值期权的内在价值为负，平价期权的内在价值为零。但实际上，无论是看涨期权还是看跌期权，也无论期权标的物的市场价格处于什么水平，期权的内在价值都必然大于零或等于零，而不可能为负值。这是因为期权合约赋予买方执行期权与否的选择权，而没有规定相应的义务，当期权的内在价值为负时，买方可以选择放弃期权。如果以 EV_t 表示期权在 t 时点的内在价值，x 表示期权合约的协定价格，S_t 表示

该期权标的物在 t 时点的市场价格，m 表示期权合约的交易单位，则每一看涨期权在 t 时点的内在价值可表示为：

$$看涨期权\ EV_t = \begin{cases}(S_t - x)\times m, 当\ S_t > x\ 时, 实值期权\\ 0, 当\ S_t \leqslant x\ 时, 虚值期权或平价期权\end{cases} \tag{6-41}$$

$$看跌期权\ EV_t = \begin{cases}(x - S_t)\times m, 当\ S_t < x\ 时, 实值期权\\ 0, 当\ S_t \geqslant x\ 时, 虚值期权或平价期权\end{cases} \tag{6-42}$$

（二）金融期权的时间价值

金融期权时间价值也称外在价值，是指期权的买方购买期权而实际支付的价格超过该期权内在价值的那部分价值。在现实的期权交易中，各种期权通常是以高于内在价值的价格买卖的，即使是平价期权或虚值期权，也会以大于零的价格成交。期权的买方之所以愿意支付额外的费用，是因为希望随着时间的推移和标的物市场价格的变动，该期权的内在价值得以增加，使虚值期权或平价期权变为实值期权，或使实值期权的内在价值进一步提高。

期权的时间价值不宜直接计算，一般以期权的实际价格减去内在价值求得。

（三）影响期权价格的主要因素

期权价格由内在价值和时间价值构成，因而凡是影响内在价值和时间价值的因素，就是影响期权价格的因素。

1. 协定价格与市场价格

协定价格与市场价格是影响期权价格最主要的因素。这两种价格的关系不仅决定了期权有无内在价值及内在价值的大小，而且还决定了有无时间价值和时间价值的大小。一般而言，协定价格与市场价格间的差距越大，时间价值越小；反之，则时间价值越大。这是因为时间价值是市场参与者因预期标的物市场价格变动引起其内在价值变动而愿意付出的代价。当一种期权处于极度实值或极度虚值时，市场价格变动的空间已很小。只有在协定价格和市场价格非常接近或为平价期权时，市场价格的变动才有可能增加期权的内在价值，从而使时间价值随之增大。

2. 权利期间

权利期间是指期权剩余的有效时间，即期权成交日至期权到期日的时间。在其他条件不变的情况下，期权期间越长，期权价格越高；反之，期权价格越低。这主要是因为权利期间越长，期间的时间价值越大；随着权利期间缩短，时间价值也逐渐减少；在期权的到期日，权利期间为零，时间价值为零。通常，权利期间与时间价值存在同方向但非线性的影响。利率，尤其是短期利率的的变动会影响期权的价格。利率变动对期权价格的影响是复杂的。一方面，利率变化会引起期权标的物的市场价格变化，从而引起期权内在价值的变化；另一方面，利率变化会使期权价格的机会成本变化，引起对期权交易的供求关系变化，因而从不同角度对期权价格产生影响。例如，利率提高，期权标的物如股票、债券的市场价格将下降，从而使看涨期权的内在价值下降，看跌期权的内在价值提高；利率提高，又会使期权价格的机会成本提高，有可能使资金从期权市场流向价格已下降的股票、债券等现货市场，减少对期权交易的需求，进而又会使期权价格下降。总之，利率对期权价格的影响是复杂的，应根据具体情况作具体分析。

3. 标的物价格的波动性

通常，标的物价格的波动性越大，期权价格越高；波动性越小，期权价格越低。这是因为标的物价格波动性越大，则在期权到期时，标的物市场价格涨至协定价格之上或跌至协定价格之下的可能性越大，因此期权的时间价值乃至期权价格都将随标的物价格波动的增大而提高，随标的物价格波动的缩小而降低。

4. 标的资产的收益

标的资产的收益将影响标的资产的价格。在协定价格一定时，标的资产的价格又必然影响期权的内在价值，从而影响期权的价格。由于标的资产分红付息等将使标的资产的价格下降，而协定价格并不进行相应调整，因此，在期权有效期内标的资产产生收益将使看涨期权价格下降，使看跌期权价格上升。

自从期权交易产生以来，人们一直致力于对期权定价问题的探讨。1973 年，美国芝加哥大学教授布莱克和休尔斯提出第一个期权定价模型，在金融衍生工具的定价上取得重大突破，在学术界和实务界引起强烈反响。1979 年，科克斯（J. Cox）、罗斯（S. Ross）和鲁宾斯坦（M. Rubinstein）又提出二项式模型，以一种更为浅显易懂的方式导出期权定价模型，并使之更具有可操作性。

（四）金融期权交易的运作策略

策略一：买入看涨期权策略盈亏分析

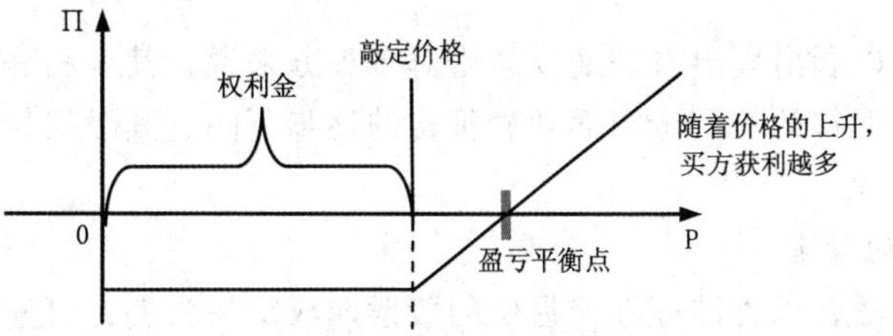

图 6－8 买入看涨期权策略盈亏分析

通过图 6－8 可以看出买入看涨期权策略对于买方来说，其盈利是无限的，亏损是有限的。他最多亏损的是期权的权利金。而随着价格的逐步上升，其获利越来越多。

策略二：卖出看涨期权策略盈亏分析

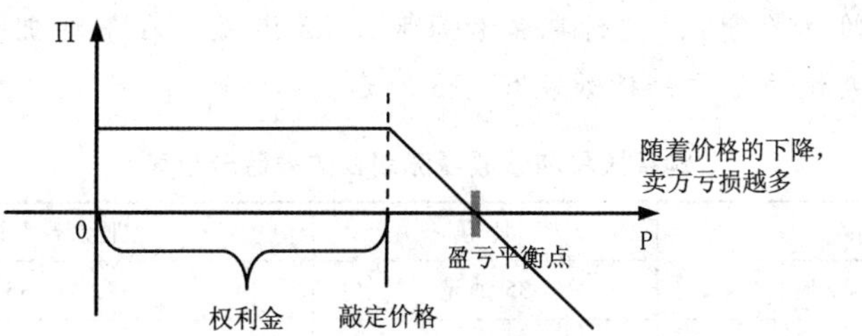

图 6－9 卖出看涨期权策略盈亏分析

通过图 6－9 可以看出卖出看涨期权策略对于卖方来说，其盈利是有限的，亏损是无限的。他最多盈利的是期权的权利金。而随着价格的逐步下降，其损失越来越多。

策略三：买入看跌期权策略盈亏分析

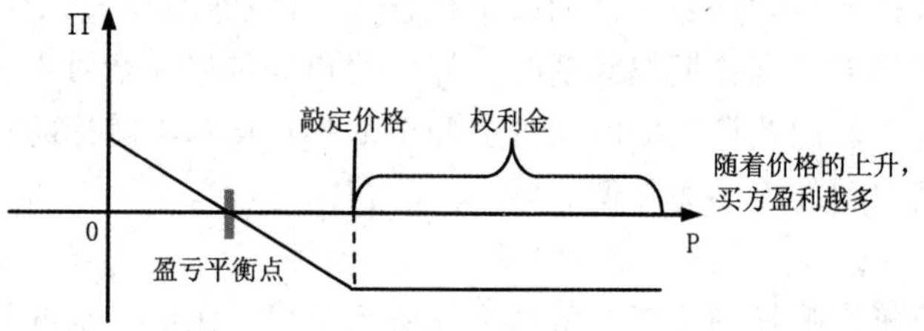

图 6－10　买入看跌期权策略盈亏分析

通过图 6－10 可以看出买入看跌期权策略对于买方来说，其盈利是无限的，亏损是有限的。他最多亏损的是期权的权利金。而随着价格的逐步下降，其获利越来越多。

策略四：卖出看跌期权策略盈亏分析

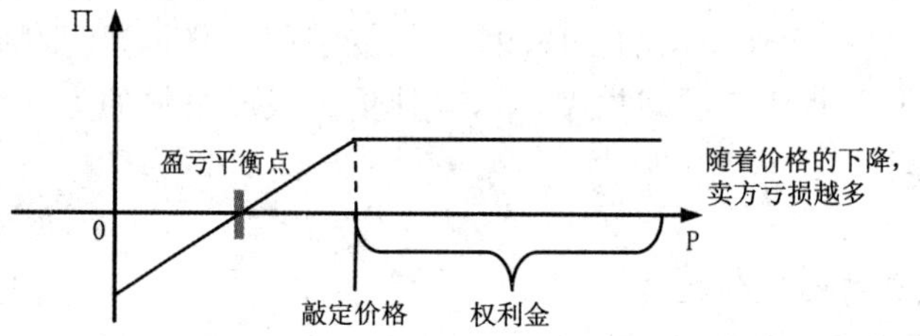

图 6－11　卖出看跌期权策略盈亏分析

通过图 6－11 可以看出卖出看跌期权策略对于买方来说，其盈利是有限的，亏损是无限的。他最多盈利的是期权的权利金。而随着价格的逐步下降，其亏损越来越多。

（五）股票期权的投资

股票期权用途广泛，以香港证券交易所的股票期权交易为例，可配合投资者实现不同的投资目标。

1. 降低投资成本

一般投资者看好某只股票时会买入该股票，其实买入该股票的看涨期权也能实现相同的目标，而且资金成本较低且更有效率。

【例 6－24】 股票 A 现价 35 港元/股，每手 1 000 股，买入执行价格为每股 35 港元的该股票的看涨期权合约（长期），支付期权费每股 1.05 港元。在不计佣金税费的情况下，购买股票和该股看涨期权的盈亏分析如表 6－13 所示。

表 6－13　　购买股票和该股看涨期权的盈亏分析表

比 较	股 票	股票看涨期权（长期）
入市价/行权价（1 股）	35 港元	35 港元
成本（每手 1 000 股）	35 000 港元	期权费/股：1.05 × 1 000 = 1 050 港元
盈亏临界点（1 股）	35 港元	48 + 1.05 = 49.05 港元
若正股价下降 20%	亏损 7 000 港元	亏损 1 050 港元
若正股价上升 20%	盈利 7 000 港元	盈利 7 000 − 1 050 = 5 950 港元

2. 降低持股股价下跌的损失（保值）

很多投资者长线持有一些股票，但有时候某些利空因素的出现导致股价下跌令投资者遭受损失，可通过购买该股的看跌期权以防万一。

【例 6－25】投资者长线持有一手（每手 1 000 股）股票 B，股价 30 港元/股。由于担心股价受利空消息的影响而下跌。为对冲风险，买入执行价格为每股 30 港元的该股票看跌期权，支付期权费 0.85 港元/股。在不计佣金税费的情况下，盈亏分析如表 6－14 所示。

表 6－14 购买股票和该股看涨期权的盈亏分析表

比较	股票	股票看跌期权（长期）	保值结果
入市价/行权价（1 股）	30 港元	30 港元	
成本（每手 1 000 股）	30 000 港元	期权费/股：0.85 × 1 000 = 850 港元	
盈亏临界点（1 股）	30 港元	30 － 0.85 = 29.15 港元	
若正股下降 20%	亏损 6 000 港元	盈利 6 000 － 850 = 5 150 港元	亏损 850 港元
若正股上升 20%	盈利 6 000 港元	亏损 850 港元	盈利 5 150 港元

项目总结

操作要点

本项目围绕证券价值分析介绍了三方面内容。其中，模块一主要介绍了固定收益证券定价的基本常识，包括固定收益证券的四个基本特征：偿还性、收益性、流动性、安全性。附息债券的定价、零息债券的定价、一次性还本付息债券定价。以及 Macaulay 久期的计算方法。同时对固定收益证券的交易策略及投资者采取各策略时应考虑的各种风险也给予了相关的介绍。模块二主要讲述了什么是权益价值，要求熟练掌握权益价值的计量方法；对权益价值的理论及应用；运用三大理论确定（零增长模型、单一股利所得成长率模型和多重股利所得成长率模型）权益证券的内在价值。模块三对金融衍生工具的价格进行定价。主要以金融期货和期权为例，说明金融衍生工具的定价方法。

知识要点

关于债券的一般估值方法是根据债券的种类来计量的（划分依据：根据计息方式的不同划分债券），主要有附息债券的定价；一次性还本付息债券的定价；贴现债券的定价。关于债券的收益率的计算方法也分为附息债券的收益率计算；一次性还本付息债券的收益率计算；贴现债券的收益率计算等。学会运用 Macaulay 久期的计算方法。

影响权益价值的因素有很多，主要包括资产报酬率、股利收益率、资本利得率及预期报酬率。关于股票的一般估值方法主要有零增长模型；单一股利所得成长率模型（不变增长模型）；多重股利所得成长率模型（可变增长模型）。

了解证券投资基金和金融衍生工具的投资价值。学会使用各种投资工具的实际操作策略。

推荐阅读

1. 国元证券估值处于行业低位，http://www.southmoney.com/gegu/ggyj/201305/550420.html

2.《巴菲特最有价值的投资策略》，中国城市出版社，2008 年版。

3.《巴菲特教你选股》，中信出版社，2010 年版。

问题讨论

1. 试比较股票、国债和基金的投资价值。

2. 在中国证券市场如何寻找有投资价值的股票。

3. 在中国证券市场如何寻找有投资价值的债券。

4. 试比较资本证券与金融衍生工具的投资价值。

做一做

一、选择题

1. 证券估值是指对证券（　　）的评估。

A. 价格　　B. 价值

C. 收益　　D. 风险

2. 某投资者的一项投资预计两年后价值 100 000 元，假设必要收益率是 20%，下述最接近按复利计算的该投资现值的是（　　）。

A. 60 000 元　　B. 65 000 元

C. 69 000 元　　D. 70 000 元

3. 某投资者投资 10 000 元于一项期限为 3 年、年息 8% 的债券（按年计息），按复利计算该项投资的终值为（　　）。

A. 12 597.12 元　　B. 12 400 元

C. 10 800 元　　D. 13 310 元

4. 某投资者投资如下的项目，在未来第 10 年末将得到收入 50 000 元，期间没有任何货币收入。假设希望得到的年利率为 12%，则按复利计算的该项投资的现值为（　　）。

A. 22 727.27 元　　B. 19 277.16 元

C. 16 098.66 元　　D. 20 833.30 元

5. 2010年3月5日，某年息6%、面值100元、每半年付息1次的1年期债券，上次付息为2009年12月31日。如市场净价报价为96元，则按实际天数计算的利息累积天数为（　　）。

A. 62天　　B. 63天

C. 64天　　D. 65天

6. 接第5题，此债券的累计利息为（　　）。

A. 1元　　B. 1.02元

C. 1.05元　　D. 1.10元

7. 接第5题，此债券的实际支付价格为（　　）。

A. 96.40元　　B. 93.47元

C. 97.05元　　D. 98.52元

8. 远期利率和未来的预期即期利率之间的差额称为（　　）。

A. 期货升水　　B. 转换溢价

C. 流动性溢价　　D. 评估增值

9. 某公司在未来无限时期内每年支付的股利为5元/股，必要收益率为10%，则采用零增长模型计算的该公司股票在期初的内在价值为（　　）。

A. 15元　　B. 50元

C. 10元　　D. 100元

10. 上年年末某公司支付每股股息为2元，预计在未来该公司的股票按每年4%的速度增长，必要收益率为12%，则该公司股票的内在价值为（　　）。

A. 25元　　B. 26元

C. 16.67元　　D. 17.33元

11. 3年期A债券面值1 000元，年利率10%，必要收益率9%；B债券年利率8%，其他同A债券，则以下说法正确的是（　　）。

A. B债券理论价格小于1 000元

B. A债券理论价格大于1 000元

C. A债券理论价格大于B债券

D. 市场利率变化时，B债券比A债券价格变化敏感

12. 作为虚拟资本载体的有价证券，其价格波动决定于（　　）。

A. 有价证券的供求　　B. 内在价值的回归

C. 货币的供求　　D. 收益与风险的反比关系

13. 某公司未清偿的认股权证允许持有者以30元价格认购股票，当公司股票市场价格由40元上升到50元时，认股权证的理论价值便由5元上升到10元，认股权证的市场价格由6元上升到10.5元。下列计算正确的是（　　）。

A. 股价上涨25%时，认股权证理论价值上涨100%

B. 杠杆作用为3

C. 杠杆作用为4

D. 股价上涨25%时，认股权证理论价值上涨75%

14. 名义无风险收益率一般用相同期限零息国债的（　　）来近似。

A. 到期收益率　　B. 即期利率
C. 零利率　　D. 真实无风险收益率

15. 债券交易中，较为普遍采用的报价形式是（　　）。
A. 收益报价　　B. 全家报价
C. 净价报价　　D. 部分报价

16. 我国目前对于贴现发行的零息债券按照（　　）计算累计利息，闰年2月29日也计利息。
A. 实际天数　　B. 每月按31天
C. 实际全年天数　　D. 365天

17. 通常将有价证券的市场价格区分为（　　）。
A. 历史价格　　B. 当前价格
C. 发行价格　　D. 预期市场价格

18. 某投资者5年后有一笔投资收入10万元，设投资的年利率为10%，用复利的方法计算其投资现值为（　　）。
A. 6.7万元　　B. 6.2万元
C. 6.3万元　　D. 6.5万元

19. 股票市盈率估计的主要方法有（　　）。
A. 简单估计法　　B. 回归分析法
C. 试算法　　D. 现金贴现法

20. 债券投资的主要风险因素包括（　　）。
A. 违约风险　　B. 流动性风险
C. 汇率风险　　D. 信用风险

二、判断题

1. 股票、债券均属虚拟资本的范畴。（　　）

2. 有价证券的市场价格是指该证券在市场中的交易价格，反映了市场参与者对该证券价值的评估。（　　）

3. 如果通货膨胀率是正数，今天100元所代表的购买力比明年的100元要大。（　　）

4. 股票价格的涨跌和公司盈利的变化同时发生。（　　）

5. 在一般情况下，股票价格与股利水平成反比，股利水平越高，股票价格越低。（　　）

6. 市场中的散户投资者往往有从众心理，对股市产生助涨助跌的作用。（　　）

7. 金融期权合约是约定在未来时间以事先协定的价格买卖某种金融工具的双边合约。（　　）

8. 对看涨期权而言，若市场价格高于协定价格，期权的买方执行期权将有利可图，此时为虚值期权。（　　）

9. 对看跌期权而言，市场价格低于协定价格为实值期权，市场价格高于协

定价格为虚值期权。 （ ）

10. 在其他条件不变的情况下，期权期间越长，期权价格越高；反之，期权价格越低。 （ ）

三、简述题

1. 债券定价的决定因素。
2. 影响期权价格的主要因素。
3. 股票期权的投资用途。

项目七

证 券 市 场

知识学习目标：

掌握证券市场、证券发行和股票发行的定义，熟练掌握股票交易规则、股票交易程序、股票交易成本计算和股价指数应用；理解注册制发行和不同证券市场类型。

本项目需要了解证券市场的概况、包括证券市场的分类、特征和我国证券市场的发展概况，熟悉股票发行和债券发行基本内容，掌握证券市场的概念、股票和债券的概念、股票和债券交易规则、股价指数的基本情况等内容。

技能训练目标：

能够模拟买入和卖出股票，能够计算股票交易成本。

要求学生在能够看懂招股说明书，并模拟参与股票发行的申购；学生要熟练掌握掌握证券交易规则，并在合适的情况下买入卖出股票。

案例导入

咨询机构利用自身优势操纵市场

2009 年，证监会对哈尔滨大富证券投资顾问有限公司（以下简称大富投资）和哈尔滨新思路投资咨询有限公司（以下简称新思路投资）等涉嫌操纵市场行为立案调查。经调查下的结论是：大富投资、新思路投资及相关人员的行为涉嫌构成操纵证券市场罪。

经中国证券监督管理委员会调查发现，大富投资、新思路投资及相关人员在 2009 年 1 月至 4 月期间，先是通过多家媒体发布个股推荐文章共计 285 篇，总共对沪深两市 99

只股票进行了一百多次的推荐。部分个股被大富投资和新思路投资先后推荐或被同一机构先后两次推荐。在不断向外推荐股票的同期，与大富投资、新思路投资及相关人员存在关联关系的19个账户对上述99只股票中的61只进行了67次交易。“这些交易具有荐股报告发布前集中买入，荐股报告发布后集中卖出的典型特征。”证监会调查组人员表示，经初步计算，67次交易累计交易金额达20.64亿元，累计盈利2 840余万元。例如：2009年3月23日，“600086东方金钰”开盘涨幅为1.00%，收盘涨幅9.56%，当日成交量为前5个交易日平均成交量的387.67%；当日上证综指的开盘涨幅为0.23%，收盘涨幅为1.95%，成交量为前5个交易日平均成交量的123.59%。

资料来源：网易财经，http：//money.163.com/。

模块一 认知证券市场

任务描述

通过本模块的学习需要较全面了解证券市场，尤其掌握证券市场的概念和证券市场的分类，学习本部分知识的同时可以阅读《证券市场基础知识》来扩大知识范围。

业务描述

通过查看股票市场行情，找到主板市场、中小板市场和创业板市场的股票，做一个基本了解。

一、证券市场的概念

证券市场是证券发行和交易的场所。一般来讲，证券市场是指一切以证券为交易对象的交易关系的总和。从经济学的角度，可以将证券市场定义为：通过自由竞争的方式，根据供需关系来决定有价证券价格的一种交易机制。

（一）证券市场的特征

1. 证券市场是价值直接交换的场所

有价证券是价值的直接代表，其本质上只是价值的一种表现。虽然证券交易的对象是各种各样的有价证券，但证券市场本质上是价值的直接交易场所。

2. 证券市场是财产权利直接交换的场所

证券市场上的交易对象是作为经济权益凭证的股票、债券、投资基金券等有价证券，它们本身仅是一定量财产权利的代表，所以证券市场实际上是财产权利的直接交换场所。

3. 证券市场是风险直接交换的场所

有价证券既是一定收益权利的代表，同时也是一定风险的代表。有价证券的交换在转让出一定收益权的同时，也把该有价证券所特有的风险转让出去。所以，从风险的角度分析，证券市场也是风险的直接交换场所。

（二）证券市场与一般商品市场的区别

1. 交易对象不同

一般商品市场的交易对象是各种具有不同使用价值、能满足人们某种特定需求的商品。而证券市场的交易对象是作为经济权益凭证的股票、债券、投资基金券等有价证券。

2. 交易目的不同

证券交易的目的是为了实现投资收益，或为了筹集资金。而购买商品的目的主要是为了满足某种消费的需要。

3. 交易对象的价格决定不同

商品市场的价格，其实质是商品价值的货币表现，取决于生产商品的社会必要劳动时间。而证券市场的证券价格实质是利润的分割，是预期收益的市场表现，与市场利率的关系密切。

4. 市场风险不同

一般商品市场由于实行的是等价交换原则，价格波动较小，市场前景的可预测性较强，因而风险较小。而证券市场的影响因素复杂多变，价格波动性大，且有不可预测性，投资者的投资能否取得预期收益具有较大的不确定性，所以风险较大。

二、证券市场的分类

证券市场的分类方法有很多，最常见的有以下三种。

（一）按纵向结构划分

证券市场按纵向结构分类是一种按证券进入市场的顺序而形成的分类关系。按这种顺序关系划分，证券市场可分为发行市场和交易市场。

证券发行市场又称“一级市场”或“初级市场”，是发行人以筹集资金为目的，按照一定的法律规定和发行程序，向投资者出售证券所形成的市场。证券发行市场体现了证券由发行主体流向投资者的市场关系。发行者之间的竞争和投资者之间的竞争，是证券发行市场赖以形成的契机。证券发行市场不仅是发行主体筹措资金的市场，也是给投资者提供投资机会的市场。

证券交易市场是已发行的证券通过买卖交易实现流通转让的场所。相对于发行市场而言，证券交易市场又称为“二级市场”或“次级市场”。证券经过发行市场的承销后，即进入流通市场，它体现了新老投资者之间投资退出和投资进入的市场关系。

证券发行市场与交易市场紧密联系，互相依存，互相作用。发行市场是交易市场的存在基础，发行市场的发行条件及发行方式影响着交易市场的价格及流动性。而交易市场又能促进发行市场的发展，为发行市场所发行的证券提供了变现的场所，同时交易市场的证券价格及流动性又直接影响发行市场新证券的发行规模和发行条件。

（二）按横向结构划分

证券市场按横向结构分类是依有价证券的品种而形成的分类关系。这种结构关系的构成主要有股票市场、债券市场、基金市场以及衍生证券市场等子市场，并且各个子市场之间是相互联系的。

股票市场是股票发行和买卖交易的场所。股票市场的发行人为股份有限公司。股份公司在股票市场上筹集的资金是长期稳定、属于公司自有的资本。股票市场交易的对象是股票，股票的市场价格除了与股份公司的经营状况和盈利水平有关外，还受到其他诸如政治、社会、经济等多方面因素的综合影响。因此，股票价格经常处于波动之中。

债券市场是债券发行和买卖交易的场所。债券的发行人有中央政府、地方政府、政府机构、金融机构、公司和企业。债券市场交易的对象是债券。债券因有固定的票面利率和期限，其市场价格相对股票价格而言比较稳定。

基金市场是基金证券发行和流通的市场。封闭式基金在证券交易所挂牌交易，开放式基金是通过投资者向基金管理公司申购和赎回实现流通的。

衍生证券市场是以基础证券的存在和发展为前提的。其交易品种主要有金融期货与期权、可转换证券、存托凭证、认股权证等。

（三）按组织形式划分

目前世界证券市场按组织形式划分基本上可分为主板（如上海证券交易所、纽约证券交易所）和创业板（如纳斯达克市场）两类，此外，还有一些适于股票交流的三板、四板市场（也称场外市场），在中国特指深圳创业板。我国于 2009 年 5 月 1 日发布《首次公开发行股票并在创业板上市管理办法》，下面详细介绍创业板市场。

创业板市场又称二板市场，即第二股票交易市场，是指主板之外的专为中小企业和新兴公司提供融资途径和成长空间的证券交易市场，是对主板市场的有效补给，在资本市场中占据着重要的位置。在创业板市场上市的公司大多从事高科技业务，具有较高的成长性，但往往成立时间较短，规模较小，业绩也不突出。创业板市场最大的特点就是低门槛进入，严要求运作，有助于有潜力的中小企业获得融资机会。在中国发展创业板市场，是为了给中小企业提供更便利的融资渠道，为风险资本营造一个正常的退出机制。同时，这也是我国调整产业结构、推进经济改革的重要手段。

创业板市场的上市公司与主板市场的上市公司主要存在以下区别：（1）规模不同。创业板市场是为中小企业服务的市场，与主板市场的上市公司相比，规模普遍偏小。（2）控股主体不同。创业板上市公司的控股主体一般是民营企业或个人，而主板上市公司的控股大股东绝大部分是国有企业。（3）对上市之前的盈利记录要求不同。创业板上市公司的盈利要求相对较低。（4）企业的所有者和经营者的关系不同。创业板市场中大部分公司的所有人就是企业的经营者，而主板市场中大部分上市公司的所有人和经营者是截然不同的两个概念。

三、我国证券市场的现状

（一）我国证券市场的发展历程

我国最早的证券交易市场是清朝光绪末年（1891 年）由上海外商经纪人组织的“上海股份公所”和“上海众业公所”，在这两个交易所买卖的主要是外国企业股票、公司债券，中国政府的金币公债以及外国在华机构发行的债券等。中国人自己创办的第一家证券交易所是 1918 年夏天成立的北平证券交易所。1920 年，上海证券物品交易所得到批准成立。天津证券交易所在 1952 年关闭，旧中国的证券市场相继消失。新中国成立后的 60 多年间，中国当代证券市场经历了由利用尝试到否定摒弃，最终到恢复和发展的曲折过程。1981 年财政部首次发行国库券，揭开了新时期中国证券市场新发展的序幕。从此，中国证券市场从无到有，由小到大，取得了长足的发展。

20 世纪 80 年代，随着国民经济发展对社会资金的巨大需求，国家开始了股份制改革试点工作，并率先在上海、深圳等地展开。改革开放后国内第一只股票——上海飞乐音响于 1984 年 11 月诞生。1986 年 9 月 26 日，新中国第一家代理和转让股票的证券公司——中国工商银行上海信托投资公司静安证券业务部宣告营业，从此恢复了我国中断了 30 多年的证券交易业务，开始上海股票的柜台交易。1988 年，深圳特区尝试对一些企业进行股份制改制，选择了 5 家企业作为股票发行上市的试点。同年，深圳经济特区证券公司成立，开始了深圳股票的柜台交易。与此同时，全国各地也开始仿效上海和深圳进行股份制改革试点，并相继设立证券公司或交易部进行柜台交易，提供证券交易服务。1990 年 12 月 19 日，上海证券交易所成立。1991 年 7 月 3 日深圳证券交易所正式成立。

（二）我国证券市场的概况

我国证券市场在短短二十几年，达到了许多国家上百年才能实现的规模，取得了不少教训和成功经验。不但有 A 股、B 股的主板，还在深圳证券交易所建立了中小企业板和创业板，在债券市场得到快速发展的同时，基金规模迅速扩大，还开展了股指期货交易和国债期货交易（见图 3－2）。制定了《公司法》、《证券法》、《证券投资基金法》、《物权法》、《企业破产法》等法律，公布实施了《证券公司监督管理条例》和《证券公司风险处置条例》等多项行政法规，制定了《证券发行上市保荐业务管理办法》、《证券交易所管理办法》等部门规章及规范性文件，还由证券交易所、中国证券登记结算有限公司和中国证券业协会制定了自律性规则。通过上述四个层次，较为完善地构建了我国证券市场的法律法规体系，强有力地促进了中国资本市场的健康发展。

模块二
证券发行市场

任务描述

本部分需要了解证券发行市场的概念、特点和分类；熟悉股票发行方式的演变、债券发行的方式和债券的信用评级；掌握股票发行方式、核准制情况下股票发行条件，尤其注意主板市场和创业板市场发行条件的差异。

业务描述

写出近期发行的股票的认购委托指令，该指令要与股票实际认购指令一样。

一、证券发行市场

证券发行（securitiesissuance）是指政府、金融机构、工商企业等以募集资金为目的的向投资者出售代表一定权利的有价证券的活动。证券发行的目包括筹集资金、改善公司治理、改善资本结构、增强企业动力、实现资源优化配置。

（一）证券发行市场

证券发行市场是证券发行者为扩充经营，按照一定的法律规定和发行程序，向投资者出售新证券所形成的市场，又称一级市场、初级市场。证券发行市场与二级证券市场不同。

在发行过程中，证券发行市场作为一个抽象的市场，、其买卖成交活动并不局限于一个固定的场所；它是一个无形的市场，可为资金使用者提供获得资金的渠道和手段。

（二）证券发行市场的特点

证券发行市场是整个证券市场的基础，它的内容和发展决定着证券交易市场的内容和发展方向。证券发行市场具有以下特点。

1. 证券发行是直接融资的实现形式

证券发行市场的功能就是联结资金需求者和资金供给者，证券发行人通过销售证券向社会招募资金，而认购人通过购买其发行的证券提供资金，将社会闲散资金转化为生产建设资金，实现直接融资的目标。

2. 证券发行市场是个无形市场

证券发行市场通常不存在具体的市场形式和固定场所，新发行证券的认购和销售主要不是在有组织的固定场所内进行，而是由众多证券承销商分散地进行，因而是个抽象的、观念上的市场。

3. 证券发行市场的证券具有不可逆转性

在证券发行市场上，证券只能由发行人流向认购人，资金只能由认购人流向发行人，而不能相反。这是证券发行市场与证券交易市场的一个重要区别。

（三）证券发行方式

证券的发行方式多种多样，不同的发行方式会对证券的销售产生不同的影响。所以，适当的发行方式对能否及时筹措到资金是很关键的。

1. 按发行对象划分

证券发行按发行对象划分为公募发行和私募发行。公募发行是指公开向不特定多数的投资者募集资金的证券发行方式。私募发行是指向特定投资者募集资金的证券发行方式。如在公司内部向职工个人发行证券，或向市场、技术关联的单位发行证券。

2. 按发行主体划分

证券发行按发行主体划分为直接发行和间接发行。直接发行是指发行公司不委托其他机构，而是发行人直接向投资者推销、出售证券的行为。间接发行是指发行公司委托证券公司等证券中介机构代理出售证券的发行，又称为委托代理发行，也称证券承销。

根据证券承销机构所承担的发行责任的大小不同，可分为代销、包销两种发行方式，其中包销又可分为全额包销和余额包销。代销是指证券发行人委托承担承销业务的证券经营机构（承销商）代为向投资者销售证券。承销商按照规定的发行条件，在约定的期限内销售，到截止日期，如果没有全部售出证券，那么未售出部分退还给发行人，承销商不承担任何发行风险。全额包销是指发行人与承销商签订全额承销合同，由承销商按发行价格买下全部证券，再由承销商向投资者发行证券的行为。余额包销是指发行人与承销商签订余额包销合同，由承销商在承销期限内发行证券，到截止日期，未售出的余额由承销商买下的发行。

3. 按证券发行价格确定方式划分

证券发行根据证券发行价格确定方式划分为议价发行和投标发行。议价发行是指证券的发行者和推销者就证券的发行价格、手续费等权责事项充分商讨后再发行或推销的一种发行方式。投标发行，又称为竞价销售或投标销售。具体方法是证券发行单位在发行证券前，向证券公司、银行、财务公司等金融机构发出通知或说明书及投标申请书，说明该单位将发行某种证券，欢迎投标。愿意参加证券承销的证券公司等机构在投标的申请书上填注证券的投标价格，由证券发行单位在规定日期当众开标，并经公证，出价最高者获得总经销的权利。最后中标者与发行者签订购买合同。

4. 按发行保证划分

证券发行按发行保证划分为信用担保、实物担保、证券担保和产品担保发行。担保发行是指发行证券单位为了提高证券信誉，增加投资人的安全感，采用某种方式承诺，保证到期支付证券收益的一种发行方式。担保发行主要适用于债券的发行。

5. 按推销方式划分

证券发行按推销方式划分为行政发行与市场发行。行政发行是指国家采用行政手段来推销证券。市场发行是指采用非行政手段，即将证券推向市场，由投资者自由认购。

二、股票发行

(一) 股票发行的方式

股票的发行方式因各国政治、经济、社会条件的不同，特别是金融体制和金融市场管理的差异而呈现多种多样。根据不同的分类方法，可以概括如下。

1. 公开发行与不公开发行

(1) 公开发行。公开发行又称公募，是指事先没有特定的发行对象，向社会广大投资者公开推销股票的方式。采用这种方式，可以扩大股东的范围，分散持股，防止囤积股票或被少数人操纵，有利于提高公司的社会性和知名度，为以后筹集更多的资金打下基础。也可增加股票的适销性和流通性。

(2) 不公开发行。不公开发行又叫私募或称非公开发行，是指发行者只对特定的发行对象推销股票的股票发行方式。

2. 直接发行与间接发行

直接发行与间接发行是根据发行者推销出售股票方式的不同来划分的。

(1) 直接发行。直接发行又叫直接招股，是指股份公司自己承担股票发行的一切事务和发行风险，直接向认购者推销出售股票的方式。当认购额达不到计划招股额时，新建股份公司的发起人或现有股份公司的董事会必须自己认购用来出售的股票。因此，只适用于有既定发行对象或发行风险少、手续简单的股票。一般情况下，不公开发行的股票或因公开发行有困难（如信誉低所致的市场竞争力差，承担不了大额的发行费用等）的股票；或是实力雄厚，有把握实现巨额私募以节省发行费用的大股份公司股票，才采用直接发行的方式。

(2) 间接发行。间接发行又称间接招股，是指发行人委托证券发行中介机构代为出售股票的方式。见前面的按证券发行主体分类中的证券间接发行。

3. 有偿增资、无偿增资和搭配增资

有偿增资、无偿增资和搭配增资是按照投资者认购股票时是否交纳股金来划分的。

(1) 有偿增资。有偿增资是指认购者必须按股票的某种发行价格支付现款，方能获得股票的一种发行方式。一般公开发行的股票和私募中的股东配股、私人配股都采用有偿增资的方式。采用这种方式发行股票，可以直接从外界募集股本，增加股份公司的资本金。

(2) 无偿增资。无偿增资是指认购者不必向股份公司缴纳现金就可获得股票的发行方式，发行对象只限于原股东。采用这种方式发行的股票，不能直接从外部募集股本，而是依靠减少股份公司的公积金或盈余结存来增加资本金，一般只在股票派息分红、股票分割和法定公积金或盈余转作资本配股时采用无偿增资的发行方式，按比例将新股票无偿交付给原股东，其目的主要是为了股东分益，以增强股东信心和公司信誉或为了调整资本结构。由于无偿发行要受资金来源的限制，因此，不能经常采用这种方式发行股票。

(3) 搭配增资。搭配增资是指股份公司向原股东分摊新股时，仅让股东支付发行价格的一部分就可获得一定数额股票的方式。例如股东认购面额为 100 元的股票，只需支付 50

元就可以了，其余部分无偿发行，由公司的公积金充抵。这种发行方式也是对原有股东的一种优惠，能从他们那里再征集部分股金，很快实现公司的增资计划。

4. 定向募集发行与社会募集发行

（1）定向募集发行。定向募集发行是指公司发行股票时，除发起人认购外，其余部分不向社会公众发行，而是向与公司有关的法人发行及向公司内部职工发行。定向募集发行，实际上类似于私募发行与内部发行，但有时也不完全相同。1994 年 7 月之后，由于《公司法》的实施，已经取消了定向募集发行。

（2）社会募集发行。社会募集发行是指公司发行股票除由发起人认购之外，其余部分向社会公众发行。社会募集发行就是公募发行。

5. 平价发行、折价发行与溢价发行

（1）平价发行也称等价发行或面值发行，是指按股票面值所确定的价格发行股票。

（2）折价发行是指以低于股票票面价值的发行价格发行股票。我国《公司法》明确规定，股票发行时，不能采取折价发行的方式。

（3）溢价发行是指以高于股票票面额的价格发行股票。我国《公司法》规定，以超过票面金额为股票发行价格的，其超过票面金额发行股票所得溢价款列入公司资本公积金。

（二）我国股票发行审核制度的演变

发行监管制度的核心内容是股票发行决定权的归属。目前国际上有两种类型：一种是政府主导型，即核准制。核准制要求发行人在发行证券过程中，不仅要公开披露有关信息，而且必须符合一系列实质性的条件。这种制度赋予监管当局决定权。另一种是市场主导型，即注册制。注册制指股票发行之前，发行人必须按法定程序向监管部门提交有关信息，申请注册，并对信息的完整性、真实性负责。这种制度强调市场对股票发行的决定权。

1993 年，我国证券市场建立了全国统一的股票发行审核制度，先后经历了行政主导的审批制和向市场化方向调整改进的核准制两个阶段。具体而言，审批制包括“额度管理”和“指标管理”两个阶段，而核准制包括“通道制”和“保荐制”两个阶段。

1. 审批制之“额度管理”阶段（1993～1995 年）

1993 年，国务院颁布了《股票发行与交易管理暂行条例》，标志着审批制的正式确立。股票发行由国务院证券监督管理机构根据经济发展和市场供求的具体情况，在宏观上制定一个当年股票发行总规模（额度或指标），经国务院批准后，下达给计委，计委再根据各个省级行政区域和行业在国民经济发展中的地位和需要进一步将总额度分配到各省、自治区、直辖市、计划单列市和国家有关部委。省级政府和国家有关部委在各自的发行规模内推荐预选企业，证券监管机构对符合条件的预选企业的申报材料进行审批。属于条块分割额度，额度是以股票面值计算的。企业需要经历两级行政审批，即首先向其所在地政府或主管中央部委提交额度申请，经批准后报送证监会复审。证监会对企业的质量、前景进行实质审查，并对发行股票的规模、价格、发行方式、时间等作出安排。

2. 审批制之“指标管理”阶段（1996～2000 年）

1996 年，开始推行“总量控制、限报家数”的双重控制的指标管理办法。由国家计委、证券委共同制定股票发行总规模，证监会在确定的规模内，根据市场情况向各省级政府和行业管理部门下达股票发行家数指标，省级政府或行业管理部门在指标内推荐预选企业，证监会对符合条件的预选企业同意其上报发行股票正式申报材料并审核。1997 年，又增加了拟发行股票公司预选材料审核的程序，由证监会对地方政府或中央企业主管部门推荐的企业进行预选，改变了两级行政审批下单纯由地方推荐企业的作法，开始了对企业的事前审核。1996、1997 年分别确定了 150 亿股和 300 亿股的发行量，共有 700 多家企业发行，筹资 4 000 多亿元。

3. 核准制之“通道制”阶段（2001 ~ 2004 年）

1999 年 7 月 1 日实施的《证券法》确立了核准制的法律地位。证监会推出了股票发行核准制实施细则。新的核准程序包括：第一，省级人民政府和主管部委批准改制设立股份有限公司；第二，拟发行公司与有资格的证券公司签订辅导（保荐）协议，报当地证管办备案，签订协议后，每两个月上报一次辅导材料，辅导时间为期一年；第三，辅导期满，拟发行公司提出发行申请，证券公司依法予以推荐（保荐）；第四，证监会进行合规性初审后，提交发行审核委员会审核，经发审委专家投票表决，最终经证监会核准后，决定其是否具有发行资格。

核准制的第一个阶段是“通道制”。2001 年 3 月 17 日，证监会宣布取消股票发行审批制，正式实施股票发行核准制下的“通道制”。即主承销商每推荐一家，即相当于占用一个“通道”。到 2005 年 1 月 1 日“通道制”被废除时，全国 83 家证券公司一共拥有 318 条通道。

4. 核准制之“保荐制”阶段（2004 ~ 2014 年）

2003 年 12 月 28 日，证监会颁布了《证券发行上市保荐制度暂行办法》，于 2004 年 2 月 1 日开始实施上市保荐制。“保荐制”起源于英国，全称是保荐代表人制度。中国的保荐制度是指由保荐机构负责发行人的上市推荐和辅导，核实公司发行文件中所载资料的真实、准确和完整，协助发行人建立严格的信息披露制度，保荐机构不仅承担上市后持续督导的责任，还将责任落实到个人。建立保荐机构和保荐代表人的注册登记管理制度；明确保荐期限；分清保荐责任；引进持续信用监管和“冷淡对待”的监管措施等四个方面。保荐制度的重点是明确保荐机构和保荐代表人的责任并建立责任追究机制。2008 年 12 月 1 日实施《证券发行上市保荐业务管理办法》（简称《保荐办法》），随着创业板的推出，该《保荐办法》又由证监会做了相应的修改。

此后几年，虽然在保持原框架不变的情况下的，又有些小改小动，但是并没有改变这个市场重融资，轻投资的总体格局，没有保护好投资者尤其是中小投资者的利益，成为各界广泛认同的命门，每次一有新股发行的谣言传出，股市就会以大跌呈现，这种重融资轻投资的市场格局，早已让这个市场不堪重负，随时都有崩溃的危险。

5. 注册制（2015 年提出，目前制度正在制定过程中）

2013 年 11 月 15 日《中共中央关于全面深化改革若干重大问题的决定》正式发布，《决定》中涉及多个资本市场关键词。其中推进股票发行注册制改革引起市场关注。所谓注册制是指公开管理原则，实质上是一种发行公司的财务公开制度，以美国联邦证券法为代表。它要求发行证券的公司提供关于证券发行本身以及同证券发行有关的一切信息，以招股说明书为核心。证券发行注册制是指证券发行申请人依法将与证券发行有关的一切信息和资料公开，制成法律文件，送交主管机构审查，主管机构只负责审查发行申请人提供的信息和资料是否履行了信息披露义务的一种制度。注册制下证券发行审核机构只对注册文件进行形式审查，不进行实质判断是注册制最重要的特征。

注册制是指发行人在准备发行证券时，必须将依法公开的各种资料完整、真实、准确地向证券主管机关呈报并申请注册。证券主管机关作形式审查，至于发行人营业性质，发行人财力、素质及发展前景，发行数量与价格等实质条件均不作为发行审核要件。证券主管机关也不对发行公司作出价值判断。申报文件提交后，经过法定期间，主管机关若无异议，申请即自动生效。

在核准制下，指发行人在发行股票时，不仅要充分公开企业的真实状况，而且还必须符合有关法律和证券管理机关规定的必备条件；证券管理机关还对发行人是否符合发行条件进行实质审核。由此可以看出，形式审核（注册制）与实质审核（核准制）的区分在于审核机关是否对公司的价值作出判断，是注册制与核准制的划分标准。

拓展阅读

表 7-1　三种发行制度的比较

项目	审批制	核准制	注册制
发行指标、额度	有	无	无
发行上市标准	有	有	无
主要推荐人	主管部门政府或行业	中介机构	中介机构
对发行做实质判断的主体	证监会	中介机构、证监会	中介机构
发行监管性质	证监会实质性审核	中介机构和证监会分担实质性审核职责	中介机构实质性审核、证监会形式审核

资料来源：证监会研究中心。

（三）核准制下股票发行的条件

我国现行法律、行政法规对股票发行规定了一系列的条件，股票发行分为首次公开发行股票和上市公司发行新股。

1. 首次公开发行股票的条件

我国目前对主板市场和创业板市场的发行与上市规定的条件差异很大，主要原因在于主板市场和创业板市场发展的目标是不一样的，创业板主要是对中小高科技企业进行孵化；主板市场主要是一些相对成熟的企业融资和投资者参与的场所，两者的风险水平差异很大。主板与创业板发行上市条件比较见表 7-2。

表 7－2　　主板与创业板发行上市条件比较

内容	A 股主板	A 股创业板
主体资格	(1) 依法设立且合法存续的股份有限公司。(2) 持续经营时间应当在 3 年以上（有限公司整体变更为股份公司可连续计算）。(3) 发行人的注册资本已足额缴纳，发起人或者股东用作出资的资产的财产权转移手续已办完毕，发行人的主要资产不存在重大权属纠纷。(4) 发行人的生产经营符合法律、行政法规和公司章程的规定，符合国家产业政策。(5) 发行人最近 3 年内主营业务和董事、高级管理人员没有发生重大变化，实际控制人没有发生变更。(6) 发行人的股权清晰，控股股东和受控股殿东、实际控制人支配的股东持有的发行人股份不存在重大权属纠纷	依法设立且合法存续的股份有限公司。持续经营时间应当在 3 年以上（有限公司整体变更为股份公司可连续计算） 注册资本已足额缴纳，发起人或者股东用作出资的资产的财产权转移手续已办理完毕；主要资产不存在重大权属纠纷；股权清晰，控股股东和受控股股东、实际控制人支配的股东所持发行人的股份不存在重大权属纠纷
独立性	(1) 发行人应当具有完整的业务体系和直接面向市场独立经营的能力。(2) 发行人的资产完整。(3) 发行人的人员独立。(4) 发行人的财务独立。(5) 发行人的机构独立。(6) 发行人的业务独立。(7) 发行人在独立性方面不得有其他严重缺陷	资产完整，业务及人员、财务、机构独立，具有完整的业务体系和直接面向市场独立经营的能力。与控股股东、实际控制人及其控制的其他企业间不存在同业竞争。主业突出及业务稳定性。发行人应当主要经营一种业务，其生产经营活动符合法律、行政法规和公司章程的规定，符合国家产业政策及环境保护政策
规范运行	(1) 依法建立健全股东大会、董事会、监事会、独立董事、董事会秘书制度，相关机构和人员能够依法履行职责。(2) 董事、监事和高级管理人员了解与股票发行上市有关的法律法规，知悉其法定义务和责任，知悉上市公司法定义务和责任。(3) 董事、监事和高级管理人员符合法律、行政法规和规章规定的任职资格，且不得有违规或禁入等情形。(4) 内部控制制度健全且被有效执行，能够合理保证财务报告的可靠性、生产经营的合法性、营运的效率与效果。(5) 不存在发行人不得有的情形。(6) 公司章程中已明确对外担保的审批权限和审议程序，不存在为控股股东、实际控制人及其控制的其他企业进行违规担保的情形。(7) 发行人有严格的资金管理制度，不得有资金被控股股东、实际控制人及其控制的其他企业以借款、代偿债务、代垫款项或者其他方式占用的情形	(1) 具有完善的公司治理结构，依法建立健全股东大会、董事会、监事会以及独立董事、董事会秘书、审计委员会制度。(2) 董事、监事和高级管理人员了解股票发行上市相关法律法规，知悉上市公司及其董事、监事和高级管理人员的法定义务和责任；(3) 最近两年董事、高级管理人员没有发生重大变化；(4) 发行人的董事、监事和高级管理人员应当忠实、勤勉，具备法律、行政法规和规章规定的资格；(5) 发行人最近两年内主营业务和董事、高级管理人员均没有发生重大变化，实际控制人没有发生变更。(6) 与控股股东、实际控制人及其控制的其他企业间不存在同业竞争以及严重影响公司独立性或者显失公允的关联交易

续表

内容	A股主板	A股创业板
财务与会计	(1) 资产质量良好，资产负债结构合理，盈利能力较强，现金流量正常。(2) 内部控制在所有重大方面是有效的，并由注册会计师出具了无保留结论的内部控制鉴证报告。(3) 会计基础工作规范，财务报表的编制符合企业会计准则和相关会计制度的规定，在所有重大方面公允地反映了发行人的财务状况、经营成果和现金流量，并由注册会计师出具了无保留意见的审计报告。(4) 发行人编制财务报表应以实际发生的交易或者事项为依据；在进行会计确认、计量和报告时应当保持应有的谨慎；对相同或者相似的经济业务，应选用一致的会计政策，不得随意变更。(5) 发行人应完整披露关联方关系并按重要性原则恰当披露关联交易。关联交易价格公允，不存在通过关联交易操纵利润的情形。(6) 发行人应当符合下列条件：①最近3个会计年度净利润均为正数且累计超过人民币3 000万元。②最近3个会计年度经营活动产生的现金流量净额累计超过人民币5 000万元。或者最近3个会计年度营业收入累计超过人民币3亿元。③发行前股本总额不少于人民币3 000万元。④最近1期末无形资产（扣除土地使用权、水面养殖权和采矿权等后）占净资产的比例不高于20%。⑤最近1期末不存在未弥补亏损。(7) 依法纳税，各项税收优惠符合相关法律法规的规定。发行人的经营成果对税收优惠不存在严重依赖。(8) 不存在重大偿债风险，不存在影响持续经营的担保、诉讼以及仲裁等重大或有事项。(9) 申报文件中不得有下列情形：①故意遗漏或虚构交易、事项或者其他重要信息。②滥用会计政策或者会计估计。③操纵、伪造或篡改编制财务报表所依据的会计记录或者相关凭证。(10) 发行人不得有影响持续盈利能力的情形	(1) 最近两年连续盈利，最近两年净利润累计不少于1 000万元，且持续增长；或者最近一年盈利，且净利润不少于500万元。(2) 最近一年营业收入不少于5 000万元，最近两年营业收入增长率均不低于30%。(3) 发行人应当具有持续盈利能力，不存在下列情形：①发行人的经营模式、产品或服务的品种结构已经或者将发生重大变化，并对发行人的持续盈利能力构成重大不利影响。②发行人的行业地位或发行人所处行业的经营环境已经或者将发生重大变化，并对发行人的持续盈利能力构成重大不利影响。③发行人在用的商标、专利、专有技术、特许经营权等重要资产或者技术的取得或者使用存在重大不利变化的风险。④发行人最近一年的营业收入或净利润对关联方或者有重大不确定性的客户存在重大依赖。⑤发行人最近一年的净利润主要来自合并财务报表范围以外的投资收益。⑥其他可能对发行人持续盈利能力构成重大不利影响的情形。(4) 最近一期末净资产不少于2 000万元，且不存在未弥补亏损。(5) 发行后股本总额不少于3 000万元
募集资金运用	(1) 募集资金应有明确的使用方向，原则上应当用于主营业务。(2) 募集资金数额和投资项目应当与发行人现有生产经营规模、财务状况、技术水平和管理能力等相适应。(3) 募集资金投资项目应当符合国家产业政策、投资管理、环境保护、土地管理以及其他法律、法规和规章的规定。(4) 董事会应当对募集资金投资项目的可行性进行认真分析，确信投资项目具有较好的市场前景和盈利能力，有效防范投资风险，提高募集资金使用效益。(5) 募集资金投资项目实施后，不会产生同业竞争或者对发行人的独立性产生不利影响。(6) 发行人应当建立募集资金专项存储制度，募集资金应当存放于董事会决定的专项账户	(1) 发行人募集资金应当用于主营业务，并有明确的用途 (2) 募集资金数额和投资项目应当与发行人现有生产经营规模、财务状况、技术水平和管理能力等相适应 (3) 发行人应当建立募集资金专项存储制度，募集资金应当存放于董事会决定的专项账户

续表

内容	A股主板	A股创业板
环保核查	（1）排放的主要污染物达到国家或地方规定的排放标准；（2）依法领取排污许可证，并达到排污许可证的要求；（3）企业单位主要产品主要污染物排放量达到国内同行业先进水平；（4）工业固体废物和危险废物安全处置率均达到100%；（5）新、改、扩建项目“环境影响评价”和“三同时”制度执行率达到100%，并经环保部门验收合格；（6）环保设施稳定运转率达到95%以上；（7）按规定缴纳排污费；（8）产品及其生产过程中不含有或使用国家法律、法规、标准中禁用的物质以及我国签署的国际公约中禁用的物质	发行人应当主要经营一种业务，其生产经营活动符合法律、行政法规和公司章程的规定，符合国家产业政策及环境保护政策

2. 上市公司发行新股的条件

根据我国《证券法》第十三条的有关规定：“上市公司公开发行新股，应当符合下列条件：具备健全且运行良好的组织机构；具有持续盈利能力，财务状况良好；最近三年财务会计文件无虚假记载，无其他重大违法行为；经国务院批准的国务院证券监督管理机构规定的其他条件。”

2006年5月，中国证监会于制定并发布《上市公司证券发行管理办法》，对上市公司发行证券的一般性条件及上市公司配股、增发，发行可转换债券、认股权证和债券分离交易的可转换公司债券以及非公开发行股票的条件作出了规定。

（四）我国股票发行方式的演变

我国在股票发行方式方面的变动很多，按时间和方式种类大约可以分为以下几个。

1. 自办发行

从1984年股份制试点到20世纪90年代初期。这个阶段股票发行的特点是：第一，面值不统一，有100元的，有50元的，一般按照面值发行；第二，发行对象多为内部职工和地方性的公众；第三，发行方式多为自办发行，没有承销商，很少有中介机构参加。

2. 有限量发售认购证

1991年～1992年，股票发行采取有限量发售认购证方式。该方式存在明显的弊端，极易发生抢购风潮，造成社会动荡，出现私自截留申请表等徇私舞弊现象。因深圳“8·10事件”，这种方式不再采用。

3. 无限量发售认购证

1992年，上海率先采用无限量发售认购证摇号中签方式。这种方式基本避免了有限量发行方式的主要弊端，体现了“三公”原则。但是，认购量的不确定性会造成社会资源不必要的浪费，认购成本过高。

4. 无限量发售申请表方式以及与银行储蓄存款挂钩方式

1993年8月18日，国务院证券委颁布的《1993年股票发售与认购办法》规定，发行方式可以采用无限量发售申请表和与银行储蓄存款挂钩方式。

5. 上网竞价方式

该方式是指投资者通过证券交易所计算机交易网络系统进行竞价，确定股票实际发行价并完成发行的发行方式。只在1994年哈岁宝、厦门夏华、青海三普等几只股票进行过试点，因发行价格极易被机构操纵，之后没有被采用。

6. 全额预缴款、比例配售（1994年）

这是储蓄存款挂钩方式的延伸，但它更方便，节省时间。它又包括两种方式："全额预缴、比例配售、余款即退"和"全额预缴、比例配售、余款转存"。

7. 上网定价抽签发行（1995年至1997年）

上网定价抽签发行类似于网下的"全额预缴、比例配售、余款即退"发行方式，只是一切工作均利用交易所网络自动进行，与其他曾使用过的发行方式比较，是最为完善的一种。效率高、成本低、安全快捷，避免了资金体外流动，完全消除了一级半市场，1996年以来被普遍采用。

8. 基金及法人配售（1999年至2000年）

即在新股发行过程中，一边采用上网定价抽签发行方式发行，同时又给基金和法人机构优惠，允许他们按发行价格配售一定数量的新股。

上网发行是指投资者通过证券交易所计算机交易网络系统进行股票发行的方式。上网发行又分为上网竞价发行和上网定价发行。目前我国使用的股票询价发行本质上属于上网定价发行的一种。

9. 向二级市场投资者市值配售（2000年）

2000年2月《关于向二级市场投资者配售新股有关问题的通知》的出台将一级市场的定价行为和二级市场的投资行为相挂钩。向流通市场投资者配售，二级市场的投资者可以根据其持有上市流通证券的市值和折算的申购限量进行自愿申购。这一方式由于不需事先动用资金，中签者只需缴款认购即可。因此在2001年至2005年的大熊市中，对新股的发行起到了异乎寻常的作用。

10. 股票询价制度（2004至今）

2004年12月11日，中国证监会发布了《关于首次公开发行股票试行询价制度若干问题的通知》，规定首次公开发行股票的公司及其保荐机构应通过向询价对象询价的方式确定股票发行价格，从而确定了股票发行询价制度。2006年9月18日，中国证监会发布了《证券发行与承销管理办法》，对询价制度在实践的基础上进行了完善。

根据询价制度的规定，询价分为初步询价和累计投标询价两个阶段。初步询价是指发行人及其保荐机构向询价对象进行询价，并根据询价对象的报价结果确定发行价格区间及相应的市盈率区间。在深交所中小企业板上市的公司，可以通过初步询价直接定价，在主板市场上市的公司必须经过初步询价和累计投标询价两个阶段定价。

询价对象是指符合中国证监会规定条件的证券投资基金管理公司、证券公司、信托投资公司、财务公司、保险机构投资者和合格境外机构投资者，以及其他经中国证监会认可的机构投资者，即符合审核标准备忘录第18号的要求的投资者，询价对象的名称及联系方式等信息在中国证券业协会网站（www.sac.org.cn）公告。

询价对象可以自主决定是否参与初步询价，询价对象申请参与初步询价的，主承销商无正当理由不得拒绝。未参与初步询价或者参与初步询价但未有效报价的询价对象，不得参与累计投标询价和网下配售。初步询价结束后，公开发行股票数量在4亿股以下，提供有效报价的询价对象不足20家的，或者公开发行股票数量在4亿股以上，提供有效报价的询价对象不足50家的，发行人及其主承销商不得确定发行价格，并应当中止发行。

在初步询价阶段，保荐机构应向询价对象提供投资价值研究报告。投资价值研究报告应对影响发行价格的因素进行全面、客观地分析，至少应包括发行人所处的行业分析、盈利模式、经营状况、募集资金投资项目、同行业上市公司股票二级市场表现及市场整体走势等因素对发行人股票定价的影响。

在网下配售股份阶段，如果发行价格以上的申购总量大于拟向询价对象配售的股份数量，应对发行价格以上的全部有效申购进行同比例配售，询价对象应承诺将参与网下配售获配的股票锁定3个月以上，锁定期自发行人公开发行的股票上市之日起计算。

11. 上网发行资金申购（2006年）

2006年5月20日，沪深证券交易所分别颁布了股票上网发行资金申购实施办法，发行人通过证券交易所交易系统采用上网资金申购方式公开发行股票。2008年3月，在首发上市中首次尝试采用网下发行电子化方式，标志着我国证券发行中网下发行电子化的启动。

12. 二次发售机制（2001年）

中国新股发行机制陆续引进了一些二次发售机制，如“绿鞋”机制和“回拨”机制。“绿鞋”机制又称“超额配售选择权”，它是指发行人授予主承销商的一项选择权，获此授权的主承销商按同一发行价格超额发售不超过包销数额15%的股份，在增发包销部分的股票上市之日起30日内，主承销商有权根据市场情况选择从集中竞价交易市场购买发行人股票，或者要求发行人增发股票，分配给对此超额发售部分提出认购申请的投资者。首次公开发行股票的数量在4亿股以上的，发行人和主承销商才可以在发行方案中采用超额配售选择权。

三、债券发行

以公司债券债券发行为例进行说明，所谓公司债券发行是指公司债券从发行者手中转换到债券投资者手中的过程。公司发行债券的实质是以负债方式向社会公众筹措资金。

按照债券的实际发行价格和票面价格的异同，债券的发行可分为平价发行、溢价发行和折价发行。

（一）平价发行

平价发行是指债券的发行价格和票面额相等，因而发行收入的数额和将来还本数额也相等。前提是债券发行利率和市场利率相同，这在西方国家中比较少见。

（二）溢价发行

溢价发行是指债券的发行价格高于票面额，以后偿还本金时仍按票面额偿还。只有在债券票面利率高于市场利率的条件下才能采用这种方式发行。

（三）折价发行

折价发行是指债券发行价格低于债券票面额，而偿还时却要按票面额偿还本金。折价发行是因为规定的票面利率低于市场利率。

公司债券的发行方式包括直接发行和间接发行两种。直接发行是公司直接向投资者发行债券。其发行成本低，无须公开财务资料，但发行量和社会影响较小。间接发行是公司通过证券发行中介机构向投资者发行债券。具体方式有代销、余额包销和全额包销。

四、证券信用评级制度

（一）证券信用评级的含义

证券信用评级，是指对评级对象的特定债券或相关债务在其有效期内及时偿付的能力和意愿的评估。它强调的是对企业特定的偿债能力所做的评级，而不是对企业的各个方面的风险做的综合评级，例如利率风险、投资风险、汇率风险等。信用评级是对企业的偿债能力和意愿的评估，它的指向是企业的负债，可以是全部的负债也可以是特定的负债。

（二）评级依据

进行信用评级主要依据如下内容。

1. 经济环境

主要是宏观经济环境、企业在宏观经济中所处的地位和发展趋势、对本企业影响重大的相关产业的发展趋势、政府和企业的关系等。

2. 市场环境

主要是产品在市场上的需求程度、企业在该行业中的地位、该企业产品的市场占有率、与同类企业或可替代企业竞争状况等。

3. 企业素质

主要是企业自身的基本状况，包括管理者的素质、经营管理机制、企业职工素质、企业组织机构、科技创新能力等。

4. 财务状况

主要是企业的财务政策及盈利能力、现金流量、债务水平、偿债能力的分析及预测。

5. 债务担保

债务担保是信用评级所要考察的一项重要内容，担保人的可靠程度，对于被评级企业的信用等级可以起到重要影响。

（三）信用等级划分

信用评级机构是金融市场上一个重要的服务性中介机构，它是由专门的经济、法律、财务专家组成的对证券发行人和证券信用进行等级评定的组织。

目前国际上公认的最具权威性的信用评级机构，主要有美国标准·普尔公司、穆迪投资服务公司和惠誉国际信用评级有限公司三家，我国大公国际资信评估有限公司（简称“大公国际”）是近年崛起的国际信用评级公司。上述几家公司负责评级的债券很广泛，包括地方政府债券、公司债券、外国债券等，由于它们占有详尽的资料，采用先进科学的分析技术，又有丰富的实践经验和大量专门人才，因此它们所做出的信用评级具有很高的权威性。我们以标准普尔公司为例进行说明。

标准普尔公司信用等级标准从高到低可划分为 AAA 级、AA 级、A 级、BBB 级、BB 级、

B 级、CCC 级、CC 级、C 级和 D 级。前四个级别债券信誉高，风险小，是“投资级债券”；第五级开始的债券信誉低，是“投机级债券”。

1. A 级证券

A 级债券是最高级别的债券，其特点是：本金和收益的安全性最大；受经济形势影响的程度较小；收益水平较低，筹资成本也低。对于 A 级债券来说，利率的变化比经济状况的变化更为重要。因此，一般人们把 A 级债券称为信誉良好的“金边债券”，对特别注重利息收入的投资者或保值者是较好的选择。

2. B 级债券

B 级债券对那些熟练的证券投资者来说特别有吸引力，因为这些投资者不情愿只购买收益较低的 A 级债券，而甘愿冒一定风险购买收益较高的 B 级债券。B 级债券的特点是：债券的安全性、稳定性以及利息收益会受到经济中不稳定因素的影响；经济形势的变化对这类债券的价值影响很大；投资者冒一定风险，但收益水平较高，筹资成本与费用也较高。因此，对 B 级债券的投资，投资者必须具有选择与管理证券的良好能力。对愿意承担一定风险，又想取得较高收益的投资者，投资 B 级债券是较好的选择。

3. C 级和 D 级债券

C 级和 D 级是投机性或赌博性的债券。从正常投资角度来看，没有多大的经济意义，但对于敢于承担风险，试图从差价变动中取得巨大收益的投资者，C 级和 D 级债券也是一种可供选择的投资对象。

模块三

证券交易市场

任务描述

掌握证券交易的原则，了解证券交易市场的种类，掌握证券交易方式，熟练掌握证券交易程序，能够准确计算证券交易成本。

业务描述

股票交易成本计算。

买入一只沪市股票，买入 1 000 股股票，买入价格 16.45 元，另外再买入一只深市的股票，买入 500 股，买入价格 5.60 元，分别计算这两只股票的买入交易成本。

证券交易市场分为场内交易市场和场外交易市场。场内交易市场是指在证券交易所内进行交易，这是证券市场的核心；场外交易市场是指没有固定地点、分散的、非组织化的交易市场，具有很多的交易形式，是证券交易所的必要补充。

一、证券交易的原则

证券交易是指经国家允许的已发行的证券在证券市场上买卖或转让的活动。为了维护证券市场的稳定，各国的金融管理机构都对证券交易设立了一些具有共性的规定，要求交易各方必须共同遵守这些准则，这就是我们常说的证券交易的原则。证券交易原则是反映证券交易宗旨的一般法则，它贯穿于证券交易全过程。虽然各个国家和地区都有自己的表述方式，但是其基本内涵都是一致的。我国证券交易遵循的是公开、公平、公正原则，即“三公”原则。

（一）公开原则

公开原则是指证券交易是一种面向社会的、公开的交易活动，其核心要求是实现市场信息的公开化。因为只有这样，才能解决整个市场的信息不对称，投资者对于其购买的证券才有可能具有充分、真实、准确、完整的了解，才能在证券交易中做出正确的选择，实现对资产的最大保护。因此，这一原则要求证券交易参与各方应依法及时、真实、准确、完整地向社会发布自己的有关信息。公开原则是证券市场的核心，只有在公开的基础上才能有公平和公正。

（二）公平原则

公平原则是指参与证券交易的各方应当获得平等的机会。它要求证券交易活动中的所有参与者都有平等的法律地位，各自的合法权益都能得到公平保护。对于各交易主体不能因为其不同条件而给予不公平的待遇或者受到某些方面的歧视，要做到机会均等、平等竞争，使投资者能够在一个享有公平交易机会的市场环境下进行交易。

（三）公正原则

公正原则是指应公正地对待证券交易的参与各方以及公正地处理证券交易的事务。对于证券交易中的违法行为、证券交易时间和争议的处理都应该在公平、公开的基础上，公正地进行。这样有利于证券交易正常、有序地进行。这个原则在我国一系列的证券相关法律法规中都有所体现。

此外，在证券交易中还应当遵守法律、行政法规和部门规章及相关业务规则，遵循自愿、有偿、诚实信用原则。

二、证券交易市场的种类

证券交易市场是已发行证券买卖流通的市场，为已经从一级市场获得证券的投资者和想要购买已发行证券的投资者提供交易平台。在这个市场中证券在各个投资者之间流通转让时所获得的收益和损失，都由证券现在的持有者享有和承担，不再属于最初的发行公司。

（一）场内交易市场

场内交易市场又称证券交易所市场，是依据国家有关法律，经政府证券主管机关批准设立的集中进行证券交易的有形场所，是一个有组织、有固定地点的，在集中的时间内进行证券交易的市场，是整个证券市场的核心。在我国，根据《证券法》的规定，证券交易所是为证券集中交易提供场所和设施，组织和监督证券交易，实行自律管理的法人。证券交易所的设立由国务院决定。

证券交易所作为证券交易的场所，其本身并不持有证券，不进行证券买卖，也不能决定证券交易的价格。证券交易所应该秉持公开、公平、公正的原则，创造良好的市场环境，保证证券交易的正常进行。为此，在我国的《证券交易所管理办法》中，具体规定了证券交易所的职能和不得从事的事项。

（二）场外交易市场

场外交易市场即 OTC（Over the Counter Market），又称柜台交易市场或店头交易市场，指在交易所外由证券买卖双方当面议价成交的市场。它没有固定的场所，交易的证券以不在交易所上市的证券为主，在某些情况下也对在证券交易所上市的证券进行场外交易。场外交易市场是证券交易市场不可或缺的一部分，其历史早于证券交易所。在证券市场发达的国家，其证券成交量远远超过证券交易所的成交量，在证券交易市场中占有极其重要的位置。

（三）创业板市场

创业板市场，又称二板市场，是指专门协助高成长的新兴创新公司特别是高科技公司筹资并进行资本运作的市场。创业板市场是证券交易所主板市场以外的另一个证券市场，是一个具有前瞻性的市场，注重于公司的发展前景与增长潜力，其上市标准要低于主板市场。创业板市场具有以下特点。

1. 以新兴创新公司的证券为交易对象

创业板市场的上市条件较主板市场要宽松，在经营年限、盈利水平等规定上较为放宽。

2. 遵循买者风险自负的原则

由于在创业板市场交易的证券多为新兴企业发行，从某些方面看其虽具有较大的发展空间，但是其经营风险毕竟较成熟公司要大，所以创业板需要投资者对上市公司营业能力自行判断，坚持买者自负原则。

3. 实行保荐人制度

对保荐人的专业资格和相关工作经验提出更高要求，该项制度是为了限制投资风险。

4. 以“披露为本”作为监管方式

它对信息披露提出全面、及时、准确的严格要求，创业板市场对于信息披露的要求要高于主板市场。

三、证券交易方式

证券的发展历史就是证券交易的发展历史，从证券交易方式的发展来看，主要包括现货交易、期货交易、期权交易、信用交易和回购交易等。

（一）现货交易

1. 现货交易的含义

现货交易亦称现金现货交易，它是指证券的买卖双方在成交后，按照成交价格及时办理实物交割手续和资金清算的交易方式。即在证券交易成交后，买方付出现金取得证券，卖方付出证券取得现金，买卖双方当场结清。它是证券交易中最古老的交易方式，也是证券交易所采用的最基本、最常用的交易方式。但是，随着证券业的发展，由于交易数量的增加等多方面的原因使得当场交割有一定困难，因此，一般规定在成交后规定的较短时间内交割清算。在我国，《证券法》规定，证券交易均以现货交易的方式进行。我国证券交易所规定，我国证券交易实行 T+1 的结算制度。

2. 现货交易特点

现货交易的特点包括：成交和交割基本上同时进行；实物交易、钱券两清，即在交割时，卖方必须向买方转移证券，购买者必须支付现款；交易技术简单，易于操作，便于管理；投机性较小，由于成交与交割时间间隔短，价格波动空间有限，投机性和风险性较小。

（二）期货交易

1. 期货交易的含义

期货交易是指证券买卖双方成交后，按契约中规定的价格延期交割。期货交易是相对于现货交易而言的。现货交易是成交后即时履行合约的交易，期货交易则将订约与履行的时间分离开来。在期货交易中买卖双方签订合同，并就买卖股票的数量、成交的价格及交割期达成协议，买卖双方在规定的交割日期履行交割。在实际生活中，由于种种原因，股票的价格在契约签订时和交割时常常是不一致的，当股票价格上涨时，买者会以较小的本钱带来比较大的利益；当股票价格下跌时，卖者将会取得较多的好处。所以，这种本小利大的可能性，对买者和卖者都有强烈的吸引力。

2. 期货交易的特点

（1）以小搏大。这是期货交易所使用的杠杆原理。在期货交易时，投资者只需要交纳一定数量的保证金，即可以控制期货合约总值，在证券市场预期与其预测相似时，可以获得较大利润。

（2）高报酬、高风险。期货交易的高报酬主要是由于其杠杆作用。例如，某合约总值为 1 000，保证金为 10%，即 100，如果交割时期货的市场价格朝投资者预测方向变动 20%，即 200，那么说明在该合约中获利 200，相对于所缴纳的保证金来讲，盈利率高达 200%，所以说期货投资会带来高报酬。但是如果价格变化方向与预期相反，则高风险产生。

（3）标准化合约。期货交易具有组织化和规范化的特征，期货交易必须在固定的期货交易所内进行，而期货合约是标准化的合约。这种标准化是指进行期货交易的商品的品级、数量、质量等都是预先规定好的，只有价格是变动的。这样，可大大简化交易手续，降低交易成本，最大限度地减少交易双方因对合约条款理解不同而产生的争议与纠纷。

（4）保证金制度。期货交易需要交纳一定的保证金。交易者在进入期货市场开始交易前，必须按照交易所的有关规定交纳一定的履约保证金，并在交易过程中维持一个最低保证金水平，以便为所买卖的期货合约提供保证，同时也有利于证券市场的稳定。

（5）交割期限相对固定。一般是 3 个月、6 个月、9 个月和 12 个月，最长的可以达到 2 年。

（三）期权交易

1. 期权交易的概念与特点

期权又称选择权，是指在确定的日期或在这个日期之前，按照事先确定的价格买卖特定商品或金融工具的权利。期权实际上是一种与专门交易商签订的契约，规定持有者有权在一定期限内按交易双方所商订的“协定价格”，购买或出售一定数量的证券。

期权交易就是买卖在未来一定时期内按一定价格买进或卖出一定数量证券或期货合约的权利的交易。期权交易的对象是买卖一定数量证券或合约的权利，这种权利通过买卖双方签订的合同而确定。期权合同赋予买方的是在确定的时间内按照一定的执行价格购买或售出证券（或合约）的权利，但并不承担必须购买或出售的义务。因此，期权购买者可以在该项期权合同到期时或之前行使、转卖或放弃这项权利。但对出售期权的专门交易商来说，则有义务按契约规定出售或购进股票，买方拥有权利而卖方是义务的代价是期权购买者要向期权卖方支付一笔费用即期权费（也称保险费）。证券的期权交易并不是以证券为标的物的交易，而是以期权为中介的投机技巧。

2. 期权交易的种类

期权交易可分为看涨期权交易和看跌期权交易。

（1）看涨期权。看涨期权是指在期权有效期内，期权购买者按规定的履约价格和数量买进某种证券资产的权利。因为预期未来标的证券资产价格可能上涨，期权购买者可以从未来价格上涨中获利。

期权购买者购进这种看涨期权，是因为他对股票价格看涨，将来可获利。购进期权后，当股票市价高于履约价格加期权费用之和时，期权购买者可按协议规定的价格和数量购买股票，然后按市价出售，或转让看涨期权，获取利润；当股票市价在协议价格加期权费用之和之间波动时，期权购买者将受一定损失；当股票市价低于协议价格时，期权购买者的期权费用将全部消失，并将放弃看涨期权。因此，期权购买者的最大损失不过是期权费用加佣金。

（2）看跌期权。看跌期权是在期权有效期内，期权购买者按规定的价格和数量卖出某种证券资产的权利。买主在购入看跌期权后，有权在规定的时间内，按照协议价格向期权出售者卖出一定数量的某种有价证券。因为，预期证券资产价格下跌时，期权购买者可以从未来价格下降中获利。一般说来，只有当证券行市有跌落的趋势时，人们才乐意购买看跌期权。因为在看跌期权有效期内，当证券价格下跌到一定程度后，买主行使期权才能获利。

3. 期权交易与期货交易的区别

（1）交易对象不同。期货交易的对象是合约所规定的证券；而期权交易的对象是买卖证券的权利，不是证券或合约本身。

（2）交易方式不同。期货交易实行保证金交易，交易者只交纳一定比例的保证金；期权交易是现金合约，成交时全额交付期权费。

（3）履约方式不同。期货交易一般是通过对冲或平仓方式了结合约，实物交割比例低，且可以现金交割；期权交易的履约是买进或卖出一定证券或期货合约，也可放弃或转让履约权。

（4）保障责任制度不同。期货交易要求交易双方都按规定缴纳保证金，并根据价格波动追加保证金；期权交易只要求期权卖出者缴纳保证金，期权购买者不需要缴纳保证金。

（5）交易双方的权利与义务关系不同。期货交易权利和义务相同；期权交易的购买者拥有的是买卖证券的权利，卖出者是卖出或买进义务。

（6）交易双方的风险与收益不同。期货交易双方获得的收益和承担的风险一样，机会均等；期权交易中购买者仅承担有限的风险，最大限度的风险是损失期权费，但对于期权卖出者承担的风险是无限的，收益是期权费。

（四）信用交易

1. 证券信用交易的含义及特征

证券信用交易，又称垫头交易，是指证券公司或金融机关供给信用，使投资人可以从事买空、卖空的一种交易制度。在这种方式下，股票的买卖者不使用自己的资金，而通过交付保证金得到证券公司或金融机关的信用，即由证券公司或金融机关垫付资金或证券，进行交易的行为。各国因法律不同，保证金数量也不同，大都在30%，而我国要求保证金数量不少于50%。

2. 证券信用交易的种类

证券信用交易分为两种形式，即保证金多头交易和保证金空头交易。

（1）保证金多头交易。也叫保证金买进交易，即“融资”或“透资”交易。一般出现在证券市场呈现多头市场即“牛市”特征时。投资者预计证券市场行市将上涨并准备在现在价格较低时买进一定数量的证券，但手中的资金不足，这时其可以通过向证券经纪人交付一定比例保证金而取得经纪商垫付资金，再委托经纪商代理买入这种证券。待证券价格上涨时，投资者卖出该证券，证券商扣除买卖手续费和对投资者贷款的本息和，余下的即为投资者的收益。

（2）保证金空头交易。又称卖空交易或“融券”交易，适用于证券市场呈现下跌即“熊市”特征明显时。是指投资者如果预测证券市场下跌，准备做某一证券的卖出投资，但手中并没有该种证券，其可通过向经纪人交付一定比率保证金后，从经纪人手中借入一定数量该证券并委托其卖出。如果该证券走势与投资者预期方向一致，则在一定价格时，委托券商再按市场价格买入同种类、相同数量的证券归还给经纪人，并支付相应的利息和手续费，买卖差额扣除一切费用后的余额计为投资者收益。

（五）回购交易

回购交易在我国主要指债券回购效果。

质押式回购交易是指融资方在将债券质押给融券方融入资金的同时，双方约定在将来某一交易日。

拓展阅读

股票的托管方式

（1）上海市场的集中托管方式。上海证券交易所规定，在上交所上市的证券实行集中托管，即不论在任何券商处购买的股票，均由中国证券登记结算有限责任公司上海分公司托管，理论上来说没有办理指定交易的客户在任何券商处均可卖出，实际情况是不办理指定交易根本就不让投资者进行交易。

(2) 深圳市场的分散托管方式。深圳证券交易所规定，在深圳证券交易所上市交易的证券由证券公司托管，即在深圳证券交易所系统购买的股票由该证券公司负责保管并只能在该证券公司处卖出，如需在其他证券公司卖出则必须办理转托管转出手续。

四、证券交易的程序

证券的交易程序，是指在证券交易市场买进或者卖出证券的具体步骤。与证券的发行程序相比较，证券交易程序具有一定的复杂性。因为就证券交易市场而言，其包括场内交易市场和场外交易市场，不同的证券交易市场交易程序不尽相同。这里主要介绍我国场内交易，即证券交易所的证券交易程序，在证券交易所条件下的证券交易。

我国证券交易所的交易程序可分为开户、交易委托、竞价成交、结算等几个步骤。

(一) 开户

1. A 股的开户程序

在我国，证券账户是指中国结算公司为申请人开出的记载其证券持有及变更的权利凭证。开立证券交易账户，是证券投资者在进行证券买卖前到证券公司开设证券账户和资金账户的行为。这是投资者进行证券交易的前提。因为各国的交易所规定，一般客户是不能直接进入证券交易所进行场内交易的，要委托证券商代为进行，而证券公司为了确定投资者的信用能力，同时也是为了便于日后的证券资金清算交割过户，就要求投资者按规定开立有关账户。因此，投资者要在证券交易所进行证券投资，首先必须选定一家可靠的经纪商，并在该证券商处办理开户手续，开设证券交易账户。证券交易账户根据规定包括证券账户和资金账户。

(1) 开设证券账户。所谓的证券账户是存储、管理投资者所持证券的特别账户，无论是买方还是卖方其买卖的证券都存在此账户上。从某些角度讲，证券账户相当于投资者的证券存折，是证券登记机构为投资者设立的，用以准确记载投资者所持证券的种类、名称、数量及相应权益和变动情况的一种存折。证券账户有深圳、上海交易所的区别，按照不同的用途还可以分为人民币普通股票账户、人民币特种股票账户和证券投资基金账户。证券账户一经设立，即表明投资者已委托证券登记机构为其管理证券资料，办理登记、结算和交割业务。

我国的证券账户分为个人账户和法人账户两种。除了国家法规禁止的一些自然人和法人之外，其他任何自然人或法人持有效证件，均可到证券登记机构填写证券账户申请表，经审核后即可领取证券账户卡。按照我国现行的有关规定，禁止开户做股票投资的人员包括证券管理机关人员（不得开立股票账户）、证券交易所管理人员（不得开立股票账户）、证券业从业人员（不得开立股票账户）、未成年人未经法定监护人的代理或允许者、未经授权代理法人开户者及其他法规规定不得拥有证券或参加证券交易的自然人。

个人开户时，必须由本人前往开户代办点填写自然人证券账户注册申请表，同时提供公安机关颁发的本人有效居民身份证及复印件。委托他人办理的，代办人还须出示其本人有效身份证件和开户人出具的授权委托书。

境内法人开户时，必须填写机构证券账户注册申请表，但所需提供的证件比较繁琐，主要有：工商行政管理机关颁发的法人营业执照副本及复印件（加盖公章），法人代表证明书及其居民身份证，法定代表人《授权委托书》和依法指定合法的代理人的身份证及复印件等。

按照规定，每个投资者只能凭本人居民身份证开设一个证券账户，不得重复开户，禁止法人以个人名义开立账户买卖证券。一般的证券账户只能进行 A 股、基金和债券的现货交易，如需进行 B 股交易需另行开户和办理相关手续。

由于我国有上海证券交易所和深圳证券交易所，因此投资者如果希望参与两个证券交易所的证券交易，就必须同时办理这两个证券交易所的证券账户，以获得投资两个交易所上市证券的资格。证券账户全国通用，投资者可以在开通上海或深圳证券交易业务的任何一家证券营业部委托交易。

（2）开设资金账户。投资者拥有证券账户后，必须先选择一家证券营业部和托管银行开立资金账户，然后才能进行证券交易。资金账户是投资者在银行处开设的资金结算账户，用于存放投资人买入股票所需的资金和卖出股票取得的价款，开立资金账户必须由投资者本人办理。

个人开设资金账户须持本人有效身份证、军官证、护照等身份证明文件，开立法人账户，需同时提供企业营业执照副本复印件、法人授权委托书和经办人身份证。

当买入证券时，表现为证券账户上证券的增加，资金账户上现金的减少；当卖出证券时，表现为证券账户上证券的减少，资金账户上现金的增加。

2. B 股的开户程序

投资者进行 B 股交易，必须开立 B 股账户。下面以沪市 B 股为例进行说明。

境内个人投资者办理 B 股开户必须是本人亲自办理，不得由他人代办，境内法人不允许办理 B 股开户。办理 B 股开户，投资者首先要凭本人有效身份证明文件到其原外汇存款银行将其现汇存款和外币现钞存款划入证券商在同城、同行的 B 股保证金账户，同时境内商业银行应当向境内居民个人出具进账凭证单，并向证券经营机构出具对账单；然后，投资者再凭本人有效身份证明和本人进账凭证单到证券经营机构开立 B 股资金账户，开立 B 股资金账户的最低金额为等值 1 000 美元；之后凭刚开立的 B 股资金账户，到该证券经营机构申请开立 B 股股票账户。

凭 B 股资金账户证明，到境内具有经营 B 股资格的上海证交所会员申请开立 B 股股票账户。开户时须提交：本人有效身份证明文件、1 000 美元以上的银行进账凭证、《上海 B 股境内居民个人开户登记申请表》以及上海证券交易所及登记公司认为需要提供的其他材料。境内居民个人开立 B 股股票账户，应按规定缴纳手续费。手续费按 19 美元/户标准收取。

境外从事 B 股交易的个人投资者申请开立 B 股账户这里不作说明。

（二）交易委托

交易委托是指投资者决定买卖证券时，通过委托单、电话等形式向证券商发出买卖指令的过程。由于投资者不能进入交易所直接交易，所有的买卖都是通过证券商来完成的。投资者进行证券交易委托前，必须与证券公司签订委托协议。委托协议是一种格式合同，由中国证券业协会规定，主要有《风险提示书》、《证券交易委托代理协议》、《授权委托书》、《网上委托协议书》等。投资者向证券商下达委托指令时，须凭交易密码或证券账户卡，有时还需要资金账户和有效身份证件等。证券商没有收到明确的委托指令，不得动用投资者的资金和账户进行证券交易。

1. 交易委托内容

投资者在交易委托指令中，应当详细说明买卖方向、证券名称、买卖数量、证券代码及买卖价格等因素。

（1）证券账号。投资者在买卖上海证券交易所上市的证券时，必须填写在中国结算公司上海分公司开设的证券账户号码；买卖在深圳证券交易所上市的证券时，必须填写在中国结算公司深圳分公司开设的证券账户号码。

（2）日期。日期即投资者委托买卖的日期，填写年、月、日。

（3）证券代码或简称。上海、深圳两个证券交易所现有的交易品种包括A股、B股、国债现货、国债回购、企业债券、基金等几种。证券简称通常为4个汉字，证券代码为6位数，每一只上市证券均拥有各自的证券代码，深市与沪市证券代码也有所不同，证券与代码一一对应，委托买卖的证券简称和证券代码必须一致。

（4）买卖方向。投资者在委托指令中必须明确表明委托买卖的方向。

（5）买入（卖出）的数量。证券交易是以“手”为交易单位的。“手”的概念来源于证券交易初期的一手交钱一手交货，现在已发展为标准手。标准手就是指由证券交易所统一规定的交易数量单位。如上海、深圳证券交易所规定：A股以每100股一标准手。委托买卖的数量通常为一手或一手的整数倍。数量不足一手的证券称为零股，零股只能在证券交易中一次性卖出。在买入证券的委托指令中成交数量必须是一手的整数倍。

（6）出价方式及委托价格。委托买卖证券出价方式一般分为市价委托和限价委托两种。市价委托即委托人向证券商发出买卖某种证券的指令时，只指定交易数量而不给出具体的交易价格，但要求按该委托进入交易大厅或交易撮合系统时以市场上最好的价格进行交易。这种委托的优点是成交迅速，能保证即时成交，但对投资者来说风险较大。限价委托是指委托人向证券经纪商发出买卖某种股票的指令时，对买卖的价格做出限定，即在买入股票时，限定一个最高价，只允许证券经纪人按其规定的最高价或低于最高价的价格成交；在卖出股票时，则限定一个最低价。如果当时证券的价格不符合限价要求，就应等待，直至符合限价要求时才成交。限价委托的最大特点是，股票的买卖可按照投资人希望的价格或者更好的价格成交，有利于投资人实现预期投资计划。这种委托方式风险较小，目前我国就采用这种方式。

（7）时间。时间是指投资者填写委托单的具体时点，也可由证券经纪商填写委托时点，是检查证券经纪商是否执行时间优先原则的依据。

（8）委托有效期。委托有效期是指客户委托买卖证券的有效期限，一般分为当日有效、3日有效、5日有效等。在有效期内证券商按照投资者委托的数量、价格买卖股票。如果在有效期内不能成交，委托便告失效。不过，如在有效期内委托人改变主意，可以撤销原委托。我国目前的委托时效一般是当日有效。

(9) 签名。签名指投资者在委托单上相应栏目签上投资者姓名，以示对所作的委托负责。从目前来看，委托使用自助形式，所以密码相当于签名，凭密码进入账户即被认为投资者签名。

(10) 其他内容。其他内容涉及委托人的身份证号码、资金账号等。

2. 交易委托方式

目前，我国证券交易的委托方式主要有柜台委托、电话委托和自助终端委托和网上委托。

(1) 柜台委托。柜台委托是指投资者到证券部营业柜台填写书面买卖委托单，委托证券商代理买卖股票的方式。投资者填写的委托单内容中，必须写明证券账户号码，资金账户号码，委托人，买入或卖出方式，买卖证券的品种、数量、价格、日期等。投资者办理柜台委托时，须出示本人身份证（或代理人证件）和证券账户卡，法人委托还须出示法人证件（营业执照或其他证明文件）和法人证券账户卡。这种方式已经不再使用。

(2) 电话委托。电话委托是指投资者通过拨打券商开设的专项委托电话线路而进行买卖申报的一种委托方式，无须到证券营业柜台填买卖委托单。投资者通过电话向证券商计算机系统输入委托指令，完成证券买卖委托和有关信息查询。

(3) 自助终端委托。自助终端委托是指投资者通过证券商在其营业厅或专户室内设置的与证券商自动委托交易系统联结的电脑终端，按照系统发出的指示输入买入或卖出证券的委托指令，以完成证券买卖委托和有关信息查询的一种先进的委托方式。客户通过自助终端委托方式参与证券买卖的，证券商应当与其签订自助委托协议，明确双方权利和责任。

(4) 网上委托。所谓网上证券交易，就是指券商通过数据专线将证券交易所的股市行情和信息资料通过网络实时发送，投资者通过自己的网络终端观看股市实时行情，分析个股，查阅上市公司资料和其他信息，委托下单买卖股票。这种方式可极大地方便投资者及时、准确和详细地了解市场状况以及下达买卖指令。网上证券交易是国际证券市场已经发展起来并日益成熟的新业务，是继电话委托推出的又一先进的远程委托方式。

在投资者选择网上委托时，可以选择使用电脑，也可以选择使用智能手机进行。从现在的情况来看，使用智能手机进行委托的安全性更高也更方便。

(三) 竞价成交

1. 竞价的方式

目前，我国证券交易所一般采用两种竞价方式，即在每日开盘时采用集合竞价方式，在日常交易中采用连续竞价方式。

(1) 集合竞价。所谓集合竞价，是指每个交易日上午 9:25，交易所电脑主机对 9:15 ~ 9:25 接收的全部有效委托进行一次集中撮合处理的过程，在这个过程中产生对证券交易影响比较大的开盘价。这个价格的选取是在有效价格范围内选取使所有有效委托产生最大成交量的价位。如果有两个以上这样的价位，则依以下规则选取成交价位：高于选取价格的所有买方有效委托和低于选取价格的所有卖方有效委托能够全部成交；与选取价格相同的委托一方必须全部成交。如满足以上条件的价位仍有多个，则选取离上一交易日收盘价最近的价位。所有成交都以同一成交价成交。集合竞价中未能成交的委托，自动进入连续竞价。

（2）连续竞价。所谓连续竞价，是指对申报的每一笔买卖委托，由电脑交易系统按照以下两种情况产生成交价：最高买进申报与最低卖出申报相同，则该价格即为成交价格；买入申报高于卖出申报时，或卖出申报低于买入申报时，申报在先的价格即为成交价格。集合竞价结束、交易时间开始时（上午 9:30～11:30，下午 13:00～15:00），即进入连续竞价，直至收市。连续竞价期间每一笔买卖委托进入电脑自动撮合系统后，当即判断并进行不同的处理，能成交者予以成交，不能成交者等待机会成交，部分成交者则让剩余部分继续等待。按照我国目前的有关规定，在无撤单的情况下，委托当日有效。若遇到股票停牌，停牌期间的委托无效。连续竞价有口头竞价、拍板竞价、专柜书面竞价、计算机终端申报竞价几种方式。

2. 成交规则

证券交易所对证券交易实行集中竞价成交，竞价成交是证券交易中最基本、最主要的程序，也是证券交易程序中的关键阶段。竞价成交须遵循以下原则。

（1）价格优先原则。较高价格买进申报优先于较低价格买进申报，较低价格卖出申报优先于较高价格卖出申报。例如，甲买入某种股票的申报价为 10 元，乙买入同种股票的申报价为 10.5 元，则乙优先成交；甲卖出某种股票的申报价为 20 元，乙卖出同种股票的申报价为 20.5 元，则甲优先成交。

（2）时间优先原则。在竞价过程中，如果买卖方向、价格相同，先申报者优先后申报者，先后顺序按交易主机接收申报的时间确定。

3. 竞价结果

通过交易所的交易主机完成竞价交易过程，竞价的结果有全部成交、部分成交和不成交 3 种可能情况。

（四）结算

证券交易成交后，买卖双方将其应收应付的证券和价款经过核定计算后，买卖双方结清价款和交割证券的过程称为证券结算。

拓展阅读

操盘委托技巧

一般一天股价会有波浪起伏，多数会有一段价格较低的时段，如果用较低的价格去委托买入往往能够以相对较低的价格买到股票。

例如投资者王杰按照前天收盘价格在当日早上开盘前用前天收盘价去委托买入，后来开盘高开高走；投资者认为买不到股票，匆忙撤单换成即时价格委托买入。后股价出现回调，收盘价格比该投资者委托买入价格还低。当然也有例外，当股价一直高开高走的情况下，当天就买不进的现象也会有，但这种情况相对比例较低。

五、证券交易的成本

证券投资者在进行证券交易时，需支付佣金、过户费和印花税等费用。不同的费用收取标准和收取方法是不一样的。

（一）佣金

1. 佣金的定义

佣金是投资者在委托买卖证券成交后按成交金额一定比例支付的费用，是证券公司为客户提供证券代理买卖服务收取的费用。一般来说，证券公司收取的佣金中包括上海证券交易所收取的证券交易经手费和中国证监会收取的证券交易监管费。

2. 佣金的费率

A 股、B 股、证券投资基金的交易佣金实行最高上限向下浮动制度，证券公司向客户收取的佣金不得高于证券交易金额的3‰。A 股、证券投资基金每笔交易佣金不足 5 元的，按 5 元收取；B 股每笔交易佣金不足 1 美元或 5 港元的，按 1 美元或 5 港元收取。债券类交易的佣金标准按照上海证券交易所和深圳证券交易所各自的规定收取。

3. 佣金的计算

例如：投资者张某以 4.50 元/股的价格买入 200 股工商银行的股票，需要交纳的佣金是多少？如果买入 2 000 股工商银行的股票需要缴纳的佣金是多少？佣金比率按 2‰计算。

买入 200 股工商银行佣金 $=4.50\times200\times2‰=1.80$（元），1.80 元 $\leqslant$ 5 元，佣金按 5 元/笔收取。买入 2 000 股工商银行佣金 $=4.50\times2\,000\times2‰=18$（元），佣金按 18 元/笔收取。

（二）过户费

1. 过户费的定义

过户费是委托买卖的股票成交后，买卖双方为变更证券登记所支付的费用。证券交易的过户费由中国证券登记结算有限责任公司收取。目前上海的 A 股收取过户费；沪、深 B 股这项费用被称为交易结算费；深圳的 A 股、上市交易的证券投资基金、债券和权证免收 A 股的过户费。

2. 过户费的费率

在上海证券交易所，A 股的过户费费率为成交面额的 0.75‰；沪深 B 股交易结算费费率为成交金额的 0.5‰，中国结算深圳分公司收取的交易结算费最高不超过 500 港元。

（三）印花税

1. 印花税的定义

印花税是根据国家税法规定，在 A 股和 B 股成交后投资者按照规定的税率征收的税金。按我国目前税收制度规定，股票成交后，国家税务机关应向卖出方收取印花税。

2. 印花税的税率

我国证券交易的印花税税率标准曾多次调整，现在执行印花税税率标准为 1‰，且为单边收取，即只对卖出方征收印花税，对买入方不征收印花税。

3. 印花税的计算

【例 7－1】 投资者张某以 5.00 元/股的价格卖出 200 股工商银行的股票，需要缴纳的印花税是多少？

印花税 $=5.00\times200\times1‰=1$（元）

即印花税为 1 元。

（四）盈亏计算

【例 7-2】 某投资者以 15.50 元/股价格买入 2 000 股招商银行股票（佣金比率为成交金额的 2‰，其他费率按规定收取）。

（1）投资者以多少元卖出能保证不亏损？

（2）如果投资者以 18.00 元价格卖出 2 000 股，共盈利多少元？

解：

（1）设投资者卖出价格为 P 元/股

$(P-15.50)\times2\,000\geqslant15.50\times2\,000\times2‰+1\times2\,000\times0.75‰\times2+P\times2\,000\times(2‰+1‰)$

$2000P-31\,000\geqslant65+6P$

$1994P\geqslant31\,065$

$P\geqslant15.58$（元/股）

即投资者卖出价格高于 15.58 元即可保证不亏损。

（2）盈利 $=(18-15.50)\times2\,000-[15.50\times2\,000\times2‰+1\times2\,000\times0.75‰\times2+18\times2\,000\times(2‰+1‰)]$

$=5\,000-173=4\,827$（元）

即投资者共盈利 4 827 元。

模块四

股价指数

任务描述

掌握股价指数的概念、作用；能够对股价指数进行计算；掌握我国我国的股价指数，了解熟悉世界知名股价指数。

业务描述

能够在股票行情软件上查看我国的各个知名的股价指数。

在证券市场的交易过程中，由于股票的市场价格受多种因素影响，使得股票价格瞬息万变，投资者面临着很大的价格风险。为了描述和反映股票价格水平及变动趋势，适应变化所带来的情况和需要，股价平均数和股票价格指数应运而生。股价平均数和股票价格指数是衡量股票市场总体价格水平及其变化趋势的尺度，也是反映一个国家或地区社会政治经济发展状况的灵敏信号。

一、股价指数的概念及作用

（一）股价指数的概念

股票价格指数，简称股价指数，是指由特定金融服务机构编制的，将股票市场上一些有代表性的公司发行的股票交易价格进行平均计算和动态对比后得出的数值，是对股市动态的综合反映。它能从总体上来反映股市总体价格或某类股价走势，因此是反映市场经济状况的“晴雨表”。

编制股票指数，通常以某年某月为基础，以这个基期的股票价格作为基础即基期值，用以后各时期的股票价格和基期价格比较，计算出升降的百分比，就是该时期的股票指数。投资者根据指数的升降，可以判断出股票价格和股票市场的变动趋势，及时做出调整。为了能够让投资者实时地了解股市的动向，追踪股市走向，几乎所有的股市都是在股价变化的同时即时公布股票价格指数。

股票价格指数具有代表性，即列入股价指数计算公式的股票样本应该能够代表整个市场或某一行业的股价水平，能够及时迅速地反映整个市场或某一行业的股价变动的特点。

（二）股价指数的作用

股价指数是投资者掌握股市现状和分析、判断股市变动趋势的非常重要的尺度和信号，是股票市场的一项重要指标。其主要作用如下。

1. 股价指数是反映股市行情的“指示器”

由于股价指数就是股票价格变动的相对数，所以它的最基本作用就是反映股价水平的涨落情况，是表明股市变动的重要指标。通过它，人们可以了解不同国家和地区各个时期的股市变动的情况。

2. 股价指数可为投资者提供必不可少的信息

一方面它能反映股份公司的经营业绩情况，一般来说，股价指数上升，表示企业目前经营业绩好，未来收益大，具有发展前景；反之，股价指数下跌，则表明企业的经营效果不佳，未来的收益小，或者表明企业目前的经营效果虽然较好，但在今后可能处于萎缩状态；另一方面投资者可以利用股价技术分析成功地预测股价指数上升或下跌的转折点，据此选择买进或卖出的时机。

3. 股价指数是整个经济的“晴雨表”

股价指数在编制时，一般都选择当地有代表性、实力雄厚的上市公司的股票作为样本，用这些公司的股价变动反映股市的股价水平，而这些公司的经营业绩又反映了该国家或地区的经济状况，故股价指数是观察分析经济的重要参考依据。一般来说，在经济繁荣时，股价指数总会以较快的速度上涨；在经济复苏时，其上涨速度就慢；在经济萧条时，股价指数则会逐渐下降；在经济危机时，股价指数则会大幅度下降。

二、股价指数的计算

在实际过程中，我们在计算股价指数时，往往把股价指数和股价平均数分开计算，这主要是根据二者在股市中所代表的含义和所起的作用而做出的。按定义，股价指数即股价平均数。但从两者对股市的实际作用而言，股价平均数是反映多种股票价格变动的一般水平，通常以算术平均数表示，人们通过对不同的时期股价平均数的比较，可以认识多种股票价格变动水平。而股票指数是反映不同时期的股价变动情况的相对指标，也就是将第一时期的股价平均数作为另一时期股价平均数的基准的百分数，通过股票指数，人们可以了解计算期的股价比基期的股价上升或下降的百分比率。

股票指数是反映不同时点上股价变动情况的相对指标，是报告期的股价与某一基期相比较的相对变化数。通常是将报告期的股票价格与给定的基期价格相比，并将两者的比值乘以基期的指数值，即为该报告期的股票指数。股票指数的计算方法有以下几种。

(一) 简单算术平均法

简单算术平均法是，先计算各样本股的个别指数，再加总求算术平均数。其计算公式为：

$$P' = \frac{1}{n}\sum_{i=1}^{n}\frac{P_{1i}}{P_{0i}} \times 基期值$$

式中：P' 即股票价格指数；n 即样本数；P_{1i} 即计算期第 i 种股票价格；P_{0i} 即基期第 i 种股票价格。

【例 7-3】 假设某股市 4 种样本股票的交易资料如下，基期值为 1 000，如表 7-3 所示，计算股价指数。

表 7-3　　某股市 4 种样本股票交易表

项目 种类	股价/元		交易量	
	基期（P_0）	报告期（P_i）	基期（Q_0）	报告期（Q_i）
A	4	6	80	120
B	6	10	120	180
C	12	16	100	120
D	12	18	150	200

$$股价指数 = \frac{1}{4} \times \left(\frac{6}{4} + \frac{10}{6} + \frac{16}{12} + \frac{18}{12}\right) \times 1\ 000 = 1\ 500$$

说明报告期的股价比基期上升了 500 个百分点。

(二) 综合算术平均法

综合算术平均法是将样本股票基期价格和计算期价格分别加总，然后再求出股价指数。其计算公式为：

$$P' = \frac{\sum_{i=1}^{n} P_{1i}}{\sum_{i=1}^{n} P_{0i}} \times 基期值$$

【例 7-4】 参照例 7-3，以综合算术平均法计算股价指数。

$$股价指数 = \frac{6+10+16+18}{4+6+12+12} \times 1\,000 = 1\,470.59$$

即报告期的股价比基期上升了 470.59 个百分点。

(三) 几何平均法

几何平均法是一种分别把基期和报告期的股价相乘，再分别将乘积开 n 次方，将所得数字进行比较的股价指数计算方法。其计算公式为：

$$P' = \frac{\sqrt[n]{P_{11}P_{12}\cdots P_{1n}}}{\sqrt[n]{P_{01}P_{02}\cdots P_{03}}} \times 基期值$$

(四) 加权股价指数

前面所介绍的三种计算方法，在计算时都只考虑到样本股票的价格，这样很难真实地反映股市价格变动情况，这时就需要将样本股票的发行量或交易量作为权数加以计算，来弥补其不足。根据权数选择的不同，有以下几种计算方式。

1. 基期加权股价指数

基期加权股价指数又称拉斯贝尔指数，是采用基期发行量或成交量作为权数，其计算公式为：

$$P' = \frac{\sum_{i=1}^{n} P_{1i}Q_{0i}}{\sum_{i=1}^{n} P_{0i}Q_{0i}} \times 基期值$$

【例 7－5】 参照表 7－3，计算该股市基期加权股价指数，基期值为 1 000。

$$基期加权股价指数 = \frac{6\times80+10\times120+16\times100+18\times150}{4\times80+6\times120+12\times100+12\times150} \times 1\,000 = 1\,480.20$$

即该股市这一交易日的基期加权股价指数为 1 480.20 点，较基期上升了 480.20 点。

2. 报告期加权股价指数

报告期加权股价指数又称派许指数，采用计算期发行量或成交量作为权数。其适用性较强，使用较广泛，很多著名股价指数，如标准普尔指数等都使用这一方法，我国也采用这种计算方式。其计算公式为：

$$P' = \frac{\sum_{i=1}^{n} P_{1i}Q_{1i}}{\sum_{i=1}^{n} P_{0i}Q_{1i}} \times 基期值$$

【例 7－6】 参照表 7－3，计算该股市报告期加权股价指数，基期值为 1 000。

$$报告期加权股价指数 = \frac{6\times120+10\times180+16\times120+18\times200}{4\times120+6\times180+12\times120+12\times200} \times 1\,000 = 1\,488.89$$

即该股市这一交易日的报告期加权股价指数为 1 488.89 点，较基期上升了 488.89 点。

3. 几何加权股价指数

几何加权股价指数又称费雪公式，是对两种指数作几何平均，主要是为了调和交易量在基期和报告期的不同影响。但是，由于计算复杂，很少被实际应用。其计算公式为：

$$P' = \sqrt{\frac{\sum_{i=1}^{n} P_{1i}Q_{0i}}{\sum_{i=1}^{n} P_{0i}Q_{0i}} \cdot \frac{\sum_{i=1}^{n} P_{1i}Q_{1i}}{\sum_{i=1}^{n} P_{0i}Q_{1i}}} \times 基期值$$

三、我国的股价指数体系

我国主要有上证综合指数、上证 180 指数、沪深 300 指数、深证综合指数和深圳成分指数。这些指数有的是成份指数，有的是综合指数。

（一）综合指数

综合指数是指可以将一类股票全部作为样本计算出来的股票价格指数，即把所有的股票即刻价格加权平均计算得出来。

1. 上证综合指数

上证综合指数是上海证券交易所股票价格综合指数的简称，是由上海证券交易所编制的股票指数，该股票指数的样本为所有在上海证券交易所挂牌上市的股票，于 1991 年 7 月 15 日开始编制和公布的，以 1990 年 12 月 19 日为基期，基期值为 100，以全部的上市股票为样本，以股票发行量为权数进行编制，其中新上市的股票在挂牌的第二天纳入股票指数的计算范围。具体计算办法是以基期和计算日的股票收盘价（如当日无成交，延用上一日收盘价）分别乘以发行股数，相加后求得基期和计算日市价总值，再相除后即得股价指数。遇上市股票增资扩股或新增（删除）时，则须相应进行修正。

2. 深证综合指数

深证综合指数全称为深圳证券交易所股票价格综合指数，是由深圳证券交易所于 1994 年 4 月 4 日开始编制发布的综合指数。该指数以 1991 年 4 月 3 日为基期，基期值为 100。该股票指数的计算方法基本与上证指数相同，其样本为所有在深圳证券交易所挂牌上市的股票，权数为股票的总股本。由于以所有挂牌的上市公司为样本，其代表性非常广泛，且它与深圳股市的行情同步发布，是股民和证券从业人员研判深圳股市股票价格变化趋势必不可少的参考依据。

（二）成分指数

1. 上证 180 指数

上证成分指数，简称上证 180 指数，是上海证券交易所编制的一种成分股指数。2002 年 7 月 1 日起，发布了上证 180 指数。

上证 180 指数是以 2002 年 6 月 28 日的上证 30 指数收盘点（3 299.05 点）为基点。在成分股的选择上，剔除了那些上市时间不足一个季度的股票，暂停上市股票，经营状况异常或最近财务报告严重亏损的股票，股价波动较大、市场表现明显受到操纵的股票，其他经专家委员会认定的应该剔除的股票，根据总市值、流通市值、成交金额和换手率对股票进行综合排名，按照各行业的流通市值比例分配样本只数，按照行业的样本分配只数，选择在本行业排名靠前、具有代表性的、规模适当、流动性强的股票为样本，共计 180 只股票。而且根据样本稳定性和动态跟踪相结合的原则，上海证券交易所每半年调整一次成分股，每次调整比例一般不超过 10%。有特殊情况时也可能对样本进行临时调整。

上证 180 指数为未来的全国统一指数做好了准备，同时为进一步推出指数衍生产品打下了一定的基础。上证 180 指数将成为衡量股票投资业绩的基准指数，对于推动指数基金产品具有重要的作用。

2. 深证成分股指数

深证成分股指数，是深圳证券交易所编制的一种成分股指数，是从上市的所有股票中抽取具有市场代表性的 40 家上市公司的股票作为计算对象，并以流通股为权数计算得出的加权股价指数，综合反映深交所上市 A、B 股的股价走势。深证成分股指数包括深证成分指数、成分 A 股指数、成分 B 股指数、工业分类指数、商业分类指数、金融分类指数、地产分类指数、公用事业指数、综合企业指数共 9 项。成分股指数以 1994 年 7 月 20 日为基日，基日指数为 1 000 点。

深圳证交所选取成分股时，以有一定的上市交易时间、有一定的上市规模、有一定的市场流动性为衡量标准，再根据公司股票流通市值、成交额、在一段时间内的平均市盈率，公司的行业代表性及其成长性，公司的财务状况和经营业绩（考察过去 3 年），公司两年内的规范运作情况，公司的地区、板块代表性等指标选取样本股。

3. 沪深 300 指数

沪深 300 指数是以上海和深圳证券市场中选取 300 只 A 股作为样本编制而成的成分股指数。其是由沪深证券交易所于 2005 年 4 月 8 日联合发布的，由中证指数有限公司编制，反映 A 股市场整体走势的指数。该指数以 2004 年 12 月 31 日为基期，基点为 1 000 点，其计算是以调整股本为权重，采用派许加权综合价格指数公式进行计算。沪深 300 指数的成分股原则上每半年调整一次，每次调整的比例不超过 10%。编制目标是反映中国证券市场股票价格变动的概貌和运行状况，并能够作为投资业绩的评价标准，为指数化投资和指数衍生产品创新提供基础条件。

4. 中小板指数

中小板指数是中国多层次证券市场的重要指数，由 100 家具有代表性的中小板公司组成。中小板指数包括价格指数（中小板指数 P）和全收益指数（中小板指数 R），价格指数于 2006 年 1 月 24 日正式发布，初期样本数量为 50 只，2006 年 12 月 27 日样本扩大到 100 只。中小板指数兼具价值尺度与投资标的功能。2006 年 6 月 8 日，华夏基金管理公司成功发行跟踪中小板价格指数的 ETF 产品——华夏中小板 ETF。

5. 创业板指数

为了更全面地反映创业板市场情况，向投资者提供更多的可交易的指数产品和金融衍生工具的标的物，推进指数基金产品以及丰富证券市场产品品种，深圳证券交易所于 2010 年 6 月 1 日起正式编制和发布创业板指数。该指数的编制参照深证成份指数和深证 100 指数的编制方法和国际惯例（包括全收益指数和纯价格指数）。

创业板指数，也称为“加权平均指数”按照创业板市场 100 只样本股的流通市值为权重计算。至此，创业板指数、深证成指、中小板指数共同构成反映深交所上市股票运行情况的核心指数。

另有上证 50 指数、上证红利指数和深 100 指数等，这里就不一一介绍了，感兴趣的同学可以自行查找资料学习。

四、世界著名的股价指数

（一）道·琼斯股价指数

道·琼斯股票指数，全称为股票价格平均数，它是世界上历史最为悠久、最享盛誉和最有影响力的股票指数，是由美国道·琼斯公司计算并在《华尔街日报》上公布。它是在1884年7月3日由道·琼斯公司的创始人查理斯·道创设的。到1929年，道·琼斯股票价格平均指数所包含的股票达到65种，并一直延续至今。

道·琼斯股票价格平均指数是目前世界上影响最大、最有权威性的一种股票价格指数，被认为是反映美国政治、经济和社会状况最灵敏的指标。

（二）标准·普尔500指数

标准·普尔500指数英文简写为S&P500Index，是记录美国500家上市公司的一个股票指数。除了道·琼斯股票价格指数外，标准·普尔股票价格指数在美国也很有影响，它是美国最大的证券研究机构即标准·普尔公司编制的股票价格指数。标准·普尔500指数覆盖的所有公司，都是在美国主要交易市场，如纽约证券交易所、NASDAQ交易的上市公司。与道琼斯指数相比，标准·普尔500指数包含的公司更多，因此风险更为分散，能够反映更广泛的市场变化。

（三）《金融时报》指数

《金融时报》指数是英国最具权威性的股价指数，《金融时报》股票价格指数的全称是“伦敦《金融时报》工商业普通股股票价格指数”，由《金融时报》编制和公布。这一指数包括3种：一是《金融时报》工业股票指数，又称30种股票指数，它以1935年7月1日为基期，基期指数为100，该股票价格指数包括在英国工商业中挑选出来的具有代表性的30家公开挂牌的普通股股票，由于这30家公司股票的市值在整个股市中所占的比重大，具有一定的代表性，因此该指数以能够及时显示伦敦股票市场情况而闻名于世；二是100种股票交易指数，又称“FT－100指数”，该指数自1984年1月3日起编制并公布，基期指数为1 000，这一指数挑选了100家有代表性的大公司股票，通过伦敦股票市场自动报价电脑系统，可随时得出股票市价并每分钟计算一次；三是综合精算股票指数，该指数从伦敦股市上精选700多种股票作为样本股加以计算，它自1962年4月10日起编制和公布，并以这一天为基期，令基期指数为100。

（四）日经股价指数

日经股价指数，也称日经道·琼斯股价指数，是由日本经济新闻社编制并公布的反映日本股票市场价格变动的股票价格平均数。该指数从1950年9月开始编制，最初根据东京证券交易所第一市场上市的225家公司的股票算出修正平均股价，当时称为“东证修正平均股价”。1975年5月1日，日本经济新闻社向道·琼斯公司买进商标，采用美国道·琼斯公司的修正法计算，这种股票指数也就改称“日经道·琼斯平均股价”。1985年5月1日在合同期满10年时，经两家商议，将名称改为“日经平均股价”。

（五）恒生指数

香港恒生指数是香港股票市场上历史最久、影响最大的股票价格指数，由香港恒生银行于1969年11月24日起编制公布，是系统反映香港股票市场行情变动最有代表性和影响最大的指数，它把从香港500多家上市公司中挑选出来的33家有代表性且经济实力雄厚的大公司股票作为成分股。

由于恒生指数具有基期选择恰当、成分股代表性强、计算频率高、指数连续性好等特点，不论股票市场狂升或猛跌，还是处于正常交易水平，恒生股票价格指数基本上能反映整个股市的活动情况，因此一直是反映、衡量香港股市变动趋势的主要指标。

项目总结

操作要点

股票发行认购的操作模拟最重要的内容就是认购规则的掌握；以熟练掌握股票交易原则为基础做出股票委托指令；熟练掌握股票交易税费规则并计算股票交易成本；对于股价指数要能熟练操作。

知识要点

证券市场是证券发行和交易的场所。一般来讲，证券市场是指一切以证券为交易对象的交易关系的总和。证券市场具有证价值直接交换的场所、财产权利直接交换的场所、风险直接交换的场所。证券市场与一般商品市场的交易对象、交易目的、价格决定、市场风险不同。证券市场可以划分为发行市场和交易市场；股票市场、债券市场、基金市场以及衍生证券市场等子市场；分为主板和创业板两类、三板、四板市场。

证券发行市场是证券发行者为扩充经营，按照一定的法律规定和发行程序，向投资者出售新证券所形成的市场，又称一级市场、初级市场。我国证券交易遵循的是公开、公平、公正原则，即“三公”原则。证券交易市场是已发行证券买卖流通的市场，为已经从一级市场获得证券的投资者和想要购买已发行证券的投资者提供交易平台。证券交易方式主要包括现货交易、期货交易、期权交易、信用交易和回购交易等。我国证券交易所的交易程序可分为开户、委托、竞价成交、结算等几个步骤。

证券投资者在进行证券交易时，需支付佣金、过户费和印花税等费用。佣金是投资者在委托买卖证券成交后按成交金额一定比例支付的费用，是证券公司为客户提供证券代理买卖服务收取的费用。A股、B股、证券投资基金的交易佣金实行最高上限向下浮动制度，证券公司向客户收取的佣金不得高于证券交易金额的3‰。A股、证券投资基金每笔交易佣金不足5元的，按5元收取；B股每笔交易佣金不足 1 美元或 5 港元的，按 1 美元或 5 港元收取。过户费是委托买卖的股票成交后，买卖双方为变更证券登记所支付的费用。在上海证券交易所，A 股的过户费费率为成交面额的 0.75‰；沪深 B 股交易结算费费率为成交金额的 0.5‰，中国结算深圳分公司收取的交易结算费最高不超过 500 港元。印花税是根据国家税法规定，在 A 股和 B 股成交后投资者按照规定的税率征收的税金。我国证券交易的印花税税率标准曾多次调整，现在执行印花税税率标准为 1‰，且为单边收取，即只对卖出方征收印花税，对买入方不征收印花税。

股票价格指数，简称股价指数，是指由特定金融服务机构编制的，将股票市场上一些有代表性的公司发行的股票交易价格进行平均计算和动态对比后得出的数值，是对股市动态的综合反映。股价指数主要作用包括股价指数是反映股市行情的“指示器”、股价指数可为投资者提供必不可少的信息、股价指数是整个经济的“晴雨表”等。股价指数的计算方法包括简单算术平均法、综合算术平均法、几何平均法、加权股价指数。我国的股价指数体系的综合指数包括上证综合指数和深证综合指数；成分指数包括上证 180 指数、深证成分股指数、沪深 300 指数、中小板指数和创业板指数；世界著名的股价指数包括道・琼斯股价指数、标准・普尔 500 指数、《金融时报》指数、日经股价指数和恒生指数等。

问题讨论

1. 股票发行公司发行完股票后为什么还要上市交易呢？
2. 注册制怎样才能更好的服务于中国证券市场？
3. 成份股指数和综合指数有什么区别？

推荐阅读

中国证券业协会编写：《证券交易》，中国金融出版社，2012 年版。

做一做

一、单选题

1. 股份有限公司的破产标准是（　　）。

A. 资产负债标准　　B. 资不抵债标准

C. 盈亏平衡标准　　D. 现金流量标准

2. 证券公司代发行人发售证券，在承销期结束后，将未出售的证券全部退还给发行人的承销方式称为（　　）。

A. 全额包销　　B. 余额包销

C. 包销　　D. 代销

3. 欧洲美元债券属于（　　）。

A. 本国债券　　B. 外国债券

C. 欧洲债券　　D. 武士债券

4. 全额包销方式未售出部分由（　　）持有。

A. 发行人　　B. 发起人

C. 承销商　　D. 董事会

5. 市盈率是指（　　）之间的比率。

A. 股票市价与每股股息　　B. 股票市价与每股净资产

C. 股票市价与每股收益　　D. 股票股息与每股收益

6. 在股份有限公司里，（　　）是指依照有关法律规定为设立公司而签署公司章程，向公司认购股份并履行公司设立职责的人。

A. 经理人　　B. 董事长

C. 发起人　　D. 股东

7. 设立股份有限公司时，当公司不能成立，设立行为所产生的债务及费用，由发起人负（　　）。

A. 连带责任　　B. 全部责任

C. 出资额为限承担有限责任　　D. 以上均不对

8. 发行监管制度的核心内容是股票发行（　　）的归属。

A. 决定权　　B. 注册权

C. 审核权　　D. 定价权

9. 2005 年 1 月 1 日实行（　　），标志着我国首次公开发行股票市场化定价机制的初步建立。

A. 首次公开发行股票询价制度　　B. 上市保荐制度

C. 上市审核制度　　D. 股票定价制度

10. 1998 年通过的《证券法》规定公司债券上市交易采用（　　）。

A. 审批制　　B. 核准制

C. 审核制　　D. 备案制

11. 证券交易所内交易成交规则中，买卖成交的基本规则是（　　）。

A. 价格优先原则　　B. 市价优先原则

C. 时间优先原则　　D. 客户优先原则

12. 委托单的基本要素包括（　　）。

A. 数量　　B. 指数

C. 价格　　D. 签名

13. 证券上市可以（　　）。

A. 扩大社会影响　　B. 有利于筹集资本

C. 有助于财务信息保密　　D. 增强投资者的购买意愿

14. 我国上海证券交易所中连续竞价的时间是（　　）。

A. 9:30~11:30　　B. 9:15~9:25

C. 13:00~14:57　　D. 13:00~15:00

15. 目前，我国证券交易所一般采用两种竞价方式，即在每日开盘时采用（　　）方式，在日常交易中采用（　　）方式。

A. 集合竞价　　B. 连续竞价
C. 竞价交易　　D. 议价交易

16. 通过交易所的交易主机完成竞价交易过程，竞价的结果有（　　）3种可能情况。

A. 全部成交　　B. 部分成交
C. 不成交　　D. 次日成交

17. 世界著名的股价指数包括道·琼斯股价指数、（　　）等。

A. 标准·普尔500指数　　B. 《金融时报》指数
C. 日经股价指数　　D. 恒生指数

18. A股、证券投资基金每笔交易佣金不足5元的，按5元收取；B股每笔交易佣金不足最低佣金的，按（　　）美元或（　　）港元收取。

A. 1　　B. 3
C. 5　　D. 10

19. 期货合约的交易期限一般是（　　）个月，最长的可以达到2年。

A. 3　　B. 6
C. 9　　D. 12

20. 证券信用交易分为（　　）等形式。

A. 保证金多头交易　　B. 保证金空头交易
C. 期货交易　　D. 期权交易

二、判断题

1. 竞价成交包括连续竞价和集合竞价。（　　）

2. 我国目前投资者可以进行市价委托。（　　）

3. 由证券交易所或金融服务机构编制的、反映不同时点上股价变动情况的价格平均数就是股票指数。（　　）

4. 我国目前投资者只能进行当日限价委托。（　　）

5. 投资者凭B股资金账户证明，到境内具有经营B股资格的上海证交所会员申请开立B股股票账户。（　　）

6. 期货交易双方获得的收益和承担的风险一样，机会均等；期权交易中购买者仅承担有限的风险，最大限度的风险是损失期权费，但对于期权卖出者承担的风险是无限的，收益是期权费。（　　）

7. 在竞价过程中，如果买卖方向、价格相同，先申报者优先后申报者，先后顺序按交易主机接收申报的时间确定交易次序。（　　）

8. A股、B股、证券投资基金的交易佣金实行最高上限向下浮动制度，证券公司向客户收取的佣金不得高于证券交易金额的3‰。（　　）

9. 股票发行采用代销方式，代销期限届满，向投资者出售的股票数量未达到拟公开发行股票数量80%的，为发行失败。（　　）

10. 如果上市公司对增发未作盈利预测的，证监会将不予核准其新股发行。（　　）

三、简述题

1. 证券交易原则包括哪些？
2. 首次公开发行股票的程序是什么？
3. 证券交易费用包括哪些，应该如何计算？
4. 我国主要股价指数包括哪些？
5. 证券交易程序是什么？

项目八

证券投资基本分析

知识学习目标：

熟悉宏观经济分析的基本框架；熟悉影响证券价格的宏观要素；掌握行业基本特性分析应包含的内容；了解企业在行业生命周期理论的不同阶段的特征及证券市场的表现；掌握行业的市场结构特征；掌握行业的竞争结构特征；熟悉会计报表和财务分析的基本框架；掌握财务分析的代表性方法；能够独立完成简要的典型案例分析。

技能训练目标：

能够形成证券投资的宏观经济分析的基本思路；能够运用不同的行业分析方法对行业的竞争力进行准确分析；能够利用会计报表的主要分析方法独立完成简要的典型案例分析。

案例导入

招商银行（600036）投资价值分析报告

报告内容摘要

一、深入认识银行业的投资价值

1. 银行业具有很高的净资产收益率。2010 年度，在我国上市公司中金融业的净资产收益率最高，总体水平达到 14.3%，而全部上市公司的平均水平仅为 5.4%。

2. 派现能力较强。从我国已上市银行 2010 年的分配预案看，银行业的派现比例（每股分红/每股净利润）大约为45%左右，高于全国上市公司的平均派现水平。

3. 具有稳定的成长性宏观经济的稳定增长。

4. 资本市场中银行股通常是各国蓝筹股以及成分股的组成部分。

二、招商银行核心竞争力分析（企业分析、定性分析）

1. 科学的内部管理。招商银行具有较好的法人治理结构，是招行能够实现科学内部管理制度保证。管理层具有较强的风险控制能力，资产风险程度低。

2. 优秀的经营能力。形成了在业内一定的一卡通（和邮政储蓄在竞争）和一网通是其中的代表。资产结构合理，风险较小。(卡的使用额度升级是最麻烦的，但更好的降低风险)

3. 主要资产及负债业务分析。招商银行的资产质量较好，不良率为10.2%。负债业务很成功，不仅在结构上较丰富，资金来源渠道多元化，而且资金的成本明显低于同业。

三、盈利预测及公司估值（定量分析）

1. 盈利预测。在正常情况下，预计招行2002年和2003年的每股收益分别为0.307元和0.343元。

2. 公司估值。根据市净率、市盈率、EBRRDA等方法进行估值，招商银行股票的价值区域将在9.67～13.63元之间。目前公司股价已明显偏离其内在价值，长线投资可重点关注。

资料来源：道客巴巴，http://www.doc88.com/。

模块一
证券投资风险与收益

任务描述

熟悉证券投资的风险与收益。

业务描述

学会利用网络查找有关上市公司的各种信息。

影响证券投资收益的因素很多，引起证券投资风险的因素以及风险的大小程度也在不断变化。只有结合实际认真进行动态分析，才有可能规避证券投资的风险，尽可能提高证券投资的收益。

一、证券投资风险

(一) 系统风险

1. 概述

系统风险是指由于某种全局性的因素引起投资收益的可能变动，这种因素以同样的方式对所有证券的收益产生影响。系统风险是不可回避、不可分散的风险。

2. 主要的系统风险种类

(1) 政策性风险。政策性风险是指政府有关证券市场的政策发生重大变化或是有重要的法规、举措出台，引起证券市场价格波动，给投资者带来的风险。

(2) 经济周期波动风险。经济周期的变化决定了上市公司的景气与否和效益的高低，因而这种风险影响着证券行情的长期趋势。

(3) 利率风险。利率风险是指市场利率变动引起证券投资收益变动的可能性。利率从两方面影响证券价格：改变资金流向；影响公司的盈利能力。通常，利率与证券价格呈反方向变化，然而利率风险对不同证券的影响是不同的。

(4) 购买力风险。购买力风险又称通货膨胀风险。在通货膨胀情况下，证券价格会随着商品价格的上涨而上涨，投资者会因货币收入有所增加而忽视购买力风险的存在。由于通货膨胀使得货币贬值，投资者的实际收益是减少而不是增加。这种风险对不同证券的影响也是不同的。

(二) 非系统风险

1. 概述

非系统风险通常由某一特殊因素引起，只对某个行业或个别上市公司的证券价格产生影响。非系统风险可以回避，可以被分散。

2. 主要的非系统风险种类

(1) 信用风险。信用风险又称违约风险，是债券投资者面临的主要风险。其中，政府债券的信用风险最小，中央政府债券几乎没有信用风险。其他债券的信用风险从低到高排列依次为地方政府债券、金融债券、公司债券。但大金融机构或跨国公司债券的信用风险有时会低于某些政局不稳的国家的政府债券。

信用级别高的证券信用风险小；反之，违约的可能性就大。

(2) 经营风险。经营风险是普通股股东面临的主要风险。它是指公司的决策与管理人员在经营管理过程中出现失误而导致公司盈利水平变化，从而导致投资者预期收益下降的风险。

(3) 财务风险。财务风险是指因公司财务结构不合理、融资不当导致投资者预期收益下降的风险。最大的财务风险是公司亏损风险。

二、证券投资收益

(一) 股票收益

1. 各种股票收益

(1) 股息收入。股息收入包括现金股息、股票股息、财产股息、负债股息和建业股息。

（2）资本利得。也称资本损益。是股票买入价与卖出价之间的差额。

（3）公积金转增股本。通俗地讲，就是用资本公积金向股东转送股票。是在股东权益内部，把公积金转到“实收资本”或者“股本”账户，并按照投资者所持有公司的股份份额比例的大小分到各个投资者的账户中，以此增加每个投资者的投入资本。因此，转增股本不是利润分配，它只是公司增加股本的行为，它的来源是上市公司的资本公积。如果公司没有上市，则是将其平均分配到各个股东手中。

2. 股票收益水平

（1）股利收益率。也称股票获利率。是指股份有限公司以现金形式派发的股息与股票市场价格的比率。

（2）持有期收益率。这是投资者最关心的指标。是指投资者持有股票期间的股息收入与买卖价差之和占股票买入价格的比率。

$$\text{持有期(年)收益率} = \frac{[\text{现金股息} + (\text{股票卖出价} - \text{股票买入价})]}{\text{股票买入价}} \times 100\%$$

（3）股份变动后持有期收益率。投资者买入股票后，其持股数量和股票的市场价格可能会因股份变动（如拆股、送股、配股和增发等）而发生变化。股份变动后投资者的持有期收益的计算公式变为：

$$\text{股份变动后持有期收益率} = \frac{\text{调整后的现金股息} + \text{调整后的资本利得或损失}}{\text{调整后的购买价格}} \times 100\%$$

（二）债券收益

1. 各种债券收益

（1）债券利息收入。在债券发行时就已确定，除保值贴补债券和浮动利率债券外，债券的债息收益是不变的。债券利息收益的受到票面利率和付息方式的影响。

（2）资本利得。这是债券买入价与卖出价或买入价与到期偿还额之间的价差。投资者可以在债券到期时兑现债券，或是利用债券市场价格的变动低买高卖从中取得资本收益。

（3）再投资收益。是指投资债券所获现金流量再投资的利息收入。

2. 债券收益率

（1）票面收益率。又称名义收益率或息票率。是指债券票面上的固定利率。

$$\text{票面收益率(名义收益率或息票率)} = \frac{\text{债券年利息}}{\text{债券面额}} \times 100\%$$

（2）直接收益率。又称本期收益率或当前收益率。是指债券的年利息收入与债券市场价格的比率。

（3）到期（最终）收益率。对附息债券而言，到期收益率是使债券与其现金流量的现值等于债券价格的利率；对于一次性还本付息债券而言，到期收益率是指债券有效期内的现金流量等于到期价值，它的到期价值为到期本息和；对贴现债券而言，年贴现率以 360 天计，年收益率则按 365 天计。（详见项目六模块二）

（4）持有期收益率。是指买入债券持有一段时间后，在债券到期前将其出售而得到的收益率。（计算公式详见项目六模块二）

（5）赎回收益率。在预期市场利率下降时，发行人会发行可赎回债券，以便未来用低利率成本发行的债券替代成本较高的已发行的债券。赎回收益率是使预期现金流量的现值等于债券价格的利率。

三、证券投资风险与收益的关系

（一）基本关系

证券投资的目的是获取收益，但在证券投资中，风险是不可避免的，收益是以承担风险为代价，风险可以用收益来补偿。即收益越大，风险越大。它们之间是成正比的。

（二）基本关系的公司表述

预期收益率 = 无风险利率 + 风险补偿

其中：预期收益率是投资者承受各种风险应得的补偿；无风险利率是把资金投资于某一没有任何风险的投资标的而能得到的收益率。

（三）结论

1. 补偿利率风险——同种债券利率不同

同一种类型的债券（比如都是中央政府债券），长期债券利率比短期债券利率高，这是对利率风险的补偿。

2. 补偿信用风险——不同债券利率不同

通常，信用级别高的债券利率较低，信用级别低的债券利率较高。

3. 风险补偿——股票收益率高于债券

投资股票所面临的风险（如经营风险、财务风险和经济周期波动风险）高于债券，因此必须给投资者相应的收益补偿。

模块二

上市公司信息披露

任务描述

了解上市公司信息披露的主要内容与违反相关原则的处罚标准。

业务描述

投资者通过查找报纸、杂志和互联网找到上市公司披露的信息，根据不同信息采取不同的分析方法。

一、信息披露概述

（一）关于信息披露规定

股份有限公司公开发行股票并上市，依照《中华人民共和国证券法》、《中华人民共和国公司法》、《首次公开发行股票并上市管理办法》、《证券发行与承销管理办法》和其他相关部门规章等的规定，必须同时向所有投资者公开披露有关信息。依法披露的信息必须真实、准确、完整，不得有虚假记载、误导性陈述或者重大遗漏。

违反以上规定致使投资者在证券交易中遭受损失的，发行人应当承担赔偿责任；发行人的董事、监事、高级管理人员和其他直接责任人员以及保荐人、承销的证券公司，应当与发行人承担连带赔偿责任。但能够证明自己没有过错的除外；发行人的控股股东、实际控制人有过错的，应当与发行人、上市公司承担连带赔偿责任。

（二）信息披露的方式

发行人及其主承销商应当将发行过程中披露的信息刊登在至少一种中国证监会指定的报刊，同时将其全文刊登在中国证监会指定的互联网站，并置备于中国证监会指定的场所，供公众查阅。

信息披露文件应当采用中文文本。同时采用外文文本的，信息披露义务人应当保证两种文本内容的一致。当两种文本发生歧义时，以中文文本为准。

（三）信息披露的原则

（1）真实性原则。是指信息披露义务人所公开的信息不得有任何虚假成分，必须与自身的客观实际相符。

（2）准确性原则。是指信息披露义务人所公开的信息必须尽可能详尽、具体、准确。

（3）完整性原则。是指信息披露义务人必须把能够供投资者判断证券投资价值的信息全部公开。

（4）及时性原则。是指信息披露义务人必须依照法律、法规及其他规定要求的时间以指定方式披露信息。

（四）信息披露的基本要求

（1）全面性。是指信息披露义务人应当充分披露可能影响投资者投资判断的有关信息，不得有任何隐瞒或重大遗漏。

（2）真实性。是指信息披露义务人公开的信息应当准确、真实，不得有虚假记载、误导或欺骗。

（3）时效性。是指向公众投资者公开的信息应当具有最新性、及时性。公开信息反映的公司状况应为公司的现实状况，公开信息披露的时间不得超过法定期限。

二、信息披露的意义

（一）有利于价值判断

公开信息披露制度有利于投资者对证券价值的判断。只有取得有关发行人真实、完整、准确的信息，充分了解发行人的资信、财力及其公司的营运状况，投资者者才能做出合理的投资决策，从种类众多的证券中选择最有利的投资机会。

（二）防止信息滥用

证券的发行和上市交易是公司股权或债券转移的过程，也是风险分散的过程。通过实施公开信息披露制度可以有效避免或减少发行人、证券经营机构和证券中介机构散布虚假信息、隐匿真实信息、滥用信息操纵市场或以其他方式欺骗投资者的风险。从而使证券市场中的证券价格能反映其真正的价值。同时使投资者享有均等获取投资信息的权利和投资收益的机会。

（三）监督证券发行人的经营管理

公开信息披露制度的实施，不仅能提高证券发行人的知名度并扩大其社会影响，也能通过披露公司的财务信息以企业会计准则约束企业会计核算，有利于监督证券发行人的经营管理，促进证券发行人经营管理的规范化。

（四）防止不正当竞争

通过实施公开信息披露制度公开其与公司有关的信息，避免公司董事可能利用职务之便夺取供给的交易机会、牺牲公司的信息、对公司造成损害的事件发生，是保证证券发行人合理使用经营权，维护公司和股东权益的重要手段。

（五）提高证券市场效率

实施公开信息披露制度是提高证券市场效率的基础。要解决证券价格形成过程中出现的问题，关键是建立强制性信息披露制度。

三、信息披露的步骤

（一）初始信息披露

1. 证券发行信息的披露

《中华人民共和国证券法》第二十五条规定：“证券发行申请经核准，发行人应当依照法律、行政法规的规定，在证券公开发行前，公告公开发行募集文件，并将该文件置备于指定场所供公众查阅。发行证券的信息依法公开前，任何知情人不得公开或者泄露该信息。”第三十一条规定：“证券公司承销证券，应当对公开发行募集文件的真实性、准确性、完整性进行核查；发现含有虚假记载、误导性陈述或者重大遗漏的，不得进行销售活动；已经销售的，必须立即停止销售活动，并采取纠正措施。”

2. 证券上市信息的披露

《中华人民共和国证券法》第四十七条规定：“股票上市交易申请经证券交易所审核同意后，签订上市协议的公司应当在规定的期限内公告股票上市的有关文件，并将该文件置备于指定场所供公众查阅。”第五十四条规定：“签订上市协议的公司除公告前规定的文件外，还应当公告下列事项：股票获准在证券交易所交易的日期；持有公司股份最多的前十名股东的名单和持股数额；公司的实际控制人；董事、监事、高级管理人员的姓名及持有本公司股票和债券的情况。”第五十九条规定：“公司债券上市交易申请经证券交易所审核后，签订上市协议的公司应当在规定的期限内公告债券上市文件，并将申请文件置备于指定场所供公众查阅。”

（二）持续性信息披露

（1）《中华人民共和国证券法》第六十五条规定：“上市公司和公司债券上市交易的公司，应当在每一会计年度的上半年结束之日起两个月内，向国务院证券监督管理机构和证券交易所报送记载以下内容的中期报告，并予公告：公司财务会计报告和经营情况；涉及公司的重大诉讼事项；国务院证券监督管理机构规定的其他事项。”

（2）《中华人民共和国证券法》第六十六条规定：“上市公司和公司债券上市交易的公司，应当在每一会计年度的上半年结束之日起四个月内，向国务院证券监督管理机构和证券交易所报送记载以下内容的年度报告，并予公告：公司概况；公司财务会计报告和经营情况；董事、监事、高级管理人员简介及持股情况；已发行的股票、公司债券情况，包括持有公司股份最多的前十名股东的名单和持股数额；公司的实际控制人；国务院证券监督管理机构规定的其他事项。”

（三）证券交易所的信息披露制度

（1）《中华人民共和国证券法》第一百一十三条规定：“证券交易所应当为组织公平的集中交易提供保障，公布证券交易即时行情，并按交易日制作证券市场行情表，予以公布。未经证券交易所许可，任何单位和个人不得发布证券交易即时行情。”

（2）《中华人民共和国证券法》第一百一十五条规定：“证券交易所对证券交易实施实时监控，并按照国务院证券监督管理机构的要求，对异常的交易情况提出报告。证券交易所应当对上市公司及相关信息披露义务人披露信息进行监督，监督其依法及时、准确的披露信息。证券交易所根据需要，可以对出现重大异常交易情况的证券账户限制交易，并报国务院证券监督管理机构备案。”

四、信息披露的虚假或重大遗漏的法律责任

（一）发行人、证券公司、保荐人在招募说明书、上市公告书、公司报告及其他文件中作出虚假陈述的

（1）《中华人民共和国证券法》第一百九十一条规定：“证券公司承销证券，有下列行为之一的，责令改正，给予警告，没收违法所得，可以并处三十万元以上六十万元以下的罚款；情节严重的暂停或者撤销相关业务许可。给其他证券承销机构或者投资者造成损失的，依法承担赔偿责任。对直接负责的主管人员和其他直接负责人给予警告，可以并处三万元以上三十万元以下的罚款；情节严重的撤销任职资格或者证券从业资格；进行虚假的或者误导投资者的广告或者其他宣传推介活动；以不正当竞争手段招揽承销业务；其他违反证券承销业务规定的行为。”

（2）《中华人民共和国证券法》第一百九十二条规定：“保荐人出具有虚假记载、误导性陈述或者重大遗漏的保荐书，或者不履行其他法定职责的，责令改正：给予警告，没收业务收入，并处以业务收入一倍以上五倍以下的罚款；情节严重的，暂停或者撤销相关业务许

可。对直接负责的主管人员和其他直接负责人给予警告，可以并处三万元以上三十万元以下的罚款；情节严重的撤销任职资格或者证券从业资格。”

(3)《中华人民共和国证券法》第一百九十三条规定：“发行人、上市公司或者其他信息披露义务人未按照规定披露信息，或者所披露的信息有虚假记载、误导性陈述或者重大遗漏的，责令改正，给予警告，并处以三十万元以上六十万元以下的罚款；对直接负责的主管人员和其他直接负责人给予警告，并处以三万元以上三十万元以下的罚款。发行人、上市公司或者其他信息披露义务人的控股股东、实际控制人指使从事前两款违法行为的，依照前两款的规定处罚。”

(二) 律师事务所、会计师事务所、资产评估机构等专业性证券服务机构在其出具的法律意见书、审计报告、资产评估报告及参与制作的其他文件中作出虚假陈述的

《中华人民共和国证券法》第二百二十三条规定：“证券服务机构未勤勉尽责，所制作、出具的文件有虚假记载、误导性陈述或者重大遗漏的，责令改正，没收业务收入，暂停或者撤销证券服务业务许可，并处以业务收入一倍以上五倍以下的罚款；并直接负责的主管人员和其他直接负责人员给予警告，撤销证券从业资格，并处以三万元以上十万元以下的罚款。”

(三) 证券交易所、证券业协会或其他证券业自律性组织作出对证券市场产生影响的虚假陈述的

(1)《中华人民共和国证券法》第二百条规定：“证券交易所、证券公司、证券登记结算机构、证券服务机构的从业人员或者证券业协会的工作人员，故意提供虚假材料，隐匿、伪造、篡改或者毁损交易记录，诱骗投资者买卖证券的，撤销证券从业资格，并处以 3 万元以上 10 万元以下的罚款；属于国家工作人员的，还应当依法给予行政处分。”

(2)《中华人民共和国证券法》第二百零七条规定：“证券交易所、证券公司、证券登记结算机构、证券服务机构及其从业人员，证券业协会、证券监督管理机构及其工作人员，在证券交易活动中作出虚假陈述或者信息误导的，责令改正，处以三万元以上二十万元以下的罚款；属于国家工作人员的，还应当依法给予行政处分。”

(四) 证券公司或者其股东、实际控制人违反规定的

《中华人民共和国证券法》第二百二十二条规定：“证券公司或者其股东、实际控制人违反规定，拒不向证券监督管理机构报送或者提供经营管理信息和资料，或者报送、提供的经营管理信息和资料有虚假记载、误导性陈述或者重大遗漏的，责令改正，给予警告，并处以三万元以上三十万元以下的罚款，可以暂停或者撤销证券公司相关业务许可。对直接负责的主管人员和其他直接负责人员给予警告，并处以三万元以下的罚款，可以撤销任职资格或者证券从业资格。”

五、证券投资分析在中国的信息来源及作用

(一) 信息来源

1. 来自于政府部门的信息

(1) 国务院。国务院根据宪法和法律制定和发布的各项行政措施、行政法规、决定和命

令以及重大方针政策，均会对证券市场产生全局性的影响。

（2）中国证监会。中国证监会制定和颁发的有关发行上市、市场交易、信息披露、上市公司治理、证券经营机构业务管理等各类部门规章和规范性文章，以及会同其他部、委、局发布的有关金融创新（如股票质押贷款）、证券市场收费行为（如证券交易佣金）的政策通知等，都会对证券市场产生影响。

（3）四大宏观调控部门。

①财政部。财政部负责拟定和执行的财政税收发展战略、方针政策以及发展规划；参与制定的各项宏观经济政策等，均会对证券市场具有持久的但较为缓慢的重大影响。

②中国人民银行。中国人民银行依法制定和执行的货币政策、依法从事的有关金融业务活动、有关国际金融活动及对金融业的统计、调查、分析和预测，均会直接和迅速地对证券市场产生重要影响。

③国家发改委。作为综合研究拟定经济和社会发展政策、进行总量平衡、指导总体经济体制改革的宏观调控部门，其政策的制定对证券市场有决定性的影响。

④商务部。作为主管国内外贸易和国际经济合作的部门，其政策的制定对证券市场有一定影响。

（4）国家统计局。国家统计局定期对外发布的国民经济和社会发展中的有关统计数据，是证券投资分析中判断宏观经济运行状况、行业先进水平或平均水平的重要数据类信息来源。

（5）国务院国资委。该部门制定的一系列关于国有资产监督管理的法规、政策会直接或间接的影响到诸如全流通等证券市场问题，因此也是证券投资分析的重要信息来源。

（二）证券投资分析信息的其他来源

1. 证券交易所发布的信息

证券交易所向社会公布的证券行情、按日制作的证券行情表以及就市场内成交情况编制的日报表、周报表、月报表与年报表等都是证券投资分析中的首要信息来源。

2. 上市公司披露的信息

作为信息发布的主体，上市公司通过定期报告（季度报告、中期报告和年度报告）和临时公告等形式，向投资者披露其公司盈利水平、股利政策、增资减资和资产重组等经营管理的有关信息，是投资者对其证券进行价值判断的最重要来源。

3. 中介机构提供的信息

中介机构利用人才、信息等方面优势为证券市场参与者提供相应的专业化服务，有助于投资者分析判断证券的投资价值。其中，由中介机构专业人员在资料搜集、整理、分析基础上撰写的研究报告（通常以有偿方式提供给投资者）是一种重要的信息来源。

4. 媒体信息

媒体主要指各种书籍、报纸、杂志、其他公开出版物以及电视、广播、互联网等；媒体信息则是指在各类媒体上公开发布的信息，无论从信息发布的方式看还是从信息发布的频率看，媒体都可作为各类信息供求的主渠道。

5. 其他来源

（1）历史资料。是指过去通过各种渠道发布或获得的有关世界经济、某个国家的政治经济以及某个地区经济政策方面的信息，还包括行业发展状况、公司状况和股票状况的信息以及其他有关信息。

（2）调研、访谈获得的资料。直接到有关的证券公司、上市公司、交易所、政府部门等机构去实地了解进行证券分析所需的信息资料。通过与家庭成员、亲友、熟人等谈话而获得有关信息，甚至包括内部信息。

模块三 证券投资分析概述

任务描述

掌握证券投资分析的意义；掌握证券投资分析的主要步骤；熟悉证券投资分析的主要流派；了解证券投资分析的主要方法。

业务描述

利用证券交易软件和互联网掌握证券投资分析流派，并分析其优缺点。

一、证券投资分析的意义

1. 基本含义

证券投资分析是指人们通过各种专业性分析方法，对影响证券价值或价格的各种信息进行综合分析，以判断证券价值或价格及其变动的行为。证券投资分析是证券投资过程中不可或缺的一个重要环节。

2. 证券投资分析的意义

（1）提高投资决策的科学性。投资过程离不开投资决策，投资决策的正确与否是投资成败的关键。由于相关因素的影响和作用，每一种证券的收益性、风险性、流动性和周期性特点都不同；由于个体条件的差异，投资者（法人或自然人）的资金拥有量、投资周期、风险承受能力、对收益的要求也都不同。因此，投资决策的科学性显得尤为重要。投资者只有通过证券投资分析才能正确认识证券投资的风险，并根据个人偏好结合实际作出相应的科学有效的投资决策。

（2）正确评估证券的投资价值。证券具有一定的投资价值，所以才有人进行证券投资。证券的投资价值并非一成不变，因受到宏观经济、行业发展、市场利率和公司经营管理等多方面因素影响，证券的投资价值会发生相应的变化。所以，正确评估证券的投资价值是进行证券投资的前提。通过证券投资分析使投资者对可能影响证券投资价值的各种因素综合评价和判断，有助于正确评估证券的投资价值。

（3）降低证券投资的风险。风险和收益是相辅相成的。预期收益水平越高，投资者所要承担的风险就越大；反之亦然。但是，由于每一证券的基本面和技术面不同，导致其风险——收益特性也不同，因而有时投资者承担较大的风险，却不一定能获得较高的收益。证券投资分析正是用来解决这一问题的最好方法。通过证券投资分析，投资者可分析考察不同证券的风险——收益特性，较为准确的确定不同证券的风险大小，尽可能降低或避免承担不必要的投资风险。

（4）加大证券投资的成功概率。证券投资的具体目标是：在风险既定的条件下，投资收益最大；在投资收益既定的条件下，风险最小。成功的证券投资意味着证券投资净效用的最大化（证券投资净效用等于证券投资收益带来的正效用减去证券投资承担的风险所带来的负效用）。证券投资的成功与否主要是考查证券投资目标的实现程度。证券投资分析可以通过全面、系统和专业的分析，解释证券投资目标实现程度的影响因素、作用机制及其规律，使投资者客观地认识证券投资的风险，较为准确的预测证券投资的净效用，尽可能加大证券投资的成功概率，努力实现证券投资的具体目标。

二、证券投资分析的主要流派与方法

1. 证券投资分析的主要流派

（1）基本分析流派。

①基本含义。基本分析流派是目前西方投资界的主要流派，是指以宏观经济形势、行业特征和上市公司的基本财务数据作为投资分析基础与投资决策基础的投资分析流派。

②基本特征。基本分析流派的基本特征是：以价值分析理论为基础；以统计方法和现值计算方法为主要分析手段。

③两个假设。基本分析流派的两个假设是：股票的价值决定其价格；股票的价格围绕价值波动。因此，价值成为测量价格合理与否的尺度。

基本分析流派对证券价格波动原因的解释是：对价格与价值间偏离的调整。

（2）技术分析流派。

①基本含义。技术分析流派是指以证券的市场价格、成交量、价和量的变化以及完成这些变化所经历的时间等市场行为作为投资分析对象与投资决策基础的投资分析流派。

②基本特征。技术分析流派的基本特征是：以价格判断为基础；以正确的投资时机抉择为依据。

③发展与演进。技术分析流派从最早的直觉化决策方式到图形化决策方式再到指标化决策方式，直到第二阶段的模型化决策方式以及正在研究开发中的智能化决策方式，始终遵循日趋定量化、客观化和系统化的发展与演进方向。

④研究任务。技术分析流派最艰巨的研究任务之一是投资市场的数量化与人性化理解之间的平衡。技术分析流派对证券价格波动原因的解释是：对市场供求均衡状态偏离的调整。

（3）学术分析流派。

①发展与演进。学术分析流派的代表人物是本杰明·格雷厄姆和沃伦·巴菲特。学术分析流派强调的重点是选择价值被低估的股票不断吸纳并长期持有。在现代投资理论兴起后，学术分析流派又强调效率市场理论的重要性，即当给定当前的市场信息集合时，投资者不可

能发展出任何交易系统或投资战略，从而可以获取超出由投资对象风险对平所对应的投资收益率的超额收益。

②所坚持的原则。学术分析流派所坚持的原则是“长期持有”投资战略，以“获取平均的长期收益率”为投资目标。而其他分析流派大多都以“战胜市场”为投资目标。这是学术分析流派与其他流派最重要的区别之一。

学术分析流派对证券价格波动原因的解释是：对价格与所反映信息内容偏离的调整。

（4）心理分析流派。

①个体心理分析。个体心理分析旨在解决投资者在决策过程中产生的心理障碍问题。其研究基础是“人的生存欲望”、“人的权力欲望”和“人的存在价值欲望”三大心理分析理论。

②群体心理分析。群体心理分析旨在解决投资者如何在研究投资市场过程中保证正确的观察视角问题。其研究基础是群体心理理论和逆向思维理论。

心理分析流派对证券价格波动原因的解释是：对市场心理平衡状态偏离的调整。

2. 证券投资分析的主要方法

（1）基本分析法。基本分析法又称基本面分析，是指证券分析师根据经济学、财政金融学、财务管理学以及投资学的基本原理，对决定证券价值及及价格的基本要素（如宏观经济指标、经济政策走势、行业发展状况、产品市场状况、公司销售和财务状况等）进行分析，评估证券的投资价值，判断证券的合理价位，从而提出相应的投资建议的一种分析方法。

①理论基础。证券投资分析的基础理论主要有经济学、财政金融学、财务管理学和投资学。

②研究依据。任何投资对象都有一种可称之为“内在价值”的固定基准，其内在价值可通过对该投资对象的现状和未来前景的分析而获得。

任何投资对象的市场价格和内在价值之间的差距最终都会被市场所纠正。因此，市场价格低于或高于其内在价值时，便提供了买入或卖出的机会。

③分析内容。

A. 宏观经济分析。宏观经济分析主要探讨各经济指标和经济政策对证券价格的影响。其中，经济指标主要分为先行指标、同步指标和滞后指标；经济政策主要包括货币政策、财政政策、信贷政策、债务政策、税收政策、利率与汇率政策、产业政策和收入分配政策等。

B. 行业分析和区域分析。行业分析，主要分析行业所属的不同市场类型、所处的不同生命周期以及行业的业绩对于证券价格的影响。行业的发展状况对该行业上市公司的影响是巨大的，投资某个上市公司就意味着投资某个行业。区域分析，主要分析区域经济因素对于证券价格的影响。区域经济的发展必然影响到上市公司的发展，中国证券市场特有的“板块效应”就是由于各地区经济发展不平衡现象造成的。

C. 公司分析。公司分析侧重对公司的竞争能力、盈利能力、经营管理能力、发展潜力、财务状况、经营业绩以及潜在风险等进行分析，借此评估和预测证券的投资价值、价格及未来变化趋势。公司分析是基本分析的重点。

D. 基本分析法的优缺点及适用范围。基本分析法的优点是：能较全面的把握证券价格的基本走势，应用起来相对简单。

基本分析法的缺点是：预测的时间跨度较长；预测的精确度较低；对短线投资者的指导作用很有限。

基本分析的适用范围：较适用于投资周期相对较长的证券价格预测、相对成熟的证券市场和预测精度要求不高的领域。

（2）技术分析法。技术分析是以证券过去和现在的市场行为为分析对象，运用图标、形态、逻辑和数学的方法，探索证券市场已有的一些典型变化规律，并据此预测证券市场未来变化趋势的一种分析方法。这是一种主要根据证券市场自身变化规律得出结果的分析方法。

①基础理论。技术分析的理论基础是建立在三大假设之上的，这三大假设是：市场行为包含一切信息；价格沿趋势移动；历史会重复。

技术分析的理论可分为K线理论、切线理论、形态理论、波浪理论、量价关系理论、技术指标理论、循环周期理论、随机漫步理论、相反理论等。

②技术分析的优缺点及适用范围。技术分析法的优点是：贴近市场，分析结论的时效性较强；指导证券买卖见效快，获利周期短；对市场的反应比较直接，因而使分析的结果也更接近实际市场的局部现象。

技术分析法的缺点是：考虑问题的范围相对较窄，忽略影响市场的宏观经济因素分析，对市场的长远趋势不能进行有效判断。

技术分析的适用范围：技术分析法仅适用于短期行情预测和短线投资参考；技术分析所得出的结论仅仅具有一种简易的性质，并应该是以概率的形式出现。

模块四
宏观分析

任务描述

掌握评价宏观经济的基本变量；掌握宏观经济运行对证券市场的影响；熟悉宏观经济政策对证券市场的重要影响及判断经济处在经济周期某阶段的方法。

业务描述

运用所学的宏观分析方法，对目前中国的经济形势形成自有独特的认识思路。

对公司前景“由上至下”进行分析必须从全球经济入手。全球经济状况可能会影响公司的出口前景、来自竞争者的价格竞争或者公司对外投资的利润。

宏观经济环境是所有公司共同运行的经济环境。图8－2阐明了宏观经济在决定投资业绩中的重要作用。该图对标准普尔500股票价格指数水平与标准普尔各个公司每股收益（EPS）的预期水平进行比较。曲线显示股价往往随着每股收益的增加而增加。预测宏观经济的非凡能力能带来引人瞩目的投资业绩。但是，仅能很好的预测宏观经济形势是不够的。为获得超额利润，投资者必须比竞争者预测更准确一些。

一、宏观经济分析概述

（一）宏观经济分析的途径和基本方法

1. 宏观经济分析的途径

（1）经济指标。

①先行指标。主要包括货币供应量、股票价格指数等。这些指标总是比总体经济更早地发生转折，达到高峰或低谷。这类指标可以为将来的经济状况提供预警信息。例如，当先行指标连续几个月下降时，我们就有理由预测整个经济也可能出现下滑。

②同步指标。主要包括失业率、国民生产总值等。通过这类指标计算出的国民经济转折点大致与总的经济活动的转变是同时的。

③滞后指标。主要包括银行短期商业贷款利率、工商业未还贷款等。这些指标反映出的国民经济转折点一般要比实际经济活动滞后 3 个月到半年。

宏观经济分析可以通过一系列的经济指标的计算、分析和对比来进行。

（2）计量经济模型。反映经济现象及其主要因素之间数量关系的方程式。计量经济模型主要有经济变量、参数以及随机误差三大要素。

（3）概率预测。运用概率预测比较多也比较成功的是对宏观经济的短期预测。包括对实际国民生产总值及其增长率、通货膨胀率、失业率、利息率、个人收入、个人消费、企业投资、公司利润及对外贸易差额等指标的下一时期水平或变动率的预测。其中，最重要的是对前三项指标的预测。

2. 宏观经济分析的基本方法

（1）总量分析法。总量分析是指对影响宏观经济运行的总量指标及其变动规律进行分析，进而说明整个经济状态和全貌。总量分析主要是动态分析，目的是研究总量指标的变动规律，总量分析的同时还应对同一时期内各总量指标的相互关系进行静态分析。

（2）结构分析法。结构分析法是指对经济系统中各组成部分及其对比关系变动规律的分析。结构分析主要是静态分析，即对一定时间内经济系统中各组成部分变动规律的分析。

（二）评价宏观经济形势的基本变量——国民经济统计量

1. 国内生产总值（GDP）

国内生产总值是该经济生产的产品和服务的总和。GDP 快速增长表明经济正在扩张，公司有大量机会增加销售额。

2. 失业率

失业率是正在寻找工作的劳动力占总劳动力（即正在工作和积极寻找工作的劳动力）的百分比。失业率度量了经济运行中生产能力极限的运用程度。失业率只与劳动力有关，但是从失业率中可以得到其他生产要素的信息，从而进一步了解经济运行状况。

3. 通货膨胀

物价普遍上升的比率被称为通货膨胀。高通货膨胀通常与“经济过热”联系在一起，也就是说，对货物和服务的需求超过生产能力，这导致价格上升。大多数政府的经济政策都很微妙。它们希望刺激经济以保证接近完全就业，但不会引发通货膨胀。通货膨胀和就业之间的权衡问题一直是很多宏观经济政策争论的焦点。

4. 利率

高利率降低未来现金流现值，因此会降低投资机会的吸引力。所以，实际利率是企业投资成本的关键决定因素。对住房和汽车等高价耐用消费品的需求通常通过融资得到满足，由于利率会影响利息支付，因而它们对利率高度敏感。

5. 预算赤字

预算赤字是指政府支出和收入的差额。任何预算差额都将通过政府借贷来弥补。大量的政府借贷会增加经济中的信贷需求从而提高利率。经济学家普遍认为过度的政府借贷会提高利率，阻碍企业投资从而对私人借贷和投资产生“挤出”作用。

6. 心理因素

经济发展水平的另一个重要决定因素是消费者和生产者的心理问题，即它们对经济采取的是积极的态度还是消极的态度。比方说，如果消费者对未来收入水平有信心，他们愿意进行大量的先期消费。同样，如果商家预期其产品需求会升高，就会增加生产和库存。这样，公众信心会影响消费和投资数量，影响对产品和服务的总需求。

二、宏观经济运行与证券市场

（一）宏观经济变动与证券市场行情

1. GDP 的变动对证券市场行情的影响

（1）持续、稳定、高速的 GDP 增长对证券市场行情的影响。伴随总体经济的增长，上市公司的经营环境不断改善，产销两旺，利润不断上升，股息不断增加，投资风险不断降低，促使公司的股票和债券等证券全面升值，促使上市公司的业绩不断攀升。如若证券市场上大多数上市公司都是上面所描述的状态，那么整个证券市场行情也会出现牛市。而证券市场是一个国家经济的晴雨表，证券市场的欣欣向荣，整个国家的总供给和总需求也就可以协调增长，促使经济进一步发展，形成一个良性循环。

由于对经济形势的良好预期，投资者的投资积极性异常高涨，价值国民收入和个人收入水平不断提高，导致对证券投资的需求增加，恒全市场行情看涨。

（2）高通货膨胀下的 GDP 增长对证券市场行情的影响。高通胀表现为总需求大大超过总供给，是经济（严重失衡下的高速增长）形势恶化的征兆。此时，经济领域存在的各种矛盾会逐渐显现，居民的实际收入水平降低，上市公司面临经济困境，利润持续减少，最终导致证券市场一蹶不起。

（3）宏观调控下的 GDP 减速增长对证券市场行情的影响。当 GDP 呈失衡状态下的高增长时，为减缓其增长速度，政府必然采取相应的宏观调控措施，使 GDP 仍以适当的速度增长。若调控目标得以实现，有效的控制了 GDP 的高增长，亦未出现 GDP 的低增长或负增长，此时，经济领域的各种矛盾逐步解决并为 GDP 进一步增长创造了有利条件，证券市场将呈现平稳渐升态势。

(4) 转折性的 GDP 变动对证券市场行情的影响。当 GDP 由负增长逐渐呈现正增长趋势时，表明经济形势逐渐向好，证券市场也将由下跌逐渐转为上升。反之亦然。当 GDP 由正增长逐渐呈现负增长趋势时，表明新一轮经济发展大潮已然来临，证券市场也将伴之以快速上涨。反之亦然。实践证明，证券市场走势通常会超前于 GDP 的变动。也就是说，证券市场走势反应 GDP 的预期变动，对宏观经济具有预警作用。

2. 经济周期变动对证券市场行情的影响

经济总是处在周期性运动中，经济周期则表现为扩张与收缩的交替出现。证券市场行情也总是伴随经济周期相应的波动。但这种波动又总是超前于经济周期的运动。正确判断当前经济发展处于经济周期的何种阶段，认清经济形势，是把握证券投资机会的关键。

3. 通货变动

(1) 通货膨胀对证券市场行情的影响。

①含义。通货膨胀是指因纸币发行量超过商品流通中实际需要的货币量而引起的纸币贬值，物价持续、普遍、明显的上涨现象。其实质是社会总需求大于社会总供给。

衡量通货膨胀的指标有零售物价指数、批发物价指数和国民生产总值物价平减指数。

②种类。按严重程度划分：其一是通胀率底（不超过 10%）而且比较稳定的温和的通货膨胀；其二是通胀率较高（一般在两位数左右）而且还在加剧的奔驰的通货膨胀了；其三是通胀率非常高（标准是每月通胀率在 50% 以上）而且完全失去了控制的恶性通货膨胀。按产生原因划分。其一是因投资规模过大和消费需求增长过快引起的需求拉动型通胀；其二是因成本上升、一般价格水平持续上涨引起的成本推进型通胀；其三是结构型通胀。又称惯性通胀，是指物价上涨是在总需求并不过多的情况下，而对某些部门的产品需求过多，造成部分产品的价格上涨的现象。

③按严重程度划分的通货膨胀对证券市场行情的影响。在不考虑产品成本价格上升的情况下，温和的、中性的通货膨胀使得上市公司生产的产品的销售价格上升，上市公司的经营业绩增加，利润上升。上市公司的股票、债券等证券价格上升。如果在证券市场上的大多数的上市公司都按上面所描述的情况发展，那么整个证券市场将欣欣向荣。

但通货膨胀若发展到恶性通货膨胀的情况，货币不断地大幅贬值，人们手里的钱不值钱了，人们的心理产生恐慌，以购买实物（如房地产、高档奢侈品等）来抵制恶性通货膨胀，对于证券等虚拟资本的投资萎缩，抛股购金。证券市场因货币供给量的大幅减少而使得股票、债券等证券价格大幅下跌。

(2) 通货紧缩对证券市场行情的影响。通货紧缩是导致经济衰退的杀手。通货紧缩初期，上市公司生产的产品的销售成本在不断降低，销售价格也随之降低，人们发觉自己手里的钱比以前更值钱了（又称货币幻觉），投资和消费的欲望和积极性普遍增高，可能会增加证券市场的货币供应量，使得证券市场欣欣向荣。

而在通货紧缩后期，通货紧缩将使利率的下调成为稳定的预期，导致有效需求和投资支出减少、上市公司效益下滑、失业者增多、居民收入减少，并引致物价更大幅度的下降，而证券市场也会相应大幅下跌。通货紧缩带来的经济负增长将使投资者降低投资预期，以致推迟原来的投资计划，证券市场行情则会因缺少资金而难有起色。

（二）宏观经济政策与证券市场行情

1. 财政政策与证券市场行情

（1）财政政策的各种手段。

①国家预算。国家预算收支的规模和收支平衡状态可以调节社会供求总量，国家预算的支出方向对某些行业及企业的发展有很大影响，进而直接影响该行业及企业股票在证券市场的表现。

②税收。税收既是筹集财政收入的主要工具，又是调节宏观经济的重要手段。不同的税收政策可以通过控制需求数量、调节供求结构传递政策信号，影响投资者交易成本，进而影响证券市场行情。

③国债。国债的发行可以调节资金供求和货币流通量，对证券市场资金流向有较大影响。

④财政补贴。作为一种再分配形式，财政补贴直接影响经济主体的收入，进而影响投资和需求，直至影响证券市场。

⑤财政管理体制。中央和地方、地方各级政府之间以及国家与企事业单位之间的资金管理权限、财力划分和财力分配将对不同地区和行业的上市公司产生不同影响，进而影响其股票在证券市场的表现。

⑥转移支付制度。主要是从结构上改变社会购买力状况，从而影响总需求。转移支付制度对发展地方经济、扶持上市公司可起到直接或间接的促进作用，将不仅从整体上而且从结构上影响证券市场。

（2）积极的财政政策对证券市场的影响。

①调整税率。降低税率可以增加微观经济主体的收入，刺激其投资需求和消费支出，直接引起证券市场价格上涨；上市公司利润增加，再生产规模不断扩大，从而促进其在证券市场的股票价格上涨；市场需求高涨，上市公司经营环境良好、盈利能力提高，有效降低了债券的还本付息风险，债券价格也将上扬。

②增加财政支出、提高政府购买水平。增加财政支出可增加总需求，使上市公司经营风险下降、业绩提高。居民收入水平提高，从而使证券市场行情看涨。

提高政府购买水平，增加政府在道路、桥梁、港口等非竞争性领域的投资，可直接增加其对相关产业（如水泥、钢铁、建材、机械等产业）的产品需求，这些产业的发展又形成对其他产业的需求，以乘数的方式促进经济发展，可使上市公司的利润增加，居民收入水平提高，从而使证券市场行情看涨。

③减少国债发行（或回购部分短期国债）。国债发行规模的缩减，使市场可供交易的券种数量减少，从而打破了证券市场原有的供求平衡，导致更多的资金投向股票，推动证券市场行情上涨。

④增加财政补贴。增加政府支出、刺激供给，扩大消费需求和投资需求，从而使证券市场行情看涨。

2. 货币政策与证券市场行情

（1）货币政策的工具。

①法定存款准备金率。是指金融机构为保证客户提取存款和资金清算需要而准备的在央

行的存款占其存款总额的比例。

②再贴现率。着眼于短期政策效应，通过影响商业银行借入资金成本和影响商业银行信用量的传导机制，致使商业银行调整对客户的贴现率或放款利率，进而调整货币供给总量。

③公开市场业务。是指央行在金融市场上公开买卖有价证券，调节市场货币供应量的政策行为。

④选择性货币政策。选择性货币政策侧重于对银行业务活动质量的控制。选择性货币政策工具主要有：证券市场信用控制、不动产信用控制、消费者信用控制等。

⑤补充性货币政策。补充性货币政策工具是对信用进行直接控制和间接控制的货币政策工具。补充性货币政策工具有两种：其一是信用直接控制工具；其二是信用间接控制工具，通过采用窗口指导、道义劝告等方式指导金融机构的信用活动。

（2）货币政策工具对证券市场的影响。

①利率的调整。利率调整与股票的内在投资价值成反比，降低利率会使股票价格相应上涨。

利润水平与公司的融资成本呈正比，降低利率会相应减少公司的利息负担，增加公司盈利，股票价格也将随之上涨。

降低利率会使部分投资者将储蓄转化为投资，增加股票需求，有助于股票价格上涨。

②公开市场业务的运用。当经济衰退，政府倾向采取宽松的货币政策时，央行会在公开市场买卖有价证券（以国债为操作对象），增加市场的货币供给量，推动利率下调，降低资金成本，使企业和个人的投资和消费热情高涨，对证券的有效需求增加，推动证券市场价格上涨。

③法定存款准备金率和再贴现率的调整。这两者的调整改变了市场中流通的货币供应量。央行可以通过调整存款准备金率和再贴现政策调节货币供应量，从而影响货币市场和资本市场的资金需求，进而影响证券市场行情。

3. 外汇政策与证券市场行情

（1）概述。汇率是外汇市场上一国货币与他国货币相互交换的比率。汇率的标价法分为直接标价法和间接标价法。通常，世界上大多数国家都采用间接标价法，即 1 美元可以兑换多少的本国货币。只有英镑和美元之间采用直接标价法，即 1 英镑可以兑换多少的美元。

（2）汇率的变动对证券市场的影响。采用间接标价法，站在投资者的角度，若汇率上升，本币贬值，国外对本币需求减少，本币持有人会抛出货币或加快从国内市场购买商品的速度，与此同时，流回国内的本币增多，从国内流出的商品增多，出口量扩大，使出口导向型企业经营业绩变好，利润上升，股票、债券等证券价格上升。

反之，汇率下降，本币升值，国外对本币需求的增大、流出的增加促进了对国内进口的增加，因而使国内需求减少、供给增加。促使进口导向型企业经营业绩变好，利润上升，股票、债券等证券价格随之上升。

模块五
行业分析

任务描述

掌握行业分析的主要任务和行业兴衰的实质；掌握影响行业兴衰的主要因素；熟悉证券投资的行业选择；了解经济周期、行业的生命周期与证券投资分析的关系。

业务描述

运用所学的行业分析方法，对你所看中的行业进行独立的分析，进而开始学会证券投资的具体选证券种类的方法。

一、证券投资行业分析概述

（一）行业分析的意义

1. 产业与行业

（1）产业。

①基本含义。产业是一个企业群体，其群体中的成员由于其产品（包括有形与无形）在很大程度上的可相互替代性而处于一种彼此紧密联系的状态，并且由于产品可替代性的差异而与其他企业群体相区别。

②产业的特征。首先产业具有规模性，即产业中企业数量、产品或服务的产出量达到一定规模；其次产业具有职业化，即形成了专门从事这一产业活动的职业人员；再次产业具有社会功能性，即这一产业在社会经济活动中承担一定的而且是不可缺少的角色；最后产业具有盈利性，即产业中大多数是以盈利为目的的经济主体。

（2）行业。

①基本含义。行业是指国民经济中生产同质的产品或提供相同（相似）服务的经营单位和个体等构成的组织结构体系，如汽车业、房地产业、林业、银行业等。

②行业与产业的区别。行业虽然与产业一样拥有职业人员并具有社会功能，但却没有规模上的约定。广义的行业中的相当一部分都是不以盈利为目的的机关、事业单位，如国家机关、党政机关、科教文卫等均可被称为某个行业，却不能称之为某个产业。

③证券分析师关注的行业

证券分析师关注的行业一般是具有相当规模的行业，特别是含有上市公司的行业。业内一直约定俗成的把行业分析视同为产业分析，即行业和产业这两个概念有时可以通用或互换。

2. 行业分析的意义

行业分析是连接宏观经济分析与上市公司分析的桥梁，是中观经济分析的主要内容，是基本分析的重要环节。

行业分析是决定上市公司投资价值的重要因素之一：在国民经济中具有不同地位的行业，其投资价值是不一样的；处在生命周期不同发展阶段的行业，其投资价值也是不一样的；上市公司投资价值会因所处行业的不同而有明显所处行业的不同而有明显差异。

（二）行业分类方法

1. 道·琼斯分类法

道·琼斯分类法是证券指数统计中最常用的分类法之一。它将大多数股票分为三类，即工业、运输业和公用事业。

在道·琼斯指数中，工业类股票选取的30家公司中包括采掘业、制造业和商业；运输业类股票选取的20家公司中包括航空、铁路、汽车运输和航运业；公用事业类股票选取的15家公司中包括电话公司、煤气公司和电力公司等。尽管入选道·琼斯指数的股票不包括行业中的全部股票，但所选择的这些股票却足以表明某个行业的一种趋势。

2. 标准普尔行业分类法

标准普尔指数将样本股票分为工商业、金融业、交通运输业和公用事业。

3. 中国上市公司的行业分类

上证指数将样本股票分为工业、商业、地产业、公用事业和综合类。

深圳证券交易所将样本股票分为工业、商业、地产业、公用事业、金融业和综合类。

（三）从证券投资的角度划分行业

1. 按行业发展与经济周期变化的关系划分

（1）增长型行业。增长型行业的运动状态与经济活动总水平的周期及振幅并非紧密相关。这些行业的销售收入和利润的增长速度不受宏观经济周期变动影响。这些产业之所以呈现出可持续增长态势，主要是依靠技术进步、推出新产品、提供更优质的服务及改善经营管理。

在过去的几十年里，计算机和打印机制造业就是典型的成长性产业。

（2）周期型行业。周期型行业的运动状态与经济周期紧密相关。当经济处于上升时期，对这些行业相关产品的需求相应增加，因而，这些行业会紧随其扩张和发展；但当经济衰退时，这些行业相关产品的需求被延迟到经济改善后，因而这些行业也相应衰退。

典型的周期型行业是消费品业、耐用品制造业及其他需求收入弹性较高的行业。

（3）防御型行业。防御型行业与周期型行业刚好相反，其运动状态与经济周期无关，原因是该行业的产品需求相对稳定，需求弹性小，无论宏观经济处于经济周期的哪个阶段产品的销售收入和利润均呈增长态势或变化不大。即使经济处于衰退阶段，对这种行业的影响也有限，有些防御型行业在经济衰退阶段甚至还会有一定的增长。正是由于这个原因投资于防御型行业属于收入投资，而非资本利的投资。

防御型行业的产品往往是必要的公共服务或是生活必需品，社会对其产品有相对稳定的需求。典型的防御型行业是食品业和公用事业。

2. 按行业未来可预测的发展前景划分

（1）朝阳行业与夕阳行业。朝阳行业是指未来发展前景看好的行业。夕阳行业是指未来发展不乐观的行业。

（2）朝阳行业与夕阳行业的相对性。一个国家或地区的朝阳行业在另一个国家或地区则可能是夕阳行业，如化工行业在中国是朝阳行业，而在发达国家却已是夕阳行业。

（3）朝阳行业与夕阳行业的相互转化。朝阳行业在其发展的基础渐渐丧失时就会成为夕阳行业，如手机制造业曾是通信设备、计算机及其他电子设备制造业的先锋，但如今已风光不再；而夕阳行业也常有再度辉煌的机会，如钢铁、水泥、通用设备制造业目前已在中国再次振兴。

3. 按行业的要素集中度划分

按行业的要素集中度可以将行业分为资本密集型行业、技术密集型行业和劳动密集型行业三种。

由于资本是不可替代的短缺资源，因而资本密集型行业极易产生垄断；由于技术的不断更新，因而技术密集型行业的竞争十分残酷；由于劳动是一种可替代性较强的生产要素，因而劳动密集型产业特别容易受到技术革新的冲击。

4. 按行业采用技术的先进程度划分

（1）新兴产业。是指采用先进技术从事生产、产品技术含量高的产业。新兴产业多为朝阳产业，如以微电子技术、基因工程技术、海洋工程技术、太空技术等为技术基础的产业。

（2）传统产业。是指采用传统技术从事生产、产品技术含量低的产业。传统产业多为夕阳产业，如以机械、电力为技术基础的产业或资源型产业。

二、行业的一般特征分析

（一）行业的市场结构分析

1. 完全竞争型市场

（1）特点。

①行业内企业众多，各种生产资料可以完全流动。

②产品均为同质的、无差别的。

③生产者和消费者对市场都非常了解，并可自由进入或退出这个市场。

④没有谁能够影响产品价格，企业永远是价格的被动接受者，而不是制定者。

⑤企业的盈利基本上由市场对产品的需求决定。

（2）结论。现实经济生活中完全竞争型的市场结构很少见，初级产品市场较类似于这类市场，如农产品市场，产品销售价格就等于其边际生产成本，无超额利润。

2. 垄断竞争型市场

（1）特点。

①生产者众多，各种生产资料可以流动。

②产品同种但不同质，即在产品之间存在差异，这是其与完全竞争型市场的主要区别。

③生产者对其产品价格有一定的控制能力。

（2）结论。

国民经济各产业中的制成品市场均属于这类市场，如纺织业、服装业等轻工产业均属于这类市场。

3. 寡头垄断型市场

（1）特点。

①生产者数量比较少，但产品的产量非常大。

②少量生产者对市场的价格和交易量有一定的垄断能力。

③少量生产者生产同种同质的产品，每个生产者的价格政策和经营方式均会对他人产生重要影响。

④存在一个产业的“领头羊”，产业内的其他企业则跟随该企业定价与经营方式的变化进行相应的调整。

（2）结论。该市场结构是相对少量的生产者在某种产品的生产中占有很大市场份额的情形。资本密集型和技术密集型产业属于这类市场，如钢铁业、汽车业等重工业，以及少数储量集中的矿产等。

4. 完全垄断型市场

（1）特点。

①市场由独家企业所控制，使得其他企业不可以或不可能进入该产业。

②产品没有或缺少相近的替代品。

③垄断者能根据市场的需求状况制定理想的产量和价格，并可在低价多销和高价少销之间进行选择，以获取最大的利润。

④垄断者决定生产数量和产品价格的自由度，但要受到政府管制和反垄断法的约束。

（2）结论。完全垄断型市场可以分为政府完全垄断和私人完全垄断两种。政府完全垄断通常在公用事业中居多，如铁路、邮电等部门。私人完全垄断则是根据政府授予的特许专营或根据专利生产的独家经营，以及由于资本雄厚、技术先进而建立的排他性的垄断经营。

各行业市场结构分析，如表8－1所示。

表8－1　　行业市场结构分析

	完全竞争	垄断竞争	寡头垄断	完全垄断
生产者特点	众多	众多	相对少量	独家企业
生产资料特点	完全流动	可以流动	很难流动	不流动
产品特点	同质、无差别	存在差别	—	—
价格特点	企业接受价格	对价格有一定控制力	对价格具有垄断能力	垄断定价受法律管制
典型行业	初级产品 棉花等农产品	制成品 糖果、啤酒	资本、技术密集型 钢铁、汽车	公用事业；资本技术密集型 军事

三、行业的竞争结构分析

一个行业的成熟过程还包括公司竞争环境的变化。我们用迈克尔·波特的五力模型来考察行业结构竞争策略和盈利能力之间的关系。迈克尔·波特的五力模型着重强调了五个决定性因素：新进入者威胁、现有竞争者威胁、替代品压力、买方议价能力及供给方议价能力。

1. 新进入者威胁

行业的新进入者会对价格和利润产生巨大压力。甚至当其他公司还未真正进入该行业时就会对价格产生压力，因为较高的价格和利润率会促使新的竞争者进入这个行业。因此，进入壁垒成为行业获利能力的重要决定因素。进入壁垒有多种形式，例如，通过长期的商业往来，现有公司和消费者已经建立了牢固的分销渠道，这对于一个新进入者来说成本很大。商标、版权使市场新进入者很难在新市场立足，因为这使得新企业面临严重的价格歧视。在为市场服务时，知识和专利保护让某些公司具有了一定优势。最后，市场中现有企业的奋斗经历也可能为其提供了优势，因为这些经验是通过长期经营获得的。

2. 现有竞争者威胁

当某一行业存在一些竞争者时，由于他们试图不断扩大各自市场份额，从而导致价格战，降低了边际利润。如果行业本身增长缓慢，这些竞争就会更加激烈，因为此时的扩张意味着掠夺竞争对手的市场份额。固定成本较高也会对降价产生压力，因为固定成本将使公司利用其完全生产能力进行生产。如果每个企业生产的产品相同，它们的价格竞争压力就会增加，公司很难再区分产品的基础上进行竞争。

3. 替代品压力

如果一个行业的产品存在替代品，那么就意味着该产品面临相关行业的竞争压力。例如，糖业将面临玉米糖浆制造业的竞争，毛纺厂将面临合成纤维厂商的竞争。替代品的存在对厂商向消费者索取高架形成了无形限制。

4. 买方议价能力

如果某采购者购买了某一行业的大部分产品，那么它就能掌握很大的谈判主动权，进而可以压低价格。例如，汽车厂商可以对汽车零部件的生产者施加压力，从而就会降低汽车零部件行业的盈利能力。

5. 供给方议价能力

如果重要投入品的供给方厂商处于垄断地位，就可以索取较高价格，从需求方行业赚取较高利润。一个特殊的例子就是工会——生产的关键投入品的工人组织。工会这个统一的组织治理与提高工人工资的各种谈判。当工人市场具有了高度的组织性和统一性，行业中大部分的潜在利润就会被工人占有。

需求方能否得到相关的替代品是决定攻击方议价能力的关键因素。如果存在替代品，而且需求者可以获得该产品，供给方就失去了议价资本，因此，也就难以向需求方索取高价了。最具有代表性的是波特五力模型，如图 8－1 所示。

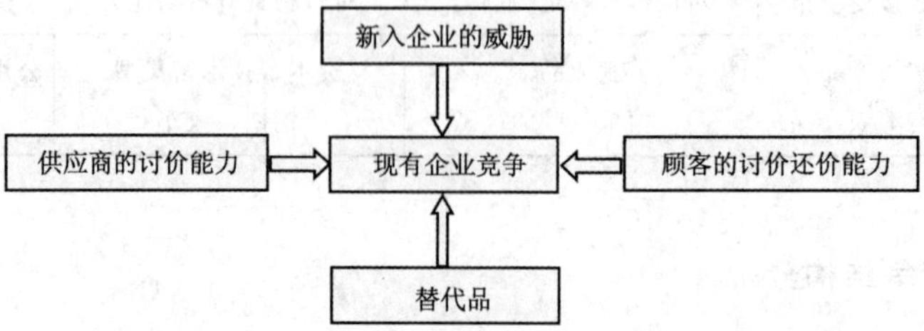

图 8－1　波特五力模型

波特五力模型是迈克尔·波特（Michael Porter）于20世纪80年代初提出，它认为行业中存在着决定竞争规模和程度的五种力量，这五种力量综合起来影响着产业的吸引力。五种力量分别为进入壁垒、替代品威胁、买方议价能力、卖方议价能力以及现存竞争者之间的竞争。

四、行业生命周期分析

对生物技术行业进行研究，你可能会发现许多公司具有较高的投资率、投资收益，较低的股利发放率；但是公共事业行业正好与之相反，他们的投资率、收益率较低，股利发放率较高。为什么会有这么大的差别呢？

目前，生物技术行业是一个全新的行业，许多可行的技术正在创造高获利的投资机会。新产品会得到专利权的保护，边际利润相当高。在投资机会如此诱人的情况下，众多厂家会把所有利润都投入到这个行业中。于是该行业的规模急剧扩张。但是，行业的发展速度最终总会慢下来，较高的利润率驱使众多新公司进入该行业。随着竞争日益增强，价格不断下降，边际利润也不断下降。当新技术被证实后，其发展前景开始明朗，风险水平随之下降，这消除了新公司进入该行业的后顾之忧。随着投资机会逐渐失去吸引力，公司利润中用于内部投资的比例也不断减小。现金股利随之增加。最后，当行业步入成熟，就会成为具有固定现金流、固定股利发放、风险相对较低的"现金牛"。它们的增长率与整体经济的发展同步。所以处于生命周期早期的行业的投资机会为高风险高潜在回报率，而处于成熟行业的投资机会则是"低风险低收益"。

上述分析表明，一个典型的行业生命周期分为四个阶段：创业阶段，具有较高的发展速度；成长阶段，发展速度降低，但是仍然高于经济整体速度；成熟阶段，发展速度与整体经济一致；衰退阶段，发展速度低于经济中其他行业，或者已经慢慢萎缩。图8－2列示了行业生命周期。

1. 创业阶段

任意一项产业都起源于一项新技术或一种新产品。如20世纪80年代的录像机或个人电脑；90年代的生物工程技术。在这个阶段中，我们往往很难预料出哪家公司最终能够成为行业的领导者。一些公司非常成功，另一些却退出市场。因此，此时选择特定行业的公司进行投资存在风险。但是，这个阶段，它们的销售额和净利润会急剧扩张，因为此时市场中的新产品远远未达到市场饱和。比方说，1980年一般家庭几乎没有录像机，因此，该产品的潜在用户就是所有观看电视的家庭。与此相反，像电冰箱这样的成熟产品，它们的市场相当狭窄。几乎所有的家庭都有电冰箱，于是市场就只能由那些正考虑购置新冰箱的家庭组成。显然，该市场的发展速度远远落后。

2. 成长阶段

当某个产品建立了较稳定的市场，就会出现行业领导者。从创业期中存活下来的公司一般比较稳定，其市场份额比较容易预测。因此，这些公司的业绩就会和整个行业的业绩紧密相关。尽管现在产品已经进入市场并广泛使用，该行业仍具有比其他行业更高的发展速度。

3. 成熟阶段

在这一阶段，该产品的普及程度已经达到消费市场潜力的顶点。只有当经济整体发展时，行业才会进一步发展。这时，产品会变得越来越标准化，厂商在基本价格水平上将面临激烈的竞争。这会导致边际利润降低，从而对净利润造成压力。该阶段的公司被称为"现金牛”，有稳定的现金流，几乎不可能继续成长。此时，公司会从该行业榨取现金流，不会对其进行再投资。

例如，录像机在20世纪80年代处于创业阶段，但现在已经成为一个成熟甚至衰退的行业，市场占有率高，价格竞争性强，边际利润率低，销售增长缓慢甚至出现负增长。2001年9月，DVD（创业期产品，可能取代录像机）的月销售量首次超过了录像机。

4. 衰退阶段

当行业步入衰退阶段，它的发展速度就低于经济发展速度，甚至呈现“萎缩”的迹象。这可能是由产品过时引起的，当然也可能是因为新产品入侵或低成本供应商的竞争。

那么，生命周期的哪个阶段对投资者最有吸引力呢？传统观点认为，投资者应该选取高成长率的行业。但是这一方法似乎过于简单。如果证券价格已经反映了高成长的可能性，那么这种赚钱方法就失去效应。而且，高成长和巨额利润会驱使其他厂商进入该行业，形成竞争力。获利机会带来了新的供给，并使价格、利润和投资收益率下降，最后就会减缓行业发展速度。这就是存在于行业生命周期各阶段过渡过程背后的动态机制。著名的投资组合管理经理彼得·林奇在《彼得·林奇的成功投资》中写道：“许多人愿意向高成长率的行业投资，那里看上去热闹非凡。但我不会，我更愿意向成长率较低的行业投资……在成长率低的行业中，尤其是那些使人们厌烦或懊恼的行业（如葬礼公司或修补油桶的公司），投资者根本不用考虑竞争对手的问题。你不必总是提防对手从侧翼向你进攻，这为你提供了持续增长的空间。”

行业生命周期曲线及所处生命周期的特征，如图8－2、表8－2所示。

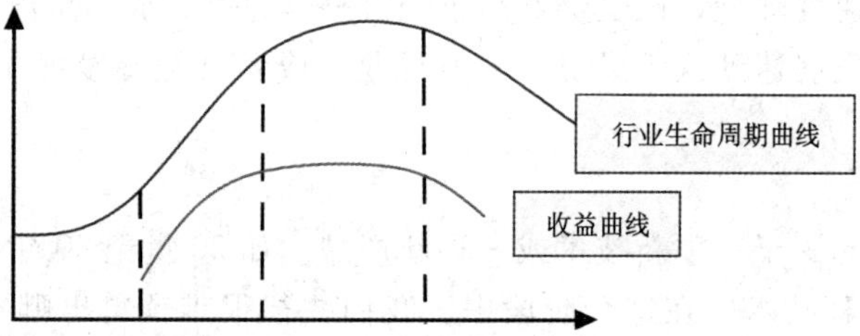

图8－2 行业生命周期

表8－2 行业所处各生命周期特征

	开拓期	扩展期	稳定期	衰退期
厂商数量	很少	增加	减少	很少
利润	亏损	增加	较高	减少或亏损
风险	较高	较高	减少	较低
风险状态	技术风险；市场风险	市场风险；管理风险	管理风险	生产风险

五、影响行业兴衰的因素

1. 需求

人类社会的物质文化需求是行业诞生和发展的最基本、最重要的条件，也是产业经济活动的原动力；新行业的形成过程是对社会潜在需求的发现和满足；潜在需求达到相当规模新行业的形成才有可能；需求的性质决定行业的性质；需求的总量决定行业成熟后的规模；需求的稳定和饱和度推动行业的生命周期的进程。

2. 技术进步

技术进步是满足社会潜在需求的关键，也是行业诞生与发展的助推器；技术进步可以改变生产方式，刺激和创造市场需求，拓展行业的发展空间；技术进步促进行业的更新和加速升级，也是行业衰退的强大杠杆。

3. 政府的干预与调控

政府干预与调控是经济规律的一部分，其目的在于反垄断、反欺诈，维护经济的自由和公平竞争；政府干预与调控的行业主要有城市公用事业、公共运输业、关系经济发展全局和国家安全的行业和一般竞争性行业。

4. 社会习惯的改变

社会习惯关系到消费、储蓄、投资、贸易等经济领域的诸多方面，因而必然对产业的诞生与发展起着不可忽视的重要作用。

5. 经济全球化的影响

经济全球化使得行业出现全球性转移的趋势，高新技术逐渐成为发达国家的主导产业，传统的劳动密集型产业甚至低端制造技术的资本密集型产业加速向发展中国家转移；国际分工发生重要变化；贸易与投资一体化。

模块六
公 司 分 析

任务描述

掌握公司基本分析的组成要素；掌握上市公司的概念；熟悉公司财务报表及分析方法。

业务描述

可以熟练的判断公司财务报表中对于证券投资分析有用的分析项目。

一、公司分析概述

（一）公司与上市公司的含义

1. 公司及上市公司的基本含义

从经济学角度定义，公司是指依法设立的从事经济活动并以盈利为目的的企业法人。根据不同划分标准可将公司氛围各种不同类型。按股票是否上市流通可将公司分为上市公司和非上市公司。

广义的上市公司不仅包括所发行的股票在证券交易所上市交易的股份有限公司，还应包括在全国证券市场自动报价系统挂牌买卖的股份有限公司。狭义的上市公司仅指其所发行的股票在证券交易所上市交易的股份有限公司。

2. 公司分析的意义

（1）公司基本分析的意义。公司基本分析主要是一个定性分析过程，重点是围绕公司的内部条件和外部环境整合，分析公司的优势与劣势、面临的挑战与发展机遇、发展的可行性与持续性等，从而发现公司潜在的盈利能力，明确公司最重要的利润增长点和最主要的业务风险。

（2）公司财务分析的意义。在公司分析中，最重要的是财务状况分析。通常，财务报表被认为是最能反映公司有关经营管理状况的重要的信息工具。真实、完整、详尽的财务报表是预测公司现金流和股东收益的各项因素的基础，也是作出分析结论和具体投资的直接依据之一。

（二）公司分析的基本途径

1. 搜集相关资料

从各类媒体发布的新闻和报道中了解公司的相关信息；查看各证券公司对该公司的研究报告；从中国证监会网站、沪深证券交易所网站或其他的证券公司网站等正规渠道了解上市公司的信息；也可以下载股票分析软件在F10中了解上市公司基本面情况，从中了解上市公司的财务状况、重要投资项目、主营项目、主要经营活动、盈利能力、关联企业等重要信息。

2. 走访和调查

（1）访查公司所属产业。行业发展的历史沿革、发展前景、影响行业增长和盈利能力的关键因素、行业进入壁垒、行业内外的竞争、政府对行业的支持和管制、上下游行业的市场前景和供需状况、国民经济波动对产业的影响。

公司性质、集团及关联企业、公司规模、股本结构和主要的投资者、公司中长期发展战略、公司的主要产品和利润的主要来源、公司的主要优势和劣势。

（2）访查公司的经营管理和市场营销。公司员工技术层次和培训费用、工资奖励制度、关键工作人员及其简历、保留核心员工的方法、公司的组织结构与管理体制、生产能力和生产效率、原材料构成及其供应、与主要供货商的关系。

公司主要产品的市场需求弹性、产品销售的季节性或周期波动、主要客户组成及与主要客户的关系、产品覆盖的地区与市场占有率、销售成本与费用控制、顾客满意度和购买力、主要竞争对手的市场占有率。

（3）访查公司的研发和投融资项目。公司研究与开发的重点项目、研究设施与研究人员的比例、研究开发费用支出占销售收入的比例、新产品开发频率与市场需求、生产规模与投资需求。公司目前的资金缺口、融资前后的资本结构及所有权形式、融资资金的主要用途、投资项目和投资收益、公司的投资结构与方式、投资项目的可行性。

二、公司基本分析

1. 公司产品分析

（1）技术优势。新产品的研发能力是决定公司竞争成败的关键。通常任何公司都会确定占销售额一定比例的研发费用，这种能力主要体现在生产的技术水平和产品的技术含量上。技术优势的关键是人才，实施创新人才战略是上市公司竞争制胜的务本之举。

（2）成本优势。成本优势是指公司的产品依靠低成本获得高于同行业其他企业的盈利的能力。成本优势一方面可以使企业在同样的价格下获得高于竞争对手的利润率，另一方面可以通过降价竞争的方式将高成本的对手挤出市场。

（3）质量优势。产品质量始终是影响消费者购买倾向的一个重要因素。质量优势是指公司的产品以高于其他公司同类产品的质量赢得市场，从而取得竞争优势。

（4）产品的市场占有率。产品的市场占有率是指一个公司的产品销售量占该类产品整个市场销售总量的比例。某公司市场占有率越高，公司的经营能力和竞争能力越强，公司的销售和利润水平越高、越稳定。

2. 公司的竞争定位策略

（1）成本主导型策略。这是一个在行业中最容易成功的竞争战略。低成本能抑制同行业价格竞争并成为企业在行业中的竞争定位和竞争优势的关键因素。企业实现低成本的途径主要有：规模经济、专有技术、低廉的原材料和生产组织过程中各个环节的效率。

（2）差异营销策略。采用差异营销战略的条件是：企业确认自己的产品有着某些不同与本行业其他产品的突出的特点，且这一特点能得到消费者的特别重视。差异营销斩落获得成功的条件是：必须找到消费者看重的产品差异点；必须将自己定位为满足目标顾客需求的唯一供货商；必须使创造产品差异所增加的成本低于消费者愿意为产品差异所付出的增加值。

（3）集中化策略。首先，实施集中化策略首先应该能为企业提供进入不同市场的潜力；其次，优势集中化对最终产品的顾客价值贡献巨大；最后，一个企业的集中优势应该很难被竞争对手模仿和复制。企业要做到可持续发展，必须拥有集中化优势。

3. 公司在行业中的竞争地位分析

在确定公司所处的行业、公司的竞争对手后，需要对公司进行行业竞争地位分析。在大多数行业中，无论其产业平均盈利能力如何，总有一些企业 比其他企业具有更轻的获利能力，这说明不同企业在行业中的竞争地位不一样。

（1）SWOT 矩阵分析法。对公司在行业中的竞争地位分析，可以采用 SWOT 这一分析工具来进行。SWOT 是英文缩写，SW 是指企业内部的优势和劣势，OT 是指企业外部的机会和威胁。

SWOT 分析主要是通过列举公司相对与竞争对手的优势和劣势、公司外部环境给企业竞争带来的影响因素来分析公司在产业中的竞争地位。

①优势（S）是公司的内部因素，是指在竞争中相对优势的方面，具体包括：有力的竞争态势；充足的资金来源；良好的企业形象；技术力量；规模经济；产品质量；市场份额；成本优势；广告攻势等。

②劣势（W）也是公司的内部因素，是指在竞争中相对弱势的方面，具体包括：设备

老化；管理混乱；缺少关键技术；研究开发落后；资金短缺；经营不善；产品积压；竞争力差等。

③机会（O）是公司的外部因素，具体包括：新产品；新市场；新需求；市场壁垒解除；竞争对手失误等。

④威胁（T）是公司的外部因素，具体包括：新的竞争对手；替代产品增多；市场紧缩；行业政策变化；经济衰退；客户偏好改变；突发事件等。

（2）波士顿矩阵分析法。波士顿矩阵分析法（见图 8－3）与 SWOT 分析法类似，从不同的角度分析上市公司的产品的竞争力问题。利用波士顿矩阵分析法有一个假设条件：需求增长率与收益率成反比。

图 8－3 波士顿矩阵分析法

①相对市场占有率：A 公司销售指标和本行业最大销售指标之比是多少（若 A 公司为最大销售公司，分母就改成第二大销售公司的销售指标）。

②现金牛区（Cash Cool）：这个产品相对市场占有率高，需求增长率低，从而利润高。它在行业中处于稳定期，以后可能会走向衰退。

③明星区：这个产品相对市场占有率高，需求增长率也高，从而利润低，它在行业中处于扩展区，以后会走向现金牛区。

④问号区：这个产品并不是老大，但所处行业是好的，那么如何将问号变为明星，再变为现金牛，以此发展。

⑤瘦狗区：两个指标都很低，产品需要被卖掉。

三、公司经营能力分析

1．公司法人治理结构

（1）股权结构规范。股权结构是公司法人治理结构的基础。治理结构出现问题的上市公司都与不规范的股权结构有关。规范的股权结构包括三层含义：其一是降低集中度；其二是流通股股权适度集中；其三是股权保持流动性。

（2）股东大会制度切实有效。股东大会制度是确保股东充分行使权利的最基础的制度安排。有效的股东大会制度应具备规范的召开与表决程序；给予每个提案合理的讨论时间；对董事会的授权原则、授权内容应具体明确；股东大会会议时间、地点的选择应有利于让尽可能多的股东参加会议；充分运用现代信息技术手段、扩大股东参与股东大会的比例等。

（3）优秀的职业经理层。优秀的职业经理层是保证公司法人治理结构规范化、高效化的人才基础。上市公司建立一套科学的、市场化、制度化的选聘制度和激励制度是形成优秀的职业经理层的前提条件。

2. 公司的总体素质

(1) 公司经理层的素质。经理层应具备的素质主要包括：其一是从事管理工作的愿望；其二是专业技术能力；其三是良好的道德品质修养；其四是人际关系协调能力。在一定意义上，经理层的素质直接决定着企业发展的成功与否。

(2) 公司从业人员素质。公司从业人员素质主要包括：必要的专业技术能力、对企业的忠诚度、对工作的责任感、团队合作精神和创新能力。公司从业人员素质也会对公司的发展起到至关重要的作用。

四、公司财务分析

(一) 主要的财务报表

1. 资产负债表

(1) 含义。资产负债表是显示公司在某一特定时点财务状况的静态报告（瞬时写照），他显示公司在某一时点所拥有或控制的经济资源、所承担的现有义务和所有者对净资产的要求权。

(2) 证券投资分析中应重点关注的项目。

①货币资金：表明公司拥有的现金流，这关系到公司的生存问题。

②预收和应收账款：关系到未来公司能够变现或可能实现的实际利润。

③存货：投资者在实地调查中应关注企业存货的种类，是产成品还是原材料。产成品居多说明公司可能存在产品积压，销售不畅；原材料居多说明公司可能有大量订单，销售兴旺。

④无形资产及其他资产：在提倡科技致富的今天，无形资产及其他资产对于企业来说特别重要，它是企业核心竞争力的体现。企业是否值得长期投资，在某种程度上取决于该企业的无形资产及其他资产。

⑤根据该表计算出来的流动比率、速动比率等反应短期偿债能力的指标以及负债比率等反应长期偿债能力的指标。

2. 利润及利润分配表

(1) 利润表。利润表是公司在一定期间生产经营成果的动态报告，他显示了公司运用所拥有的资产投资自获利的能力。利润表是通过一定期间的营业收入与其同一会计期间相关的营业费用进行配比，计算公司的净利润（或净亏损）。

(2) 利润分配表。利润分配表是利润表的附表，它是显示公司在一定期间对实际净利润的分配或亏损弥补的会计报表。利润分配表反映的是利润表上的净利润的分配情况或亏损的弥补情况，同时也反映除利润分配的构成以及年末未分配利润的数额。

3. 现金流量表

(1) 含义。现金流量表是显示公司在特定时间内的现金收支状况，表明公司获得现金和现金等价物的能力。它是评估公司偿债能力和经营发展的基础。

(2) 投资者应重点关注的项目。

①经营活动产生的现金流量。反映公司在不动用公司外部筹得资金的情况下，凭借经营活动产生的现金流量是否足以偿还负债、支付股利和对外投资。

②投资活动产生的现金流量。反映公司未获得未来收益和现金流量而导致资源转出的程度，以及以前资源转出带来的现金流入的信息。

③筹资活动产生的现金流量。可帮助投资者和债权人预计对公司未来现金流量的要求权以及获得前期流入需付出的代价。

（二）公司财务报表分析方法

1. 比较分析法

比较分析法是财务报表分析中使用的最基本的方法，他是对两个或几个有关的可比数据进行对比，以揭示财务指标的差异和变动关系。

2. 结构分析法

每一块资产或者每一块负债及所有者权益占总资产或者总负债及所有者权益的比例。

3. 趋势分析法

把历年的相同数据进行比较，如环比增长速度、环比发展速度等等。

4. 标准比较法

确定同行业中的标志性行业。

（三）财务指标分析

1. 反映偿债能力的财务指标

（1）流动比率。流动比率是流动资产除以流动负债的比值。其计算公式为：

流动比率 = 流动资产/流动负债

流动比率可以反映公司的短期偿债能力。经验表明生产型公司合理的最低流动比率维持在 2 比较合适。因为流动资产中变现能力较差的存货等资产约占流动资产的一半左右，流动负债的清偿才有所保障。

流动比率排除了公司规模不同的影响，更适合公司之间以及本公司不同历史时期的比较。

（2）速动比率。速动比率是从流动资产中扣除存货部分再除以流动负债的比值。其计算公式为：

速动比率 = （流动资产 - 存货）/流动负债

在计算速动比率时把存货从流动资产中提出的主要原因在于：

①在流动资产中，存货的变现速度最慢。

②由于某种原因，部分存货可能已损失报废但还没做处理。

③部分存货已抵押给某债权人。

④存货股价还存在着与合理市价相差悬殊的问题。

综合上述原因，在不希望企业用变卖存货的办法还债以及排除使人产生种种误解因素的情况下，把存货从流动资产总额中扣除后计算出的速动比率，反映的短期偿债能力更令人信服。

一般认为，速动比率维持在 1 比较合适。这表明每 1 元的流动负债就有 1 元容易变现的流动资产来抵偿。短期偿债能力就有可靠保障。速动比率过高，表明公司在速动资产上占用的资金过多，有可能增加企业投资的机会成本；过低则表明公司的短期偿债风险较大。不同行业的速动比率有不同的标准，所以在分析速动比率时必须考虑行业的特点。

（3）现金比率。现金比率是指公司在会计期末拥有的现金余额和同期各项流动负债总额的比率。其计算公式为：

现金比率 = 现金余额/流动负债

经营净现金比率 = 经营活动中的净现金流量/流动负债

该比率反映公司获得现金偿还短期债务的能力。

（4）利息保障倍数。利息保障倍数指标是指企业息税前利润与利息费用的比率，用以衡量偿付借款利息的能力。其计算公式为：

利息保障倍数 = 息税前利润/利息费用

公式中的“息税前利润”是指利润表中未扣除利息费用和所得税之前的利润，可以用“利润总额加利息费用”来预测。

公式中的“利息费用”是指本期发生的全部应付利息，不仅包括财务费用中的利息费用，还应包括计入固定资产成本的资本化利息。利息邦张倍数的重点是衡量企业支付利息的能力，没有足够大的息税前利润，资本化利息的支付就会发生困难。

2. 反映资本结构的财务指标

资本结构分析主要是分析企业资产与债务、股东权益之间的相互关系。反映企业使用财务杠杆的程度及财务杠杆的作用。

（1）股东权益比率。是股东权益对总资产的比率，简称权益比率。其计算公式为：

股东权益比率 = 股东权益/资产总额

股东权益包括普通股股本、优先股股本、资本公积金以及保留盈余等。

（2）负债比率。是债权人的权益对总资产的比率。其计算公式为：

负债比率 = 债务总额/资产总额

资产负债率对债权人来说，希望债务比例越低越好，公司偿债有保证，贷款不会有太大的风险。

资产负债率对于股东来说，负债比例越大越好（在全部资本利润率高于借款利息率时）。否则相反。

资产负债率对于经营者来说，利用资产负债率指定介入资本决策时，必须充分估计可能增加的风险，在两者之间权衡利害得失，作出正确决策。

（3）长期负债比率。其计算公式为：

长期负债比率 = 长期负债总额/固定资产

这一比率反映公司固定资产中长期负债占的比率，如果这一比率较高，说明公司过多地依赖长期债务购置固定资产，由于固定资产流动性较差，债权人的权益受保护程度小。这一比率较低，说明公司尚未充分利用财务杠杆作用，也说明公司尚有较大的潜在借债能力，特别是在需要用固定资产作抵押时，可为债权人提供安全保障。

3. 反映营运能力的财务指标

营运能力是指公司经营管理中利用资金运营的能力。一般通过公司资产管理比率来衡量，主要表现为资产管理及资产利用的效率。

（1）存货周转率和存货周转天数。存货周转率和存货周转天数反映了公司存货的流动性。是衡量公司生产经营中存活营运效率的指标。其中存货周转率是衡量和评价公司购入存货、投入生产、销售收回等各环节管理状况的综合性指标。其计算公式为：

存货周转率 = 销售成本/平均存货 ×100%

存货周转天数 = 360/存货周转率

公式中的“销售成本”数据来源于利润表；“平均存货”数据来源于资产负债表中的“存货”期初数与期末数的平均数。

通常，存货周转速度越快，存货转为现金或应收账款的速度越快，公司管理的效率越高；反之亦然。但并非存货周转率越高越好。在分析时还应对存货的结构以及影响存货周转速度的重要项目进行分析。

（2）应收账款周转率和周转天数。应收账款和存货一样，在流动资产中有着举足轻重的地位。及时收回应收账款，不仅增强了企业的短期偿债能力，也反映出企业管理应收账款方面的效率。用时间表示的应收账款周转率就是应收账款周转天数。其计算公式为：

应收账款周转率 = 销售收入/平均应收账款 ×100%

应收账款周转天数 = 360/应收账款周转率

公式中的“销售收入”数据来自损益表，是指扣除折扣和折让后的销售净额。“平均应收账款”是指未扣除坏账准备的应收账款金额，是资产负债表中的“应收账款余额“期初数与期末数的平均数。

一般来说，应收账款周转率越高、平均收账期越短，说明应收账款的收回越快；否则，企业的营运资金会过多的呆滞在应收账款上，影响正常的资金周转。

（3）固定资产周转率。固定资产周转率是销售收入与全部固定资产平均余额的比值。其计算公式为：

固定资产周转率 = 销售收入/平均固定资产 ×100%

其中，平均固定资产 = （年初固定资产 + 年末固定资产）/2

该比率是衡量企业运用固定资产效率的指标，比例越高，表明固定资产运用效率高，利用固定资产的效果好。

（4）总资产周转率。总资产周转率是销售收入与平均资产总额的比值，它反映公司总资产的周转速度。其计算公式为：

总资产周转率 = 销售收入/平均资产总额 ×100%

公式中的“平均资产总额”是资产负债表中的“资产总计”期初数与期末数的平均数。

总资产周转率越高，说明公司的总资产周转越快，销售能力越强。

4. 反映盈利能力的财务指标

企业盈利能力分析主要反映资产利用的结果，即企业利用资产实现利润的状况，通过对盈利能力指标的长期趋势分析，可判断公司的投资价值。

（1）毛利率。其计算公式为：

毛利率 = 毛利/销售收入 ×100%

其中，毛利 = 销售收入 - 销售成本

一般来说毛利率指标越高越好，但不同行业间的毛利率相差很大。

（2）资产收益率。其计算公式为：

资产收益率 = 税后净利润/资产总额 ×100%

该指标用来衡量企业利用资产实现利润的情况，即每一元钱的资产能获取多少净利润，这一指标可准确全面地反映企业经营效益和盈利情况，是资产周转率和净利率的结合，是投资者十分关心的指标。

（3）股东权益收益率。其计算公式为：

股东权益收益率 = 税后净收益/股东权益 ×100%

5. 反映投资收益的财务指标

（1）每股净收益。每股净收益即普通股每股净收益，是公司每年税后净利润在扣除优先股股息后所剩余额属于每股普通股的净收益。这部分净收益一部分以股息形式派发给普通股股东，一部分以留存收益的形式留在公司内用以扩大再生产。具体公式如下：

每股净收益 = （税后净收益 - 优先股息）/发行在外的普通股股权

（2）股息发放率。股息发放率是普通股每股股利与每股净收益的百分比。该指标反映普通股股东从每股的全部净收益中分得多少，就单独的普通股投资者来讲，这一指标比每股净收益更直接体当现前利益。股息发放率高低要依据各公司对资金需要量的具体状况而定。具体公式如下：

股息发放率 = 每股股息/每股净收益 ×100%

五、基于现金流量表的现金流分析

在比率分析中，多数财务比率的数据均来自利润表和资产负债表。通过对现金流量表的分析，可以进一步剖析企业的经营、投资和筹资活动的效率。资金链条是企业经营的重要环节，企业的不同经济活动产生的现金流量是不同的，通过现金流量表可以明确经营活动、筹资活动和融资活动为企业带来的现金流量情况。

（一）现金流量信息的作用

当现金流量表结合其他财务报表一起使用时，所提供的信息能帮助使用者评价企业净资产的变动、财务结构以及企业为适应环境和实际的变化而影响现金流量的金额和事件的能力。它提高了不同企业经营业绩报告的可比性，因为他消除了对相同交易和事项采用不同会计处理的影响。

（二）现金流量的构成与分类

现金流量是指在一定会计期限内流入和流出企业的现金及现金等价物。这里的现金不仅包括“现金”账户核算的库存现金，还包括“银行存款”账户核算的银行活期存款和可提前支取的定期存款，以及“其他货币资金”账户核算的外埠存款、银行汇票存款、银行本票存款和在途货币资金等其他货币资金。

现金等价物是指企业持有的期限短、流动性强、易于转换为已知金额现金的投资，比如短期国债和信誉良好的短期企业债。

我国将现金流量划分为分为三类：

（1）经营活动所产生的现金流。是指创造收益的主营业务以及不属于投资业务或融资业务的其他业务。

（2）投资活动产生的现金流。是指取得和处理长期资产以及不包括现金等价物在内的其他投资。

(3) 筹资活动产生的现金流。是指导致企业的权益资本以及借款的规模和结构产生变化的业务。

（三）现金流量表的编制方法

现金流量表的编制方法有直接法和间接法两种。直接法是指通过现金收入和支出的主要类别反应来自企业经营活动的现金流量。直接法提供了有助于估计未来现金流量但不能通过间接法获得的信息，它一般是以利润表中的营业收入为起算点，调整与经营活动有关项目的增减变动，然后计算出经营活动的现金流量。

间接法是以本期净利润为起算点，调整不涉及现金的收入、费用、营业外收支等项目的增减变动，据此算出经营活动的现金流量。我国采用直接法编制现金流量表。

（四）现金流量表的分析要点

1. 经营性现金流量为负数

经营活动所产生的现金流量是公司生存和发展的基础，如果此项结果为负值，说明公司从销售商品和劳务之中取得的现金收入不能满足维持当期营运资本正常运行的支付。导致出现这种结果的原因有两种：

(1) 公司正在快速成长。处于高速成长期的公司，其销售收入每年都保持着很高的增长率。经理人员预见到了市场需求的巨大潜力，就会扩大在存货、广告费用和人员工资上的支出，以期在下一个年度带来更大的现金流量。此举的直接结果就是使当期销售所产生的现金流入小于当期在营运资金上的支出，出现负的经营性现金流量。

(2) 经营业务亏损或对营运资本管理不力。因外购商品和劳务形成的成本高与公司产品和劳务的售价而形成的现金流量负值就比较严重。激烈的行业内部竞争压低销售价格，高成本的企业就会面临这种困境，因销售不力而导致的产品积压同样会导致当期现金流入不足，必须通过加强会营运资金的管理予以解决。

2. 经营活动所产生的现金流量与净收益之间的巨大差额

这种情况一般是由于应收账款的剧增或投资收益及营业外收入的变化造成的。

(1) 应收账款剧增。销售行为发生后，不管有没有收到现金，都会在账面上表现为销售收入。如果产品的销售价高于成本，将直接增加净收益。现金流量则是销售收入中间去应收账款的部分，是公司当期收到的现金。所以二者可能存在巨大差异。

(2) 投资收益及营业外收入的变化。投资收益及营业外收入的增加直接作用于营业利润，进而增加净利润，而对经营活动所产生的现金流量没有影响。所以二者可能存在巨大差异。

3. 投资活动的现金流向是否与企业战略一致

投资活动的现金流量的流向是对企业展业战略的贯彻。例如，公司决定了以电脑生产行业为主业的战略，投资现金流量就应该表现为用以建立、收购或兼并电脑的生产性和科技型企业的现金支出，而对其他与主业发展关系不大的企业，公司应收回投资和处理固定资产，表现为投资活动的现金流入。如果投资活动的现金流量表现得非常分散，说明公司投资方向不明，可能是管理层正在试图通过投资多元化来降低收益的波动性。多元化一般带来公司成长率的下降，在对公司未来的业绩进行预测是要考虑这个因素。

4. 投资活动的资金来源是依赖于内源融资还是外源融资

如果投资活动所需资金可以完全由经营性现金流量支持，说明公司的发展依赖于内源融资；反之，如果需要通过借债或配股筹资来支持投资活动，说明公司比较依赖于外源融资。一般来说，依赖内源融资的企业财务状况较为稳健，对债权人和股东的要求较少，投资于这种企业增值快。依赖于外源融资会加速企业资产规模膨胀的速度，但是如果这种增长是依赖于债务型融资，会增加企业财务危机的可能性；如果依赖于配股融资，则会降低净资产收益率。这两种情况对于公司现有的股东都是不利的。

5. 筹资活动现金流量的主要来源是股票筹资、短期负债还是长期负债

不同形式的筹资活动对企业经营风险和收益的影响是有差别的。一般来说，股票筹资对公司经营的压力较小，短期负债过大将会限制企业经营的灵活性。但是，如果企业的财务杠杆率较低，同时企业所属行业的获利能力有比较稳定，比如供电供水、公路收费等公用事业类公司，增加短期负债和长期负债在企业财务结构中的比重，会提高公司的净资产收益率。

项目总结

操作要点

本项目围绕证券投资基本分析介绍了六方面内容。在学习的过程中，掌握证券投资分析的意义；掌握证券投资分析的主要步骤；熟悉证券投资分析的主要流派；了解证券投资分析的主要方法；掌握宏观经济运行对证券市场的影响；熟悉宏观经济政策对证券市场的重要影响；了解经济周期、行业的生命周期与证券投资分析的关系；掌握影响行业兴衰的因素；掌握公司基本分析的五大要素；了解公司主要的财务报表及分析方法和公司财务比率分析的主要内容。

知识要点

宏观经济分析的分析对象有：国民生产总值分析；经济周期分析；财政政策分析；货币政策分析；汇率政策分析等。重点把握宏观经济变动对证券市场的影响。

行业分析的分析对象有：市场结构分析；行业生命周期分析；行业战略分析；影响行业兴衰的因素等。重点把握行业分析各要素的变动对证券市场的影响。

公司分析的主要内容包括各种财务报表分析；各种财务比率分析等。重点学习如何利用财务指标判断某股份有限公司的投资价值。

推荐阅读

1.《巴菲特最有价值的投资策略》，中国城市出版社，2008 年版。

2.《巴菲特教你选股》，中信出版社，2010 年版。

问题讨论

1. 如何阅读上市公司定期报告。

2. 经济政策的变动对证券市场的影响。

3. 行业环境分析包括哪些内容？

4. 除文中所提及的上市公司提高竞争力采取的策略外，还有哪些可以利用的竞争策略。

做一做

一、选择题

1. 劳动力人口是指年龄在（　　）具有劳动能力的人的全体。

A. 15 周岁以上　　B. 16 周岁以上

C. 18 周岁以上　　D. 以上都不正确

2. 商业银行由于资金周转的需要，以未到期的合格票据再向中央银行贴现时所适用的利率称为（　　）。

A. 贴现率　　B. 再贴现率

C. 同业拆借利率　　D. 回购利率

3. 2006 年，在众多因素尤其是在（　　）的积极影响下，股票市场逐步走出低迷状态，并一举扭转了熊市进入牛市上升通道。

A. 融资融券制度的推出　　B. 人民币升值

C. 股权分置改革　　D. 机构投资者的迅速发展

4. 如果经济即将走向萧条，一个具有吸引力的投资行业是（　　）。

A. 汽车行业　　B. 医疗服务行业

C. 建筑业　　D. 汽车行业和建筑业

5. 处于生命周期（　　）阶段的产业是蓝筹股的集中地，其证券价格一般呈现稳步攀升之势。

A. 初创期　　B. 成长期

C. 成熟期　　D. 衰退期

6. 对经济周期性波动来说，提供了一种财富“套期保值”手段的行业属于（　　）。

A. 增长型　　B. 周期型

C. 防御型　　D. 幼稚型

7. 我国新《国民经济行业分类》国家标准共有行业门类（　　）。

A. 6　　B. 10

C. 13　　D. 20

8. A 公司的股价为 20 元/股，每股净资产为 4 元，则其市净率为（　　）。

A. 5 倍　　B. 80 倍

C. 20 倍　　D. 24 倍

9. 下列不属于公司营运能力分析指标的是（　　）。

A. 存货周转率　　B. 应收账款周转率

C. 资产负债率　　D. 固定资产周转率

10. 能反映经济状况的先行指标是（　　）。

A. 失业率　　B. 消费品价格指数

C. 国民生产总值　　D. 股价指数

11. 下列货币政策工具中，属于一般性政策工具的是（　　）。

A. 法定存款准备金率　　B. 再贴现政策

C. 直接信用控制　　D. 公开市场业务

12. 通货膨胀从程度上可以划分为（　　）类型。

A. 温和的　　B. 严重的

C. 恶性的　　D. 危机的

13. 下列说法正确的是（　　）。

A. 持续、稳定、高速的 GDP 增长，有助于证券价格上涨

B. 滞涨会导致证券价格下跌

C. 证券市场一般提前对 GDP 的变动作出反应

D. 宏观调控下的 GDP 减速增长，必然将使股市转入熊市

14. 道·琼斯分类法将大多数股票分为（　　）。

A. 工业　　B. 农业

C. 运输业　　D. 公用事业

15. 我国证券市场的行业划分是（　　）。

A. 上证指数分为五类，即工业、商业、地产业、公用事业和综合类。深证指数分为六类，即工业、商业、金融业、地产业、公用事业和综合类

B. 上证指数分为六类，即工业、商业、金融业、地产业、公用事业和综合类。深证指数分为五类，即工业、商业、地产业、公用事业和综合类

C. 上证指数、深证指数分类的区别是深证指数分类有金融业

D. 上证指数、深证指数分为六类，即工业、商业、金融业、地产业、公用事业和综合类

16. 行业通常可分为（　　）这几种市场结构。

A. 完全竞争　　B. 垄断竞争

C. 完全垄断　　D. 寡头垄断

17. 上市公司的定期报告包括（　　）。

A. 月报　　B. 季报

C. 半年报　　D. 年报

18. 常用的相对估值指标包括（　　）。

A. 市盈率　　B. 市净率

C. 利润率　　D. 周转率

19. 总资产收益率细分为（ ）。

A. 销售利润率　　B. 净资产收益率

C. 财务杠杆　　D. 总资产周转率

20. 通过阅读资产负债表，可以获得（ ）等数据。

A. 企业资本结构　　B. 企业债务结构

C. 企业偿债能力　　D. 企业盈利能力

二、判断题

1. 对国家财政政策、货币政策和收入政策的分析属于宏观经济分析的范畴。（ ）

2. 如果市场物价上涨，需求过度，经济过度繁荣，被认为是社会总需求大于总供给，中央银行就会采取紧缩货币的政策以减少需求。（ ）

3. 温和通货膨胀之的是通胀率低于5%的通货膨胀。（ ）

4. 一般而言，以外币为基准，汇率上升，本币贬值时，出口企业证券价格上升。（ ）

5. 证券公司不得以任何方式对客户证券买卖的收益或赔偿证券买卖的损失作出承诺。（ ）

6. 企业的组织形式一般可分为股份有限公司和有限责任公司两种。（ ）

7. 在完全竞争的市场类型中，所有的企业都无法控制市场的价格和产品差异化。（ ）

8. 对股票投资来讲，财务风险中最大的风险当属公司亏损风险。（ ）

9. 一般认为，公司财务评价的内容主要是成长能力，其次是盈利能力，此外还有偿债能力。（ ）

10. 资产净利率的数值低，表明企业在增加收入和节约资金使用等方面取得了良好效果。（ ）

三、简述题

1. 试述计算速动比率时，从流动资产中去除存货的原因。

2. 影响行业兴衰的因素有哪些？

3. 产业生命周期各阶段的特征主要有哪些？

项目九

证券投资技术分析

知识学习目标：

通过本项目九的学习，期待学生能够了解证券投资技术分析的基本概念、了解技术分析的三大假设，能够对道氏理论、量价关系理论、k线理论、切线理论、形态分析理论以及技术指标理论等内容有较好的理解和掌握，并能将所学的理论运用到证券投资、期货投资以及外汇投资等领域中去。

技能训练目标：

形成证券（股票、外汇、期货）投资的技术分析的基本思路；能够综合应用技术分析的各种方法进行实际操作；通过技术分析来选择投资品种；选择好介入时机和离场时间。

案例导入

“满仓踏空”与“高仓健”

一、背景

(1) 中国证券市场已经处在全流通格局下。

(2) 退市制度已经启动。

(3) 注册制度即将推出。

(4) 熊途已漫漫：2007年开始的熊市已经持续到2014年，人心思涨。

（5）降息：2014 年 11 月 22 日电：时隔两年之后，中国今日再次实施全面、非对称性降息，一年期贷款基准利率和存款基准利率分别下调 0.4 个百分点和 0.25 个百分点。给投资者的感觉是：打开了新一轮降息降准的窗口……

图 9-1 “满仓踏空”与“高仓健”①

（6）沪港通：中国证监会与香港证监会于 2014 年 10 月 10 日早间联合公告，沪港通下的股票交易将于 2014 年 11 月 17 日开始。

（7）上证综指于 2014 年 11 月 24 日（星期一）向上突破得到确认：开始上行。

二、起因

2014 年 12 月 2 日，沪深两市继续上演长阳大涨行情。早盘两市股指小幅低开震荡，而后在券商股带动下发力上扬，午后银行、保险等金融股加入领涨板块阵营。受到金融行业三驾马车引领，两市大盘午后一路冲高，双双刷新本轮行情前期高点，沪指创出 2 777.37 点新高，较上一交易日最大上涨 97 点。而创业板和中小板指数则维持高位横盘，显示资金更加留恋主板市场的大块头。

三、经过

截至收市，上证综指报 2 763.55 点，上涨 83.39 点，涨幅 3.11%；深证成指报 9 366.95 点，上涨 271.19 点，涨幅 2.98%；两市共成交 6 748.39 亿元。创业板指报 1 565.42 点，上涨 13.11 点，涨幅 0.81%；中小板指报 56 114.75 点，上涨 60.39 点，涨幅 1.09%。A 股大涨，但许多散户却没能及时抓住热点，眼睁睁错失行情，只能忍受“满仓踏空”的痛苦。

四、结果

两市虽然大涨，但两市仅 313 只个股跑赢大盘，部分题材概念股还逆市下跌，许多散户感叹满仓踏空，白白错失了一轮行情。自然，“满仓踏空”这个词，也就随着这轮牛市而变得非常有名。

① 注：漫画摘自王伟宾。

阅读四季报发现，虽然上证指数在四季度上涨了约37%，但全部基金持有的股票市值只增长了约14%，大幅落后市场，表明公募基金大部分并未充分享受到蓝筹股板块的上涨。而从基金的重仓股票看，那些重仓的蓝筹股，应该是高位建仓使然。这就是说，公募基金2014年四季度基本处在“满仓踏空”，而后“高仓建”的状态。

五、问题与思考

作为中小投资者，以及公募基金的基金经理们，从技术分析的角度看，是否可以避免这种“满仓踏空”与“高仓健”呢？

资料来源：摘自2015年1月28日《第一财经日报》及百度百科。

模块一
认知技术分析

任务描述

熟悉市场行为、技术分析等基本概念。

业务描述

掌握技术分析的三大假设，掌握各种技术分析方法的含义。

一、技术分析概述

所谓技术分析，是指直接对证券市场的市场行为所作的分析，其特点是通过对市场过去和现在的行为，应用数学和逻辑的方法，探索出一些典型的规律（模式）并据此预测证券市场的未来变化趋势。证券投资技术分析是仅从证券的市场行为来分析证券价格未来变化趋势的方法，即将证券价格涨跌的变化情况、成交量的大小，通过一系列数学或统计的方法处理及分析，或用绘图的方法呈现出来，判断证券价格的变化趋势，从而确定买卖证券的最佳时机。可以说技术分析要解决的就是“应该何时买卖证券、买卖股票”的问题。

（一）技术分析的理论基础

为了更有利、更全面地理解和掌握各个具体的技术分析方法。我们需要建立技术分析的前提，这个前提就是技术分析的理论基础。这个理论基础是基于3项合理的市场假设：市场行为涵盖一切信息；价格沿趋势移动；历史会重演。

1. 市场行为涵盖一切信息

“市场行为涵盖一切信息”是构成技术分析的基础，其主要思想是认为影响股票价格的每一个因素（包括内在的和外在的）都反映在市场行为中了，不必对影响股票价格的具体因素做过多的关心。技术分析使用者认为，能够影响某种证券价格变动的任何因素——基础的、政治的、心理的或者任何其他方面的——都会被反映在价格上，由此可以推理，只需研究价格变化而不必弄清楚之前究竟是什么基本面因素引发价格达到目前的状况。这个前提的实质含义是价格变化必定反映了市场的供求关系。由此可见，技术分析没有背离价格形成的基本规律，技术分析者只是通过价格间接或是无意识地分析了市场的供求状况，图表本身并不产生价格的趋势和涨跌，供求才是最基本的因素。但技术分析者不必要去理会价格涨落的基本面原因，这就减少了投资者知识背景、信息来源、分析能力和精力的限制，同时由于技术分析方法的广泛适用性，使得技术分析者可以介入各个不同的市场和参与各种不同性质的产品，而这是基本面分析者很难做到的。

影响股票价格的变动有很多方面的因素，包括宏观面、政策面、市场面、资金面、心理面等。但任何一个因素对股票市场的影响最终都必然体现在股票价格的变化上，都会在图表上直观地反映出来。如果某一消息一公布，股票价格却没有大的变动，说明这个消息至少暂时不是影响股票市场走势的关键因素。

2. 价格沿趋势移动

“价格沿趋势移动”这一假设是进行技术分析最根本、最核心的前提。该假设认为证券价格的变动是按一定趋势进行的，在该趋势未发生反转之前，证券价格变动有保持原来趋势方向的惯性。一般说来，一段时间内证券价格一直是持续上涨或下跌，那么今后一段时间，如果不出意外，其价格也会按这一方向继续上涨或下跌，没有理由改变这一既定的运动方向。股谚道：“顺势而为”，就是指如果股价没有调头，没有必要逆大势而为。正是由于这一前提，技术分析者们才花费大量心血“按图索骥”，试图找出股票价格的变动规律。

3. 历史会重演

“历史会重演”这一假设是进行技术分析的重要前提。价格运动在图表上留下的运动轨迹，常常有惊人的相似之处，可以说，技术分析的理论就是人们对过去证券价格的变动规律进行归纳总结的结果。比如，价格形态，它们通过一些特定的价格图表形状表现出来，而这些图形表示了人们对某个市场看好或者看淡的心理。

有了这三大假设，技术分析就有了自己的理论基础。第一条假设肯定了研究市场行为就意味着全面考虑了影响股价的所有因素；第二条和第三条假设使得我们找到的规律能够应用于股票等证券市场的实际操作之中。

（二）技术分析方法的分类

技术分析方法是多种多样的。一般来说，可以将技术分析方法分为五类：K线类、切线类、形态类、指标类、波浪类。

1. K线类

K线类的研究手法是侧重若干天的K线组合情况，推测股票市场多空双方力量的对比，进而判断多空双方谁占优势，是暂时的还是决定性的。K线最初由日本人发明，K线图是进行各种技术分析的最重要的图表，许多股票投资者进行技术分析时往往首先接触的是K线图。

2. 切线类

切线类是按一定方法和原则在由股票价格的数据所绘制的图表中画出一些直线，然后根据这些直线的情况推测股票价格的未来趋势，这些直线就叫切线。切线主要是起到支撑和压力的作用。支撑线和压力线的往后延伸位置对价格趋势起一定的制约作用。画切线的方法有很多种，主要有趋势线、通道线、黄金分割线等。

3. 形态类

形态类是根据价格图表中过去一段时间走过的轨迹形态来预测股票价格未来趋势的方法。主要的形态有头肩顶、头肩底、M 头、W 底等十几种。从价格轨迹的形态中，可以推测出股票市场处于一个什么样的大环境之中，由此对今后的投资给予一定的指导。

4. 指标类

指标类要考虑市场行为的各个方面，建立一个数学模型，给出数学上的计算公式，得到一个体现股票市场的某个方面内在实质的数字，这个数字叫指标值。指标值的具体数值和相互间关系，直接反映股票市场所处的状态，为我们的操作行为提供指导方向。常用的指标有移动平均线（MA）、相对强弱指标（RSI）、随机指标（KDJ）、平滑异同移动平均线（MACD）、威廉指标（R）等。

5. 波浪类

波浪类是将股价的上下变动看成是波浪的上下起伏。波浪的起伏遵循自然界的规律，股价的运动也就遵循波浪起伏的规律。简单地说，上升是五浪，下跌是三浪。波浪理论的发明者和奠基人是艾略特（Ralph Nelson Elliott）。

以上五类技术分析方法是从不同的方面来理解和考虑证券市场，其考虑的方式不同，也就导致其在操作指导时所使用的方式不同。有的注重长线，有的注重短线；有的注重价格的相对位置，有的注重价格的绝对位置；有的注重时间，有的注重价格。不管注重什么，最终殊途同归，方法就是个工具，为了都是投资收益。

二、应用技术分析时的注意事项

技术分析作为证券等投资分析工具，所得结论都是在有限条件下获得的，因此在应用时须注意以下问题。

（一）技术分析必须与基本面的分析结合起来使用

对于刚刚兴起的不成熟证券市场，由于市场突发消息较频繁，人为操纵的因素较多，所以仅靠过去和现在的数据、图表去预测未来是不可靠的。事实上，在中国的证券市场上，技术分析依然有较高的预测成功率。关键就在于不能机械地使用技术分析。除了在实践中不断修正技术分析参数外，还必须注意结合基本面分析。

（二）注意多种技术分析方法的综合研判，切忌片面地使用某一种技术分析结果

投资者必须全面考虑各种技术分析方法对未来的预测，综合这些方法得到的结果，最终得出一个合理的多空双方力量对比的描述。实践证明，单独使用一种技术分析方法有相当大的局限性和盲目性。如果应用每种方法后得到同一结论，那么依据这一结论出错的可能性就

很小，如果仅靠一种方法得到的结论出错的机会就大。为了减少自己的失误，应尽量多掌握一些技术分析方法，掌握得越多肯定是越有好处的。

（三）前人和别人得到的结论要通过自己实践验证后才可以放心使用

由于证券市场能给人们带来巨大的收益，上百年来研究股票的人层出不穷，分析的方法各异，使用同一分析方法的风格也不同。前人和别人得到的结论都是在一定的特殊条件和特定环境中得到的。随着环境的改变，前人和别人成功的方法自己在使用时也有可能失败。因此需要自己在使用中不断去验证和调整，即所谓哲学里说的扬弃。

模块二
道 氏 理 论

任务描述

熟悉道氏理论的基本内容。

业务描述

掌握道氏理论的基本观点。

一、道氏理论的基本要点

道氏理论认为，股票价格运动有三种趋势，其中最主要的是股票的主要趋势，即股价广泛或全面性上升或下降的波动情形。这种变动持续的时间通常为一年或一年以上，股价总升（降）的幅度超过20%。对投资者来说，主要趋势持续上升就形成了多头市场，持续下降就形成了空头市场。股价运动的第二种趋势称为股价的次级趋势。因为次级趋势经常与主要趋势的运动方向相反，并对其产生一定的牵制作用，因而也称为股价的修正趋势。这种趋势持续的时间从三周至数月不等，其股价上升或下降的幅度一般为股价主要趋势的1/3或2/3。股价运动的第三种趋势称为短期趋势，反映了股价在几天之内的变动情况。修正趋势通常由三个或三个以上的短期趋势所组成。

（一）主要趋势

股票的主要趋势即从大的角度来看的上涨和下跌的变动。其中，只要下一个上涨的水准超过前一个高点，而每一个次级的下跌其波底都较前一个下跌的波底高，那么，主要趋势是上升的。这被称为多头市场。相反的，当每一个中级下跌将价位带至更低的水准，而接着的弹升不能将价位带至前面弹升的高点，主要趋势是下跌的，这称为空头市场。通常主要趋势是长期投资人在三种趋势中唯一考虑的目标，其做法是在多头市场中尽早买进股票，只要他可以确定多头市场已经开始发动了，一直持有到确定空头市场已经形成了。对于所有在整个大趋势中的次级下跌和短期变动，他们是不会去理会的。当然，对于那些做经常性交易的人来说，次级变动是非常重要的机会。

（二）次级趋势

次级趋势是与主要趋势运动方向相反的一种逆动行情，干扰了主要趋势。在多头市场中，它是中级的下跌或“调整”行情；在空头市场中，它是中级的上升或反弹行情。通常在多头市场中，它会跌落主要趋势涨升部分的1/3～2/3。然而，需要注意的是，1/3～2/3的原则并非一成不变。它只是调整幅度的简单说明。大部分的次级趋势的涨落幅度在这个范围中。它们之中的大部分停在非常接近半途的位置，即回落原先主要涨幅的50%：这种回落达不到1/3者很少，同时也有一些是将前面的涨幅几乎都跌掉了。因此，我们有两项判断一个次级趋势的标准，任何和主要趋势相反方向的行情，通常情况下至少持续3个星期；回落主要趋势涨升的1/3，除了这个标准外，次级趋势的确认、对它发展的正确评价及对它进行的全过程的断定，始终是理论描述中的一个难题。

（三）短期趋势

短期趋势是短暂的波动。很少超过3个星期，通常少于6天。它们本身尽管是没有什么意义，但是使得主要趋势的发展全过程富于了神秘多变的色彩。通常，不管是次级趋势或两个次级趋势所夹的主要趋势部分都是由一连串的三个或更多可区分的短期变动所组成。由这些短期变化所得出的推论很容易导致错误的方向。在一个无论成熟与否的股市中，短期变动都是唯一可以被“操纵”的。

二、道氏理论的其他分析方法

（一）用两种指数来确定整体走势

著名的道·琼斯混合指数是由20种铁路、30种工业和15种公共事业三部分企业组成的。根据历史的经验，其中工业和铁路两种分类指数数据有代表性。因此，在判断走势时，道氏理论更注重于分析铁路和工业两种指数的变动。其中任何单纯一种指数所显示的变动都不能作为断定趋势上有效反转的信号。

（二）根据成交量判断趋势的变化

成交量会随着主要的趋势而变化。因此，根据成交量也可以对主要趋势做出一个判断。通常，在多头市场，价位上升，成交量增加；价位下跌，成交量减少。在空头市场，当价格滑落时，成交量增加；在反弹时，成交量减少。当然，这条规则有时也有例外。因此只依据几天的成交量是很难得出正确的结论的，只有对持续一段时间的整个交易的分析才能够做出较为准确的判断。在道氏理论中，为了判定市场的趋势，最终结论性信号只由价位的变动产生。成产量仅仅是在一些有疑问的情况下提供解释的参考。

（三）盘局可以代替中级趋势

一个盘局出现于一种或两种指数中，持续了两个或三个星期，有时达数月之久，价位仅在约5%的幅度中波动。这种形状显示买进和卖出两者的力量平衡。因此，价位往上突破盘局的上限是多头市场的征兆，价位往下跌破盘局的下限是空头市场的征兆。一般来说，盘局的时间愈久，价位愈窄，它最后的突破愈容易。

盘局常发展成重要的顶部和底部，分别代表着出货和进货的阶段，但是，它们更常出现在主要趋势时的休息和整理的阶段。在这种情形下，它们取代了正式上的次级波动。很可能一种指数正在形成盘局，而另一种却发展成典型的次级趋势。

（四）把收盘价放在首位

收盘价是时间匆促的人看财经版唯一阅读的数目，是对当天股价的最后评价，大部分人根据这个价位做买卖的委托。

（五）在反转趋势出现之前主要趋势仍将发挥影响

人人都知道，多头市场并不能永远持续上扬，空头市场也总有到底的一天。当新的主要趋势第一次由两种指数确认后，如不管短期间的波动，此趋势开始时绝大部分会持续，但越往后这种趋势延续下去的可能性就越小。旧趋势被反转可能发生在新趋势被确认后的任何时间，作为投资人，在作出委托后，必须随时注意市场。

（六）股市波动反映了一切市场行为

股市指数的收市价和波动情况反映了一切市场行为。不论什么因素，股市指数的升跌变化都反映了群众心态。群众乐观，无论有理或无理，适中或过度，都会推动股价上升；群众悲观，亦不论盲目恐惧，有实质问题也好，或者受其他人情绪影响而歇斯底里也好，都会反映在指数下挫上。应该分析反映整个市场心态的股市指数，股市指数代表了群众心态，是市场行为的总和。

三、道氏理论的缺陷

道氏理论主要存在如下缺陷：

（1）道氏理论主要目标是试图确认股市的主要趋势（Primary Trend）。一旦主要趋势确立，道氏理论假设这种趋势会一路持续，直到趋势遇到外来因素破坏而改变为止。但道氏理论只推断股市的大趋势，却不能推断大趋势里面的升幅或者跌幅将会到何种程度。

（2）道氏理论每次都要两种指数互相确认，这样做已经慢了半拍，失去了最好的入货和出货机会。

（3）道氏理论对选股帮助不大，其可操作性较差。

（4）道氏理论注重长期趋势，对中期趋势，特别是在不知是牛还是熊的情况下，不能带给投资者明确启示和判断。

模块三
量价关系分析

任务描述

熟悉成交价和成交量的变化关系。

业务描述

掌握成交价和成交量的变化关系及其应用。

一、技术分析的要素

价、量、时、空是进行技术分析的四大要素。掌握这几个要素的具体情况和相互关系是进行正确分析的基础。价是指股票过去和现在的成交价格；量是指股票过去和现在的成交量（或成交额）；时是指股票价格变动的时间因素和分析周期；空是指股票价格波动的空间范围。

（一）价和量是市场行为最基本的表现

在某一时点上的价和量反映的是买卖双方在这一时点上共同的市场行为，是双方的暂时均势点。随着时间的变化，均势会不断发生变化，这就是价量关系的变化。一般说来，买卖双方对价格的认同程度通过成交量的大小得到确认。认同程度小，分歧大，成交量大；认同程度大，分歧小，成交量小。双方的这种市场行为反映在价、量上就往往呈现出这样一种趋势规律：价升，量增；价跌，量减。根据这一趋势规律，当价格上升时，成交量不再增加，意味着价格得不到买方确认，价格的上升趋势就将会改变；反之，当价格下跌时，成交量萎缩到一定程度就不再萎缩，意味着卖方不再认同价格继续往下降了，价格下跌趋势就将会改变。成交价、成交量的这种规律关系是技术分析的合理性所在。

（二）时间和空间是市场潜在能量的表现

在技术分析中，“时间”是指完成某个过程所经过的时间长短，通常是指一个波段或一个升降周期所经过的时间。“空间”是指价格的升降所能够达到的程度。时间将指出“价格有可能在何时出现上升或下降”，空间将指出“价格有可能上升或下降到什么地方”。

时间更多地与循环周期理论相联系，反映市场起伏的内存规律和事物发展的周而复始的特征，体现市场潜在的能量由小变大再变小的过程。空间反映的是每次市场发生变化程度的大小，也体现市场潜在的上升或下降的能量的大小。上升或下降的幅度越大，潜在能量就越大；相反，上升或下降的幅度越小，潜在能量应越小。

(三) 时间、空间与价格趋势的一般关系

时间在进行行情判断时有着很重要的作用，一个已经形成的趋势在短时间内不会发生根本改变。中途出现的反方向波动，对原来趋势不会产生大的影响。一个形成了的趋势不可能永远不变，经过一定时间又会有新的趋势出现。

空间在某种意义上讲，可以认为是价格的一方面，指的是价格波动能够达到的极限。

一般来说，时间长、波动空间大的过程，对今后价格趋势的影响和预测作用也大；时间短、波动空间小的过程，对今后价格趋势的影响和预测作用也小。

二、价量关系分析

(一) 成交量的含义及判断

成交量就是成交的数量，即买卖双方达成一致的价格后，成交的数量。因为每个股票的流通股是不一样的。所以，在禁止卖空和信用交易的情况下，为了更好地研究每只股票的成交情况，用换手率指标来分析更为准确。其计算公式为：

$$换手率 = 成交量/流通股 \times 100\% \qquad (9-1)$$

(二) 成交量曲线的形态

1. 缩量

缩量是指市场成交极为清淡，大部分人对市场后期走势十分认同。这里面又分两种情况：一是看淡后市，造成只有人卖，没有人买；二是看好后市，只有人买，没有人卖。缩量一般发生在趋势的中期，碰到下跌缩量应坚决出局，等量缩到一定程度，开始放量上攻时再买入。碰到上涨缩量则可坚决买进，等股价上冲乏力，有巨量放出的时候再卖出。

2. 放量

放量一般发生在市场趋势发生转折的转折点处，市场各方力量对后市分歧逐渐加大，一些人纷纷把家底甩出，另一部分人却在大手笔吸纳。相对于缩量来说，放量有很大的虚假成分，控盘主力利用手中的筹码大手笔对敲放出天量是非常简单的事，但也没有必要因噎废食，只要分析透了主力的用意，也就可以将计就计“咬他一大口”。

3. 堆量

主力意欲拉升时，常把成交量做得非常漂亮，几日或几周以来，成交量缓慢放大，股价慢慢推高，成交量在近期的K线图上形成一个状似土堆的形态，堆得越漂亮，就越可能产生大行情。相反，在高位的堆量表明主力已不想玩了，在大举出货，这种情况下要坚决退出，不要幻想再获取巨利。

4. 量不规则性放大缩小

这种情况一般是没有突发利好或大盘基本稳定的前提下的妖庄所为，风平浪静时突然放出历史巨量，随后又复归平静，一般是实力不强的庄家在吸引市场关注，以便出货。

(三) 成交量与价格的关系

成交量是钱堆出来的，量是钱的化身。人们可以从已经发生的事实去分析归纳了解成交量与价格的关系，进而找出价格短线运行的有用线索。

成交量与价格的关系体现为以下几个典型情况。

1. 价涨量增

即股价随着成交量的递增而上涨，此为市场行情的正常特性，此种量增价涨关系，表示股价将有希望继续上升。

2. 价涨量平

在一波段的涨势中，股价随着递增的成交量而上涨，突破前一波的高峰，创下新高后价格继续上涨，然而此波段成交量却低于前一波段上涨的成交量，价创新高，量却没突破创新高，显示筹码锁定良好。

3. 价涨量缩

股价随着成交量的递减而继续上升。即股价上涨，成交量却逐渐萎缩。成交量是股价上涨的原动力，原动力不足是股价趋势存在反转的信号（筹码很集中的大庄股除外）。

4. 价稳量增

即股价维持在一定水平，而成交量却在温和放大。若在一大轮下跌之后的涨势初期，显示有主力介入，可跟进。若在经过一大段上涨之后，股价却上涨乏力，在高位盘旋，无法再向上大幅上涨，显示股价在高位大幅震荡，卖压沉重，则表明有机构在悄悄出货，股价将下跌。

5. 价跌量缩

若在跌势初期，表示跌势不改；若在长期下跌后，则表示抛压已经消耗很大，多空主力无心恋战，行情成了散户行情。

6. 价跌量增

股价向下跌破股价形态趋势线或移动平均线，同时成交量出现放大，是股价下跌的信号，表明趋势反转形成空头市场。股价长时间下跌后又出现恐慌性卖出，成交量放大，预期股价可能上涨，同时恐慌性卖出所创的低价，将不可能在极短的时间内跌破。恐慌性大量卖出之后，往往是空头结束的标志。

7. 价跌量平

表示价格开始下跌，减仓。

8. 高低位放量的信号提示作用

当市场行情持续上涨很久，出现急剧增加的成交量，从而形成股价下跌的因素。股价连续下跌之后，在低位出现大成交量，股价却没有进一步下跌，价格仅小幅变动，是进货的信号。

9. 成交量作为价格形态的确认

在以后的形态学讲解中，如果没有成交量的确认，价格形态将是虚的，其可靠性也就差一些。

10. 成交量是股价的先行指标

一般说来，量是价的先行者。当量增时，价迟早会跟上来；当价升而量不增时，价迟早会掉下来。从这个意义上，我们往往说“价是虚的，而只有量才是真实的”。

关于价格与成交量的进一步分析，还可以参见在技术指标分析中的能量潮和价量曲线。

三、涨跌停板交易制度下的量价关系

涨跌停板与非涨跌停板时的量价研判是不同的。一般情形下，价涨量增被认为价量配合较好，后市涨势将会持续，可以继续追涨或持股。如果股价上涨时，成交量未能有效地配合放大，说明追高意愿不是十分强烈，后市涨势难以持续长久，可适当地清仓。但在涨跌停板时，若股价在涨停板时，没有太多的成交量，则说明持有股票的投资者心中的目标价位更高，不会在目前价位上轻易抛出，买方由于卖盘量太少，买盘无法买到，所以才没有多大的成交量。第二日多头一般都会加大幅度追涨买进，因而，股价也就继续保持扬升的势态，也进一步刺激了场外资金的欲望，引发了一轮更强劲的升势。但是当出现涨停时，中途多方却无法坚守阵地，被迫打开了涨停板，成交量出现放大的迹象，则说明加入到抛售行列中的投资者在增多，多空双方的力量对比正在发生某些变化，随着空方主力做空力度的加大，股价将开始下挫。实战中总结如下，见图 9－2。

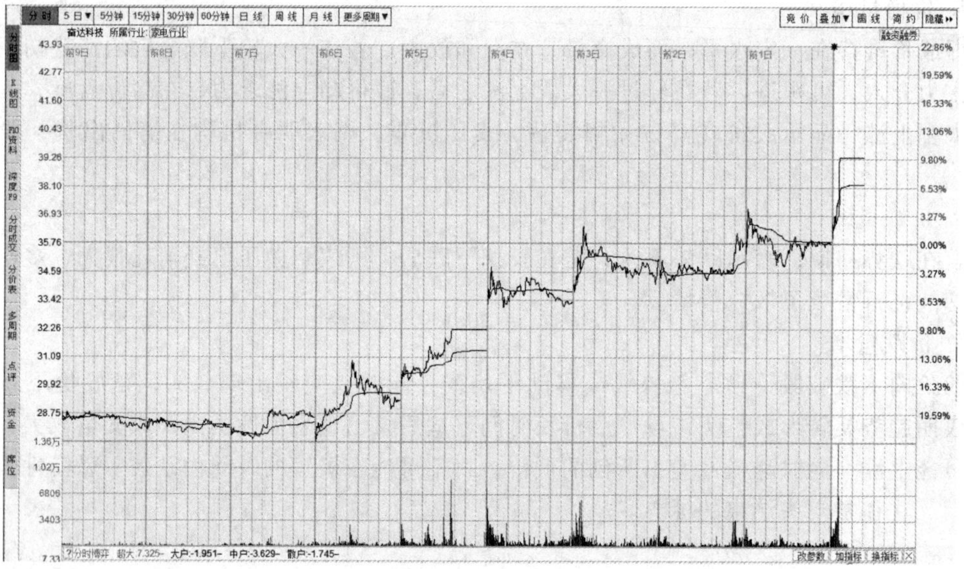

图 9－2 奋达科技（002681）多日分时走势图之量价变化

（1）涨停时的成交量小，将继续上涨；跌停时的成交量小，将继续下跌。即：无量涨停、天天涨停，无量跌停、天天跌停。放量反而是要转势的信号，在连续涨停之后放量，则需考虑做空。

（2）涨停的中途被打开的次数越多，打开涨停持续的时间越久，且成交量越大，则行情反转下跌的可能性越大；跌停的中途被打开的次数越多，时间越久，且成交量越大，则行情反转上涨的可能性越大。

（3）封住涨停的时间越早，后市涨升的力度也就越大；封住跌停的时间越早，后市跌落的力度也就越大。

（4）封住涨停板的买盘数量大小和封住跌停板时的卖盘数量大小说明买卖双方力量的大小程度，这个数量越大，继续原有走势的概率则越大，后续涨跌的幅度也就越大。但这一条在实战中往往存在主力陷阱，需要仔细观察盘面变化。

模块四

K 线分析

任务描述

掌握各种K线的类型及其所代表的基本含义。

业务描述

应用K线进行趋势分析，进而判断价格走向。

K线图又称阴阳烛，最初是日本德川幕府时代大阪的米商用来记录当时一天、一周或一月中米价涨跌行情的图示法，后被引入股市和期市，并逐渐风行于东南亚地区。K线图以其直观、立体感强的特点而深受投资者欢迎。

一、K线图的画法及种类

（一）什么是K线

K线是一条柱状的线条，是由影线和实体组成。影线是从实体向上向下延伸的细线部分，在实体上方的部分叫上影线，在实体下方的部分叫下影线。K线分阴线和阳线两种，又称红（阳）线和黑（阴）线。收盘价比开盘价高称之为阳线。收盘价比开盘价低称之为阴线。由于其形状像蜡烛，因此，K线图又称为蜡烛图。

（二）K线的构成及画法

1. K线的构成

K线由开盘价、收盘价、最高价、最低价4个价位组成。K线图的构造由上影线、下影线与中间实体3部分组成。实体部分由开盘、收盘的价差表示，红色阳线表示收盘高于开盘，绿色阴线表示收盘低于开盘。最高价高于实体上边部分，以上影线表示；最低价低于实体下边部分，以下影线表示。K线构成如图9－3所示。

2. K线的画法

首先，绘制K线需要用到开盘价、收盘价、最高价、最低价4个价位，开盘价与收盘价用条形柱表示，称为实体；收盘价高于开盘价，实体部分用白色（或红色）表示，称为阳线；收盘价低于开盘价，用黑色（或蓝色）表示，称为阴线。在实体上、下的小横线中间分别引出细线至最高价、最低价，称为上、下影线。上影线的最高点与下影线的最低点，分别表示形成K线的该时间内行情所达到的最高价与最低价。

其次，绘制K线需要规定时间单位，这个时间单位就是制作K线的时间周期，可以是天、周、月，也可以是分时的5分钟、15分钟、30分钟和60分钟等，它们为此分别形成的

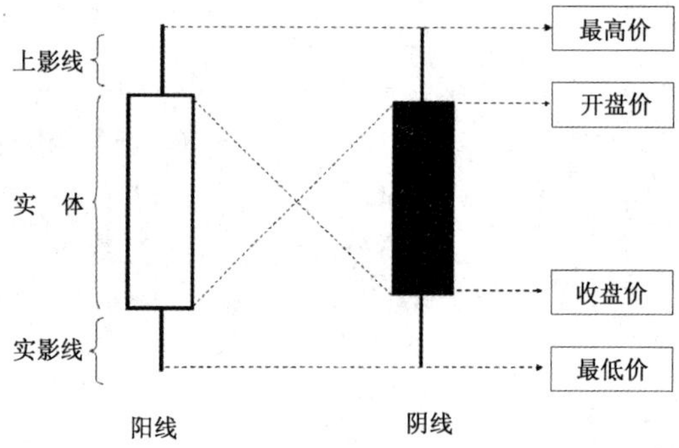

图 9－3 K 线的构成

就是日 K 线、周 K 线、月 K 线、5 分钟 K 线、15 分钟 K 线、30 分钟 K 线和 60 分钟 K 线。

再次，画 K 线图前准备一张坐标纸，按一定的比例标明股价（指数）的相应位置。在画图时确定好坐标纸比例，先将开盘价格用一小横线在日期与股价对应的坐标纸上（事先确定一定的横线宽度）标出，再将收盘价也用相同宽度的小横线在日期与股价对应的位置上标出，然后用两条竖线分别连接开盘价与收盘价的左端及开盘价与收盘价的右端，形成一个矩形实体。再将最高价对应处的点与实体上端（小横线中间位置）垂直连接，形成上影线；同样，将最低价与实体下端连接，形成下影线。

3. K 线图的绘制

如果将每天的 K 线按比例按时间顺序排列在一起，画在坐标图上，就组成了 K 线图。可据以分析证券价格变动的趋势。

二、单个 K 线的市场含义及其应用

（一）K 线简易分析方法

K 线图有直观、立体感强、携带信息量大的特点，蕴涵着丰富的东方哲学思想，能充分显示股价趋势的强弱、买卖双方力量的变化，故其预测后市走向较准确。K 线具有东方人所擅长的形象思维特点，没有西方用演绎法得出的技术指标那样定量，因此运用上还是主观意识占上风。面对形形色色的 K 线及其组合，由复杂的分析简单化为 K 线分析三招，即一看阴阳，二看实体大小，三看影线长短。

1. 一看阴阳

阴阳代表趋势方向。阳线表示将继续上涨，阴线表示将继续下跌。以阳线为例，在经过一段时间的多空拼搏，收盘高于开盘表明多头占据上风，类似于牛顿力学第一定理，在没有外界影响作用下物体仍将按原有方向与速度运行。因此阳线预示下一阶段仍将继续上涨，最起码能保证下一阶段初期能惯性上冲。故阳线往往预示着继续上涨。这一点也极为符合技术分析中三大假设之一股价沿趋势波动，而这种顺势而为也是技术分析最核心的思想。同理可得阴线继续下跌。

2. 二看实体大小

实体大小代表市场的内在动力，实体越大，上涨或下跌的趋势越是明显，反之趋势则不明显。以阳线为例，其实体就是收盘高于开盘的那部分，阳线实体越大说明上涨的动力越足，就如质量越大与速度越快的物体，其惯性冲力也越大的物理学原理，阳线实体越大代表

其内在上涨动力也越大，其上涨的动力将大于实体小的阳线。同理可得阴线实体越大，下跌动力也越足。

3. 三看影线长短

影线代表转折信号，向一个方向的影线越长，越不利于股价向这个方向变动，即上影线越长，越不利于股价上涨，下影线越长，越不利于股价下跌。以上影线为例，在经过一段时间多空斗争之后，多头终于晚节不保败下阵来，一朝被蛇咬，十年怕井绳，不论K线是阴还是阳，上影线部分已构成下一阶段的上档阻力，股价向下调整的概率居大。同理可得下影线预示着股价向上攻击的概率居大。

（二）根据开盘价与收盘价的波动范围对单根K线进行分类

根据开盘价与收盘价的波动范围可将K线分为小阳星（小阴星）、小阳线（小阴线）、中阳线（中阴线）、大阳线（大阴线）等类型。

1. 小阳星（小阴星）

（1）小阳星：全日中股价波动很小，开盘价与收盘价极其接近，收盘价略高于开盘价。小阳星的出现，表明行情正处于混乱不明的阶段，后市的涨跌无法预测，此时要根据其前期K线组合的形状以及当时所处的价位区域综合判断。

（2）小阴星：小阴星的分时走势图与小阳星相似，只是收盘价格略低于开盘价格。表明行情疲软，发展方向不明。

2. 小阳线（小阴线）

小阴线和小阳线的波动范围一般在0.6%～1.5%（日K线）。小阴线表示空方呈打压态势，但力度不大；小阳线表示价格其波动范围较小阳星增大，多头稍占上风，但上攻乏力，表明行情发展还是扑朔迷离。

3. 中阳线（中阴线）

中阴线和中阳线的波动范围一般在1.6%～3.5%（日K线）。

4. 大阳线（大阴线）

大阴线和大阳线的波动范围在3.6%以上（日K线）。股价横盘一日，尾盘突然放量下跌，表明空方在一日交战中最终失去了主导优势，多方占优，形成大阳线。但由于短时涨幅过大，次日低开的可能性较大。如果开盘稍有下探，多方即展开逐波上攻，最终以大阳线报收，则说明多方已经占据优势，后市看涨。若股价横盘一日，尾盘突然放量下攻，表明股价最终选择了向下，显示空方占据了主导优势，次日低开的可能性较大。K线的几种表现形式，如图9－4所示。

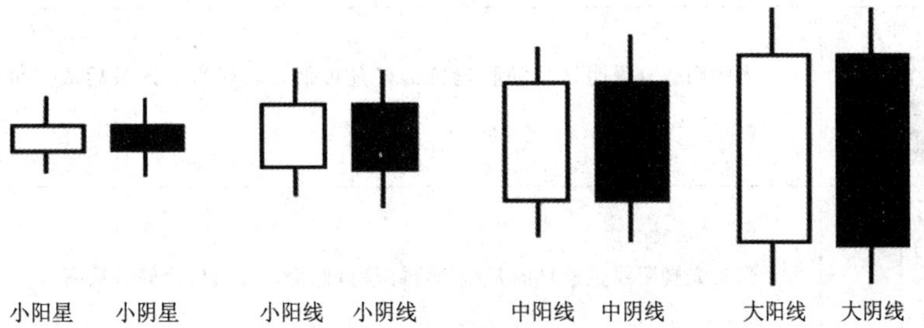

图9－4　K线的几种表现形式

从K线图的实体与影线可以看出买卖双方力量消长与股价变动的趋势，其基本图情形归纳如表9－1所示。

表9－1　　K线的不同类型及其典型含义

序号	形　态	意　义
1		小阳星方向不定
2		小阴线（小阴星）方向不定
3	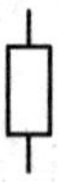	小阳线多头稍占上风，但上攻乏力，表明行情发展扑朔迷离
4		小阴线空方稍占上风，但下降乏力，表明行情发展扑朔迷离
5	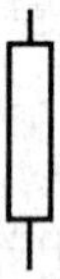	大阳线，股价上升力强
6		大阴线，行情疲软，但底部支撑力强
7	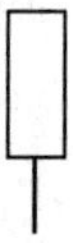	光头阳线，说明该日的最高价就是该日的收盘价，即收盘价是当天的最高价，所以没有上影线
8		光头阴线，说明该日的最高价就是该日的开盘价，即当天的所有成交价格都低于开盘价，所以也没有上影线
9		光脚阳线，说明该日的最低价就是开盘价，当天的所有成交价格都高于开盘价
10		光脚阴线，说明该日的收盘价恰好是最低价。即当天的最后成交价格是本日的最低价格
11		光头光脚阳线，该日的开盘价恰好是最低价，收盘价恰好是最高价

续表

序号	形　态	意　义
12		光头光脚阴线，该日的开盘价恰好是最高价，收盘价恰好是最低价
13		一字线。开盘价、收盘价、最高价、最低价都相同。一般出现在涨、跌停状态。有时出现在熊市成交极其清淡稀少行情中，更多的时候常常出现在表示极强极弱的涨跌停板时，预示着原有的趋势继续，还会出现连续数个停板，缩量停板意味着次日还将停板，涨停板放量说明卖压加重，跌停板放量说明有吸筹现象
14	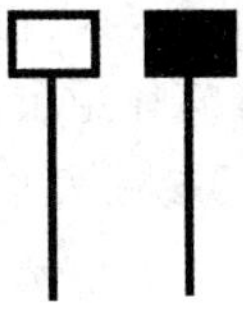	伞形线，出现在底位作多，出现在高位做空
15	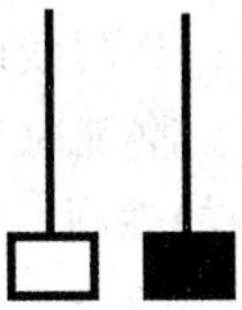	出现在高档做空，出现在底档做多
16		小十字星是指十字星的线体振幅极其短小的十字星，这种十字星常常出现在横盘行情中，表示盘整格局依旧；出现在上涨或下跌的初期中途，表示暂时的休整，原有的升跌趋势未改；出现在大幅持续上升或下跌之末，往往意味着趋势的逆转
17	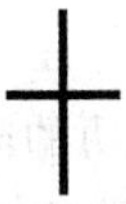	大十字星出现在大幅持续上升或下跌之末的概率较大，盘整区间出现的几率不多见，往往意味着行情的转势
18		长下影十字星如果出现在上升趋势中途，一般均表示暂时休整上升趋势未改；如果是出现在持续下跌之后的低价区，则暗示卖盘减弱买盘增强，股价转向上升的可能性在增大，但次日再次下探不能创新低，否则后市将有较大的跌幅
19		长上影十字星如果出现在下降趋势中途，一般均表示暂时休整下降趋势未改；如果是出现在持续上涨之后的高价区，股价转向下跌的可能性较大；但若出现在上涨趋势中途，次日股价又创新高的话，说明买盘依旧强劲股价将继续上升
20		T形光头十字星的市场意义与长下影十字星差不多，常常出现在牛皮盘整中，表示次日盘整依旧；若是出现在大幅持续上升或下跌之末，是股价升跌转换的信号
21		倒T形光脚十字星的市场意义与长上影十字星差不多，若是出现在持续上涨之后的高价区，这是见顶回落的信号；若是出现在其他的位置，一般均表示暂时休整原有趋势未改

（三）根据K线其实体和上下影线的有无及相对长短进行分类

根据一根K线其实体、下影线和上影线的长短以及其相对幅度的不同，可分为四大类。

1. 只有实体没有上影线或下影线或上下影线都没有的K线图形

只有实体没有上影线或下影线或上下影线都没有，此类K线称为光头光脚K线，它表示买卖双方其中有一方占据上风。

（1）没有上下影线的大阳线。此种图表示最高价与收盘价相同，最低价与开盘价一样。没有上下影线。从一开盘，买方就积极进攻，中间也可能出现买方与卖方的斗争，但买方发挥最大力量，一直到收盘。买方始终占优势，使价格一路上扬，直至收盘。表示强烈的涨势，市场呈现高潮，买方疯狂涌进，不限价买进。握有股票者，因看到买气的旺盛，不愿抛售，出现供不应求的状况。可参见表9－1中的第11种K线类型。

（2）没有上下影线的大阴线。此种图表示最高价与开盘价相同，最低价与收盘价一样。没有上下影线。从一开始，卖方就占优势。市场处于低潮。持有者不限价疯狂抛出，造成恐慌心理。市场呈一面倒，直到收盘、价格始终下跌，表示强烈的跌势。可参见表9－1中的第12种类型。

（3）没有上下影线的小红（黑）实体。此种是收盘价是最高价，开盘价是最低价，上下波动有限，买卖双方搏斗得不激烈。当K线是阳线时，买方稍占上风；是阴线时，卖方稍占上风。它一般出现在股价整理和股价跳空低开或高开形成的时候，在整理时期意义不大，当股市出现大的跳空缺口时其意义非凡，它表示一方已经取得了全面的胜利，另一方全线崩溃。

（4）只有一条横线的K线。多出现在连续的涨停板和跌停板之中，股价连续涨停，或股价连续跌停。多发生在个股遇重大利好或利空，导致众投资者看法一边倒的情况下，投资者疯狂买进或是卖出造成的结果。在国外的股市交易中由于交易非常清淡，一天的交易额只有几手，价格没有变动也会出现类似的情况。可参见表9－1中的第13种K线类型。

2. 带上影线的K线图形

带上影线的K线表示卖方的抛压比较强，卖出一方在当天的最高点成功的阻截了买方的进攻，使股价没有收在最高处，买方只有等到第二天再与卖方交战。这类的K线可分为7种。

（1）上影线比实体短的阳线。表示买方在最高处只是暂时受阻，买方实力仍然很强大，第二天多方再与卖方交战。可参见表9－1中的第9种类型。

（2）上影线与实体的长度相等的阳线。显示虽然买方实力较强，但是空方也展开了反击，多方继续上行将要付出更大的代价，买方应该在第二天使出全力去收复刚失去的领地方可继续上行。

（3）上影线大于实体1.5倍以上的阳线。表示买方受到卖方的挑战，买方在当天攻占的领地已经失去大半，只是获得微弱的优势，卖方在最高点的反击成功，卖方的实力已经不可低估，买方要在今后的操作中谨慎从事。可参见表9－1中的第15种K线类型。

（4）上影线特别长而实体只是一条横线的K线。我们又称它为上升转折线，它表示当天的股价收盘价与开盘价相同，当天买方的攻击没有获得任何进展，从哪里来回哪里去，卖方的实力已经与买方旗鼓相当，买方已经丧失了任何优势，这也是股价要从这里反转的重要信号。这种 K 线多出现在股价的顶部。可参见表 9 - 1 中的第 21 种 K 线类型。

（5）上影线大于实体 1.5 倍以上的阴线。这种阴线说明买方当天就被卖方击败，股价收于当天开盘价之下，如果没有低于上一收盘价格，表示买方是暂时受挫，后市还有希望，如果低于上一收盘价格，显示将进行调整或者下跌。此种 K 线多出现在顶部和下跌途中。可参见表 9 - 1 中的第 15 种 K 线类型。

（6）上影线与实体相当的阴线。它说明卖方反击成功，卖方稍占上风，买方实力偏弱，可参见表 9 - 1 中的第 10 种 K 线类型。

（7）上影线小于实体的阴线。它说明多方曾试图上攻，但是无功而返，并遭空方反击，实体越大其空方反击程度越激烈，在股市大幅下跌中最为常见。它表明卖方气势汹汹，买方溃不成军。

3. 没有上影线只有下影线的 K 线图形

没有上影线只有下影线的 K 线，最高价就是开盘价或是收盘价，其中的下影线表示买盘承接力量的强弱，下影线越长，表明市场的承接力量越强。这种 K 线共分为 5 种。

（1）下影线小于实体的阳线，这种 K 线的实体越大，显示买盘力量越强，股价上升的力度也越强，它与光头光脚的阳线其意义基本一致。可参见表 9 - 1 中的第 7 种 K 线类型。

（2）下影线与实体相近的阳线。表示卖方曾组织进攻，但被多方反击打退了，买方占有一定的优势。

（3）下影线大于实体 1.5 倍以上的阳线或者阴线，表示买方在空方进攻之后，组织了有效的反击，下影线越长，反击力度越大。可参见表 9 - 1 中第 14 种 K 线类型。

（4）下影线长而收盘价、开盘价和最高价是同一个价格时的 K 线，称其为上升转折线。它是买卖双方实力开始发生转变的象征，常出现于股市的 V 形反转中，是一种准确率极高的见底信号。可参见表 9 - 1 中的第 20 种 K 线类型。

（5）下影线长度与实体相当的阴线。这种阴线在股市下跌初期比较多见，整理过程中也经常见到，它表示买卖双方力量相差不是很大，买方稍占上风。可是一旦风云突变，股市就像瀑布一样飞流直下，打破人们的看好梦想，使投资者的希望瞬间化为泡影。

4. 上影线和下影线都有的 K 线

上影线和下影线都有的 K 线最多，K 线图上占据了 70% 以上，是股市上最常见的图形和分析难度最大的一种。对这些图形的深刻理解是正确理解股市和判断行情的基础。

（1）买卖双方以开盘价为起点，展开肉搏战，造成股价波动，但是多空战斗没有受买卖双方的一方控制。在当天的交易中股价在高位无法站稳，受卖方攻击，股价低于开盘价成交，收盘前，买方又一鼓作气，收盘时价格仍较开盘价高；有时卖方在开盘时便展开进攻，股价趋于下跌，交易过程中买方组织全力反攻，股价恢复到开盘价格上方。收盘前卖方再施加压力，股价小回，多空拉锯，但收盘价仍比开盘价高。

（2）上下带影线的黑实体（即为阴线）。在开盘后，有时会力争上游股价上涨，卖方大量抛压，买方又不愿意追高，导致卖方渐渐居于主动，股价下跌。收盘前买气转强，不至于以最低价收盘；有时股价在上半场都以低于开盘价成交，下半场买意增强，股价回至高于开盘价成交，临收盘前卖方又占优势，而以低于开盘价收盘。

（3）十字星。表示交易过程中，股价出现高于及低于开盘价成交，收盘价与开盘价相同，此时必须与昨日收盘价相比，价格比昨日收盘价高时，用红色表示。与昨日收盘价同价格时，则视昨日若为红实体，用红色表示。昨日若是黑实体，用黑色表示。价格若比昨日收盘低，则用黑色表示。可分为上影线长于下影线和下影线长于上影线两种图形。十字星 K 线经常出现在股市的顶部和底部，它表示买卖双方力量均衡，高低点的出现只是暂时的不平衡，并不代表整体。十字星 K 线中影线的长度是展示买卖双方交战的激烈程度。可参见表 9－1 中的第 16、17、18、19 种 K 线类型。

了解 K 线种类后，就可以更深一层探讨 K 线所代表的含义，K 线的奥妙就是相同的 K 线出现在不同的位置，它的意义与解释不同，甚至完全相反。

三、K 线组合的市场含义及其应用

K 线分析一般就是指 K 线的组合形态分析。K 线的组合形态复杂而丰富。按照一般的分类方法，K 线组合形态可分为两类：反转组合形态和持续组合形态。

（一）K 线组合的分析及其应用

K 线组合的分析应该先从两根 K 线开始，就是在第一根 K 线的基础上，将第一根 K 线划分出如图 9－5 所示的 5 个区域，然后看第二根 K 线是在第一根 K 线的这 5 个区域的什么位置展开，也就是判断多空双方展开搏杀的位置，进而分析是多方占据优势，还是空方占据优势。

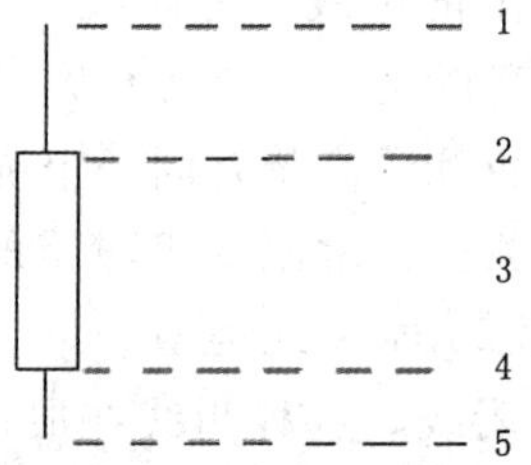

图 9－5　K 线组合分析的区域划分提示

一般来说，如果在实体的 1/2 以上某个位置展开，都可以判断为是多方占据优势，越往上多方优势越明显，如果跳空在 1 区域里，就表示多方占据绝对优势，股价将上涨，甚至达到涨幅停板位置；反之，在实体的 1/2 以下的某个位置展开，就可以判断是空方占据优势，越往下空方优势越明显，如果跳空在 5 区域里，就表示空方占据绝对优势，股价将下跌，甚至达到跌幅停板位置。

（二）K 线的重要组合及其技术含义

1. 乌云盖顶 K 线组合

乌云盖顶是指在连续上涨的行情中，在一条强劲阳线的右边，出现一条高开低走的阴线，如果第二根阴线的收盘价深入第一根阳线实体且超过实体长度的 50%，这一阴一阳的 K 线组合就叫“乌云盖顶”。对“乌云盖顶”的形态，应该把握两点：第一根应该是比较强劲阳线；第二根阴线应该是高开低走，且收盘价深入阳线实体的 50% 以上。

市场含义主要是表示空头强势的含义，尤其是第二根阴线的收盘价深入第一根实体越深所代表的空头含义就越浓。这一组合常在市势已经大涨一段，甚至创下天价的时候出现，表

示市势逆转，随后将为下跌行情。当然最好还有成交量的放大做配合，就更容易加以确认。如图9-6所示，招商轮船（601872）在2015年1月6日与7日形成的乌云盖顶K线组合，就是乌云盖顶的一个比较典型的图例。

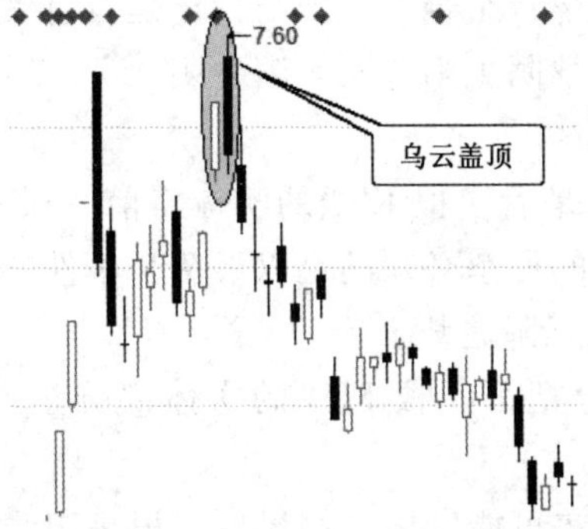

图9-6 招商轮船（601872）在2015年1月6日与7日形成的乌云盖顶K线组合

2. 曙光初现K线组合

“曙光初现”从字面上就能理解到黑暗过去，阳光露出，前途一片光明。该形态与乌云盖顶相同，不过方向相反，就是下跌过程中的一个较强劲的阴K线之后，出现一个探底反弹的深入到阴K线实体50%以上的阳K线。整个分析与乌云盖顶一致，就是方向相反。市场含义与乌云盖顶也相反。如图9-7所示，上证指数（1A0001）2014年8月28日与29日的K线组合，就可以看做曙光初现。

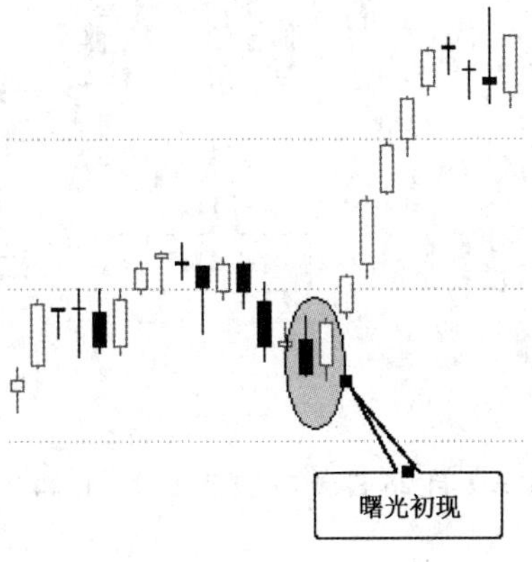

图9-7 上证指数（1A0001）2014年8月28日与29日的曙光初现K线组合

3. 孤岛K线组合

一段上涨行情之后，出现一个跳空的阴线，形如孤岛。孤岛组合，尽管阴线收盘价仍比昨日为高，但却属于在多方继续维持行情上涨之际，出现空方的反击，后市需要密切关注，如果接下来多方调整力量，组织反击并获成功，行情继续向上，则此组合就是一次上升过程中的调整或休息；如果在接下来的时间里，多方没有维持住股价，导致行情向下，则表明空方已获优势，头部将要形成，行情将下跌。

4. 包容K线组合

包容组合指实体间为阴阳两性，但都是今日的长实体将昨日的小实体完全包容，预示后市将沿长实体的方向发展。

5. 孕育K线组合

实体间为阴阳两性，但与包容组合形式相反，它是今日的小实体被昨日的大实体所包容，形似为娘胎所孕，故称为孕育组合。不知与遗传是否有关系，这种孕育组合预示后市的方向往往为母体的方向，即阳孕阴生阳，阴孕阳生阴。

6. 穿头破脚K线组合

穿头破脚组合的主要特征是后一根K线的实体将前一根K线实体全部覆盖，也算是包容组合的一种。构成穿头破脚的形态必须满足以下两个条件。

（1）事先有明显的上升或下降趋势。

（2）第二根K线实体部分把第一根K线的实体部分全部包含在内。上下影线不包括在内。

穿头破脚的市场含义是趋势可能转向，如果后一根是阳线，那么市场将向多方前进。如果后一根是阴线，市场将向空头转变。尤其是第一根K线的长度与第二根K线的长度越是悬殊，则转向的力度越强。如图9－8所示，中国石油（601857）2015年1月26日和27日及2月6日和9日的K线组合，可以看做是穿头破脚。

图9－8 中国石油2015年1月26日和27日及2月6日和9日的穿头破脚K线组合

7. 早晨之星K线组合

早晨之星组合是出现在下跌趋势过程中，由3根K线构成。首先是一根顺势下跌的长阴线，其次是一根实体较小的跳空的小K线，最后是实体向上的长阳线。标准特征是：①第一根是阴线，第二根是十字星（或小阳线或小阴线），第三根是阳线；②第二根K线与前后实体都存在缺口。

早晨之星组合的市场含义为：是明显的多头形态，预示一轮涨势将要展开，为市势反转上升的转点。

尤其是第三根阳线的收盘价越深入第一根阴线实体，形态的多头的气势就越浓。如图9－9所示，2013年11月13日、14日和15日西部证券（002673）的日K线组合就构成了早晨之星。

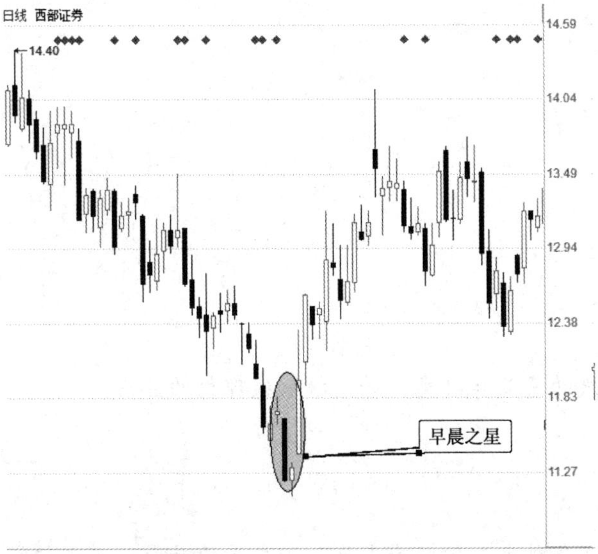

图 9－9　西部证券（002673）的早晨之星 K 线组合

8. 黄昏之星 K 线组合

黄昏之星组合恰与早晨之星组合相反，成为市势反转下跌的转折点。顶部的跳空的十字线在随后出现的跳空下跌的大阴线形成后，终于成为一颗黄昏之星。如果顶部是中长上影的倒 T 字线，则又形象地称这一组合为“射击之星”。

黄昏之星也是由 3 根 K 线构成，主要出现在上升趋势中，首先是一根顺势的长阳线，其次是一根实体向上的跳空小 K 线，阴线阳线均可，最后是实体向下跳空的长阴线，收盘价深入阳线的实体之内。

黄昏之星组合的市场含义为：出现黄昏之星，表明市场的多方已力竭，空方控制局面，市场将转市，一轮跌势将要展开。第三根阴线的收盘价深入第一根阳线的实体越深，且阴线的量越大，表明市场空方的力度越大。尤其是在高价区域，先出现一根阳线，其次出现一根向下跳空的十字线，最后出现一根向下跳空的阴线，此形态表明多方已完结，空方力度更强，是崩盘的信号，因此也叫“崩盘之星”。如图 9－10 所示，2014 年 10 月 09 日、10 日和 13 日的银轮股份（002126）的日 K 线组合就是黄昏之星。

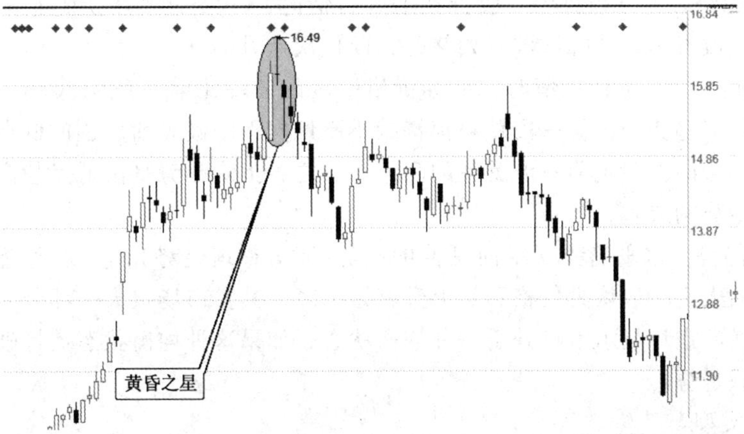

图 9－10　银轮股份（002126）的 2014 年 10 月 9 日、10 日和 13 日的日态为黄昏之星 K 线组合

模块五
切 线 分 析

任务描述

了解切线的意义和种类，并掌握切线理论的应用。

业务描述

投资者在各种证券价格图上画各种水平的或是非水平的线段，这些线段就是所谓的切线，用这些人为画出的切线，来尝试描述证券价格的趋势。

一、趋势与趋势线

（一）趋势

1. 趋势的定义

利用各种分析方法的目的就是要捕捉证券价格运行的趋势，如果不能把握价格运行的趋势，就很难利用市场赚钱。趋势的定义说起来很简单，就是市场之前的表现显示出来的未来最有可能运行的方向。趋势即股票价格未来运行的方向。

2. 趋势的方向

只要认真地分析过价格走势图，不难发现价格走势总体上不是杂乱无章运行的，一段时期总体是顺着一定的大方向运行。按照切线理论，趋势分为三个方向：上升趋势、下降趋势和水平趋势。

（1）上升趋势。上升趋势中，股价在上升行情时，一波的波峰会比前一波峰高，一波的波谷会比前一波谷高；波峰和波谷始终是不断依次递升的。

（2）下降趋势。在下跌行情时，证券价格一波的波峰比前一波峰低，一波的波谷会比前一波谷低。下降趋势中，每一段跌势都持续不断地向下跌破先前所创的低点，中间夹杂的反弹走势，都不会向上穿越前一波反弹的高点。总之，下降趋势是由低点与高点都不断递降的一系列价格走势构成。

（3）水平趋势。水平趋势（横向延伸的趋势/横盘整理趋势），一系列峰和谷是横向延伸的。市场上的人士一般认为价格不是上升就是下降，其实市场很大一部分时间处于横向调整状态，这种横向走势显示市场处于一种均衡状态，如果这种均衡状态被打破价格才会有明显的上升或下跌走势。

3. 趋势的类型

趋势不但有三个方向，而且还可以根据趋势延续时间的长短划分出 3 个类型，这在道氏理论中已有涉及，就是主要趋势、次要趋势和短暂趋势。需要重点捕捉的是主要趋势和次要趋势，如果不做短线就可以放弃短暂趋势。但是绝大多数投资者都喜欢从事短线交易，同时又无法在短线很随机的行情中克服人性弱点、严格执行止损等操作纪律，以至于在大牛市来临之际，能大赚之时却仅是小赚；以至于在熊市来临之际，账户持续亏损。

（二）趋势线

1. 趋势线的定义及种类

所谓趋势线，就是根据价格上下变动的趋势所画出的线，画趋势线的目的，即依其脉络寻找出恰当的卖点与买点。

趋势线可分为上升趋势线、下降趋势线与横向整理趋势线。上升趋势线是沿着相继向上的反弹低点连接而成的一条直线，位于相应的价格图线的下侧。下降趋势线是沿着依次降低的上冲高点连接而成的一条直线，位于价格图线的上侧。

2. 趋势线的画法

画趋势线是高度人为的动作，对于一幅同样的图表，不同的人会做出不同的趋势线，实际上，即使是同一个人在不同的时候画同一幅图，做出的趋势线也可能不同。因为，趋势线是由相对高点和相对低点连接构成，如果画线时对高点或者低点重要性理解不一样，那么选择的高点和低点就不一样。同时，趋势线试图包容所有的点，那么当 3 个以及 3 个以上的点很难正好由一条直线连接，选择其中哪两个点进行连接，就决定了你的趋势线的位置，所以不同选择会有不同的结果。

（1）画趋势线时，应从右向左画，因为近期价格变动比历史上的变动具有更大的意义。但不是说历史趋势线不重要，我们要做的就是先找出对近期价格最有指导意义的趋势线，然后结合不同的趋势线进行组合分析。趋势线的画法是将大多数相对高点或相对低点相连接，在某一条线上尽量多地汇聚相对高点或相对低点，此时就可以加大该趋势线成立的概率。

（2）在上升趋势中，将两个上升的低点连成一条直线，就得到上升趋势线。上升趋势线起支撑作用。上升趋势线是由最近的相对低点到次近的相对低点的连线，而且次近的相对低点比最近的相对低点要低，这样就决定了上升趋势线是向上倾斜的，如图 9－11 所示。

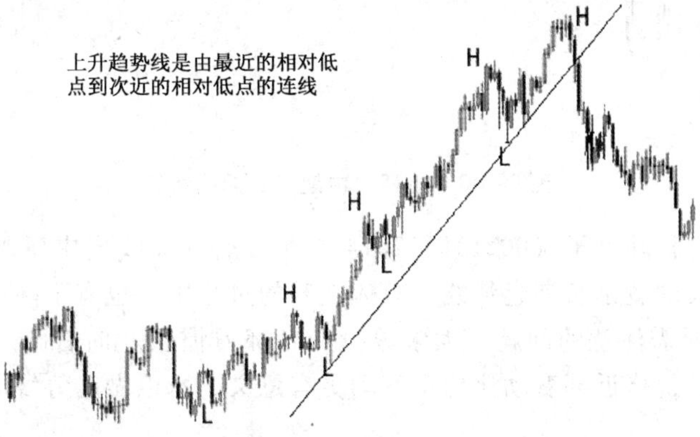

图 9－11　上升趋势线

在下降趋势中，将两个下降的高点连成一条直线，就得到下降趋势线。下降趋势线起压力作用。下降趋势线是由最近的相对高点到次近的相对高点的连线，且次近的相对高点要比最近的相对高点要高，这样就决定了两个相对高点的趋势线是向下倾斜的，如图 9 - 12 所示。

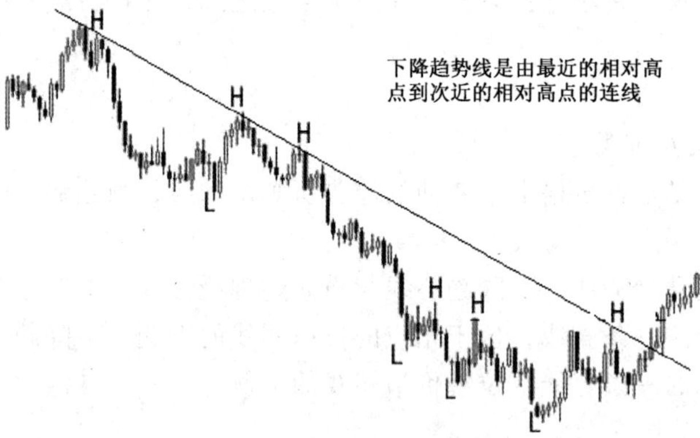

图 9 - 12　下降趋势线

水平趋势线是将各谷底相连接的一条直线，其中各谷底几乎都是在一个水平线上的。

按行情趋势时间长短不同，可以画出 3 种趋势线：短期趋势线（连接各短期波动点）、中期趋势线（连接各中期波动点）、长期趋势线（连接各长期波动点），如图 9 - 13 所示。

图 9 - 13　短期、中期、长期趋势线

在图 9 - 13 中，科陆电子（002121）2014 年 5 月后的 k 线图中所画的趋势线中，短的就是短期趋势线，长的就是长期趋势线，总体上升的过程中，也有下降趋势线的存在。

（4）画趋势线时需注意的问题。大多数投资者都习惯从左向右画趋势线，但也可以从右向左画，原因是：价格近期变动比历史变动更有意义，所以做趋势线应该更多地参考近期的走势。

在画趋势线的时候，还要注意排除一些极度高点和低点的情况，根据经验来决定是否需要排除异动。实际运用趋势线时可将排除和不排除的情况都画出，让市场来检验。

某一段趋势内，趋势线上要尽量多地汇聚相对高点或相对低点，价格斜率要尽量与趋势线斜率接近。

3. 趋势线的确认

画出趋势线后，如何确认，主要有以下几点。

（1）趋势线被触及的次数：被触及的次数越多，说明该趋势线的有效性就越大。

（2）趋势线的长度和持续时间：如果一轮涨势或者跌势越过趋势线的时间越久，大势反转的可能性也就越大。趋势线延伸越长，同时两个靠近的次级底部的连线不能太平或者太陡，否则其参考意义不大。若两个次级底部的距离远，则其可靠性就会增强。

（3）趋势线的角度或者斜率：趋势线的角度（斜率）越大，表明股价的上升或者下降的速度越快。因此，其以后的抵抗力也就越弱。对于上升趋势而言，通常斜率大于45%度角的斜率是最具有研判意义的，斜率越大，上升越快。

（4）趋势线被突破时的价差大小：盘中价格突破，就不如收盘价突破来得有效。股价在突破趋势线时必须有3%以上的价差才可以确认突破的有效性。

（5）股价在趋势线附近的反应大小：股价在趋势线附近的反应越大，则其确认突破的有效性越强。

（6）趋势线发生改变时其成交量的变化：在上升反转，上升趋势初始确认时，必须随着成交量的同步增加；而在下跌反转，下跌趋势初始确认时，则无须成交量的确认。

（三）趋势线的分析与应用

1. 趋势线的应用法则

（1）趋势线的应用法则之一。趋势线的应用法则之一为：在上升行情中，股价回落到上升趋势线附近获得支撑，股价可能反转向上；而在下跌行情中，股价反弹到下跌趋势线附近将受到阻力，股价可能再次回落。也就是说，在上升趋势线的触点附近将形成支撑位，而在下跌趋势线的触点附近将形成阻力位。

（2）趋势线的应用法则之二。趋势线的应用法则之二为：如果下跌趋势线维持时间较长，而且股价的跌幅较大时，股价放量突破趋势线，是下跌趋势被反转的信号。该法则具有以下3个主要特征。

①下跌趋势线维持的时间较长。

②股价的跌幅较大。

③股价向上突破下跌趋势线时呈现出放量的状态。

此法在实战应用中要注意的是，所确认的反转突破点与下跌趋势线的幅度不能过大，一般不能超过5%。否则，这个突破的高度和可靠性是要大打折扣的。

（3）趋势线的应用法则之三。趋势线的应用法则之三为：股价突破趋势线时，此线将原来的起到阻力或是支撑作用，变为起到支撑或者阻力作用。该法则具有以下3个主要特征。

①只适用于上升或者下跌趋势，对于横向趋势没有指导意义。

②趋势线需被确认为有效突破。

③与原来的趋势线作用性质改变，即：支撑变阻力，阻力变支撑。

（4）趋势线的应用法则之四。趋势线的应用法则之四为：在上升行情初期，趋势线的斜率往往较大，回落跌破原趋势线时，通常会再沿着新的较缓和的趋势线上升，原趋势线将形成阻力，也就是上升斜率变小。

2. 趋势线的实战应用

（1）回落至上升趋势线附近可看做顺势看涨，是建多头仓位的时机，如图 9－14 所示。

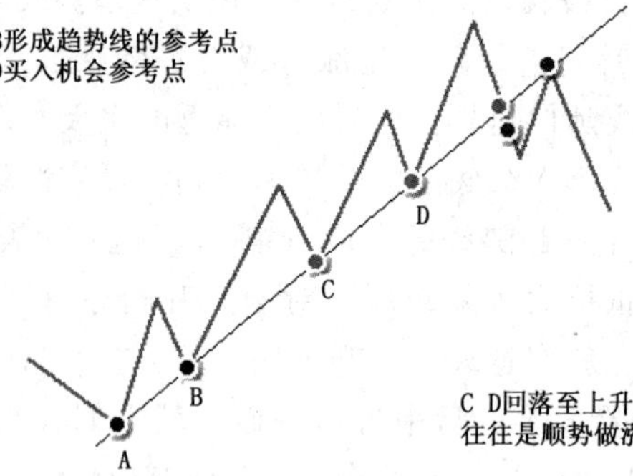

图 9－14　沿上升趋势线顺势做多

图 9－14 为上升趋势线的运用，一旦有效趋势线形成，则每次回落到该支撑线上时都可看做顺势做多的机会，直到该趋势线被跌破。

（2）反弹至下降趋势线附近可看做顺势做空建仓的时机，如图 9－15 所示。

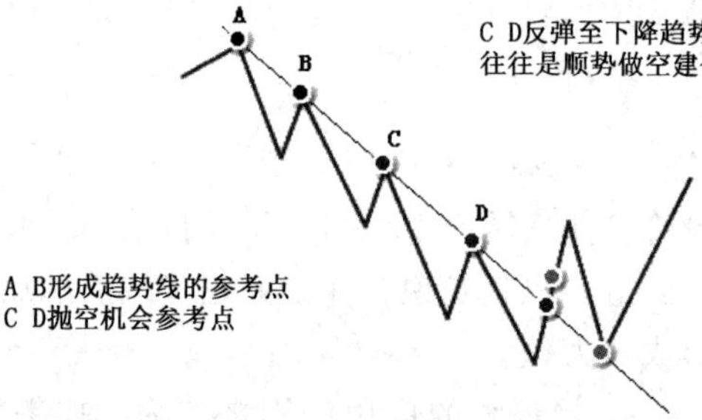

图 9－15　沿下降趋势线顺势做空

图 9－15 为下跌趋势线的运用，有效下降趋势线形成后，评判价格每次反弹到趋势线时都可看做顺势做空的机会，或者是多单逃命的机会，直到该趋势线被改变。

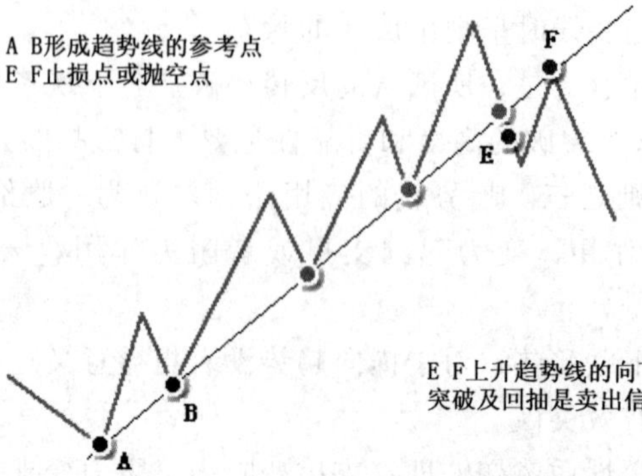

图 9－16　上升趋势线的向下突破及回抽是卖出信号

（3）上升趋势线的向下突破及回抽是卖出信号，下降趋势线的向上突破及回抽是买入信号，如图9－16及图9－17所示。

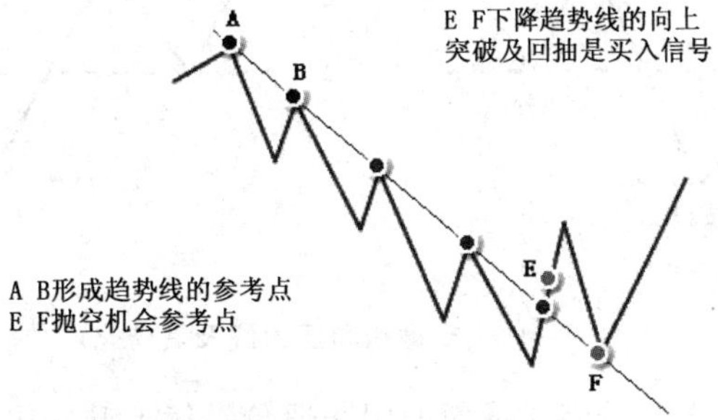

图9－17 下降趋势线的向上突破及回抽是买入信号

3. 趋势线的修正

由于证券价格走势的千变万化，原来的趋势随时会发生逆转，要根据趋势的变化对原有的趋势线做出相应的修正和调整。其修正的方法是：将最新的峰顶或者谷底与原来的趋势线的起始点相连接，这样就形成了被修正的新的趋势线。有经验的技术性分析者经常在图表上画出各条不同的试验性趋势线，当证明其趋向线毫无意义时，就会将之擦掉，只保留具有分析意义的趋势线。此外，还会不断地修正原来的趋势线。例如当股价跌破上升趋势线后又迅即回升至该趋势线的上方，分析者就应该从第一个低点和最新形成的低点重画出一条新线，或是从第二个低点和新低点修订出更有效的趋势线。

（四）实际运用趋势线时需要注意的问题

实际运用趋势线时需要注意以下几个问题。

（1）当上升趋势线被跌破时，是出货信号。在没有跌破之前，该上升趋势线起支撑作用。当下降压力线被突破时，就是一个进货信号。在没击破之前，下降压力线起压力作用，即证券价格到其附近时就是做空的机会。

（2）趋势线对价格今后的变动起约束作用，使价格总保持在这条趋势线的上方（上升趋势线）或下方（下降趋势线）。

（3）趋势线被突破后，股价将要反转。越重要有效的趋势线被突破，其转势的信号越强烈。被突破的趋势线原来所起的支撑和压力作用，将会互换角色。

二、支撑线与压力线

（一）支撑线和压力线的定义与作用

1. 支撑线和压力线的定义

（1）支撑线的定义。支撑线（Support Line）又称为抵抗线。当股价跌到某个价位附近时，股价停止下跌，甚至还有可能回升，这是因为多方在此买进推升价格造成的。支撑线起到阻止股价继续下跌的作用。这个起着阻止股价继续下跌或暂时阻止股价继续下跌作用的价位就是支撑线所在的位置，如图9－18（a）所示。

（2）压力线的定义。压力线（Resistance Line）又称为阻力线。当股价上涨到某价位附近时，股价会停止上涨，甚至回落，这是因为空方在此价位抛出做空造成的。压力线起阻止

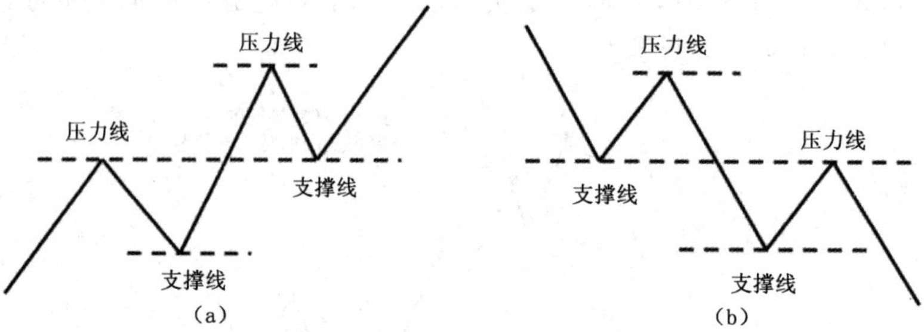

图 9－18 支撑线和压力线及其转化

股价继续上升的作用。这个起着阻止或暂时阻止股价继续上升作用的价位就是压力线所在的位置，如图 9－18（b）所示。

有些人往往产生这样的误解，认为只有在下跌行情中才有支撑线，只有在上升行情中才有压力线。其实，在下跌行情中也有压力线，在上升行情中也有支撑线。但是由于在下跌行情中人们最注重的是跌到什么地方是个头，这样关心支撑线就多一些；在上升行情中人们更注重涨到什么地方是个头，所以关心压力多一些。

（3）常见压力位和常见支撑位。常见压力位为前收盘、今开盘、前高点、前低点、均线位置、整数关口、黄金分割位等。常见支撑位为今开盘、前收盘、前低点、前次高点、均线位置、整数关口、黄金分割位等。

（4）支撑线和压力线的理论依据。支撑线和压力线主要是从人的心理因素考虑的。支撑线和压力线之所以能起支撑和压力作用，很大程度是由于投资者心理方面的原因，这就是支撑线和压力线理论上的依据。当然，心理因素并不是唯一的依据，还可以找到别的依据，如历史会重复等，但心理因素是主要的理论依据。

投资市场中无外乎 3 种人：多头、空头和旁观者。旁观者又可分为持股的和持币的。假设股价在一个支撑区域呆了一段后开始向上移动。在此支撑区买入股票的多头们很肯定地认为自己对了，并对自己没有多买入些而感到后悔。在支撑区卖出股票的空头们这时也认识到自己弄错了，他们希望股价再跌回到他们的卖出区域时，将他们原来卖出的股票补回来。而旁观者中的持股者的心情和多头相似，持币者的心情同空头相似。无论哪种人，都有买入股票成为多头的愿望。正是由于投资者要在下一个买入的时机买入，所以才使股价稍一回落就会受到大家的关心，他们会或早或晚地进入股市买股票，这就使价格根本还未下降到原来的支撑位置，上述所列的买进大军就自然会把价格推上去。在该支撑区发生的交易越多，就说明越多的股票投资者在这个支撑区有切身利益，这个支撑区就越发重要。

股价在一个支撑位置获得支撑后，呆了一段时间开始向下移动，而不是像前面假设的那样是向上移动。对于上升，由于每次回落都有更多的买入，因而产生新的支撑。而对于下降，跌破了该支撑，情况就截然相反。在该压力区买入的多头都意识到自己错了，而没有买入的或卖出的空头都意识到自己对了。无论是多头还是空头，他们都有抛出股票逃离目前市场的想法。一旦股价有些回升，尚未到达原来的支撑位，就会有一批股票抛压出来，再次将股价压低。

以上的分析过程对于压力线也同时适用，只不过结论正好相反。

2. 支撑线和压力线的作用

(1) 如前所述，支撑线和压力线是阻止或暂时阻止股价向一个方向继续运动。我们在技术分析中曾假设股价的变动是有趋势的，要维持这种趋势，即保持原来的变动方向，就必须冲破阻止其继续向前的障碍。比如说，要维持下跌行情，就必须突破原有支撑线的阻挠，创造出新的低点；要维持上升行情，就必须突破原有压力线的阻挠，创造出新的高点。

(2) 支撑线和压力线又有彻底阻止股价按原方向变动的可能。当一个趋势终结或者说到头了，它就不可能创出新的低价和新的高价，这样支撑线和压力线就显得异常重要，是取得巨大利益的地方。

(3) 在上升趋势中，如果这一次未创出新高，即未突破压力线，那么这个上升趋势就算是处在关键的位置了；如果此后股价又向下突破了这个上升趋势的支撑线，则这就产生了一个趋势有变的强烈的警告信号，通常这意味着，这一轮上升行情的结束，下一步的走向是下跌。同样，在下降趋势中，如果下次未创新低，即未突破支撑线，这个下降趋势就算是处在很关键的位置，如果下一步股价向上突破了这个下降趋势的压力线，这就发出了这个下降趋势将要结束的强烈的信号。股价的下一步将是上升。

(二) 支撑线和压力线的突破与相互转换

1. 支撑线和压力线的突破

如上所述，一个支撑如果被跌破，那么这个支撑将成为压力，同理一个压力被突破，这个压力将成为支撑。这说明支撑和压力的角色不是一成不变的，而是可能改变的，条件是它被足够强大的股价变动有效地突破。

怎样才能确认有效突破呢？用一个具体数字来严格区分突破和未突破是很困难的，没有一个明确的截然的分界线。一般说来，穿过支撑线和压力线越远，突破的结论越正确，越值得相信，越让投资者接受新的压力线和支撑线。不过实际应用中有几个数字值得注意，如3%、5%、10%和一些整数的价位。跌破这些数字，往往是我们改变看法的开始。3%、5%和10%是针对跌破支撑线、压力线的幅度而言的。3%偏重于短线的支撑和压力区域，10%偏重于长线的支撑和压力区域，5%介于两者之间，整数价位主要是针对人的心理而言，它更注重心理，而不是注重技术。如4.99元与5.00元相差并不多，但4.99元给人的印象是跌破5元，而5元还未跌破5元。

对支撑和阻力的把握有助于对大市的研判，当冲过阻力区时表示市道强，可买或不卖出；当跌破支撑区时，表示市道弱，可卖出或不买进。

2. 支撑线与压力线相互转化

一般若股价在某个区域内上下波动，并且在该区域内累积成交量极大，那么如果股价冲过或跌破此区域，它便自然成为支撑线或阻力线。这些曾经有过大成交量的价位时常由阻力线变为支撑线或由支撑线变为阻力线：阻力线一旦被冲过，便会成为下个跌势的支撑线；而支撑线一经跌破，将会成为下一个涨势的阻力线。

(三) 支撑线和压力线的确认与修正

1. 支撑线和压力线的确认

每一条支撑线和压力线的确认都是人为进行的。主要依据是根据价格变动所画出的图表。一般来说，一个支撑线或压力线对当前行情影响的重要性从以下三个方面考虑，这三个方面也是确认一个支撑或压力的重要识别手段。

（1）价格在这个区域停留的时间长短。

（2）价格在这个区域伴随的成交量大小。

（3）这个支撑区域或压力区域发生的时间距离当前这个时期的远近。很显然，价格停留的时间越长，伴随的成交量越大，离现在越近，则这个支撑或压力区域对当前的影响就越大；反之就越小。

2. 支撑线和压力线的修正

有时，由于股价的变动，会发现原来确认的支撑或压力可能不是真正具有支撑或压力的作用，或者说，不很符合上面所述的3条。这时，就有一个对支撑线和压力线进行调整的问题，这就是支撑线和压力线的修正。

对支撑线和压力线的修正过程其实是对现有各个支撑和压力线的重要性的确认。每个支撑和压力在人们的心中的地位是不同的。股价到了这个区域，你心里清楚，它很有可能被突破；而到了另一个区域，你心里明白，它不容易被突破。这为进行买入卖出提供了一些依据，不至于仅凭直觉进行买进卖出的操作。

三、轨道线与轨道

（一）轨道线与轨道的含义

1. 轨道线

轨道线又称通道线或管道线，是基于趋势线的一种方法。在已经得到了趋势线后，通过第一个峰和谷可以做出这条趋势线的平行线，这条平行线就是轨道线。

2. 轨道

两条平行线组成一个轨道，这就是常说的上升和下降轨道。轨道是证券价格本身波动的通道，它是由两条平行的直线构成的、有角度的轨道，而且它的角度是会不断变化的。

沿支撑线画一条平行线所形成的向上的通道，常称为上升通道。沿阻力线画一条平行线所形成的向下的通道，常称为下降通道。

（二）轨道线的画法

我们已经知道怎么画趋势线，在趋势线的基础上，从行情初升的高点的位置上画上升趋势线的平行线，两条直线所夹成的区域，便称为“轨道线”或“通道线”。趋势线会随着环境的不同而改变其角度，轨道线的角度也会伴随改变。

（1）在一轮上升趋势中，沿各个最低点画出主要趋势线，然后从第一个显著高峰引出一条线，平行于基本上升趋势线，这条线便是通道线，它与基本上升趋势线组成上升通道，如图9-19所示。

（2）在一轮下降趋势中，沿各个最高点画出主要趋势线，然后从第一个显著谷底引出一条线，平行于基本下降趋势线，这条线便是通道线，它与基本下降趋势线组成下降通道，如图9-20所示。

（3）以趋势线为基础，形成上升或者是下降通道，分为平行通道和非平行通道，在实际操作当中，二者可结合使用。

先确定一个有效的顺势趋势线，然后选择一个同趋势对应的另外一个方向的点作平行线，或者另外一个方向有显著的高低点连线，可形成不平行的通道。

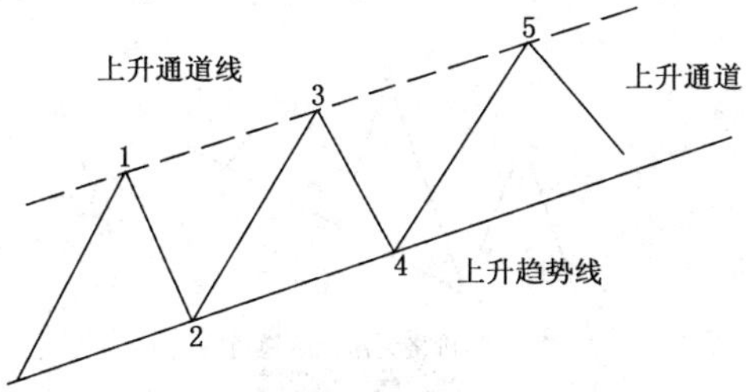

图 9－19　上升通道中的轨道线

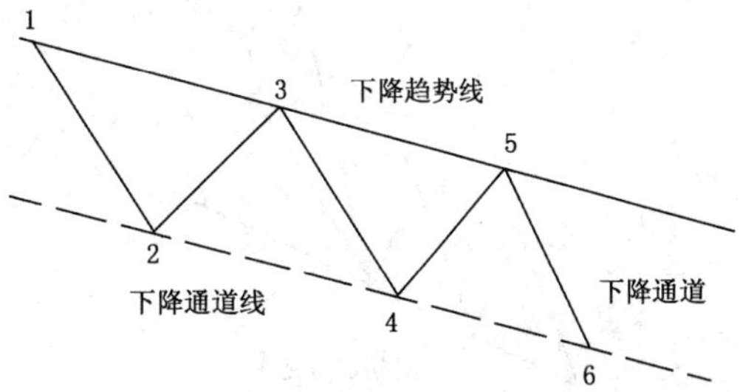

图 9－20　下降通道中的轨道线

（三）通道的实战运用

1. 通道的含义

通道的上轨线是通道的压力线，对股价起着阻力的作用，股价在这个地方经常会遇到阻力而回落；通道的下轨线是通道的支撑线，对股价起着支撑的作用，股价在这个地方经常会遇到支撑而反弹。

（1）上升通道的上沿可看做顺势做多的潜在获利目标，但不一定可以作为逆势抛空的机会。当证券价格运行到某上升通道的上沿时，可看做多头离场的依据。但特别提醒并不可单一地作为抛空的信号，因为此时证券价格完全可以按照图中箭头 A 方式来运行；如果要作为抛空点，除非有其他信号的支持，比如出现了中线和短线级别的双重 5 浪上升。

（2）下降通道的下沿可看做顺势做空的潜在获利目标，但不一定可以看做逆势做多的机会。当证券价格运行到某下降通道的下沿时，也可看做空头头寸离场的依据。同样需要特别提醒的一点是，通道下沿支撑并不能简单地作为买入作反弹的依据，因为此时证券价格完全可能出现图中箭头 A 的运行方式；如果要作为反弹入场点，必须要有更多信号的支持，比如有清晰的中短线 5 浪下跌出现，或者有连续 2 次以上的底背离出现。

2. 通道线的确认

价格在基本上升趋势线受支撑后，若能抵达通道线并折返，那么通道线就被确认有效，通道也很可能存在。

3. 轨道线的突破

与趋势线突破不同，轨道线的突破并不是趋势反向的开始，而是代表行情开始加速，是趋势加速的开始，如图 9－21 所示。

4. 轨道线的趋势转向的警报

通道被证实存在，如果价格无法抵达通道线，且跌破轨道线是主要趋势即将被跌破的信号，如图 9－22 所示。

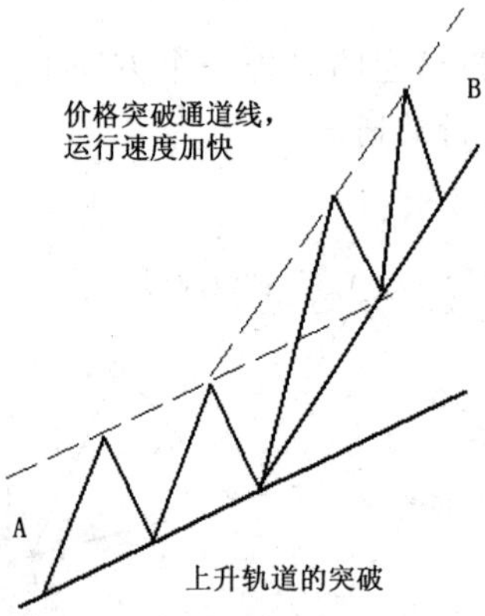

图 9－21　价格突破上升轨道线

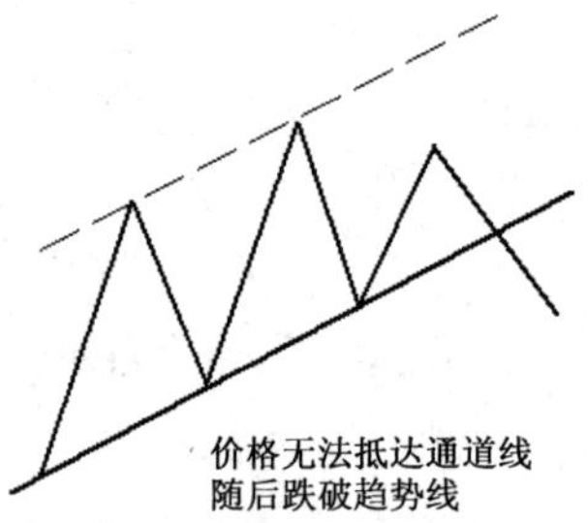

图 9－22　价格无法抵达通道线且跌破轨道线

四、黄金分割线与百分比线

（一）黄金分割线

1. 黄金分割率的由来

有数学家发现数列 1、1、2、3、5、8、13、21、34、55、89、144、233、…，这一数列后来被称为费氏序列。它们有如下一些特点。

（1）数列中任一数字都是由前两个数字之和构成。

（2）前一数字与后一数字之比例，趋近于一固定常数，即 0.618；如 55/89≈0.618，89/144≈0.618，144/233≈0.618。

（3）后一数字与前一数字之比例，趋近于 1.618；如 144/89≈1.618，233/144≈1.618。

（4）1.618 与 0.618 互为倒数，其乘积约等于 1。

（5）上一数列中任一数字与后两数字相比，其值趋近于 2.618；与前两数字相比，其值趋近于 0.382。

这些数字充满着神秘，因此被称为神秘数字。而 0.618、1.618 就叫做黄金分割率。

上列奇异数字组合除能反映黄金分割的两个基本比值 0.618 和 0.382 以外，尚存在下列两组神秘比值。

（1）0.191、0.382、0.5、0.618、0.809。

（2）1、1.382、1.5、1.618、2、2.382、2.618。

2. 黄金分割线的画图法

第一步是记住若干个特殊的数字。它们分别是：

0.191	0.382	0.618	0.809	1
1.191	1.382	1.618	1.809	2
2.618	4.236			

其中 0.382、0.618、1.382、1.618 最为重要。

第二步是找到一个点。这个点是上升行情结束，调头向下的最高点，或者是下降行情结束，调头向上的最低点。当然，我们知道这里的高点和低点都是指一定的范围，是局部的。只要能够确认一个趋势（无论是上升还是下降）已经结束或暂时结束，则这个趋势的转折点就可以作为进行黄金分割的点，这个点一经选定，就可以画出黄金分割线了。

第三步是计算与画线。根据黄金分割的特殊的数字，进行相应的计算，根据计算的数值画出黄金分割线。股价极容易在由 0.382、0.618、1.382、1.618 这 4 个数产生的黄金分割线处产生支撑和压力。

(1) 在上升行情开始调头向下时，我们极为关心这次下落将在什么位置获得支撑。黄金分割提供的是如下几个价位，它们是由这次上涨的顶点价值分别乘上上面所列特殊数字中的几个。假设，这次上涨的顶点是 10 元，则：

8.09 = 10 × 0.809

6.18 = 10 × 0.618

3.82 = 10 × 0.382

1.91 = 10 × 0.191

这几个价值极有可能成为股价走势的支撑位，其中 6.18 和 3.82 的可能性最大。

(2) 在下降行情开始调头向上时，我们关心上涨到什么位置将遇到压力。黄金分割线提供的位置是这次下跌的底点价位乘上上面的特殊数字。假设，这次下落的谷底价位为 10 元，则：

11.91 = 10 × 1.191　　20 = 10 × 2

13.82 = 10 × 1.382　　26.18 = 10 × 2.618

16.18 = 10 × 1.618　　42.36 = 10 × 4.236

18.09 = 10 × 1.809

将可能成为未来股价的压力位。其中 13.82、16.18 以及 20 成为压力线的可能性最大。

3. 黄金分割在证券投资中的应用

(1) 用黄金分割线判断支撑位或压力位。黄金分割线是利用黄金分割比率的原理对行情进行分析，并依此给出各相应的切线位置。黄金分割中最常用的比率为 0.382、0.618，将此应用到股市的行情的分析中，可以理解为上述比率所对应位置一般容易产生较强的支撑与压力。在一轮中级行情结束后，股指或股价的趋势会向此前相反的方向运动，这时无论是由跌势转为升势或是由升势转为跌势，都以最近一次趋势行情中的重要高点和低点之间的涨跌幅作为分析的区间范围，将原涨跌幅按 0.191、0.382、0.50、0.618、0.809 划分为 5 个黄金分割点，股价在行情反转后将可能在这些黄金分割点上遇到暂时的阻力或支撑。

(2) 黄金分割线中最重要的是两条线 0.382、0.618，在反弹中 0.382 为弱势反弹位，0.618 为强势反弹位，在回调中 0.382 为强势回调位，0.618 为弱势回调位。行情回档支撑位可用下面的公式来计算：

某段行情回档支撑位 = 此段行情高点 − (此段行情高点 − 此段行情发动的最低点) ÷ 0.382 (或 0.618)。

(二) 百分比线

1. 百分比线的定义

百分比线是利用百分比率进行的画线，以近期走势中重要的高点和低点之间的涨跌幅作为计量的基数，再将此基数按 1/8、1/4、1/3、3/8、1/2、5/8、2/3、6/8、7/8、1/1 的比例 10 等分，生成百分比线，百分比线可使股价的涨跌幅度更加直观，往往能形成重要的阻力位与支撑位。

百分比线考虑问题的出发点是人们的心理因素和一些整数的分界点。当价格持续向上，涨到一定程度，肯定会遇到压力，遇到压力后，就要向下回撤，回撤的位置很重要。黄金分割提供了几个价位，百分比线也提供了几个价位。以这次上涨开始的最低点和开始向下回撤的最高点两者之间的差，分别乘上几个特别的百分比数，就可以得到未来支撑位可能出现的位置。

2. 百分比数的取值及意义

（1）百分比数一共 9 个，它们是 1/8、1/4、3/8、1/2、5/8、3/4、7/8、1/3、2/3。其中：1/8 = 12.5%、1/4 = 25%、3/8 = 37.5%、1/2 = 50%、5/8 = 62.5%、3/4 = 75%、7/8 = 87.5%、1/3 = 33.33%、2/3 = 66.67%。

（2）最重要的是 1/2、1/3、3/8、5/8 和 2/3，这几条线具有较强的支撑与压力作用。实际上，上述 5 条百分比线的位置与黄金分割线的位置基本上是相互重合或接近的。

3. 百分比线的画法

百分比线需要定一个明显的高点（天）和一个明显的低点（地）。在天与地之间，区间被 8 等分以及 3 等分，共画了 9 条线：1/8（12.5%）、2/8（25%）、1/3（33%）、3/8（37.5%）、4/8（50%）、5/8（62.5%）、2/3（67%）、6/8（75%）、7/8（87.5%）。

4. 百分比线实战运用

（1）百分比数的 9 个特殊的数字 1/8、1/4、3/8、1/2、5/8、3/4、7/8、1/3、2/3，都可以用百分比表示。1/8 = 12.5%、1/4 = 25%、3/8 = 37.5%、1/2 = 50%、5/8 = 62.5%、3/4 = 75%、7/8 = 87.5%、1/3 = 33.33%、2/3 = 66.67%，之所以用上面的分数表示，是为了突出整数的习惯。这 9 个数字中有些很接近，如 1/3 和 3/8，2/3 和 5/8，如图 9－23 所示。

（2）百分比线中最重要的为 50%、33.3%、37.5%、62.5%、66.6%（1/2、1/3、3/8 及 5/8、2/3），也就是最当中的 5 条线，它们最具有支撑与压力的作用。

（3）神奇的筷子线。在百分比线的 9 个比例中有两组百分比线比较接近：33% 和 37.5%（1/3 与 3/8）、62.5% 和 67%（5/8 与 2/3），它们被称做“下筷子线”和“上筷子线”，见图 9－23。股价在这里受阻回落或是获得支撑上扬的力度会更大些。

五、扇形原理、速度线和甘氏线

（一）扇形原理

1. 扇形线的定义

扇形线都是以同一点为出发点，向右边散开，形成扇子的形状，故称之为扇形线（Fan Line）。扇形原理（Fan Principle）主要是用以确定中长期转势，并能较快地分辨牛、熊市的出现。

2. 扇形线的种类

（1）上升扇形线。当行情经过一段时间的上升，价格大多会在其一定区域之间涨落。如果将开始上升的低点（中期性低点）和高位徘徊的各个低点分别以直线连接起来，便可

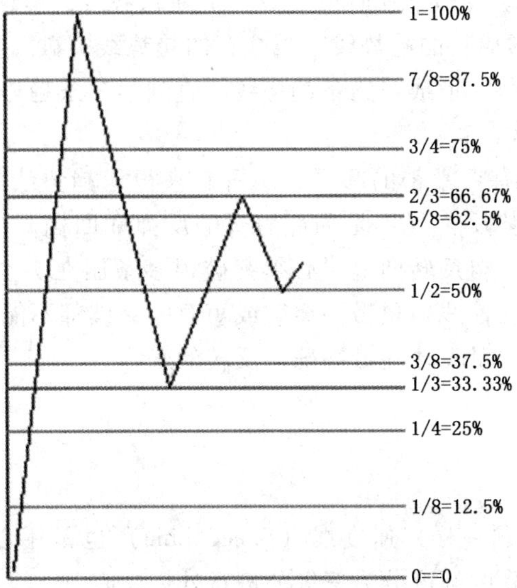

图 9－23　百分比线及其筷子线

以画出多于一条的上升趋势线，这些趋势线像一把扇子一般，作出很规则的移动，每一条趋势线之间形成的角度大致相等，便把这些趋势线称为上升“扇形线”，如图 9－24（a）所示。

（2）下降扇形线。下跌时情形也是一样，若把中期性高点与低位徘徊时的各个短期性高点分别以直线连接起来，也可以画出一组像扇子般散开的下降趋势线，也同样是“扇形线”，如图 9－24（b）所示。

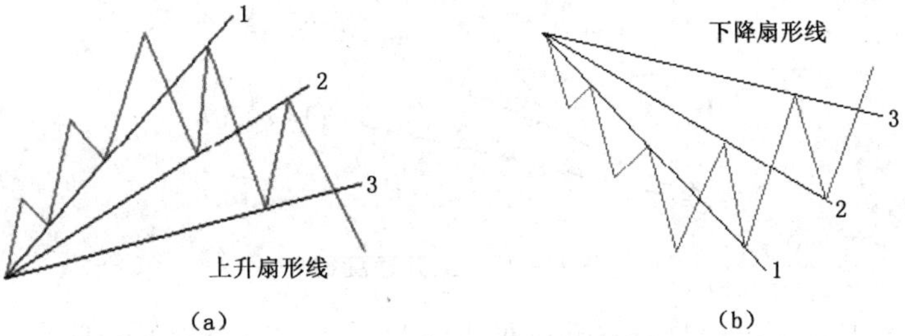

图 9－24　上下扇形线

3. 扇形线的画法

在上升趋势中，先以两个低点画出上升趋势线后，如果价格向下回档，跌破了刚画的上升趋势线，则以新出现的低点与原来的第一个低点相连接，画出第二条上升趋势线。再往下，如果第二条趋势线又被向下突破，则用新的低点与最初的低点相连接，画出第三条上升趋势线。依次变得越来越平缓的这 3 条直线形如张开的扇子，扇形线和扇形原理由此而得名。对于下降趋势也可如法绘制，只是方向正好相反。

4. 扇形线的应用

（1）扇形原理是依据 3 次突破的原则。当突破一条维持多时、颇为陡峭的趋势线（上升或下降趋势线）时，出现一次急速的短期性变动，但价格尚不足以扭转原来的趋势，很快地又维持原来的方向运动（即下跌时虽突破了下降趋势线，但回升不久后又再继续回落。上升时情况则是相反），形成新的趋势线。当这新的趋势线突破，再经过急速的短期性变动后，又一次回复原来的趋势，形成第三条趋势线。直到第三条趋势线也告突破，原来的趋势才真正逆转过来。

（2）扇形线与趋势线有很紧密的联系，初看起来很像趋势线的调整。扇形线丰富了趋势线内容，明确给出了趋势反转（不是局部短暂的反弹和回档）的信号。趋势要反转必须突破层层阻止突破的阻力。要反转向上，必须突破很多条压在头上的压力线；要反转向下，必须突破多条横在下面的支撑线。稍微的突破或短暂的突破都不能被认为是反转的开始，必须消除所有的阻止反转的力量，才能最终确认反转的来临。

（二）速度线

1. 速度线的定义

同扇形原理考虑的问题一样，速度线（Speed Line）也是用以判断趋势是否将要反转的。它是将每个上升或下降的幅度分为三等分进行处理，有时，又把速度线称为三分法。在下降趋势中，连接高点与 0.33 分界点和 0.67 分界点，或在上升趋势中，连接低点与 0.33 和 0.67 分界点，得到两条直线。这两条直线就是速度线。速度线最为重要的功能是判断一个趋势是被暂时突破还是长久突破（转势）。

2. 速度线的画法

（1）找到一个上升过程的最高点和最低点（这一点同百分比线相同），然后，将高点和低点的垂直距离 3 等分，如图 9－25 所示。

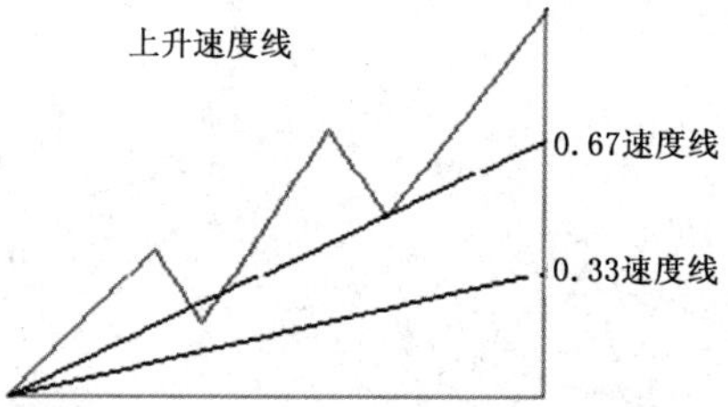

图 9－25 上升速度线

（2）找到一个下降过程的最高点和最低点（这一点同百分比线相同），然后，将高点和低点的垂直距离 3 等分，从而绘制出下降速度线，如图 9－26 所示。

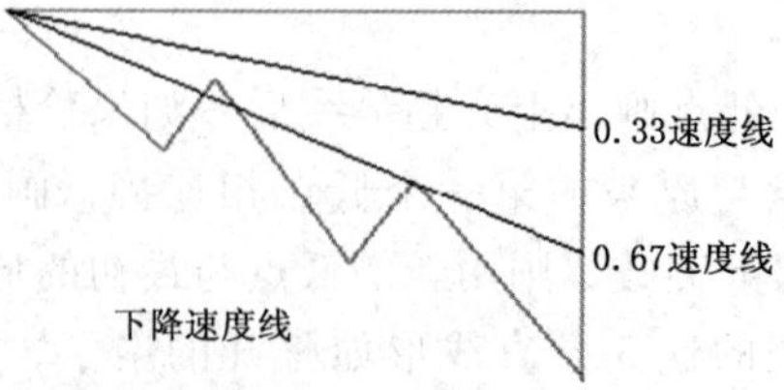

图 9－26 下降速度线

（3）与别的切线不同，速度线有可能随时变动，一旦有了新高或新低，则速度线将随之发生变动，尤其是新高和新低离原来的高点低点相距很近时，更是如此，原来的速度线可以说一点用也没有。

3. 速度线的运用

（1）在上升趋势的调整之中，如果向下折返的程度突破了位于上方0.67的速度线，则股价将试探下方的0.33速度线。如果速度线被突破，则股价将一泻而下，预示这一轮上升的结束，也就是转势。

（2）在下降趋势的调整中，如果向上反弹的程度突破了位于下方的0.67速度线，则股价将试探上方的0.33速度线。如果0.33速度线被突破，则股价将一路上行，标志这一轮下降的结束，股价进入上升趋势。

（3）速度线一被突破，其原来的支撑线和压力线的作用将变换位置，这也是符合支撑线和压力线的一般规律的。

（三）甘氏线

1. 甘氏线的定义

甘氏线（Gann Line）是由 William D · Gann 创立的一套独特的理论，是将百分比原理和几何角度原理结合起来的产物。甘氏线是从一个点出发，依一定的角度，向后画出的多条射线，所以，甘氏线包含角度线的内容。因此，有些人把甘氏线称为角度线。甘氏线分上升甘氏线和下降甘氏线两种。

2. 甘氏线的含义及画法

（1）甘氏线的角度。每根甘氏线对应一个角度，具体如下。

1×8—82.5度　1×4—75度　1×3—71.25度　1×2—63.75度　1×1—45度

2×1—26.25度　3×1—18.75度　4×1—15度　8×1—7.5度

（2）甘氏线角度的含义。1×8（1时间×8价格）表示每变动1个时间单位，价格变动8个单位。

1×4（1时间×4价格）表示每变动1个时间单位，价格变动4个单位。

1×3（1时间×3价格）表示每变动1个时间单位，价格变动3个单位。

1×2（1时间×2价格）表示每变动1个时间单位，价格变动2个单位。

1×1（1时间×1价格）表示每变动1个时间单位，价格变动1个单位。

2×1（2时间×1价格）表示每变动1个价格，需要2个单位时间。

3×1（3时间×1价格）表示每变动1个价格，需要3个单位时间。

4×1（4时间×1价格）表示每变动1个价格，需要4个单位时间。

8×1（8时间×1价格）表示每变动1个价格，需要8个单位时间。

（3）甘氏线的画法。画甘氏线的方法是首先找到一个点，在上升趋势或下降趋势中，找出近期的最高点位置，以此点为中心按照不同的角度（1×8、1×4、1×3、1×2、1×1、2×1、3×1、4×1和8×1）向上画出数条射线，形成上升甘氏线。这些线将在未来起压力和支撑作用。在下降趋势中，找出近期最低点位置，以此点为中心按照不同的角度（1×8、1×4、1×3、1×2、1×1、2×1、3×1、4×1和8×1）向下画出数条射线，形成下降甘氏线。这些线将在未来起支撑和压力作用。

被选择的点同大多数别的选点方法一样，一定是显著的高点和低点，如果刚被选中的点马上被创新的高点和低点取代，则甘氏线的选择也随之变更，如图9-27所示。

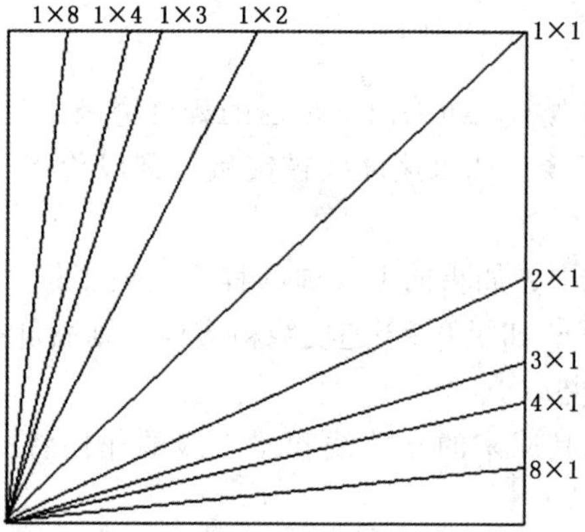

图 9-27 上升甘氏线

3. 甘氏线的运用

(1) 甘氏线的每条直线都有支撑和压力的功能，但这里面最重要的是 1×1、2×1 和 1×2。其余的角度虽然在价格的波动中也能起一些支撑和压力作用，但重要性都不大，都很容易被突破。

(2) 在强势多头市场中，每变动一个时间单位，价位可变动两个单位以上，而在空头市场中要增加一个单位价格，就必须花市场中两个单位时间以上。因此，当价格在高档区 1×8（或 1×2、1×3、1×4）反转而下时，必须先破 1×4，再破 1×3 区等，若是跌破 1×1 区，则代表已步入空头市场，同理，当价格由底部 8×1 向上翻转时，也必然突破 4×1、3×1、2×1 等，当突破 1×1 时，则进入另一个多头市场，故 1×1（45°）线，所代表的意义相当重要，甘氏线中的每一条角度线，都有可能成为市场趋势中的压力线或支撑线，需视其所在价位位置而定。

(3) 甘氏 1×1（45°）线是一个倾斜度为 45°，代表一条长期的趋势线（上升或者下降）。当价格高于此线上升，表明市场是牛市；当价格低于此线下降，表明市场是熊市。

4. 运用甘氏线要注意的问题

运用甘氏线要注意以下问题。

(1) 受到技术图表使用的刻度的影响，选择不同的刻度将影响甘氏线的作用。只要不断地调整刻度，就可以使甘氏线达到“准确预报”的效果。

(2) 甘氏线并不是孤立地作用，它往往同百分比线等别的切线相结合使用，这样，可以改变总体的效果，避免我们一些明显的错误。

(3) 甘氏线提供的不是一条或几条线，而是一个扇形区域，在实际应用中有相当的难度。不是专业研究江恩理论的投资者，最好不要使用甘氏线。

模块六

形 态 分 析

任务描述

了解形态理论的基本概念，掌握翻转突破形态。

业务描述

能够画出反转突破形态的颈线，并能够预测其最小下跌幅度和最小上涨幅度。

一、形态分析概述

（一）形态分析概念

证券价格趋势发生变化一般不是偶然的，往往都会有一个发展变化的过程。形态理论就是通过研究各种复杂的证券价格曲线形态，进而发现证券价格正在行进的方向。因此，我们说股价运动有按趋势发展的规律，并且类似情况还会重复出现，把过去和现在的股价变动数据标在以时间为横轴、以股价为纵轴的平面直角坐标系上，以股价图形的形态分析未来趋势，这即是形态分析。形态理论通过研究股价所走过的轨迹，分析曲线告诉投资者的一些多空双方力量的对比结果，并从中归纳找出一些典型的形态，进而指导投资者的行动。

（二）价格移动规律

股价的移动是由多空双方力量的大小决定的，股价的移动主要是保持平衡的持续整理和打破平衡的突破这两种过程。

根据多方和空方力量对比可知，证券价格移动应该遵循这样的规律：证券价格应在多方和空方取得均衡的位置上下来回波动；原有的平衡被打破后，证券价格将寻找新的平衡位置。可以具体描述如下：

持续整理，保持平衡 ⟹ 打破平衡 ⟹ 新的平衡 ⟹ 再打破平衡 ⟹ 再寻找新的平衡……

价格的移动就是按这一规律循环往复、不断地进行的。证券市场中投资的胜利者往往是在原来的平衡快要打破之前或者是在打破的最初过程中采取行动而获得收益的。原平衡已经打破，新的平衡已经找到，这时才开始行动，就已经晚了。

（三）证券价格移动的形态

价格移动规律是完全按照多空双方力量对比及所占优势大小而定的。股价经过一段时间的移动后，在图上即形成一种特殊区域或形态，不同形态显示出不同意义。可以从这些形态的变化中摸索出一些有规律的东西。

1. 反转形态

反转形态指股价趋势逆转所形成的图形，亦即股价由涨势转为跌势，或由跌势转为涨势。反转突破形态描述了趋势的反转，是投资分析中最感兴趣的形态。反转突破形态主要有头肩（顶底）形态、双重顶（底）、圆形顶（底）和V形顶（底）等。

2. 整理形态

整理形态是指股价经过一段时间的快速变动后，不再前进而在一定区域内上下震荡，维持暂时多空平衡的走势。

3. 缺口

缺口是指股价在快速大幅变动中有一段价格区间没有任何交易，显示在股价走势图上是一个前后（上下）不连接的区域，这个区域称为“缺口”，它通常又称为跳空。当股价出现缺口，经过当天、或是几天，甚至更长时间的变动，然后反转过来，价格又回到原来缺口的价位时，称为缺口的封闭，也称缺口的回补。

二、头肩形态

（一）头肩顶形态

头肩形态是实际股价形态中出现最多的一种形态，也是最著名和最可靠的反转突破形态。它一般可分为头肩顶、头肩底以及复合头肩顶底三种类型。

1. 头肩顶形态的产生

头肩顶形态是一个可靠的卖出时机，一般通过连续的3次起落构成该形态的3个部分，也就是要出现3个局部的高点。中间的高点比另外两个都高，称为头；左右两个相对较低的高点称为肩。这就是头肩顶形态名称的由来，如图9-28所示。

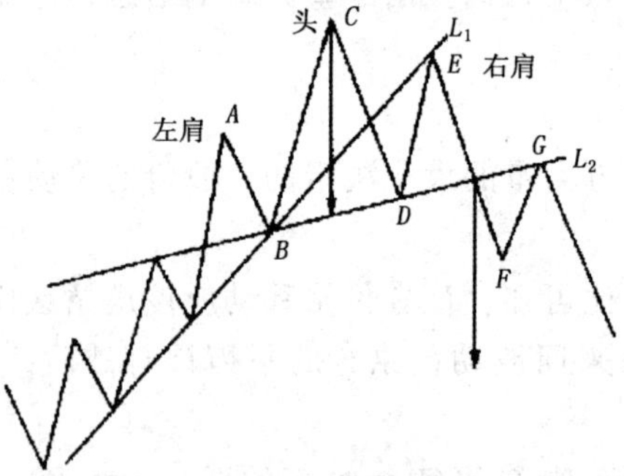

图9-28 头肩顶形态

头肩顶形态的形成过程大体如下：①股价长期上升后，成交量大增，获利回吐压力也增加，导致股价回落，成交量同时也较大幅度下降，左肩形成。②股价回升，突破左肩之顶点，成交量可能因充分换手而创新高，但价位创新高使持股者产生恐慌心理，竞相抛售，股价回跌到前一低点水准附近，头部完成。③由于量能还未充分释放，股价再次上升，但前段的巨额成交量将不再重现，涨势亦不再凶猛，价位到达头部顶点之前即告回落，形成右肩。这一次下跌时，股价急速穿过颈线，再回升时，股价也仅能达到颈线附近转而向下，成为下跌趋势，头肩顶形态宣告完成。

头肩顶形态的道理与支撑线和压力线的内容有密切关系。图 9－28 中的直线 L_1 和直线 L_2 是两条明显的支撑线。从 C 点到 D 点，突破直线 L_1 说明上升趋势的势头已经遇到了阻力，E 点和 F 点之间的突破 L_2 则是趋势的转向。另外，E 点的反弹高度没有超过 C 点，也是上升趋势出了问题的信号。

图中的直线 L_2 是头肩顶形态中极为重要的直线——颈线。在头肩顶形态中，它是支撑线又是压力线，前面起支撑作用后来则起压力线作用。

头肩顶形态走到了 E 点并调头向下，只能说是原有的上升趋势已经转化成了横向延伸，还不能说已经反转向下了。只有当图形走到了 F 点，即股价向下突破了颈线，才能说头肩顶反转形态已经形成。

同大多数的突破一样，这里颈线被突破也有一个被认可的问题。一般而言，以下两种形态为假头肩顶形态：第一，当右肩的高点比头部还要高时，不能构成头肩顶形态；第二，如果股价最后在颈线水平回升，而且回升的幅度高于头部，或者股价跌破颈线后又回升到颈线上方，这可能是一个失败的头肩顶形态。

头肩顶形态是一个长期趋势的转向形态，一般出现在一段升势的尽头。这一形态具有如下特征：①一般来说，左肩与右肩高点大致相等，有时右肩较左肩低，即颈线向下倾斜。②就成交量而言，左肩最大，头部次之，而右肩成交量最小，即呈梯状递减。③突破颈线不一定需要大成交量配合，但日后继续下跌时，成交量会放大。

当颈线被突破，反转被确认以后，大势将下跌。下跌的深度，可以借助头肩顶形态的测算功能进行。

从突破点算起，股价将至少要跌到与形态高度（头部 C 到颈线 L_1 的距离）相等的距离。

2. 市场含义

（1）头肩顶是一个长期趋势的转向形态，通常会在牛市的尽头出现。

（2）当最近的一个高点的成交量较前一个高点为低时，就暗示了头肩顶出现的可能性；当第三次回升股价没法超越上次的高点，成交量继续下降时，有经验的投资者就会把握机会沽出。

（3）当头肩顶的颈线 L_2 被击破时，就是一个真正的卖出信号，虽然股价和最高点比较，已回落了相当的幅度，但跌势只是刚刚开始，未出货的投资者继续卖出。

（二）头肩底形态

头肩底是头肩顶的倒转形态，它是一个可靠的买进时机。这一形态的构成和分析方法，除了在成交量方面与头肩顶有所区别外，其余与头肩顶类同，只是方向正好相反，如图 9－29 所示。

（三）复合头肩形态

1. 形态分析

复合头肩形态是头肩式（头肩顶或头肩底）的变形走势，其形状和头肩式十分相似，只是肩部、头部或两者同时出现多于一次。大致来说可划分为以下几大类。

（1）一头双肩式形态：一个头分别有两个大小相同的左肩和右肩，左右双肩大致平衡。

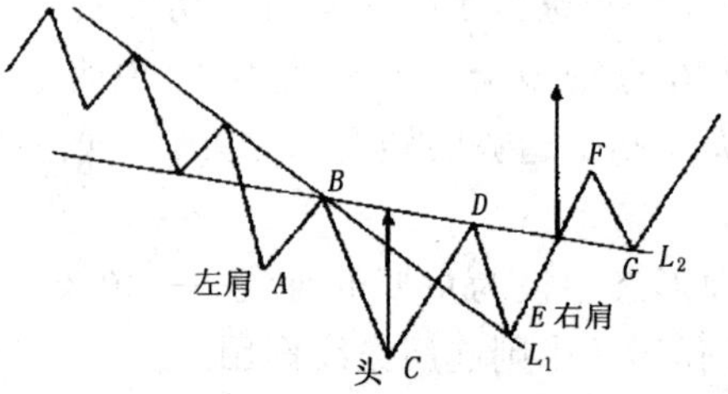

图 9－29 头肩底形态

比较多的是一头双右肩，在形成第一个右肩时，股价并不马上跌破颈线，反而掉头回升，不过回升却止于右肩高点之下，最后股价继续沿着原来的趋势向下。

（2）一头多肩式形态：一般的头肩式都有对称的倾向，因此当两个左肩形成后，很有可能也会形成一个右肩。除了成交量之外，图形的左半部和右半部几乎完全相等。

（3）多头多肩式形态：在形成头部期间，股价一再回升，而且回升至上次同样的高点水平才向下回落，形成明显的两个头部，也可称做两头两肩式走势。有一点必须留意，成交量在第二个头往往会较第一个减少。

复合头肩式，如图 9－30 所示。

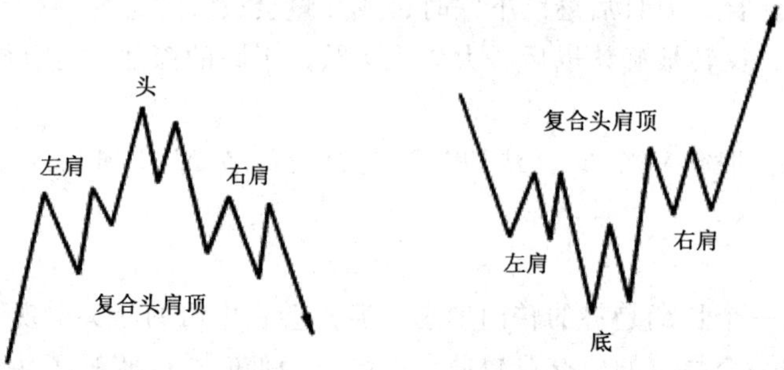

图 9－30 复合头肩顶底形态

2. 市场含义

复合头肩形态的分析意义和普通的头肩式形态一样，当在底部出现时，即表示一次较长期的升市即将来临；假如在顶部出现，显示市场将转趋下跌。

三、双重顶和双重底

双重顶与双重底也称 M 头和 W 底，是一种最常见的顶（底）部反转形态。其形态是由两个等高（低）或近乎等高（低）的高（低）点组成的图形。

（一）双重顶

形成于一段涨势的末期的双重顶（又称 M 头）是典型的卖出信号。当股价升至某一高点时，遭到强大的卖压，在高点处留下大成交量后股价回落，回落中成交量萎缩，至某一低点受到买盘支撑再度上升，当股价又升到前一高点水平附近时，成交量虽随股价回升而放大，但还明显低于前一高点所留下的成交量水平，但是股价却无力超越前一高点而再度回落，并在回落到由前一低点引出的水平线——颈线时，稍做反弹就迅速向下跌破颈线，至此，双重顶形态完成，如图 9－31 所示。

双重顶有效跌破颈线后的下跌幅度，为第二个高点到颈线之间的垂直距离。

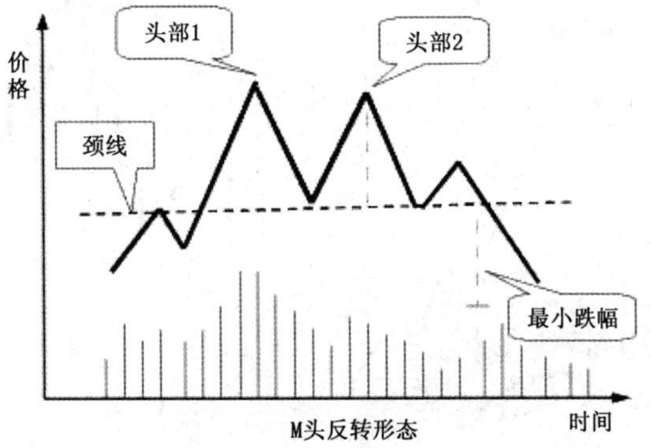

图 9－31 双重顶（M 头）形态

（二）双重底

双重底（W 底）是典型的买入信号，是双重顶倒转过来的图形，如图 9－32、图 9－33 所示。

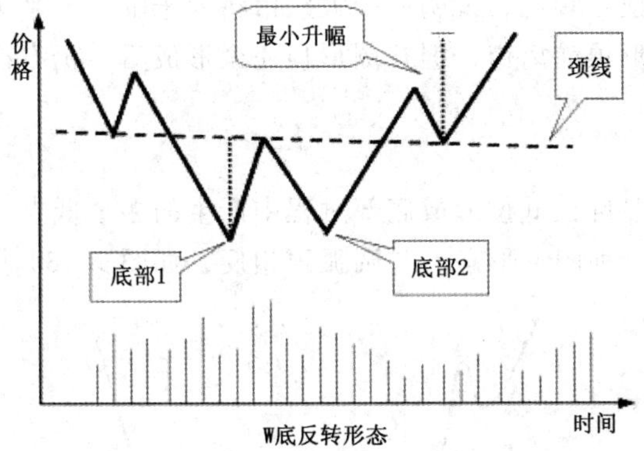

图 9－32 双重底（W 底）形态

无论双重顶或双重底完成后，突破颈线幅度超过股价 3% 以上时，才算是有效突破。

四、圆弧顶与圆型底

（一）圆弧顶

所谓圆弧顶，是将股价在高位形成头部过程中产生的多个高点，用曲线将其连接起来而成为类似于圆弧形状的一种图形形态。

1. 形态分析

当股价变动进入上升行情时，在上涨初期，多头快速拉升股价，表示其实力强劲，涨升一段后，多头开始遇到阻力，使股价上升速度减缓，甚至下跌，多空形成拉锯战，多头由主动变为被动，最后力量不支，快速下跌，在图形的上端形成弧状，即圆弧顶。

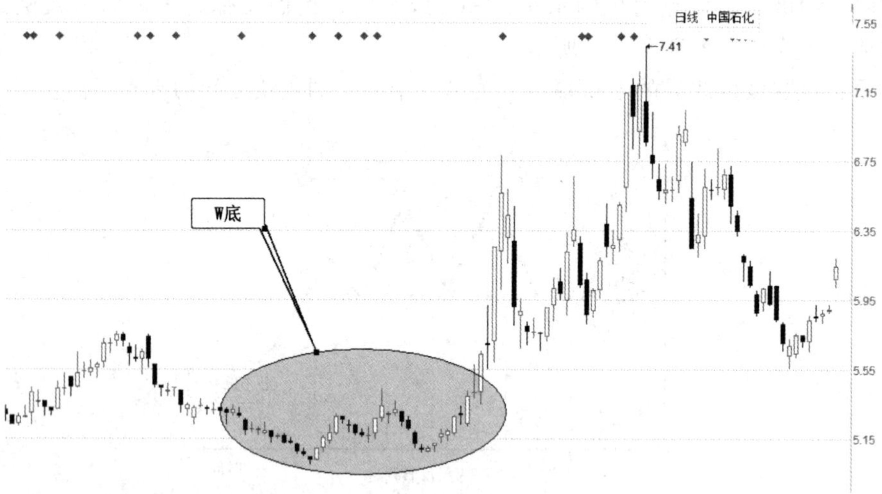

图 9－33 中国石化双重底（W 底）形态

2. 市场含义

经过一段买方力量强于卖方力量的升势之后，买方趋弱或仅能维持原来的购买力量，使涨势缓和，而卖方力量却不断加强，最后双方力量均衡，此时股价会保持没有涨落的静止状态。如果卖方力量超过买方，股价就回落，开始只是慢慢改变，跌势不明显，但后期则由卖方完全控制市场，跌势便告转急，说明一个大跌市将要来临，未来下跌之势将转急转大，那些先知先觉者在形成圆形顶前离市，但在圆形顶完全形成后，仍有机会撤离。

（二）圆型底

所谓圆型底，是将股价在低位形成底部过程中产生的多个低点，用曲线将其连接起来而成为类似于圆弧形状的一种图形形态，与圆弧顶相反，如图 9－34 所示。

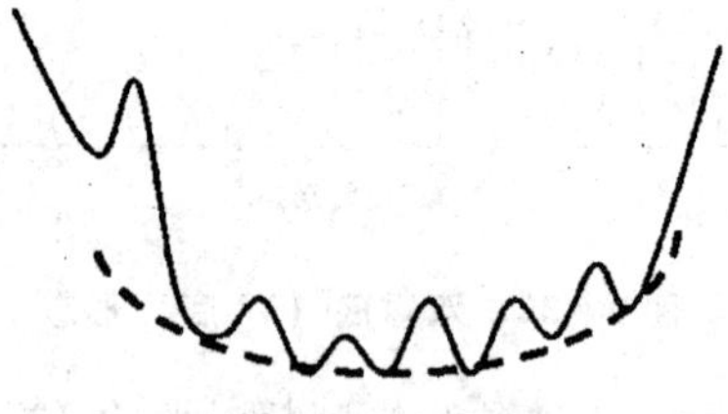

图 9－34 圆型底

其形态的形成过程是，在一段大幅下跌后，股价跌势逐渐趋缓，股价变动呈弧形下跌，成交量逐渐减少，然后当股价缓跌至某一价位区时，上下波动几乎呈水平状态，成交量也减少至交易几乎停顿。此时多头力量渐渐增强，股价缓慢回升，呈一弧形，成交量随股价上升而不断放大，说明主力机构在慢慢吸货，股价也由小幅攀升并最终形成陡峭地上升，圆型底形态完成。

五、V 字型反转形态

V 型是反转形态中上升或下降幅度较大、速度较快的一种，它只有一个尖顶或一个尖底。投资者如果能够及时把握，那么差价利润相当可观。但是V型很难及时判断，要配合成交量及其他分析方法提前确认，以免错过买或卖的时机。V型反转形态分V型顶与V型底两种。

（一）V型底

1. V型走势

V型走势可分为三个部分。

（1）下跌阶段：通常V型的左方跌势十分陡峭，而且持续一段短时间。

（2）转势点：V型的底部十分尖锐，一般来说形成这转势点的时间仅两三个交易日，而且成交在这低点明显增多。有时转势点就在恐慌交易日中出现。

（3）回升阶段：接着股价从低点快速回升，成交量随之增加。

“伸延V型”走势是“V型走势”的变形。在形成V型走势期间，其中上升（或是下跌）阶段呈现变异，股价有一部分出现横向发展的成交区域，其后打破这徘徊区，继续完成整个形态。倒转V型和倒转伸延V型的形态特征，与V型走势刚好相反。

2. 市场含义

由于市场中卖方的力量很大，令股价稳定而又持续地下挫，当这股抛售力量消失之后，买方的力量完全控制整个市场，使得股价出现戏剧性的回升，几乎以与下跌时同样的速度收复所有失地。因此在图表上股价的运行会形成一个像V型的移动轨迹。倒转V型情形则刚刚相反，市场看好的情绪使得股价节节盘升，可是突如其来的一个因素扭转了整个趋势，卖方也以较快速度下跌，形成一个倒转V型的移动轨迹。这种图形通常是由一些突如其来的因素所引起的突变，是一般投资者所不能预见的因素造成的。如图9-35所示为氯碱化工（600618）2015年1月19日前后之V型底。

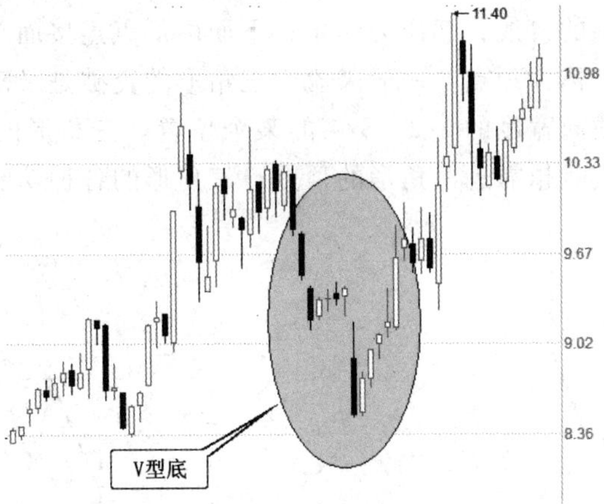

图9-35　氯碱化工（600618）V型底

（二）V型顶

V型顶又称单顶，是反转形态中下降幅度较大，速度极快的一种反转形态。与V型底正好相反。如图9-36所示为欣龙控股（000955）2014年10月17日前后形成的倒V反转。

图 9－36　欣龙控股（000955）倒 V 型顶

六、持续整理形态

股价走势在上升或下降过程中，有时需要休整一下，也就是多方和空方维持暂时平衡的局面，在图形上就形成了调整形态。必须要说的是，作为整理形态，在完成其形态之后，大多是维持原有的方向继续行进，但是也有可能是转势，就是说整理形态走出来后股价不再沿原来的趋势行进，而是转向掉头。

（一）三角形

三角形的调整形态共分三种：对称三角形、上升三角形、下降三角形。

1. 对称三角形

对称三角形表示在股价盘整中买卖双方的力量均衡，交易量由多到少；当股价按其原有趋势继续发展时，交易量会增加，如图 9－37 所示。对称三角形有两条聚拢的直线，上面由高点连接而成的向下倾斜的直线，起压力作用；下面由低点连接而成的向上倾斜的直线，起支撑作用。两直线的交点称为顶点。一般来说，三角形的突破是必需的，根据经验，突破的位置一般应在三角形的横向宽度的 1/2 ~3/4 的某个位置。三角形的横向宽度指三角形的顶点到竖直边的距离，突破时越靠近三角形的顶点，三角形的各种功能就越不明显，对投资的指导意义就越不强。

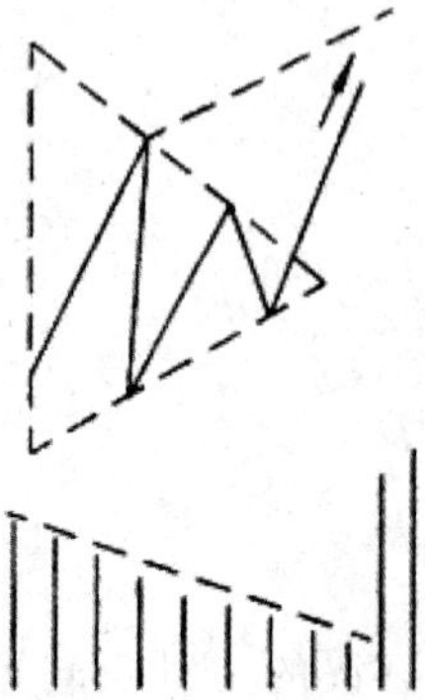

图 9－37　对称三角形

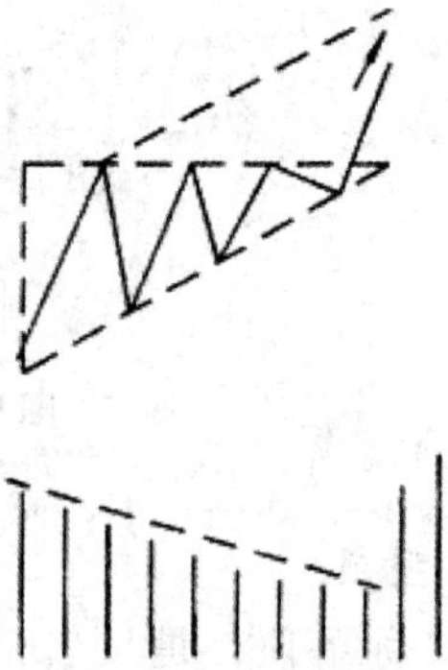

图 9－38　上升三角形

对称三角形被突破后，也有测算功能。从突破点算起，股价至少要运动到与形态高度相等的距离。

2. 上升三角形

上升三角形表示在股价盘整中买方的力量不断增强，高点维持水平，而低点不断抬高，交易量由大到小；当股价突破阻力线向上时，交易量增加，后市展望良好。这种图形是显示买进的信号，如图 9－38 所示。在此不再详述。

3. 下降三角形

下降三角形表示在盘整中卖方的力量在不断增强，交易量由大到小；当股价突破支持线向下时，交易量增加，后市展望不乐观。这种图形是显示卖出清仓的图形，如图 9－39 所示。在此不再详述。

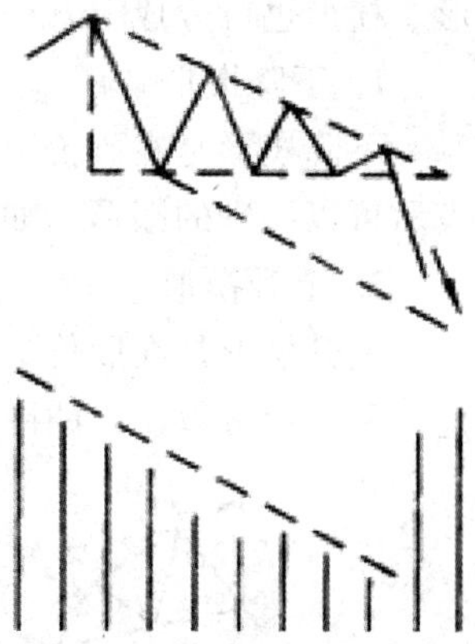

图 9－39　下降三角形

（二）旗形

旗形分上升旗形和下降旗形。

1. 上升旗形

上升旗形是一种在股价上升的走势中出现向下调整的四边形，表示交易量由大变小，股价突破阻力线后，交易量大增；上升幅度是原突破点到旗杆最高点的垂直距离，即 CD = AB。上升旗形是后市展望良好的一种调整形态，因而当股价突破阻力线向上时，是买进的信号，如图 9－40 所示。

2. 下降旗形

下降旗形是一种在股价下降的走势中出现向上调整的长方形，表示交易量由大变小，股价突破支持线以后，交易量大增；下降幅度是原突破点到旗杆最低点的垂直距离，即 CD = AB。下降旗形是后市展望不佳的一种调整形态，因而当股价突破支持线向下时，是卖出的信号，如图 9－41 所示。

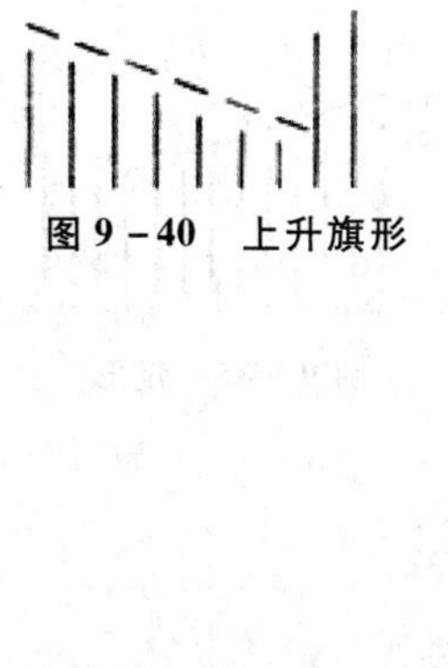

图 9－40　上升旗形

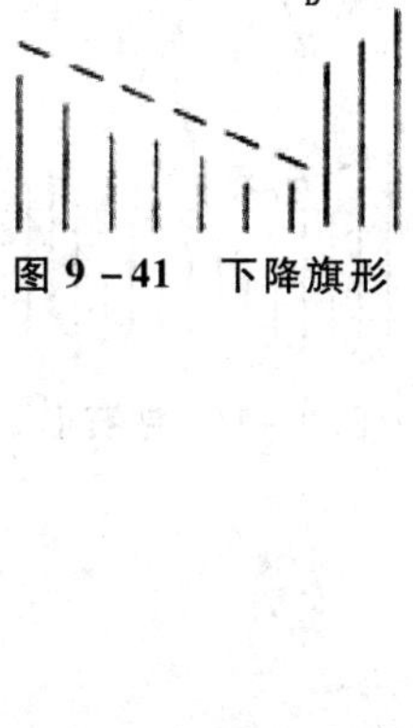

图 9－41　下降旗形

（三）楔形

在股价走势中，出现一种类似楔形的整理形态，其外形类似既不对称也没有直角的三角形。楔形也可分成上升楔形和下降楔形两种。

1. 下降楔形

下降楔形是在股价上升走势中常出现的调整形态。这种形态展示后市走势良好，是一种表示可以买进的图形，如图 9 - 42 所示。

2. 上升楔形

上升楔形是在股价下降走势中常出现的一种调整形态。这种图形展示后市走势不乐观，是一种表示可以卖出的图形，如图 9 - 43 所示。

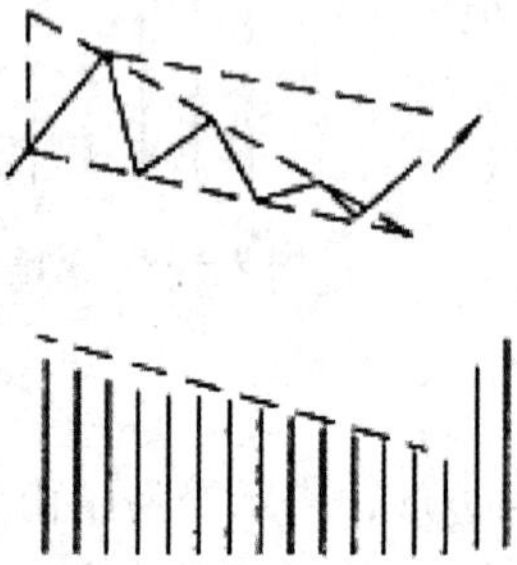

图 9 - 42　下降楔形

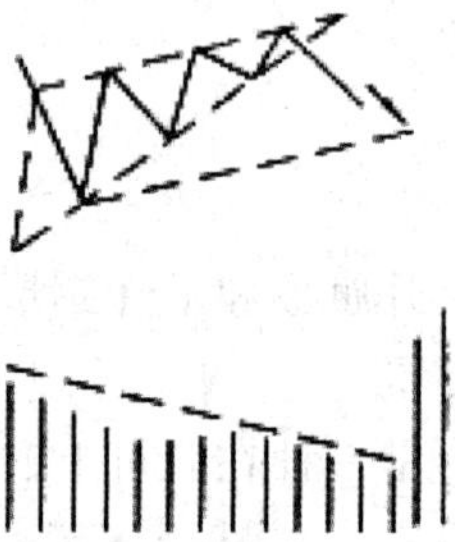

图 9 - 43　上升楔形

（四）钻石形

钻石形是由两个对称三角形合并组成的一种调整形态。这是显示股价在调整期间变化很大，市场走势不稳定，因而后市展望不确定的一种图形调整形态，如图 9 - 44 所示。

（五）矩形

矩形是一种常见的横向整理形态，也称箱形整理，一般是由一个 M 形与一个 W 形组合而成。矩形调整形态表示后市趋势发展不明确，市场上多空双方力量均衡，成交易萎缩，如图 9 - 45 所示。

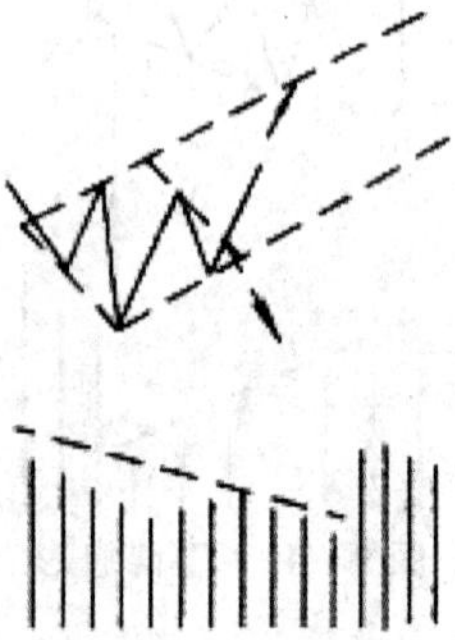

图 9 - 44　钻石形

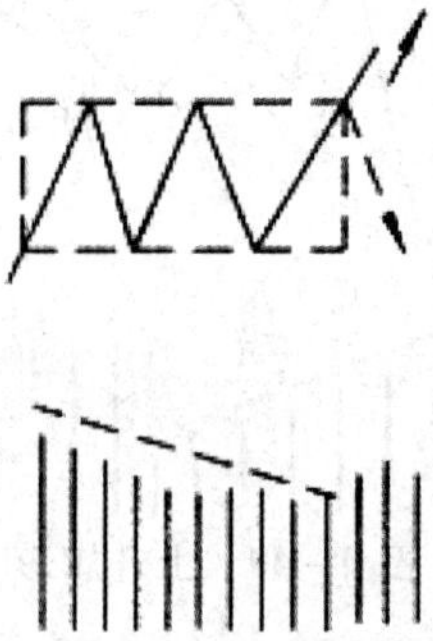

图 9 - 45　矩形

七、缺口分析

缺口通常又称为跳空，是指证券价格在快速大幅度波动中没有留下任何交易的一段真空区域。在日 K 线图中，缺口表示某种股票某天最低成交价比前一天最高价还高的情形。缺口也是一种形态。缺口的出现往往伴随着向某个方向运动的一种较强动力。缺口的宽度表明这种运动的强弱。一般说来，缺口越宽，运动的动力愈大；反之，则愈小。不论向何种方向运动所形成的缺口，都将成为日后较强的支撑或压力区域，不过这种支撑或压力效能依不同形态的缺口而定。

缺口分为普通缺口、突破缺口、持续缺口和竭尽缺口。人们可以根据不同的缺口形态预测行情走势的变化方向和变化力度，因此，缺口分析已成为当今技术分析中极其重要的技术分析工具。

个股因为除权产生的缺口，叫除权缺口，常常是牛市中该股填权的目标所在。它不在下面的分析讨论之列。

（一）普通缺口

普通缺口常发生在整理形态中，一般几天之内就会被填上。普通缺口的认定可以协助短线投资者判断出盘局形态正在酝酿。如图 9－46 所示为普通缺口。

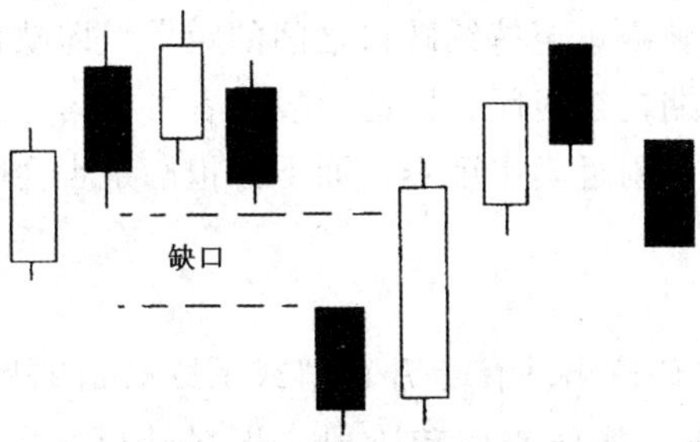

图 9－46　普通缺口

（二）突破缺口

突破缺口常发生在价格密集形态完成后，股价开始突破盘局区域的界限，而急速大幅地上涨或下跌时。头肩形颈线的突破、三角形界线的突破等常会出现这种缺口。

成交量是股价上升突破缺口的强有力保证。如果在缺口发生之前，股市中已有很大的成交量，而在缺口发生后，成交量反而变得很少，那么股价很可能在下一次级波动中回到原来形态的边界，而把缺口封闭；如果在缺口发生后，还有很大的成交量配合，那么短期内股价很难回档，缺口不易被封闭，如图 9－47 所示。

（三）持续缺口

持续缺口是在证券价格向某一方向有效突破之后，由于急速运动而在途中出现的缺口，它是一个趋势的持续信号。在缺口产生的时候，交易量可能不会增加，但如果增加的话，则通常表明一个强烈的趋势。

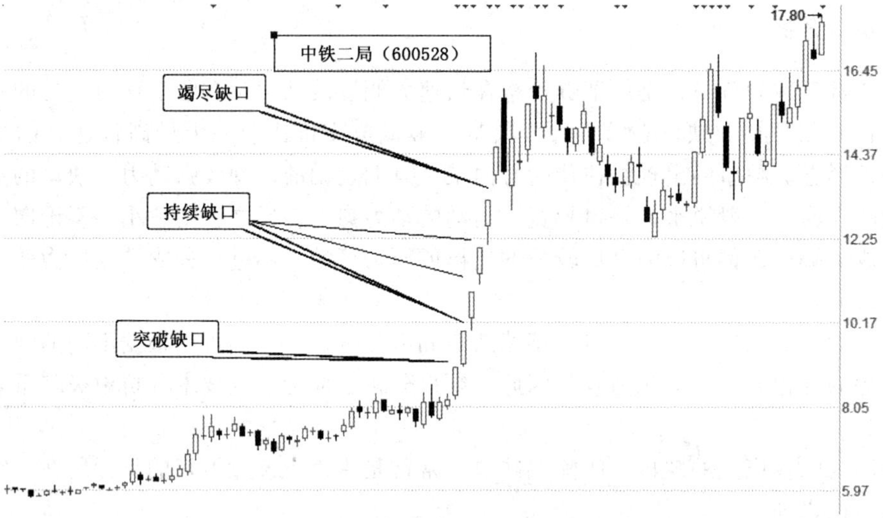

图 9－47　中铁二局（601528）持续缺口形态

如图 9－47 所示，中铁二局在 2014 年 12 月发动的一波行情中的突破缺口、持续缺口和竭尽缺口。

持续缺口的市场含义非常明显，它表明证券价格的变动将沿着既定的方向发展变化，并且这种变动距离大致等于突破缺口至持续缺口之间的距离，即缺口的测量功能。

持续缺口一般不会在短期内被封闭，因此，投资者可在向上运动的持续缺口附近买入证券或者在向下运动的持续缺口附近卖出证券，而不必担心是否会套牢或者踏空。

（四）竭尽缺口

如图 9－47 所示，竭尽缺口出现在上升行情或下跌行情的尾声，是长期上升或下跌行情将结束的信号，股价将进入整理或反转阶段。竭尽缺口容易与持续缺口混淆。它们的最大区别是：竭尽缺口出现在行情趋势的末端，该缺口很快就会被回补，显示原来占据主动的多方（或是空方）再也不能维持其强势了，故也常称为消耗缺口，它伴随着大的成交量。

由于竭尽缺口形态表明行情走势已接近尾声，因此，投资者在上升行情出现竭尽缺口时应及时卖出证券，如图 9－47 所示，而在下跌趋势中出现竭尽缺口时应买入证券。

（五）岛形缺口反转形态

在上述竭尽缺口被回补的过程中，不是由普通的价格回落（或是上升）而回补，而是由新的缺口所回补，中间形成孤岛的 K 线形态。详细描述如下。

股价在经过持续上升（或是下跌）一段时间后，某日出现跳空缺口性加速上升（或是下跌），但随后股价在高位（或低位）徘徊，不久股价却以向下（或向上）跳空缺口的形式下跌（或上涨），而这个下跌（或上升）缺口和上升（或下跌）向上跳空缺口，基本处在同一价格区域的水平位置附近，在 K 线图表上看来，就像是一个远离海岸的孤岛形状，左右两边的缺口令这岛屿孤立地立于海洋之上，这就是顶部（或是底部）的岛形反转形态。

就是用新的突破缺口来回补上一波走势的竭尽缺口。

岛形形态常常出现在长期或中期性趋势的顶部或底部，表示趋势的逆转。

模块七
技术指标分析

任务描述

了解指标分析的基本作用，并掌握常用的指标。

业务描述

能够分析出常用指标的买入点和卖出点。

一、技术指标法概述

（一）技术指标的概念

技术指标是运用一些数学公式，将过去的价格、成交量等数据重新整理及计算得出的结果。价格数据可以为某时段的“开盘”、“最高”、“最低”、“收盘”其中一个或是多个。同时，时间和成交量的因素也被引入技术指标的计算中。每一个技术指标都是以一个特定的方式或是从某一特定角度对证券市场进行分析观察，进而反映市场某一方面深层的内涵，通过技术指标曲线或者其数据，就可以对市场进行定量分析。

技术指标仅仅是一种买卖时的辅助工具，使投资者能在市场上认清方向，不至于在买卖时作出太主观的决定。需要投资者牢记的是，技术指标仅仅是一种信号，并不能直接对金融产品价格产生影响。值得投资者注意的是，它毕竟是在有限数据的基础上运算分析得出的结果，所得出的结论是相对的结论，不能加以无限放大的使用。

（二）技术指标的主要功能

技术指标主要具有如下功能。

1. 提示

技术指标能提示价格的变动。如动向指标呈下跌，代表后市升穿支持位在即；相反，若动向指标出现底背驰，则提示投资者需注意价格变动，阻力位被上破的可能性很大，也有可能横行。

2. 确认

技术指标能进一步确认其他技术分析工具的结果。若破位在上方发生，而移动平均线也同时被穿过，即确认了价格很强；相反，若价格跌破支持位，相对强弱指数显示超卖，卖家多于买家的情况可被确认。

3. 预测

技术指标能帮助投资者预测一个较佳的入市/出市价位。不过，技术分析有时也会出现假信号。因此，投资者应同时使用多于一种的技术指标，以避免招致损失。

（三）技术指标的分类

技术分析的指标相当多，大致可以划分为“大势型”、“超买超卖型”、“趋势型”、“能量型”、“成交量型”、“均线型”、“图表型”、“选股型”、“路径型”、“停损型”等类型。

1. 大势型

大势型包括 ABI、ADL、ADR、ARMS、BTI、C&A、COPPOCK、MCL、MSI、OBOS、TRIM、STIX、TBR 等。此种类型技术指标专用于判断大盘的走势。

2. 超买超卖型

超买超卖型包括 CCI、DRF、KDJ、K% R、KAIRI、MFI、MOM、OSC、QIANLONG、ROC、RSI、SLOWKD、VDL、W% R、BIAS、BIAS36 等。大约有 1/5 的指标属于这种类型，完全精准地应用、解释，相当困难，如果掌握它的“天线”和“地线”的特征，就可以迎刃而解了。

天线和地线都与中轴线平行，天线位于中轴线上方，地线位于中轴线下方，两者离中轴线有相同的距离。天线可视为指标压力或是常态行情中的上涨极限。地线可视为指标支撑或常态行情中的下跌极限。这里的常态行情是指涨跌互见、走势波动以波浪理论的模式进行，并且促使指标持续上下波动于固定的范围中的情形。连续急涨急跌或瞬间的暴涨暴跌都不能算是常态行情。如图 9－48 所示为超买超卖指标中的“天线”、“地线”和中轴。

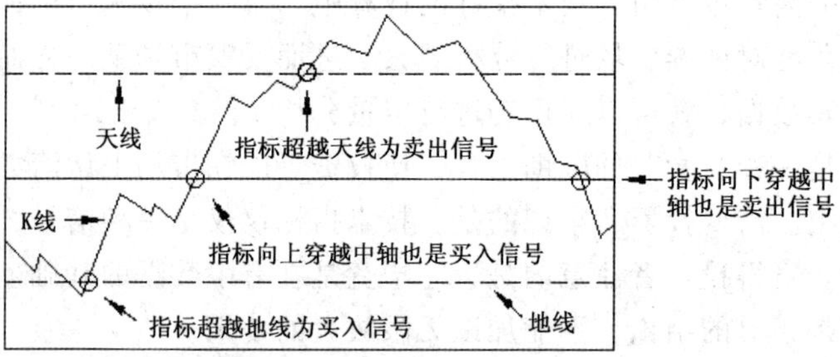

图 9－48　超买超卖指标中的“天线”、“地线”和中轴

3. 趋势型

趋势型包括 ASI、CHAIKIN、DMA、DMI、DPO、EMV、MACD、TRIX、终极指标、VHF、VPT、钱龙长线、钱龙短线、WVAD。本类型指标至少有两条线，指标以两条线交叉为信号：趋向类指标的信号发生，大致上都是以两条线的交叉为准，把握这个重点就可以运用自如。如图 9－49 所示为指标线的交叉。

4. 能量型

能量型包括 BRAR、CR、MAR、梅斯线、心理线、VCI、VR、MAD。本类型指标是股价热度的温度计，专门测量股民情绪高亢或沮丧。指标数据太高，代表高亢发烧；指标数据太低，代表沮丧发冷。如图 9－48 所示为指标的过热与过冷，与图 9－50 中的超买超卖

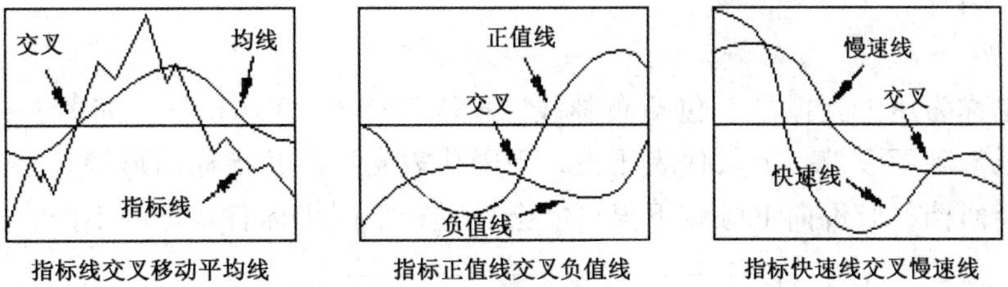

图 9－49　指标线的交叉

相似。

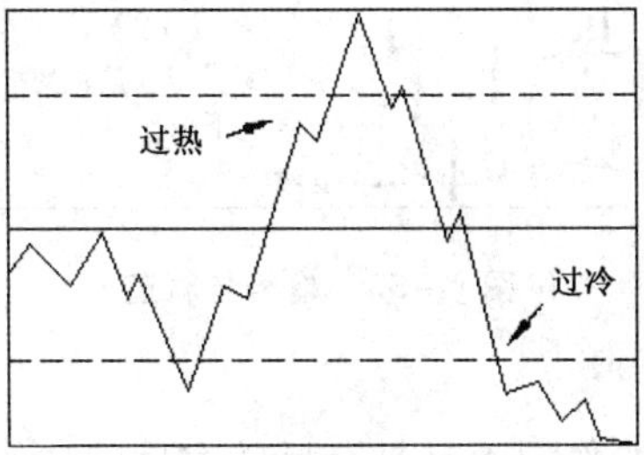

图 9－50　指标的过热与过冷

5. 成交量型

成交量型包括成交值、负量指标、OBV、正量指标、PVT、成交量。成交量型有 N 字波动型和 O 轴穿越型，如图 9－51 所示。

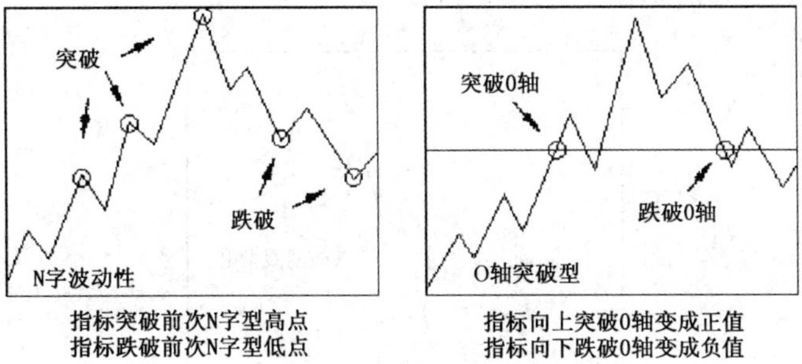

图 9－51　指标的突破与跌破

6. 均线型

均线型即各种不同算法的平均线。包括 BBI、EXPMA、MA、VMA、HMA、LMA。主要通过短期均线穿越长期均线的结果（金叉、死叉），判断是否为买卖信号。

7. 图表型

图表型包括 K 线、美国线、压缩图、收盘价线、等量线、等量 K 线、○×图、新三价线、宝塔线、新宝塔线。以 K 线为基础派生出来的价格图形，通过图形的特征形态及其组合，来判断买卖信号和预测涨跌。

8. 选股型

选股型包括 CSI、DX、PCNT%、TAPI、威力雷达、SV。主要用途是用于筛选有投资价值股票的一类指标。

9. 路径型

路径型也称为压力支撑型。包括布林线、ENVELOPE、MIKE 等，如图 9 - 52 所示。图形区分为上限带和下限带，上限代表压力，下限代表支撑。其指标图形特点是：股价向上触碰上限可能会回档；股价向下触碰下限可能会反弹；不同指标有特殊的不同含义。

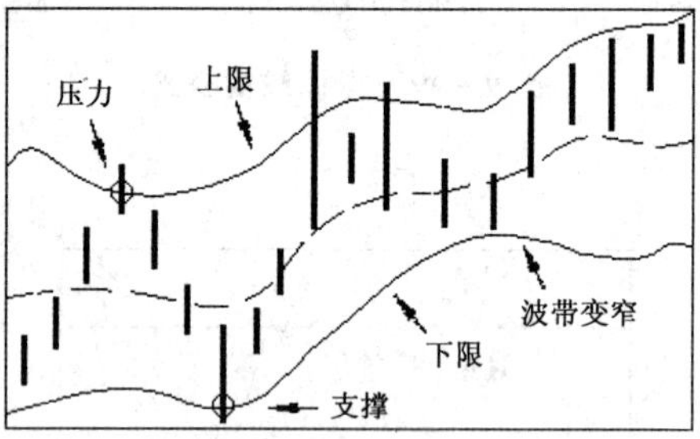

图 9 - 52 趋势与轨道

10. 停损型

停损型指标不仅具备停损的作用而且具有反转交易的功能，所以，不能单纯以停损的观念看待这个指标，而要看做一个会产生交易信号的相对独立的交易系统。包括 SAR 和 VTY 等。

股价上涨则停损圈圈（红色）位于股价下方；股价下跌则停损圈圈（红色）位于股价上方；收盘价由下往上突破圈圈（绿色）为买进信号；收盘价由上往下跌破圈圈（绿色）为卖出信号，如图 9 - 53 所示。

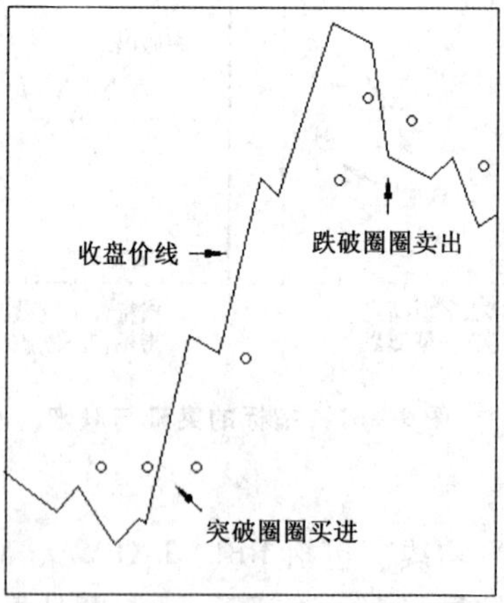

图 9 - 53 指标揭示的交易信号

（四）应用技术指标应注意的问题

1. 指标的背离

背离，简单地说，就是走势不一致，指标的背离是指该指标的走向与价格走向不是相同的趋势或方向。通常指标背离有两种，一是顶背离，一是底背离。顶背离通常出现在价格上升过一段距离之后的位置，当股价的高点比前一次高，而指标的高点却比其前一次的高点低，也就是指标处于高位，并形成一峰比一峰低的两个峰，而此时股价却对应的是一峰比一峰高，表示该指标怀疑目前的上涨是外强中干，暗示股价可能很快就会反转下跌，这就是所谓的顶背离。顶背离是比较强烈的卖出提示信号。一次背离后就转向的有，但更多的是两次三次才转向。当然在极强的市场中，可出现四次背离，沪深两市中，最多到第四次才转向的也有，但这是极其少见的。

反之，底背离一般出现在股价的低档位置，当股价的低点比前一次的低点低，而指标的低点却比前一次的高，也就是说指标不支持股价继续下跌，暗示股价会反转上涨，这就是底背离，是可以开始买进的提示信号。

2. 指标的交叉

指标的交叉指指标中的两条线（经常是快慢不同周期的）发生了相交现象。常说的金叉和死叉就属这类情况。

3. 指标的高低

指标的高低（或是位置）是指指标处于高位和低位或进入超买区和超卖区。

4. 指标的转折

指标的转折指指标的曲线发生了调头，有时是一个趋势的结束和另一个趋势的开始。

5. 指标的钝化

指标的钝化（或是盲点）：在一些极端的市场情况下指标已失去了作用。每种指标都有自己的盲点，也就是指标失效的时候。在实际中应该不断地总结，并找到盲点所在。这对在技术指标的使用中少犯错误是很有益处的。遇到技术指标失效，要把它放置在一边，去考虑别的技术指标。一般说来，参考众多的技术指标，在任何时候都会有几个能对我们进行有益的指导和帮助。

6. 指标的形态

指标的形态是指指标形成的曲线所呈现的某种形态，如整理形态、突破形态。

二、移动平均线、平滑异同移动平均线与乖离率

（一）移动平均线

1. 移动平均线的一般问题

所谓移动平均（MA），首先是算术平均数，如 1～10 十个数字，其平均数便是 5.5；而移动则意味着这 10 个数字的变动。假如第一组是 1～10，第二组变成 2～11，第三组又变为 3～12，那么，这 3 组平均数各不相同。而这些不同的平均数的集合，便统称为移动平均数。

MA 计算方法就是求连续若干天市场价格（通常采用收盘价）的算术平均。其计算公式为：

$$MA(n) = \frac{1}{n}\sum_{i=1}^{n} p_i \tag{9-2}$$

式中：n——计算的周期数，可以是 n 天、n 周和 n 月，也可以是分钟，如 MA（n）就是 n，天的股价平均数；P_i——i 天的收盘价。

将每日不同大小的移动平均数标于图表上，连接起来，便得到一条上下起伏的曲线，这便是美国投资专家葛兰威尔（Granvile）创立的移动平均线。依据 n 的大小移动平均线分为

短期、中期、长期三种。

短期移动平均线主要是5日和10日，最短可以是1天，也就是日收盘价的连线。

中期移动平均线。采样数常为20、30、55或60日，该线能让使用者了解股价一个月或超过一个月的平均变动成本。由于其波动幅度较短期线移动平均线平滑且有轨迹可寻，较长期移动平均线又敏感度高，因而优点明显。

长期移动平均线，采样120、146或150、200日。移动平均线是葛兰威尔专心研究与实验移动平均线系统后着重推出的，但在国内运用不甚普遍。更长期者常取样240、250和255日等。

2. 移动平均线的特点

（1）追踪趋势。MA作为求平均的结果，其最基本的思想就是消除股价随机波动的影响，寻求股价移动的趋势。因此，MA曲线将保持与股价变动趋势方向一致。

（2）滞后性。由于MA的追踪趋势的特性，在股价原有趋势突然发生转变时，MA的变动往往过于迟缓，其调头速度显得落后。

（3）稳定性。根据MA的计算方法可知，股价某一天的大幅变动，在经过平均后，就不会像当天那样大幅波动了，这就体现了MA的稳定性。

（4）助涨助跌性。当股价突破MA时，无论是向上突破还是向下突破，股价都有继续向突破方向再走一程的愿望，这就是MA的助涨助跌性。

（5）支撑线和压力线的特性。由于上述特性，使得它在股价走势中起支撑线和压力线的作用。MA的被突破，实际上就是支撑线和压力线的被突破。

3. 葛兰威尔法则

在移动平均线中，美国投资专家葛兰威尔创立的八项法则可谓其中的精华，历来的平均线使用者无不视其为技术分析中的至宝，而移动平均线也因为它，全面地发挥了道·琼斯理论的精神所在，如图9-54所示。

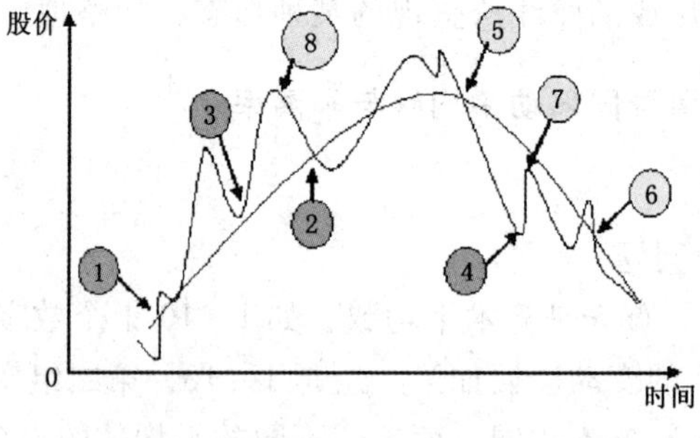

图9-54　葛兰威尔八大法则示意图

（1）葛兰威尔的四个买进法则。

①买1，平均线经过一路下滑后，逐渐转为平滑，并有抬头向上的迹象。另外，股价线也转而上升，并自下方向上突破了移动平均线。这是第一个买进信号。

②买2，股价线在移动平均线之上，但呈急剧下跌趋势，在跌破移动平均线后，忽而转头向上，并自下方突破了移动平均线。这是第二个买进信号。

③买3，与买2类似，但股价线尚未跌破移动平均线，只要移动平均线依然呈上升趋势，前者也转跌为升。这是第三个买进信号。

④买4，股价线与移动平均线都在下降，股价线快速下挫远离了移动平均线，表明反弹指日可待。这是第四个买进信号。

(2) 葛兰威尔的四个卖出法则。

葛兰威尔的四个卖出法则与买进的四条法则是一一对应的。

①卖1（信号5)，移动平均线从上升转为平缓，并有转下趋势，而股价线也从其上方下落，跌破了移动平均线。这是第一个卖出信号。

②卖2（信号6)，股价线和移动平均线均很令人失望地下滑，这时股价线自下方上升，并突破了仍在下落的移动平均线后，又掉头下落。这是第二个卖出信号。

③卖3（信号7)，类似卖2，问题是稍现反弹的股价线更加软弱，还未突破移动平均线却又转头向下。这是第三个卖出信号。要注意的是卖3与买1不同，买1是移动平均线自跌转平，并有上升迹象，而卖3，平均线尚处下滑之中。

④卖4（信号8)，股价一路暴涨，远离了虽也在上升的移动平均线。暴涨之后必有暴跌。所以此处是第四个卖出信号。

经过长期应用后，我们发现，平均线转跌为平，并有向上趋势，股价从平均线下方突破平均线，并始终大致保持在移动平均线的上方，这一段是牛市；而反之，平均线转升为平，并随后下跌，股价线从平均线上方突破平均线的下方，这一段便是熊市了。至于买4和卖4，怎样才算远离移动平均线，何时为适度，这就是乖离率的研究对象了。

4. 多头排列和空头排列

一般说来，做短线的宜用短期移动平均线，中期投资者宜用中期移动平均线，而买了股票就长期捂股不动的则宜用长期移动平均线，以判断各自不同的买卖进出点。然而，如果将三线合用，加上股价线，可以对股市有个较为确切的了解。在股市中，当移动平均线和当日K线（也称日线）出现多头排列和空头排列时，就是市场趋势明确之时，如图9－55所示。

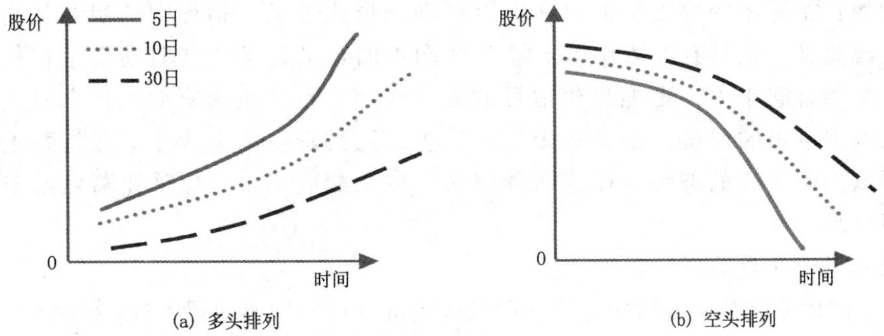

图9－55 移动平均线的多头排列与空头排列

所谓多头排列，就是日线在上，往下依次是短期线、中期线、长期线，这说明先买进的成本低，做短线的、中线的、长线的都有赚头，市场一片向上，这便是典型的牛市了。

反之，空头排列指的是日线在下，以上依次分别为短期线、中期线、长期线，这说明过去买进的成本都比现在高，做短、中、长线的，此时抛出都在“割肉”，市场一片看坏。显然，这是典型的熊市。

5. 黄金交叉与死亡交叉

在日线和短、中、长期线同时排列的移动平均线图形中，除了形势明朗的多头排列

（牛市）和空头排列（熊市）以外，更多的是几根线忽上忽下、纠缠不清的状况。在这里特别要注意移动平均线显示的反转信号，其中最著名的就是黄金交叉和死亡交叉，如图 9－56 所示。

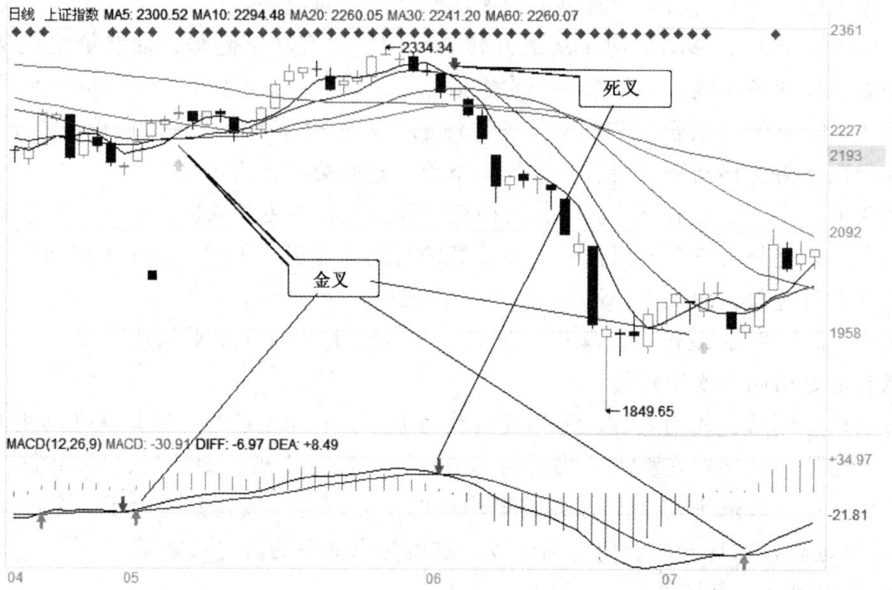

图 9－56　金叉与死叉

无论是黄金交叉还是死亡交叉（简称：金叉或死叉），本身就是一个买卖的进出信号，只不过其提示的作用，可长至几天甚至几周，可短可能是几分钟时间，金叉或死叉其对价格的影响波动幅度也是可大可小，不一而足。当然，金叉和死叉也发生在技术指标中，例如：指标中的快线从低位向上上穿慢线形成金叉，指标中的快线从高位向下下穿慢线形成死叉，也具有参考作用。将 K 线图中的金叉死叉与同时期发生在技术指标上的金叉死叉结合起来看，更能强化信号的提示作用，也就更为有效。在个股走势的分析中，可以把握进出的时机，金叉看多买入为主，死叉看空卖出为主。在指数走势的分析中，又可以判断牛熊的态势。而这两种交叉，在长期应用中，似乎比葛兰维尔八大法则的准确率更高一些。

6. 使用移动平均线应注意的问题

在盘整阶段或趋势形成后中途休整阶段或局部反弹和回落阶段，MA 纠缠在一起时，极易发出错误的信号。另外，MA 只是作为支撑线和压力线，站在某线之上，当然有利于上涨，但并不是说就一定会涨，支撑线有被击穿的时候。

（二）平滑异同移动平均线

平滑异同移动平均线（MACD）是为了弥补移动平均线频繁发出买入或卖出信号的缺陷而由美国两位学者创立的。

1. MACD 的计算

MACD 由正负差（DIF）和离差平均值，也称异同平均数（DEA）两部分组成，如图 9－56 所示。DIF 是快速移动平均线（一般取值 12）与慢速移动平均线（一般取值 26）的差。DEA 是 DIF 的移动平均，也就是连续 n 日（一般 n 取值 9）的 DIF 的算术平均。因此，它是中长线指标。其公式为：

$$\text{EMA}(12)=\frac{2}{12+1}\times\text{今日收盘价}+\frac{11}{12+1}\times\text{昨日 EMA}(12) \qquad (9-3)$$

$$\text{EMA}(26)=\frac{2}{26+1}\times\text{今日收盘价}+\frac{25}{26+1}\times\text{昨日 EMA}(12) \qquad (9-4)$$

$$\text{DIF}=\text{EMA}(12)-\text{EMA}(26) \qquad (9-5)$$

$$\text{DEA}(n)=\frac{1}{n}\sum_{i=1}^{n}\text{DIF}(i) \qquad (9-6)$$

$$\text{MACD}=2\times(\text{DIF}-\text{DEA}) \qquad (9-7)$$

2. MACD 的应用法则

（1）以 DIF 和 DEA 的取值和这两者之间的相对取值对行情进行预测。

①DIF 和 DEA 均为正值时，属多头市场（见图 9－57 信号 1）。DIF 向上突破 DEA 是买入信号；DIF 向下跌破 DEA 只能认为是回落，做获利了结。

②DIF 和 DEA 均为负值时，属空头市场。DIF 向下突破 DEA 是卖出信号；DIF 向上穿破 DEA 只能认为是反弹，做暂时补空。

（2）利用 DIF 的曲线形状，利用形态进行行情分析，如图 9－57 中的 M 头。如果 DIF 的走向与股价走向相（顶底）背离（见图 9－57 底背离），则此时是采取行动的信号，至于是卖出还是买入要依 DIF 的上升和下降而定。

（3）MACD 的金叉，就是在经过一轮较长时间的调整之后，DIF 由下向上穿 DEA，形成金叉，见图 9－57 的信号 3。是提示买进股票的信号。

（4）MACD 的死叉，就是在经过一轮多头行情之后，DIF 由上向下穿 DEA，形成死叉，见图 9－57 的信号 4。是提示卖出股票的信号。

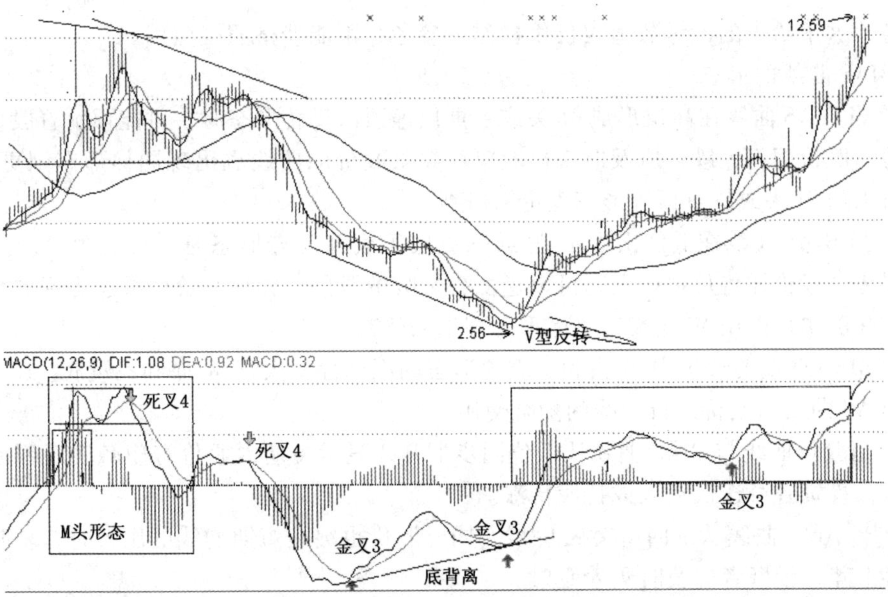

图 9－57　MACD 指标的应用

3. MACD 的优点与缺点

MACD 优点为：除掉了 MA 产生的频繁出现的买入卖出信号，使发出信号的要求和限制增加，避免假信号的出现，用起来比 MA 更有把握。

MACD 缺点为：同 MA 一样，在股市没有明显趋势而进入盘整时，失误的时候极多。另外，对未来股价的上升和下降的幅度不能提出有帮助的建议。

（三）乖离率

乖离率（BIAS）是由移动平均线原理派生出来的一种技术指标，是目前股市技术分析中一种短中长期皆可的技术分析工具。其功能是通过测算股价与移动平均线出现偏离的程度，来为投资者提供操作提示。其计算公式为：

$$BIAS = (\text{当日收盘价} - N\text{日移动平均价})/N\text{日移动平均价} \times 100\% \qquad (9-8)$$

式中 N 可以取不同的数值，常取 5、10、20 等。

1. 乖离率的数值的大小

乖离率的数值的大小可以直接用来研究股价的超买超卖现象。由于选用乖离率周期参数的不同，其对行情的研判标准也会随之变化，但大致的方法基本相似。以 5 日乖离率为例，具体方法如下。

（1）一般而言，在弱势市场上，股价的 5 日乖离率达到 -5 以上，表示股价超卖现象出现，可以考虑开始买入股票（见葛兰威尔八法则的买入信号 4）；而当股价的 5 日乖离率达到 5 以上，表示股价超买现象出现，可以考虑卖出股票（见葛兰威尔八法则的卖出信号 8），如图 9 - 54 所示。

（2）在强势市场上，股价的 5 日乖离率达到 -10 以上，表示股价超卖现象出现，为短线买入机会；当股价的 5 日乖离率达到 10 以上，表示股价超买现象出现，为短线卖出股票的机会。

注意，这里给出的参考数值仅仅供操作中参考，不能严格照搬照用。

2. BIAS 曲线的形态

（1）当 BIAS 曲线在高位形成 M 头或三重顶等顶部反转形态时，可能预示着股价由强势转为弱势，股价即将大跌，应及时卖出股票。如果股价的曲线也出现同样形态则更可确认，其跌幅可以用 M 头或三重顶等形态理论来研判。

（2）当 BIAS 曲线在低位出现 W 底或三重底等底部反转形态时，可能预示着股价由弱势转为强势，股价即将反弹向上，可以逢低少量吸纳股票。如果股价曲线也出现同样形态更可确认，其涨幅可以用 W 底或三重底形态理论来研判。

（3）BIAS 曲线的形态中 M 头和三重顶形态的准确性要大于 W 底和三重底。

3. BIAS 曲线与股价运行曲线的配合使用

（1）当股价曲线与 BIAS 曲线从低位同步上升，表示短期内股价有望触底反弹或继续上涨。此时，投资者可逢低买入或持股待涨。

（2）当 BIAS 曲线从下向上突破 0°线，同时股价也突破短期均线的压力时，表明股价短期将强势上涨，投资者应及时买入股票。

（3）当股价曲线与 BIAS 曲线从高位同步下降，表示短期内股价将形成头部或继续下跌趋势。此时，投资者应及时逢高卖出股票或持币观望。

(4) 当 BIAS 曲线从上向下突破 0°线，同时股价也跌破中长期均线的支撑时，表明股价的中长期下跌行情已经开始，投资者应及时中长期离场观望。

(5) 当 BIAS 曲线开始从高位向下回落，形成一峰比一峰低的走势，而股价曲线却还在缓慢上升，形成一峰比一峰高的走势，则可能意味着股价走势出现“顶背离”现象。

(6) 当 BIAS 曲线开始从低位向上扬升，形成一底比一底高的走势，而股价曲线却还是缓慢下降，形成一底比一底低的走势，则可能意味着股价走势出现“底背离”现象。

三、超买超卖型技术指标

(一) 相对强弱指标

相对强弱指标 (Relative Strength Index, RSI) 是美国投资专家威尔斯·怀特所首创，其理论基础源于价格变动关系的“动量震荡点”。其计算方法是通过统计一段时间内（如 6、12、24 等）收盘涨数和跌数，推算出买卖双方的意向和力量的对比，从而得出超买、超卖、整理、交叉、反转、背离和形态等多种行情的强弱判断。

1. RSI 计算公式

RSI 的计算公式为：

$$RSI(14) = \frac{A}{A+B} \times 100\% \qquad (9-9)$$

式中：A 为 14 天中股价向上波动的大小；B 为 14 天中股价向下波动的大小；A + B 为股价总的波动大小。

即用每一天的收盘价减上一日的收盘价，如果大于 0，就汇总在 A 中；如果小于 0，就取其绝对值，然后汇总在 B 中。

RSI 实际上是表示向上波动的幅度占总的波动的百分比，如果占的比例大就是强市，否则就是弱市。

2. RSI 的应用法则

(1) 根据 RSI 取值的大小判断行情。RSI 值的变动范围在 0 ~ 100 之间，将 0 ~ 100 分成 4 个区域见表 9 - 2，根据 RSI 的取值落入的区域进行操作。

极强与强的分界线和极弱与弱的分界线是不明确的。换言之，这两个区域之间不能画一条截然分明的分界线，这条分界线实际上是一个区域。可以在其他的技术分析书籍中看到 30、70 或者 15.85，这些数字实际上是对这条分界线的大致的描述。应该说明的是，这条分界线位置的确定与以下两个因素有关。

①与 RSI 的参数有关。不同的参数，其区域的划分就不同。一般而言，参数越大，分界线离中心线 50 就越近，离 100 和 0 就越远。

②与选择的股票有关。不同的股票，由于其活跃程度不同，RSI 所能达到的高度也不同。一般而言，越活跃的股票，分界线离 50 就应该越远；越不活跃的股票，分界线离 50 就越近。

随着 RSI 的取值超过 50，表明市场进入强市，可以考虑买入，但是强过了头就该抛出了。物极必反，量变引起质变都是对这个问题的很好的说明。

(2) 从 RSI 的曲线形状上判断行情。当 RSI 在较高或较低的位置形成头肩形或多重顶（底），是采取行动的信号。这些形态一定要出现在较高位置和较低位置，离 50 越远越好。越远结论越可信，出错的可能就越小。形态学中有关这类形状的操作原则，这里都适用。

趋势线在这里也有用武之地。RSI 在一波一波的上升和下降中，也会给我们提供画趋势线的机会。这些起着支撑线和压力线作用的切线一旦被突破，就是采取行动的信号。

（3）不同参数的两条或多条 RSI 曲线的联合使用。同 MA 一样，天数越多的 RSI 考虑的时间范围越大，结论越可靠，但速度慢，这是无法避免的。

参数小的 RSI 称为短期 RSI，参数大的称为长期 RSI。这样，两条不同参数的 RSI 曲线的联合使用法则可以完全照搬 MA 中的两条 MA 线的使用法则。即当短期 RSI > 长期 RSI 时，属多头市场；当短期 RSI < 长期 RSI 时，则属空头市场。当然，这两条只是参考，不能完全照此操作。

（4）从 RSI 与股价的背离方面判断行情。RSI 处于高位，并形成一峰比一峰低的两个峰，而此时，股价却对应的是一峰比一峰高，这叫顶背离。股价这一涨是最后的衰竭动作（如果出现跳空就可能是竭尽缺口），这是比较强烈的卖出信号。与这种情况相反的是底背离。RSI 在低位形成两个依次上升的谷底，而股价还在下降。这是最后一跌或者说是接近最后一跌，是可以开始建仓的信号。相对而言，用 RSI 与股价的背离来研判行情的转向成功率较高。

表 9－2　　RSI 值及其对应市场特征

RSI 值	市场特征	操作建议
80～100	极强	卖出
50～80	强	买入
20～50	弱	卖出
0～20	极弱	买入

（二）威廉指标

1. 威廉指标的由来

威廉指标（WMS% 或 W%R）指标首次出现于 1973 年由 Larry Williams 在其所著的《我如何赚取百万美元》一书中，因而以他的名字命名。WMS% 原名叫“威廉超买超卖指标”，其应用摆动原理，利用价格变动的相对位置，来研判市场是否处于超买超卖，从中分析行情的可能趋势，提出某些操作信号。含义是当天的收盘价在过去的一段日子的全部价格范围内所处的相对位置。其公式为：

$$WMS\% = (C_t - L_n)/(H_n - L_n) \times 100\% \qquad (9-10)$$

式中：C_t 为当日收盘价；H_n 为 n 日为最高价；L_n 为 n 日内最低价。

2. 威廉指标的操作法则

（1）从 WMS% 的绝对取值（0～100）方面考虑。

①当 WMS% 高于 80%，即处于超买状态，行情即将见顶，应当考虑卖出。

②当 WMS% 低于 20%，即处于超卖状态，行情即将见底，应当考虑买入。

(2) 从 WMS% 的曲线形状考虑。

①在 WMS% 进入高位后，一般要回头，如果这时股价还继续上升，这就产生背离，是出货的信号。

②在 WMS% 进入低位后，一般要反弹，如果这时股价还继续下降，这就产生背离，是买进的信号。

③WMS% 连续几次撞顶（底），局部形成双重或多重顶（底），则是出货（进货）的信号。

3. 威廉指标使用心得

(1) W%R 主要可以辅助 RSI，确认强转弱或弱转强是否可靠。RSI 向上穿越 50 阴阳分界时，回头看一看 W%R 是否也同样向上穿越 50？如果同步则可靠，如果不同步则应多参考其他指标信号再作决定。相反的，向下穿越 50 时，也是同样的道理。注意，比较两者是否同步时，其设定的参数必须是相对的比例，大致上 W%R 5 日、10 日、20 日对应 RSI 6 日、12 日、24 日，但是读者可以依照自己的测试结果，自行调整其最佳对应比例。

(2) W%R 进入超买或超卖区时，应立即寻求 MACD 信号的支援。当 W%R 进入超买区时，我们当成一种预警效果，回头看看 MACD 是否产生 DIF 向下交叉 MACD 的卖出信号？一律以 MACD 的信号为下手卖出的时机。相反的，W%R 进入超卖区时，也同样适用。

（三）随机指标

随机指标（KDJ）是由乔治·莱思首创，早年应用于金融和期货市场。其理论依据是股价上涨时，收市价倾向于接近当日价格区间的上端；价格下跌时，收市价倾向于接近当日价格区间的下端。计算时先求未成熟随机值（RSV）和上面所讨论的 WMS% 一致；然后再依据平滑移动平均线的方法分别计算 K 值，再将 K 值平滑移动得出 D 值。

1. 计算公式

$$今日\ RSV = (C_t - L_n) / (H_n - L_n) \times 100\% \tag{9-11}$$

式中：C_t 为当日收盘价；H_n 为 n 日内最高价；L_n 为 n 日内最低价。

$$今日\ K 值 = 2/3 \times 昨日\ K 值 + 1/3 \times 今日\ RSV \tag{9-12}$$

$$今日\ D 值 = 2/3 \times 昨日\ D 值 + 1/3 \times 今日\ K 值 \tag{9-13}$$

$$J = 3K - 2D \tag{9-14}$$

2. 应用法则

KDJ 指标是三条曲线，在应用时主要从五个方面进行考虑：KD 取值的绝对数字、KD 曲线的形态、KD 指标的交叉、KD 指标的背离、J 指标的取值大小，见图 9-58。一般把 K 线称为快线，把 D 线称为慢线。

(1) 从 KD 的取值方面考虑，80 以上为超买区，20 以下为超卖区，KD 超过 80 就应该考虑卖了，低于 20 就应该考虑买了。

(2) 从 KD 指标的交叉方面考虑，K 上穿 D 是金叉，为买入信号，金叉的位置应该比较低，在超卖区的位置，越低越好。交叉的交数以 2 次为最少，越多越好。K 线从上向下穿 D

线是死叉，为卖出信号，死叉在超买区越高的位置出现，越应该考虑卖出股票。

（3）从 KD 指标的背离方面考虑，应考虑以下两点。

①当 KD 处在高位，并形成两个依次向下的峰，而此时股份还在一个劲地上涨，这叫顶背离，是卖出的信号。

图 9－58　KDJ 的应用

②当 KD 处在低位，并形成一底比一底高，而股价还继续下跌，这构成底背离，是买入信号。

（4）J 值是进行 KD 分析的辅助指标，取值可以超过 100 和或低于 0，都属于价格的非正常区域，大于 100 为超买，小于 0 为超卖。

3. 应用中应注意的问题

（1）股价短期波动剧烈或者瞬间行情幅度太大时，使用 KD 值交叉信号买卖，经常发生买在高点、卖在低点的窘境，此时须放弃使用 KD 随机指标，改用其他 CCI、ROC 等指标。但是，如果波动的幅度够大，买卖之间扣除手续费仍有利润的话，此时将画面转变成 5 分钟或 15 分钟图形，再以 KD 指标的交叉信号买卖，看获得短线收益。

（2）极强或者极弱的行情，会造成指标在超买或超卖区内上下徘徊，K 值也会发生这种情形，应该参考 VR、ROC 指标，观察股价是否超出常态分布的范围，一旦确定为极度强弱的走势，则 K 值的超买卖功能将失去作用。

（3）以 D 值来代替 K 值，将可使超买超卖的功能更具效果。一般常态行情，D 值大于 80 时，股价经常向下回跌；D 值低于 20 时，股价容易向上回升。在极端行情中，D 值大于 90 时，股价容易产生瞬间回档；D 值低于 15 时，股价容易产生瞬间反弹。

模块八
其他技术分析

任务描述

了解其他技术分析的基本概念。

业务描述

掌握其他技术指标对投资分析和买卖点的参考价值。

一、随机漫步理论

（一）理论简介

随机漫步理论（Random Walk Theory）认为，证券价格的波动是随机的，像一个在广场上行走的人一样，价格的下一步将走向哪里，是没有规律的。证券市场中，价格的走向受到多方面因素的影响。一件不起眼的小事也可能对市场产生巨大的影响。从长时间的价格走势图上也可以看出，价格的上下起伏的机会差不多是均等的。

随机漫步理论指出，股票市场内有成千上万的精明人士，每一个人都懂得分析，而且资料流入市场都是公开的，所有人都可以知道，并无什么秘密可言。因此，股票现在的价格就已经反映了供求关系，或者离本身价值不会太远。所谓内在价值的衡量方法就是看每股资产值、市盈率、派息率等基本因素来决定。这些因素亦非什么大秘密。现时股票的市价根本已经代表了千万精明人士的看法，构成了一个合理价位。市价会围绕着内在价值而上下波动。这些波动却是随意而没有任何轨迹可循。造成波动的原因是：

（1）新的经济、政治新闻消息是随意，并无固定地流入市场。

（2）这些消息使基本分析人士重新估计股票的价值，而作出买卖方针，致使股票发生新变化。

（3）因为这些消息无迹可寻，是突然而来的，事前并无人能够预告估计，所以股票走势推测这回事并不可以成立。

（4）既然所有股价在市场上的价钱已经反映其基本价值。这个价值是公平且由买卖双方决定的，这个价值就不会再出现变动，除非突发消息如战争、收购、合并、加息减息、石油战等利好或利空消息出现才会再次波动。但下一次的消息是利好或利空，大家都难以知道，所以股票现时是没有记忆系统的。昨日升并不代表今日升。今日跌，明日可以升亦可以跌。每日与另一日之间的升跌并无相关。

（5）既然股价是没有记忆系统的，企图用股价波动找出一个原理去战胜市场，赢得大市，全部肯定失败。因为股票价格完全没有方向，随机漫步，乱升乱跌。我们无法预知股市去向，所以没有一定的赢家，也没一定的输家。

（二）理论的可信度

随机漫步理论对图表派无疑是一个正面大敌，如果随机漫步理论成立，所有股票专家都无立足之地。所以不少学者曾经进行研究，探讨这个理论的可信程度。在无数研究之中，有三个研究，特别支持随机漫步的论调：

（1）曾经有一个研究，用美国标准普尔指数（Standard & Poor）的股票作长期研究，发觉股票狂升或者暴跌，狂升四五倍，或是跌99%的，比例只是很少数，大部分的股票都是升跌10%至30%不等。在统计学上有常态分配的现象，即升跌幅越大的占比例越小，所以股价并无单一趋势。买股票要看你是否幸运，买中上升的股票还是下跌的股票机会均等。

（2）另外一次试验，有一个美国参议员用飞镖去掷一份财经报纸，拣出20只股票作为投资组合，结果这个乱来的投资组合竟然和股市整体表现相若，更不逊色于专家们建议的投资组合，甚至比某些专家的建议更表现出色。

（3）亦有人研究过单位基金的成绩，发觉今年成绩好的，明年可能表现得最差，一些往年令人失望的基金，今年却可能脱颖而出，成为升幅榜首。所以无迹可寻，买基金也要看你的运气，投资技巧并不实际，因为股市并无记忆，大家都只是瞎估估。

（三）理论总结

买方与卖方两者同样聪明机智。他们都能够接触同样的情报，因此在买卖双方都认为价格公平合理时，交易才会完成，股价确切地反应股票实质。结果，股价无法像买卖双方猜测的那么单纯。

拓展阅读

“股价变动基本上是随机的”的真正涵义是，没有什么单方能够战胜股市，股价早就反映一切了，而且股价不会有系统地变动。

资料来源：百度文库，http：//wenku. baidu. com。

二、相反理论

（一）相反理论的基本要点

相反理论的基本要点是投资买卖决定全部基于群众的行为。它指出市场当所有人都看好时，就是牛市开始到顶。当人人看淡时，熊市已经见底。

（1）相反理论并非只是大部分人看好，我们就要看淡，或大众看淡时我们便要看好。相反理论会考虑这些看好看淡比例的趋势，这是一个动概念。

（2）相反理论并不是说大众一定是错的。群众通常都在主要趋势上看得对。大部分人看好，市势会因这些看好情绪变成实质购买力而上升。这个现象有可能维持很久。直至到所有人看好情绪趋于一致时，市势会发生质的变化即供求的失衡，培利尔（ Humphrey · Neil）曾经说过：当每一个人都有相同想法时，每一个人都是错的。

(3) 相反理论从实际市场研究中，发现赚大钱的人只占5%，95%都是输家。要做赢家只可以和群众思想路线相背，切不可以同流。

(4) 在牛市最疯狂，大众媒介如报章、电视、杂志等都反映了普通大众的意见，尽量宣传市场的看好情绪，人人热情高涨时，此时将是市场牛熊转折的先兆；当大众媒介懒得去报导市场消息，市场已经没有人去理会，报章新闻全部都是市场坏消息时，此时是最沉寂的时刻，曙光就在前面。

运用相反理论时，真正的数据通常有两个：一是好友指数（Bullish Consensus）；另一个叫做市场情绪指标（Market Sentiment Index）。两个指标都是一些大经纪行，专业投资机构的期货或股票部门收集的资料。资料来源为各大经纪，基金，专业投资通讯录，甚至报章，杂志的评论，计算出看好和看淡情绪的比例。就以好友指数为例，指数由零开始，即所有人都绝对看淡。直到100%为止，即人人看好，包括基金，大经纪行，投资机构，报章杂志的报导。如果好友指数在50%左右，则表示看好看淡情绪参半。指数通常会在30至80之间升沉。如果一面倒的看好看淡，显示牛市或熊市已经走到尽头，行将转角。因为好友指数由0~100，都有不同启示，详细的分析将会给投资者一个更清晰的概念，运用理论时也较有把握。

（二）好友指数

1. 看涨区间

好友指数为0%~5%时，预示一个主要的上升趋势已经为期不远。因为当人人看淡时，看淡的投资者要沽货的已经基本沽出，以致最后沽无可沽，这就是转势的时机。应把握时机买入，做好波段上涨的行情。

2. 不明朗区

好友指数在5%~20%时，预示未来行情处在无法判断的区域，即走向不明。大部分人看淡，只有少部分人看好，这些看淡的人足以将大市推低。由于看淡的人比例较多，市势亦可以随时见底，转势情形有可能在此区域产生。此时，可以辅之以图表，成交量等，分析和预测大市是否已经见底。

3. 大概率下跌区间

好友指数在20%~40%时，从以往的统计数据来看，预示未来行情继续下跌的可能性较大。如果在此区域，大市不再向下，走势就会变得十分不明朗，应以观望为主。如果在这个区域，大市转势上升，通常升幅会十分凌厉，有可能创出新高。

4. 盘整区

好友指数在40%~60%时，预示未来行情可以向上，也可以向下，趋势不明朗。如果考虑交易的安全性，在这个区域，应以观望为主，切勿轻率入市。

5. 大概率上涨区间

好友指数在60%~80%时，预示未来行情上涨的可能性较大。此时看好的人占多数，行情会有很大上升空间。如果在此情况下，大市不涨反跌，下降速度会比以往更快。通常在大家看好时反而下跌，有可能会出现近期的低点。

6. 不明朗区

好友指数在80%~95%时，预示未来行情在无法判断的区域，即走向不明的区域。大多数时候，市场都会在这个区域转势向下，但仍然有机会在看好情绪下，行情一路攀升，直到好友指数达到100%为止。此时，利用图表作为辅助分析工具会相对安全。

7. 看跌区间

好友指数在95%～100%时，预示一个主要的下降趋势已经为期不远。市场出现绝对乐观的局面。投资者的全部资金都已经购买股票，已经没有剩余资金进一步购买股票，大市即将反转。

（三）相反理论提醒投资者应该要

（1）深思熟虑，不要被他人所影响，要自己去判断。

（2）要向传统智慧挑战，群众所想所做未必是对的。即使投资专家所说的，也要用怀疑态度去看待处理。

（3）凡事物发展，并不一定好似表面一样，你想象市升就一定市升。我们要高瞻远瞩，看得远，看得深，才会是胜利。

（4）一定要控制个人情绪。恐惧贪念都是成事不足，败事有余。周围环境的人，他们的情绪会影响到你，你反而因此要加冷静。其他人恐惧大市已经无得玩，有可能这才是时机来临。在一窝蜂地争着在市场买入期货、股票时，你要考虑市势是否很快就会见顶而转入熊市。

（5）当事实摆在眼前和希望并非相符时，勇于承认错误。因为投资者都是普通人。普通人总不免会发生错误。只要肯认输，接受失败的现实，不自欺欺人，将自己从普通大众中提升为有独到眼光见解的人。

在任何市场，相反理论都可以大派用场，因为每一个市场的人心、性格、思想、行为都是一样。大部分人都是追随者，见好就追入，见淡就看淡。只有少部分人才是领袖人物。领袖人物之所以成为领导人，皆因他们见解、眼光、判断能力和智慧超越常人。亦只有这些异于常人的眼光和决策才可以在群众角力的投资市场脱颖而出，在金钱游戏中成为胜利者。

实际运用相反理论时，一般的难题都出于搜集资料方面。好友指数并非随时可以得知，在报章上亦并非随时能找到。

投资人士可以自行将报纸杂志投资专家发表的言论去归纳分析好淡观感的比例，以作买卖决策。但资料是否全面，当然是一大疑问。另外，相反理论有个很好的启示，那就是当大众媒介都争相报道好消息时，大市见顶已为时不远，投资者可以加倍留意。最后一点要提醒大家，即使收集到一个可靠的好友指数也不要等待百分之百的人看好时才决定离市，或者所有人看淡时才入市。因为当你的数据确认有这些现象出现时，时间上已经出现了差距，其他人早比你洞悉先机可能已经比你快一步采取行动。你有可能错失在最高价沽出或最低价买入的机会。快人一步，早过好友指数采取适当的投资人士将会更加稳操胜券。

三、博傻理论

在资本市场中（如股票、期货市场）：会有其他某些蠢人参与进来并愿意以更高价格买进，这种操作策略通常被市场称之为傻瓜赢傻瓜，所以只能在股市处于上升行情中适用。从理论上讲博傻也有其合理的一面，博傻策略是高价之上还有高价，低价之下还有低价，其游戏规则就像接力棒，只要不是接最后一棒都有利可途，做多者有利润可赚，做空者减少损失，只有接到最后一棒者倒霉。

“博傻理论”所要揭示的就是投机行为背后的动机，投机行为的关键是判断“有没有比自己更大的笨蛋”，只要自己不是最大的笨蛋，那么自己就一定是赢家，只是应多赢少的问题。如果再没有一个愿意出更高价格的更大笨蛋来做你的“下家”，那么你就成了最大的笨蛋。可以这样说，任何一个投机者信奉的无非是“最大的笨蛋”理论。

从大众心理角度分析股市的理论中，“博傻理论”已经广为人知。该理论认为，股票市场上的一些投资者根本就不在乎股票的理论价格和内在价值，他们购入股票的原因，只是因为他们相信将来会有更傻的人以更高的价格从他们手中接过“烫山芋”。支持博傻的基础是投资大众对未来判断的不一致和判断的不同步。对于任何部分或总体消息，总有人过于乐观估计、也总有人趋向悲观，有人过早采取行动，而也有人行动迟缓，这些判断的差异导致整体行为出现差异，并激发市场自身的激励系统，导致博傻现象的出现。这一点在中国股市表现得也曾相当明显。

对于博傻行为，也可以分成两种，一类是感性博傻，一类是理性博傻。前者，在行动时并不知道自己已经进入一场博傻游戏，也不清楚游戏的规则和必然结局。而后者，则清楚地知道博傻及相关规则，只是相信当前状况下还有更多更傻的投资者即将介入，因此才投入少量资金赌一把。

理性博傻能够赢利的前提是，有更多的傻子来接棒，这就是对大众心理的判断。当投资大众普遍感觉到当前价位已经偏高，需要撤离观望时，市场的真正高点也就真的来了。“要博傻，不是最傻”，这话说起来简单，但做起来不容易，因为到底还有没有更多更傻的人是并不容易判断的。一不留神，理性博傻者就容易成为最傻者，谁要他加入了傻瓜的候选队伍呢？所以，要参与博傻，必须对市场的大众心理有比较充分的研究和分析，并控制好心理状态。

“投资要用大脑而不用腺体”是巴菲特的名言。大脑要做的是判断企业前景经营和大众心理趋向，而腺体只会让人按照本能去做事。巴菲特是格雷厄姆的学生，格雷厄姆是道氏的门徒。巴菲特也不是百分之百地拒绝市场炒作，只不过在没有找到更好的鞋之前决不会脱去脚上现有的鞋。所以说，对于博傻现象，完全放弃也并非是最合理的理性，在自己可以掌控的水平上，适当保持一定程度的理性博傻，可以作为非理性市场中的一种投资策略。

在深沪股市中，投机气氛总是或多或少地存在的，相当多的投机者并非理性，有时甚至就是疯狂赌博。对于业余投资者而言，这种博傻带来的利润不太容易把握，但对于职业投资者而言，应该尝试着利用这种市场氛围，投入一定比例的资金理性博傻。

博傻行为时常会在消息面因素的推波助澜下愈演愈烈。例如，某强势股逐日上升，市盈率越来越高，显然很不合理，并且也无消息说明该股有利多消息，但股价就是一个劲地直往上蹿，惹得低位未买的交易者心直痒，于是高价买进，而踏空者的追涨会导致股价进一步上扬，越买越涨，越涨越有人买。而不久之后，让人奇怪的是，市场自然而然地会冒出许多该股的利好传闻，不合理的涨升也成为理由十足的上扬行情。所以市场派人士常认为，与其说是消息决定走势，不如说是走势决定消息，走势好的个股会吸引买盘，也会吸引利好消息。因而选择博傻策略的人无须认真研究个股基本面，唯一需要关注的就是股价的走势和成交量的配合。追涨杀跌在这种操作上体现得淋漓尽致。严格地说，博傻理论的核心就是“顺势而为”。到底如何把握好“顺势而为”和逆向思维的关系，将在后面的部分有更多的探讨。

高价买进，低价卖出是股市操作大忌，但有人高价追货能在更高价卖出；低价卖出，还可以在更低价位补回，这当然也不是坏事，或许正所谓“艺高人胆大，胆大艺更高”。市场很多时候不能用简单的价值理论去推测，人心狂热的时候，理性的价值评估往往失效，这时，就需要从大众心理的角度来思考问题，并依据对市场情绪的“望闻问切”来判断行情最危险的时候是否已悄然而至。

项目总结

操作要点

本项目围绕证券投资技术分析介绍了八方面内容。在学习的过程中，主要掌握证券投资技术分析的方法；掌握证券投资技术分析的主要内容；掌握量价关系分析、K线分析、切线分析、形态分析和指标分析等对证券买卖操作介入时机的提示作用；基本了解随机漫步理论、相反理论和博傻理论，进而为投资操作做好充分的技术准备。

知识要点

证券投资技术分析是从研究市场行为开始，以三个假设为前提，重点研究价、量、时、空在证券市场上的表现，主要理论有量价关系分析，K线分析，切线分析，形态分析，指标分析，随机漫步理论，相反理论，博傻理论等。在对上述理论加以学习掌握的基础上，经过反复验证，形成一套适合自己操作的投资方法和理念，进而为投资获胜提供技术上的保证。

推荐阅读

1.《炒股的智慧——解读盘口语言》，李里 著，电子工业出版社，2011年版。

2.《盘口之光》，萌生 著，中国科学技术出版社，2008年版。

问题讨论

1. 如何理解技术指标与股票价格的背离。
2. 量价关系分析的主要内容。
3. 切线分析的适用范围。
4. 各种技术指标如何才能综合起来加以运用。

做一做

一、选择题

1. 当收盘价与开盘价相同时，就会出现（　　）。

A. 一字型　　B. 十字形

C. 光脚 K 线　　D. T 字形

2. KDJ 指标的计算公式考虑了哪些因素？（　　）

A. 开盘价，收盘价　　B. 最高价，最低价

C. 开盘价，最高价，最低价　　D. 收盘价，最高价，最低价

3. K 线图中十字线的出现，表明（　　）。

A. 买方力量还是略微比卖方力量大一点

B. 卖方力量还是略微比买方力量大一点

C. 买卖双方的力量不分上下

D. 行情将继续维持以前的趋势，不存在大势变盘的意义

4. 在上升趋势中，将（　　）连成一条直线，就得到上升趋势线。

A. 两个低点　　B. 两个高点

C. 一个低点，一个高点　　D. 以上都对

5. 头肩顶形态的形态高度是指（　　）。

A. 头的高度　　B. 左、右肩连线的高度

C. 头到颈线的距离　　D. 颈线的高度

6. 大多数技术指标都是既可以应用到个股，又可以应用到综合指数，（　　）只能用于综合指数。

A. ADR　　B. PSY

C. BIAS　　D. WMS

7. 描述股价与股价移动平均线相距远近程度的指标是（　　）。

A. PSY　　B. BIAS

C. RSI　　D. WMS

8. 根据技术分析理论，不能独立存在的切线是（　　）。

A. 扇形线　　B. 百分比线

C. 通道线　　D. 速度线

9. 在下列指标的计算中，唯一没有用到收盘价的是（　　）。

A. MACD　　B. BIAS

C. RSI　　D. PSY

10. MACD 指标出现顶背离时宜采取（　　）。

A. 买入　　B. 卖出

C. 观望　　D. 无参考价值

11. 下面不属于波浪理论主要考虑因素的是（　　）。

A. 成交量　　B. 时间

C. 比例　　D. 形态

12. RSI 指标值大于 80，出现了两个一波低于一波的波峰，但股价越走越高，这就是所谓的（　　）。

A. 底背离　　B. 双重底

C. 顶背离　　D. 双重顶

13. 哪一种技术分析理论认为收盘价是最重要的价格？（　　）

A. 道氏理论　　B. 波浪理论

C. 切线理论　　D. 形态理论

14. 技术分析作为一种分析工具，其广泛地运用于（　　）。

A. 证券市场　　B. 外汇市场

C. 期货市场　　D. 期权市场

15. 移动平均线指标的特点有（　　）。

A. 追踪趋势　　B. 滞后性

C. 领先性　　D. 助涨助跌性

16. 技术分析的要素有（　　）。

A. 价　　B. 量

C. 势　　D. 时

E. 空

17. 一般来说，可以将技术分析方法分为（　　）。

A. 指标类　　B. 切线类

C. 形态类　　D. K 线类

E. 波浪类

18. 切线理论的趋势分析中，趋势的方向有（　　）。

A. 上升方向　　B. 下降方向

C. 水平方向　　D. 垂直向上方向

E. 垂直向下方向

19. 持续整理形态有（　　）。

A. V 形　　B. 三角形

C. 矩形　　D. 旗形

20. 缺口的类型有很多种，除了常见的普通缺口，还有（　　）。

A. 突破缺口　　B. 持续缺口

C. 竭尽缺口　　D. 岛形缺口

二、判断题

1. 在价、量基础上进行的统计、数学计算、绘制图表方法是技术分析主要的方法。（　　）

2. 道氏理论认为股市千变万化，但却与经济发展一样都存在着周期性的变化规律。（　　）

3. MACD利用离差值与离差平均值的交叉信号作为买卖的依据。（　　）

4. 缺口的形成必是当日开盘价出现跳空高开继续高走或是跳空低开继续低走的结果。（　　）

5. 股价移动平均线可以帮助投资者把握股价的最高点和最低点。（　　）

6. 日成交量是某一交易日中成交的总交易额。（　　）

7. 头肩形是一种反转形态，但也可被视为整理形态。（　　）

8. 一根有上下影线和实体的阳K线从上到下依次是最高价、收盘价、开盘价和最低价。

9. 技术分析必须与基本面的分析结合起来使用才能有效。（　　）

10. 波浪形态可无穷伸展和压缩，但它的基本形态不变。（　　）

三、实训题

1. 请在图9-59中做必要的画线，以利于分析大盘各阶段的走势。

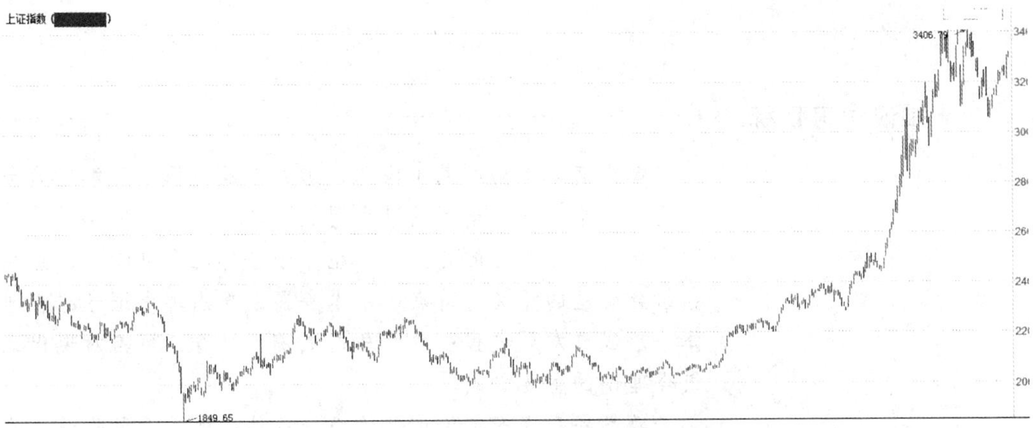

图9-59　上证指数K线图

2. 请找出图9-60中一些典型的k线形态或k线组合（至少5个）。

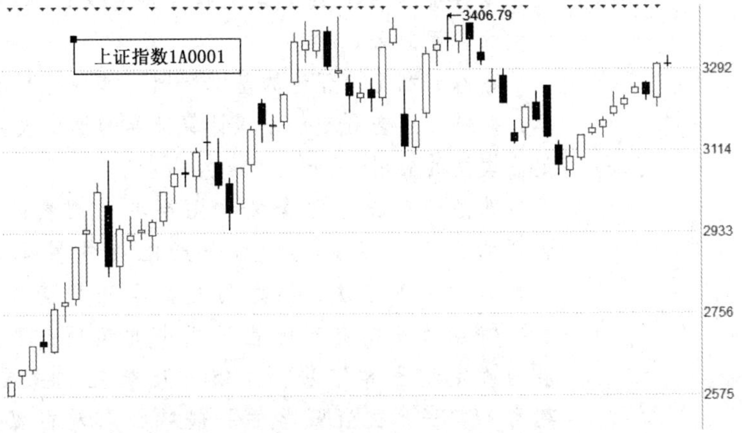

图9-60　上证指数k线图（局部）

项目十

证券组合管理

知识学习目标：

掌握有效市场的基本概念，形式以及运用，了解行为金融理论的背景、理论模型及其运用。

熟悉证券组合的含义、类型、划分标准及其特点；熟悉证券组合管理的意义、特点、基本步骤；熟悉现代证券组合理论体系形成与发展进程；熟悉马柯威茨、夏普、罗斯对现代证券组合理论的主要贡献。

熟悉资本资产定价模型的假设条件；熟悉无风险证券的含义；掌握最优风险证券组合与市场组合的含义及两者的关系；掌握资本市场市场线和证券市场线的定价、图形及其经济意义；掌握证券 β 系数的含义和经济意义；熟悉资本资产定价模型的应用效果。

熟悉套利定价理论的基本原理，掌握套利组合的概念及计算，能够运用套利定价方程计算证券的期望收益率，熟悉套利定价模型的应用。

熟悉资产配置的含义和主要考虑因素；了解资产配置管理的原因及目标；熟悉资产配置的基本步骤。了解资产配置的基本方法；熟悉历史数据法和情景综合分析法的主要特点及其在资产配置过程中的运用；熟悉有效市场前沿的确定过程和方法。了解资产配置的主要分类和类型；熟悉各类资产配置策略的一般特征以及在资产配置中的具体运用；熟悉战略性资产配置与战术性资产配置之间的异同。

技能训练目标：

熟练运用资本资产定价模型对资产价格进行评估；熟练运用资产配置方法构建投资组合；能够运用套利定价方程计算证券的期望收益率；能够运用套利定价模型对资产价格进行评估。

案例导入

有效市场与非理性繁荣

2013年"瑞典国家银行纪念阿尔弗雷德·诺贝尔经济学奖"在当地时间14日揭晓，美国经济学家尤金·法玛、拉尔斯·皮特·汉森以及罗伯特·J. 席勒获奖。诺贝尔官方网站消息称，该奖以表彰他们对"资产价格的经验主义分析"作出的贡献。

1. 尤金·法玛（Eugene Fama，1939年—）

1939年出生于美国马萨诸塞州的波士顿。1960年获塔夫茨大学学士学位，1964年获芝加哥大学博士学位。现任芝加哥大学布斯商学院教授。

法玛被认为是"现代金融之父"，主要研究领域是投资组合管理和资产定价。其研究理论享誉经济学界和投资学界。法玛著有两本专著，并发表过100多篇学术文章，包括《有效市场假说》、《证券溢价》、《盈利、投资和平均回报》等。

金融市场著名的"有效市场假说"就由法玛在1970年首次提出。1992年，法玛与肯尼思·弗伦奇共同提出"法玛—弗伦奇三因子模型"，对资本资产定价模型进行改进。模型基于对美国股市历史回报率的实证研究，解释了股票市场的平均回报率受哪些风险溢价因素影响。

2. 彼得·汉森（Peter Hansen，1952年—）

1952年出生于美国伊利诺伊州，芝加哥大学经济学教授。他于1974年在犹他州立大学获学士学位，1978年获明尼苏达大学经济学博士学位，1981年起在芝加哥大学任教。

汉森的主要贡献是研究出一种统计方法，它适用于检测资产定价的合理性。除了在专业的计量经济学方面享有盛名外，他也是一位卓越的宏观经济学家，他的重点研究课题是金融和实体经济的关系。在2008年全球金融危机爆发之后，他逐渐将学术兴趣转向对"系统性风险"评估及其在金融危机中作用的研究。

3. 罗伯特·席勒（Robert J. Shiller，1946年—）

1946年出生于美国底特律市，耶鲁大学经济学教授。他除了是一名专业素养深厚的经济学家外，还是著名的畅销书作家。他的畅销书《非理性繁荣》经由中国人民大学出版社出版后曾在国内风靡一时。

席勒于1967年获密歇根大学学士学位，并于1972年获麻省理工学院经济学博士学位。他的研究领域包括金融市场、行为经济学、房地产、公共选择等多个方面。

席勒最为人所称道的是两次准确预言金融泡沫破裂。在 2000 年出版的《非理性繁荣》中，他准确预言了股市泡沫。几乎在这本书开卖的同时，纽约股市出现暴跌。另外，从 2003 年开始他就预言美国房地产市场存在泡沫。在雷曼兄弟公司破产前一年的 2007 年 9 月，他撰文称，美国即将出现房地产崩盘并将带来严重金融恐慌。

资料来源：新华网，http：//www. xiuhuanet. com/。

模块一
有效市场理论

任务描述

了解有效市场的概念和层次，明确资产管理的重要性。

业务描述

能够利用有效市场进行买入和卖出操作。

投资者 A 的风险偏好水平为风险中立型，目前股票市场处于牛市行情，投资顾问或客户经理可建议其选择指数型基金进行投资，规避非系统性风险。

一、有效市场的概念

有效市场（EMH，Efficient Market Hypothesis）的概念，最初是由美国芝加哥大学财务学家尤金·法玛在 1970 年系统提出的。Fama 认为，当证券在任一时点的价格都能够充分地反映投资者可以获得的信息时，证券市场就是有效市场，证券价格是随机变化的，即在有效市场中，无论选择何种证券，投资者都只能获得与投资风险相当的正常收益率，将不存在证券价格被高估或被低估的情况。

市场有效性假设是以一个完美的市场（Perfect Market）为前提的。其假定整个市场没有摩擦，即不存在交易成本和税收；所有资产完全可分割，可交易；没有限制性规定。整个市场充分竞争，所有市场参与者都是价格的接受者。信息成本为零。所有市场参与者同时接受信息，所有市场参与者都是理性的，并且追求效用最大化。以此为基础，股票市场的竞争会驱使股票价格充分且及时地反映该组信息，从而使得该组信息所进行的交易不存在非正常报酬，而只能赚取风险调整的平均市场报酬率。例如：X 石油公司在周三上午 9：00 点发现了一个油田，如果是有效市场，这个利好消息带来的价格上涨应该发生在消息公布时，而不是提前或是延后。

二、有效市场的层次

法玛首先将信息分为历史价格信息、公开信息以及全部信息（包括内幕信息）三类（参见图 10－1），并在此基础上将市场的有效性分为三种形式：弱形式有效市场（Weak－Form EMH），半强形式有效市场（Semi－Strong－Form EMH）和强形式有效市场（Strong－Form EMH）。图 10－1 中，最外层的区域表示全部可获知的信息，包括全部历史价格信息、全部公开信息以及内部信息、私人信息等所有可对证券价格带来影响的信息；中间区域则仅包括全部公开信息；最内层则包括了全部历史价格信息。三层信息的关系是外层信息包括了全部内层信息。

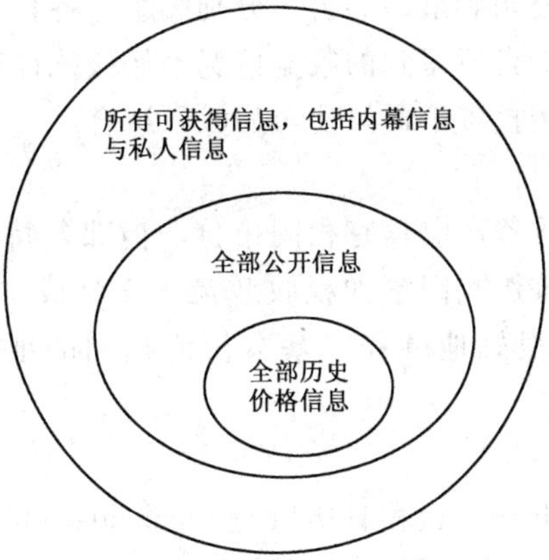

图 10－1 有效市场的层次

1. 弱势有效市场

弱势有效市场中以往股票价格的所有信息已经充分反映在当前的价格之中，如历史价格走势、成交量等，所以利用移动平均线和 K 线图等技术分析方法预测未来股价的走势是无效的或徒劳的。

2. 半强势有效市场

在半强势有效市场下，除了证券市场以往的价格信息之外，股票价格包括发行证券企业的年度报告，季度报告等在新闻媒体中可以获得的所有公开信息、竞争对手的公开信息、经济以及行业的公开信息等。因此，依靠企业的财务报表等公开信息进行的基础分析法以获得超额收益也是无效的。

3. 强势有效市场

强势有效市场假说中的信息既包括所有的历史信息、公开信息，也包括所有的内幕信息，例如：企业内部高级管理人员所掌握的内部信息、保荐人、承销的证券公司、证券交易所、证券登记结算机构、证券服务机构的有关人员所掌握的内部信息等。所以，即便是掌握内幕信息的投资者也无法持续获取非正常收益。

三、市场异常现象

市场异常现象是对有效市场理论的一大挑战。异常现象可以存在于有效市场的任何形式之中，但更多的时候它们出现在半强势有效市场之中。

1. 小公司效应

小公司效应（small firm effect）也称规模效应（size effect）或规模溢价（size premium），是指投资于小市值公司股票所获得的收益远远大于投资于大市值公司股票的收益。

2. 市盈率效应

市盈率效应（price - earnings ratio effect）是指具有低市盈率的股票或投资组合的未来收益率往往能超过具有高市盈率的股票或投资组合的收益率，其表现要好于市场平均水平。

3. 长期反转现象

德·邦德和塞勒（De Bondt and Thaler，1985）比较了两组公司股票的收益率情况，一组由亏损最严重的公司股票组成，另一组由盈利最多的公司股票组成。他们从 1933 年开始算起，把前三年表现最好的公司和最差的公司分别编组，各自作为一个投资组合，然后，考察此后五年间投资于这两个组合所得到的收益情况，经验统计结果显示，投资于最差公司的股票组合的收益率要显著优于投资于最好公司的股票组合。

4. 孪生证券之谜

按照经典金融理论，同质资产应具有相同市价。但弗鲁特和戴伯勒（Froot and Dabora，1999）的研究表明，一些传统影响因素如税收政策、交易成本等方面的差异是不能解释这一偏差的，噪音交易者风险很好地解释了基本价值相同的证券其交易价格却大相径庭的现象。

5. 季节效应

季节效应（Seasonality Effect）也称日历效应（calendar effect），是指在某些特殊的时间期间内股票具有与其他时期显著不同的收益率。一个最常引用的季节效应就是元月效应（January effect）。

四、有效市场理论对投资管理的影响

对市场有效性的看法，直接影响着投资策略的选取。如果认为市场是有效的，那么就没有必要浪费时间和精力进行积极的投资管理，而应采取被动、消极的投资管理策略，有效市场理论也就成为指数基金产生的基础。如果认为市场是无效的，那么主动型的、积极的投资管理就有其重要的价值。

即使在有效市场中，不同投资者的风险偏好不同，仍需要选择适合自己的最优组合，而有效的证券选择仍有利于风险的分散，因此资产组合管理仍有其存在的价值。

模块二 证券组合管理

任务描述

通过计算投资组合中投资品种不同权重下的方差，确定最优的投资组合。

业务描述

基金公司的投资部门通过对不同资产组合的方差进行计算，确定各资产在投资组合中的比重。

证券组合管理理论最早由美国著名经济学家哈理·马柯威茨于1952年在《投资组合选择》一文中系统提出。在此之前，偶尔有人也曾在论文中提出过组合的概念，但经济学家和投资管理者一般仅致力于对个别投资对象的研究和管理。该理论描述了投资者如何通过证券组合，在最小风险水平下获得既定的期望收益率，或在风险水平既定的条件下获得最大期望收益率。1963年，马柯威茨的学生威廉．夏普提出了单指数模型，旨在简化证券组合理论应用于大规模市场面临的计算问题。经过几十年的发展，这些理论已成为证券投资的基本内容。

一、证券组合的含义和类型

（一）证券组合的含义

证券组合是指个人投资者或机构投资者所持有的各种有价证券的总称，通常包括各种类型的债券、股票、基金、金融衍生工具等。

（二）证券组合的分类

证券组合按不同的投资目标可以分为避税型、收入型、增长型、平衡型、货币市场型、国际型及指数化型等。

1. 避税型证券组合

避税型证券组合通常投资于政府债券，投资人获得的债券免缴利息税，因此能达到避税的效果，尤其对于富人阶级，他们的财富基数大，这种避税效果更为明显。

2. 收入型证券组合

收入型证券组合追求稳定的经常性收入，即利息、股息收益。一般将组合资产配置于附息债券、优先股和蓝筹股等。

3. 增长型证券组合

增长型证券组合以追求资产持续稳定增值为投资目标。这类投资者为了获取高收益可以承担较大的风险，一般将资产配置于成长性较高的普通股。

4. 平衡型证券组合

该证券组合试图在经常性收入与资本利得之间达到某种均衡，所以会将资产均衡配置于权益证券和固定收益证券。

5. 货币市场型证券组合

货币市场型证券组合是由各种货币市场工具构成的，如银行存款、大额存单、国债、债券回购、资产支持证券等，这类证券组合具有流动性强、安全性高的特点。

6. 国际型证券组合

国际型证券组合投资于海外或全球市场，扩大投资组合收益的来源，有效规避和分散来自于本国和本区域的投资风险。统计数据表明，国际型证券组合的收益率一般要高于单一市场证券组合的收益率。

7. 指数化型证券组合

指数化型证券组合被动跟踪某个指数，试图获得与指数相近的收益水平，可以有效分散系统性风险，节约交易成本。

二、证券组合管理的的含义和意义

（一）证券组合管理的含义

证券组合理论主要是对组合中的投资工具的风险和收益进行分析和评估，在此基础上对资产进行最优组合构建，以确定最佳风险—收益机会，是风险、收益的一种权衡。由于每一种股票价格波动的频率、程度、时间的不一致，在每一种投资组合中，各种股票的收益与风险可能相互叠加、相抵、或部分相抵。因而，由不同股票构成的投资组合在风险程度上就不同。

（二）证券组合管理的意义

证券组合管理的意义在于采用适当的方法选择多种证券作为投资对象，以达到在一定预期收益的前提下投资风险最小或在控制风险的前提下投资收益最大化的目标，避免投资过程的随意性。

1. 降低风险

理论上讲，投资组合所包含的证券数量越多、风险越小，例如投资者只持有股票，如果股市处于熊市，股价单边下跌，投资者损失惨重，但如果投资者同时持有股指期货空单，就可以通过对冲规避风险。再比如投资者只持有房地产行业的股票，如果房地产行业不景气，投资风险会很高，所以投资者可以将资产配置于不同行业的股票来有效地分散风险。

2. 实现收益最大化

这里的收益最大化指的是风险一定条件下的收益最大化。如果单纯从收益角度来看，持有单一证券的收益可能大于投资组合，例如，某个投资者只持有房地产行业的股票，最近一阶段房地产股票行情最好，投资者的收入最理想，若同时持有其他行业的股票，而这个行业股票价格又下跌，就抵消了投资者在房地产行业股票获得的收益，但这没有考虑到风险的因素。

三、证券组合管理的方法和基本步骤

（一）证券组合管理的方法

根据组合管理者对市场效率的不同看法，其采用的管理方法可大致分为被动管理和主动管理两种类型。

1. 主动管理办法

所谓主动管理方法，指利用基本面、技术面、心理面等因素对证券进行估值，判断证券价格走势，在此基础之上频繁调整投资组合获取较高收益的资产管理方法。采用主动管理方法的投资者认为市场不总是有效的，因此对于证券价格进行判断并从中获取超额收益不是徒劳的。

2. 被动管理方法

所谓被动管理方法，指长期稳定持有模拟市场指数的证券组合以获得市场平均收益的管理方法。采用被动管理方法的投资者奉行有效市场理论，认为任何人为预测和判断证券价格的做法的无用的，不如被动跟踪指数来的实际。

（二）证券组合管理的基本步骤

1. 确定证券投资策略

包括确定投资目标、投资规模和投资对象以及应采取的方法和措施等。投资目标是指投资者在承担一定风险的前提下，期望获得的投资收益率，是想追求稳定的经常性收入还是资产的持续稳定增值。投资规模是指用于证券投资的资金数量，取决于投资者的家庭收入、财富状况的客观条件。投资对象是指证券组合管理者准备投资的证券品种，它取决于投资目标。

2. 进行证券投资分析

是指通过各种专业分析，对影响证券价值或价格的各种信息进行综合分析，以判断证券价值或价格及其变动的行为，是证券投资过程中不可或缺的一个重要环节。

3. 构建证券投资组合

主要是确定具体的证券投资品种和投资结构。构建投资组合的原则是风险一定条件下的收益最大化。构建投资组合的方法很多，如分步建仓法、金字塔式买入法、定期定额买入法等，投资者可根据市场行情的变化选择一种最适合的方法或搭配使用不同的方法完成建仓的过程。

4. 投资组合的修正

随着行情的变化，以往构建的投资组合可能已经不是最优风险—收益水平的投资组合，例如在股票牛市的情况下，投资组合在股票上的配置比例较高，但在股票转为熊市的情况下，投资者则需要对原来的证券投资比例加以调整，以获取较高的投资回报。

5. 投资组合业绩评估

一个完整、有效的证券组合管理实施过程，投资组合业绩评估是必不可少的。通过业绩评估，投资者可以发现现有投资组合管理存在的问题并及时进行纠正，对于基金而言，业绩评估也是基金经理绩效考核的重要依据。绩效评估收益率的评估、风险的评估以及择时能力评估等，收益率评估指标包括净值收益率、时间加权收益率、算术平均收益率与几何平均收益率、年化收益率等；风险评估指标包括特雷诺指数、夏普指数、詹森指数等。

四、证券的收益和风险

（一）证券的收益与风险衡量

1. 证券收益的衡量

任何一项投资的结果都可用收益率来衡量，通常收益率的计算公式为：

$$\text{收益率} = \frac{\text{收入} - \text{支出}}{\text{支出}} \times 100\%$$

在股票投资中，投资收益等于期内股票红利收益和价差收益之和，其收益率（r）的计算公式为：

$$r = \frac{\text{期末市价总值} - \text{期初市价总值} + \text{红利}}{\text{期初市价总值}} \times 100\%$$

2. 证券的风险

（1）系统性风险。系统风险即市场风险，即指由整体政治、经济、社会等环境因素对证券价格所造成的影响。就是指对整个股票市场或绝大多数股票普遍产生的不利影响，一般包括经济等方面的关系全局的因素。系统风险包括政策风险、经济周期性波动风险、利率风险、购买力风险、汇率风险等。这种风险不能通过分散投资加以消除，因此又被称为不可分散风险。

（2）非系统性风险。非系统性风险是指对某个行业或个别证券产生影响的风险，它通常由某一特殊的因素引起，与整个证券市场的价格不存在系统的全面联系，而只对个别或少数证券的收益产生影响。也称微观风险。具体包括财务风险、经营风险、信用风险、偶然事件风险等。

（二）单个证券的收益与风险

1. 单个证券的收益

通常情况下，收益率受许多不确定因素的影响，因而是一个随机变量。我们可假定收益率服从某种概率分布，即已知每一收益率出现的概率，如表 10－1 所示。

表 10－1　　不同收益率对应的概率

收益率（%）	r_1	r_2	r_3	r_4	…	r_n
概率	p_1	p_2	p_3	p_4	…	p_n

数学中求期望收益率或收益率平均数［$E(r)$］的公式如下：

$$E(r) = \sum_{i=1}^{n} r_i p_i$$

【例 10－1】 如表 10－2 所示，请计算预期收益率。

$$E(r) = [0 \times 20\% + 10\% \times 10\% + 20\% \times 40\% + 30\% \times 20\% + 40\% \times 10\%] \times 100\%$$
$$= 19\%$$

表 10－2

经济状况	可能的收益率（%）	概率（%）	（%）
1	0	20	0
2	10	10	1
3	20	40	8
4	30	20	6
5	40	10	4
合计	预期收益率		19

2. 单个证券的风险

与期望收益率会有偏差，可能的收益率越分散，它们与期望收益率的偏离程度就越大，投资者承担的风险也就越大。因而，风险的大小由未来可能收益率与期望收益率的偏离程度来反映。在数学上，这种偏离程度由收益率的方差来度量。

$$\sigma^2(r) = \sum_{i=1}^{n}[r_i - E(r)]^2 p_i$$

【例 10－2】 承接例 10－1：

$$\begin{aligned}\sigma^2(r) &= (0-19\%)^2 \times 20\% + (10\% - 19\%)^2 \times 10\% + (20\% - 19\%)^2 \times 40\% \\ &\quad + (30\% - 19\%)^2 \times 20\% + (40\% - 19\%)^2 \times 10\% \\ &= 0.000444\end{aligned}$$

（三）证券组合的收益和风险

1. 多只证券组合的收益和风险

设有 N 种证券，记作 $A_1, A_2, A_3, \cdots, A_N$，证券组合 $P = (X_1, X_2, X_3, \cdots, X_N)$ 表示将资金分别以权数 $X_1, X_2, X_3, \cdots, X_N$，投资于证券 $A_1, A_2, A_3, \cdots, A_N$。证券组合的收益率等于各单个证券的收益率的加权平均，即：设 A_i 的收益率为 $r_i (i = 1, 2, \cdots, N)$，则证券组合 $P = (X_1, X_2, X_3, \cdots, X_N)$ 的收益率为：

$$r_p = x_1 r_1 + x_2 r_2 + \cdots x_N r_N = \sum_{i=1}^{N} x_i x_i$$

推导可得证券组合 P 的期望收益率：

$$E(r_p) = \sum_{i=1}^{N} x_i E(r_i)$$

方差为：

$$\sigma_p^2 = \sum_{i=1}^{N}\sum_{j=1}^{N} x_i x_j \operatorname{cov}(r_i, r_j)$$

$$\operatorname{cov}(r_i, r_j) = E(r_i, r_j) - E(r_i)E(r_j)$$

当 $i_n = j_n$ 时，$\operatorname{cov}(r_i, r_j) = \sigma_i^2$

2. 两只证券的收益与风险

设有两种证券 A 和 B，某投资者将一笔资金以 X_A 的比例投资于证券 A，以 X_B 的比例投资于证券 B，且 $X_A + X_B = 1$，称该投资者拥有一个证券组合 P。如果到期时，证券 A 的收益率为 r_A，证券 B 的收益率为 r_B，则证券组合 P 的收益率 r_P 为：

$$r_P = X_A r_A + X_B r_B$$

投资者在进行投资决策时并不知道 r_A 和 r_B 的确切值，因而 r_A、r_B 应为随机变量，对其分布的简化描述是它们的期望值和方差。投资组合 P 的期望收益率 $E(r_p)$ 和收益率的方差 σ_p^2 为：

$$E(r_p) = x_A E(r_A) + x_B E(r_B)$$

$$\sigma_p^2 = x_A^2 \sigma_A^2 + x_B^2 \sigma_B^2 + 2 x_A x_B \operatorname{cov}(r_A, r_B)$$

$$\operatorname{cov}(r_A, r_B) = \sigma_A \sigma_B \rho_{AB}$$

式中：ρ_{AB} 为 AB 的相关系数；

当 $\rho_{AB}>0$ 时，为正相关，$\rho_{AB}=1$ 时，为完全正相关；

当 $\rho_{AB}=0$ 时，为不相关；

当 $\rho_{AB}<0$ 时，为负相关，$\rho_{AB}=-1$ 时，为完全负相关；

【例 10－3】 已知证券组合 P 是由证券 A 和 B 构成，证券 A 和 B 的期望收益、标准差以及相关系数如表 10－3。

表 10－3

证券名称	期望收益率	标准差	相关系数	投资权重
A	10%	8%	0.12	40%
B	8%	4%		60%

那么，组合 P 的期望收益为：

$$E(r_P)=(10\%\times 40\%+8\%\times 60\%)\times 100\%=8.8\%$$

组合 P 的方差为：

$$\sigma_p^2=40\%^2\times 8\%^2+60\%^2\times 4\%^2+2\times 40\%\times 60\%\times 8\%\times 4\%\times 0.12$$
$$=0.0327$$

五、风险—收益坐标系中资产组合线的构造和有效边界

（一）风险—收益坐标系中资产组合线的构造

1. 两种证券资产组合的可行域

任何一个证券组合可以由组合的期望收益率和标准差确定出坐标系中的一点。假设资产组合中只有 A、B 两个资产，资产组合线实际上在期望收益率和标准差的坐标系中描述了证券 A 和证券 B 所有可能的组合。根据收益期望值和方差的公式，可得：

$$E(r_p)=x_AE(r_A)+(1-x_A)E(r_B)$$

$$\sigma_p^2=x_A^2\sigma_A^2+(1-x_A)^2\sigma_B^2+2x_A(1-x_A)\sigma_A\sigma_B\rho_{AB}$$

给定证券 A、B 的期望收益率和方差，证券 A 与证券 B 的相关系数不同决定 A、B 的组合线的形状也各有差异。

（1）完全正相关下的组合线。在完全正相关下，$\rho AB=1$，假设不允许卖空，则：

$$E(r_p)=x_AE(r_A)+(1-x_A)E(r_B)$$

$$\sigma_p=x_A\sigma_A+(1-x_A)\sigma_B$$

因为，$E(r_P)$ 与 X_A 是线性关系，而 σ_p 与 X_A 是线性关系，所以，σ_p 与 $E(r_p)$ 之间也是线性关系。

因此，证券 A、B 构成的组合线是连接这两点的直线，如图 10－2 所示。

$\rho_{AB}=1$ 时的组合线，要想使方差为零，只能对 A 或 B 其中之一做空。

（2）完全负相关下的组合线。在完全负相关情况下，$\rho_{AB}=-1$，则按适当比例买入证券 A 和证券 B 可以形成一个无风险组合，得到一个稳定的收益率，因为证券 A 和 B 完全负相关，二者完全反向变化，因而同时买入两种证券可抵消风险。

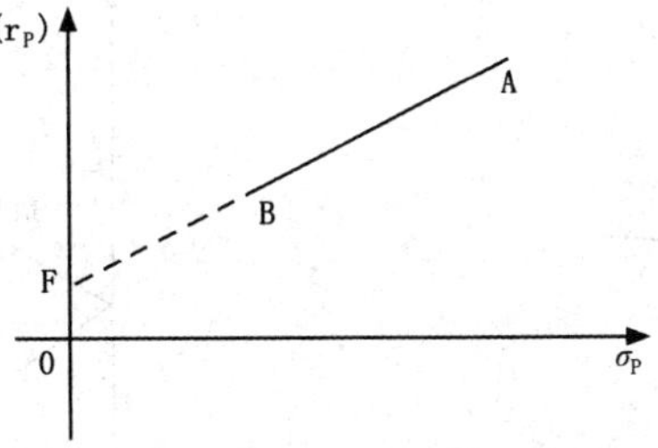

图 10－2 完全正相关下的组合线

$$\sigma_p = | x_A\sigma_A + (1 - x_A)\sigma_B |$$

$$x_A = \frac{\sigma_B}{\sigma_A + \sigma_B},\ x_B = \frac{\sigma_A}{\sigma_A + \sigma_B}$$

这时，σ_p，与 $E(r_p)$ 是分段线性关系，其组合线如图 10－3 所示。

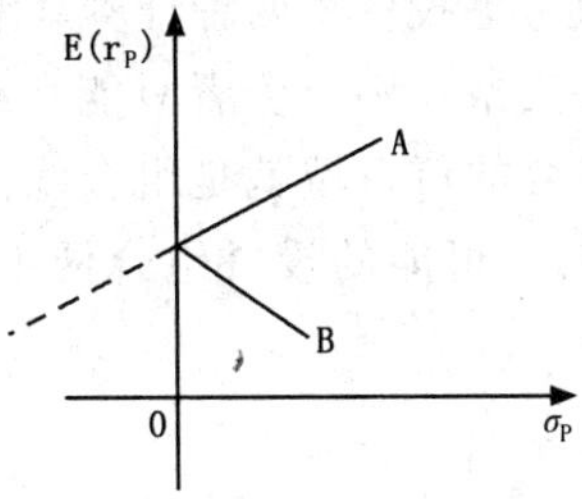

图 10－3 完全负相关下的组合线

（3）不相关情形下的组合线。当证券 A 与 B 的收益率不相关时，$p_{AB}=0$，则：

$$x_A = \frac{\sigma_B^2}{\sigma_A^2 + \sigma_B^2}$$

$$x_B = \frac{\sigma_A^2}{\sigma_A^2 + \sigma_B^2}$$

该方程确定的 σ_p 与 $E(r_p)$ 的曲线是一条经过 A 和 B 的双曲线，如图 10－4 所示。

图中，C 点为最小方差组合。组合线上介于 A 与 B 之间的点代表的组合由同时买入证券 A 和 B 构成，越靠近 A，买入 A 越多，买入 B 越少。而 A 点的曲线上的点代表的组合由卖空 B、买入 A 形成，越向东北部移动，组合中卖空 B 越多；反之，B 的东南部曲线上的点代表的组合由卖空 A、买入 B 形成，越向东南部移动，组合中卖空 A 越多。

（4）组合线的一般情形。相关系数决定组合线在 A 与 B 之间的弯曲程度。随着 ρ_{AB} 的增大，弯曲程度将降低。当 $\rho_{AB}=-1$ 时，弯曲程度最大，呈折线；当 $\rho_{AB}=1$ 时，弯曲程度最小，呈直线；不相关是一种中间状态，比完全正相关弯曲程度大，比完全负相关弯曲程度小。可见，在不卖空的情况下，组合降低风险的程度由证券间的关联程度决定。如图 10－5 所示。

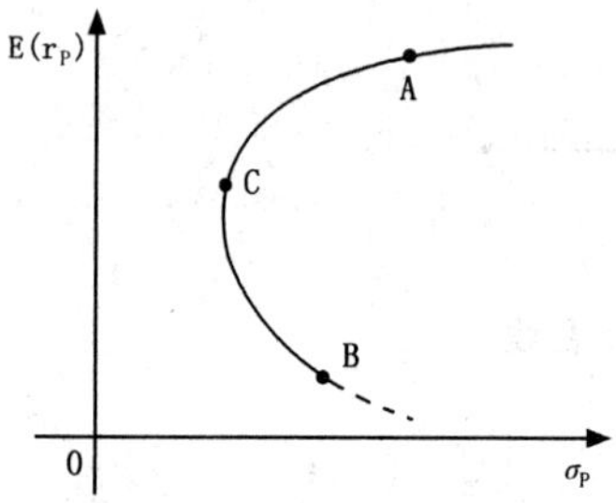

图 10－4 不相关情形下的组合线

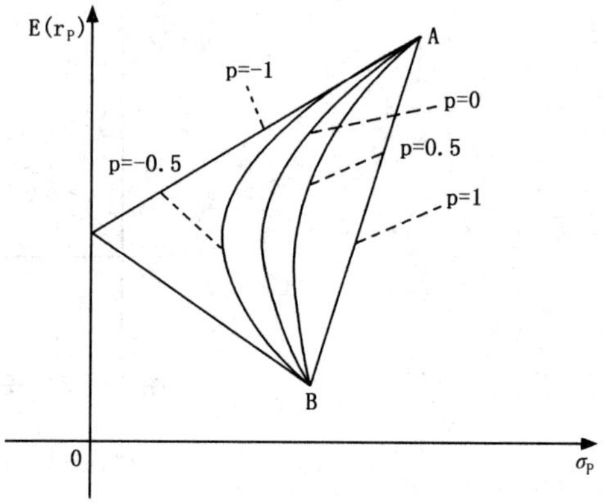

图 10－5 组合线的一般情形

2. 多种证券组合的可行域

在允许卖空的情况下，如果只考虑投资于两种证券 *A* 和 *B*，投资者可以在组合线上找到自己满意的任意位置。如果不允许卖空，则投资者只能在组合线上介于 *A*、*B* 之间（包括 *A* 和 *B*）获得一个组合，因而投资组合的可行域就是组合线上的 *AB* 曲线段。现在假设可供选择的证券有三种：*A*、*B* 和 *C*。这时，可能的投资组合便不再局限于一条曲线上，而是坐标系中的一个区域。如图 10－6 所示。

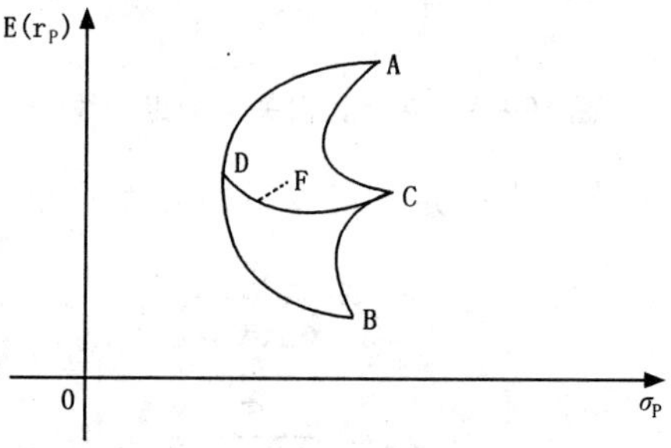

图 10－6 不允许卖空的多种证券组合的可行域

如果允许卖空，三种证券组合的可行域不再是如图所示的有限区域，而是由有限区域延伸的一个无限区域。如图 10－7 所示。

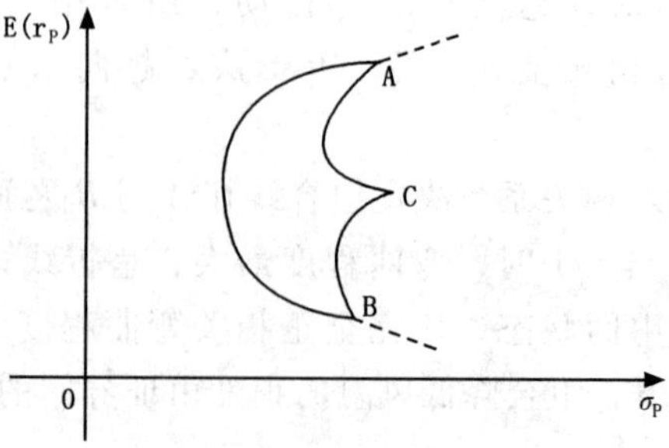

图 10－7 允许卖空的多种证券组合的可行域

一般而言，当由多种证券（不少于三种证券）构造证券组合时，组合可行域是所有合

法证券组合构成的 $E-\sigma$ 坐标系中的一个区域，如图 10－8 所示。

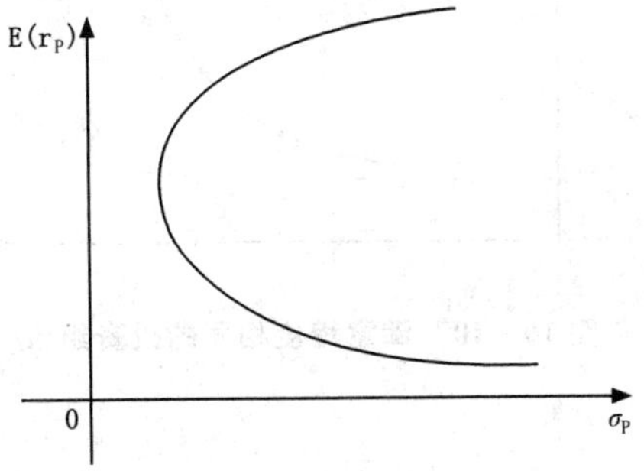

图 10－8 证券组合的可行域

（二）资产组合线的有效边界

证券组合的可行域表示了所有可能的证券组合，投资者需要做的是在其中选择自己最满意的证券组合进行投资。不同的投资者对期望收益率和风险的偏好有所区别，因而他们所选择的最佳组合将有所不同。但无论何种投资者，在选择资产组合时有一个共性，即追求最大收益率和最小风险，如图 10－9 所示，资产组合线的上边即是资产组合的有效边界，因为在有效边界上的点都符合同等收益情况下，风险最小，同等风险情况下，收益最大的条件，而 A 点在所有点中，又是风险最小的点，又称最小方差组合。

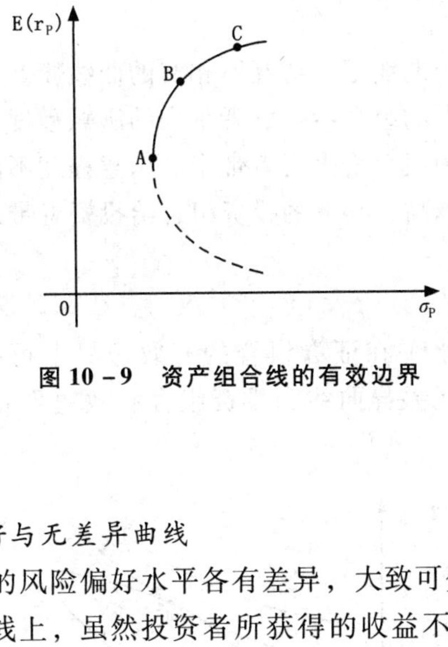

图 10－9 资产组合线的有效边界

六、最优证券组合

（一）投资者的个人偏好与无差异曲线

在实践中，不同投资者的风险偏好水平各有差异，大致可分为风险偏好型、风险厌恶型和风险中立型。在投资组合线上，虽然投资者所获得的收益不同，但收益越高，风险越大，这样将此类风险、收益相当，即满意程度相同的点连接，就可以绘制出满意程度相同的投资组合，如图 10－10 所示。

以此为基础，我们可以找到具有相同特点的曲线簇，推出投资者的无差异曲线，如图 10－11 所示，图中 A、B 点在同一根无差异曲线上，效用相同，C 点的效用最高，因为和其他两条无差异曲线上的点相比，在同等风险水平下，C 点收益最高，在同等收益水平下，C 点的风险最小。

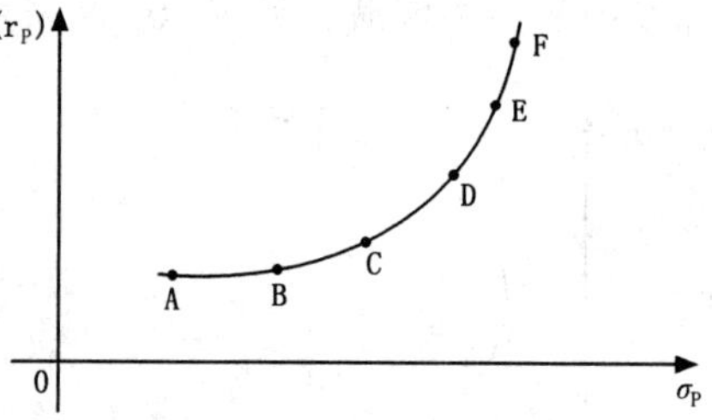

图 10－10　满意程度相同的投资组合

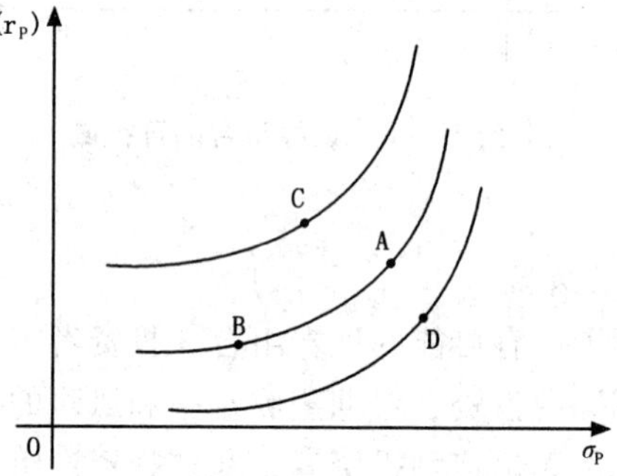

图 10－11　投资者的无差异曲线

由此可见，投资者的无差异曲线具有以下特点：

（1）无差异曲线是由左至右向上弯曲的曲线。因为随着风险的增加，收益应该给予相应的补偿。

（2）每个投资者的无差异曲线是一组互不相交的曲线簇。

（3）同一条无差异曲线上的组合给投资者带来的满意程度相同。

（4）不同无差异曲线上的组合给投资者带来的满意程度不同。

（5）无差异曲线的位置越高，其上的投资组合给投资者带来的满意程度就越高。

（二）最佳证券组合

投资者根据自己的偏好水平在证券组合的有效边界上可找到效用最大化的点，这点即最佳证券组合的点，也是无差异曲线和投资组合有效边界相切的点，如图 10－12 所示的 B 点。

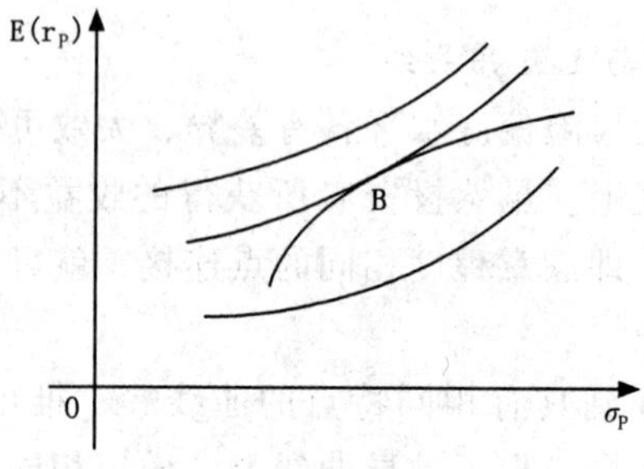

图 10－12　投资者的最佳证券组合

模块三 资本资产定价模型

任务描述

利用 CAPM 模型对股票理论价格进行计算。

业务描述

证券公司分析师利用 CAPM 模型对股票理论价格进行计算，与股票市场价格进行对比，分析其是被高估或是低估，为投资者提供投资建议。

资本资产定价模型（Capital Asset Pricing Model，简称 CAPM）是由美国学者夏普（William Sharpe）、林特尔（John Lintner）、特里诺（Jack Treynor）和莫辛（Jan Mossin）等人在资产组合理论的基础上发展起来的，主要研究证券市场中资产的预期收益率与风险资产之间的关系，以及均衡价格是如何形成的，是现代金融市场价格理论的支柱，广泛应用于投资决策和公司理财领域。

一、资本资产定价模型的前提假设

CAPM 是建立在马科威茨模型基础上的，马科威茨模型的假设同样适用于 CAPM 模型。除此之外，CAPM 模型独有的前提条件为：

（1）可以在无风险折现率 R 的水平下无限制地借入或贷出资金。

（2）所有投资者对证券收益率概率分布的看法一致，因此市场上的效率边界只有一条。

（3）所有投资者具有相同的投资期限，而且只有一期。

（4）所有的证券投资可以无限制的细分，在任何一个投资组合里可以含有非整数股份。

（5）税收和交易费用可以忽略不计。

（6）所有投资者可以及时免费获得充分的市场信息。

（7）不存在通货膨胀，且折现率不变。

（8）投资者具有相同预期，即他们对预期收益率、标准差和证券之间的协方差具有相同的预期值。

综上，CAPM 模型的前提假设既包括对投资者的规范，也有对现实市场的简化。

二、CAPM 模型的推导

（一）资本市场线

资本市场线（capital market line，简称 CML）是指表明有效组合的期望收益率和标准差之间的一种简单的线性关系的一条射线。它是沿着投资组合的有效边界，由风险资产和无风险资产构成的投资组合。

如果我们以 $E(r_{p1})$ 表示风险资产的预期收益，以 σ_{p1}^2 表示风险资产的方差，以 r_f 表示无风险资产的收益率，则无风险资产和风险资产组合经过再组合后的新资产组合的预期收益率和方差的计算公式分别为：

$$E(r_p) = x_{p1}E(r_{p1}) + (1 - x_{p1})r_f$$

$$\sigma_p^2 = x_{p1}^2\sigma_{p1}^2 + (1 - x_{p1})^2\sigma_f^2 + 2x_{p1}(1 - x_{p1})\rho_{p1f}\sigma_{p1}\sigma_f$$

由于 $\sigma_f = 0$，所以 $\sigma_p = x_{p1}\sigma_{p1}$

把 $\sigma_p = x_{p1}\sigma_{p1}$ 代入新资产组合预期收益，可得资产组合线的方程：

$$E(r_p) = r_f + \frac{E(r_{p1}) - r_f}{\sigma_{p1}}\sigma_p$$

无风险资产与市场风险资产组合经过再组合得到的资产组合线也是直线，该直线的截距为 r_f，斜率为 $\frac{E(r_m) - r_f}{\sigma_m}$，由于 r_f 是常量，所以组合线的截距是固定的，而其斜率则取决于风险资产组合的选择。无风险资产与有效率资产组合集合经过再组合后的组合是一组截距相同、斜率不同的组合线集合。而在这个集合中，如果没有限制，理性的投资者会选择无风险资产与风险资产的有效组合经过再组合后的有效率边界的资产组合，这条线便是资本市场线CML，如图 10－13 所示。

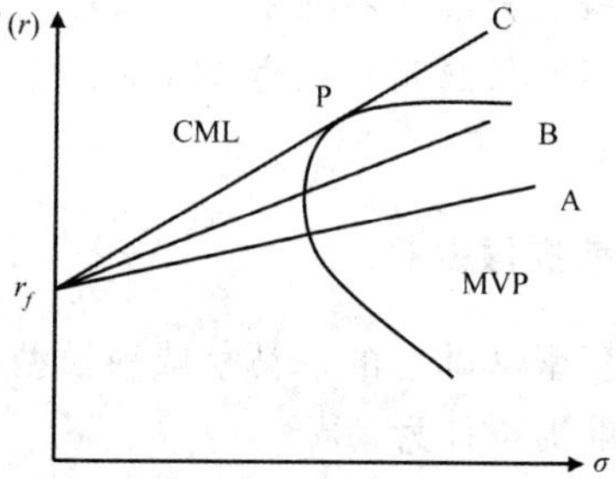

图 10－13　资本市场线

CML 上的 r_f 点是投资者将资金全部投资于无风险资产的情况，即 $x_p^* = 0$，新资产组合的收益和风险特征就是无风险资产的收益和风险特征。

p^* 点是投资者将全部资金投资于有效率风险资产组合 p^* 的情况，即 $x_p^* = 1$，新资产组合的收益和风险特征就是风险组合 p^* 的收益和风险特征。

r_f 与 p^* 之间的点集是投资者同时投资于风险资产和无风险资产的情况，即 $0 < x_p^* < 1$。在这种情况下，新资产组合的收益率和风险介于无风险组合和风险组合之间。

p^* 点右上方的点集是投资者卖空无风险资产后，将借入资金连同本金全部投资于风险资产组合 p^* 的情况，即 $x_p^* > 1$。这种投资策略即增加新资产组合的风险与收益。

投资者具体会如何选择，则取决于其投资者的风险偏好。风险厌恶程度强的投资者将选择靠近 r_f 的资产组合，风险厌恶程度弱的投资者会选择点 p^* 右上方的资产组合。

（二）市场组合

CML 代表了所有无风险资产和有效率风险资产组合经过再组合后的有效率资产组合的集合，投资者如果像假设中那样具有相同的预期，他们的 CML 将是同一条线，要选择的风险资产组合也是共同的 p^*，且这一资产组合一定就是所谓的包括市场中所有风险的“市场组合”，其中每种风险资产在这个资产组合中的比例等于该资产的市值占所有资产市场价值的比例。

如果资本市场是均衡的，这意味着资本市场上的资产总供给等于总需求，且每一种资产都有一个均衡价格。由于投资者都将持有风险资产组合 p^*，市场处于均衡状态的条件就意味着 p^* 必须包括市场上所有风险资产在内，价格的调整会促使市场达到均衡状态，保证市场组合是由所有证券构成的一个组合（以 M 表示）。从理论上讲，M 应该包括各种风险资产在内，即不仅包括股票、债券这类金融资产，还应包括不动产、人力资本、耐用消费品等非金融产品。当市场处于均衡状态时，在市场组合中，投资于每一种证券的比例等于该证券的相对市值，而一种证券的相对市值等于这种证券的总市值除以所有证券的市值总和。

以 M 代替 p^*，CML 的公式就可表示为：

$$E(r_p) = r_f + \frac{E(r_m) - r_f}{\sigma_m}\sigma_p$$

（三）证券市场线

假设我们要建立一个风险资产 i 和市场组合 M 的新组合 P，则 P 的预期收益和标准差的计算公式分别为：

$$E(r_p) = x_i E(r_i) + (1 - x_i)E(r_m)$$

$$\sigma_p = [x_i^2\sigma_i^2 + (1 - x_i)^2\sigma_m^2 + 2x_i\text{cov}(r_i, r_m)]^{\frac{1}{2}}$$

在允许卖空的条件下，资产 i 与 M 的有效资产组合的集合应在 iM_i 线上，如图 10－14 所示，与 iM_i 相切的资本市场线与我们前面推导的资本市场线是重叠的，两者的斜率相同，即：

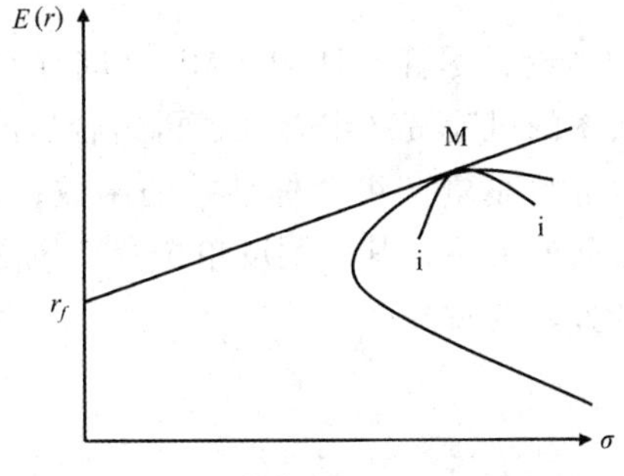

图 10－14　资产 i 与 M 的组合

将风险资产 i 和市场组合 M 经过再组合后形成的新资产组合 P 的预期收益和标准差的计算公式为：

$$\frac{\frac{\partial E(r_p)}{\partial x_i}}{\frac{\partial \sigma_p}{\partial x_i}} = \frac{E(r_i) - E(r_m)}{x_i^2\sigma_i^2 - \sigma_m^2 + x_i\sigma_m^2 + (1 - 2x_i)\operatorname{cov}(r_i, r_m)} \times \sigma_p = \frac{E(r_m) - r_f}{\sigma_m}$$

由于在切点 M 处，$x_i = 0$，$\sigma_p = \sigma_m$，所以上式可变为：

$$\frac{E(r_i) - E(r_m)}{(1 - 2x_i)\operatorname{cov}(r_i, r_m) - \sigma_m^2} \times \sigma_m = \frac{E(r_m) - r_f}{\sigma_m}$$

变形可得：

$$E(r_i) = r_f + [E(r_m) - r_f] \times \frac{\operatorname{cov}(r_i, r_m)}{\sigma_m^2}$$

设 $\frac{\operatorname{cov}(r_i, r_m)}{\sigma_m^2} = \beta_i$，则 $E(r_i) = r_f + [E(r_m) - r_f] \times \beta_i$

上式表明，当资本市场处于均衡状态时，任何一种资产的预期收益与其所承担的与市场风险相关的β值之间呈线性关系。我们把这一线性关系表示在以预期收益和β值为坐标轴的坐标平面上，就是一条以 r_f 为起点的射线，这条射线被称为证券市场线（Securities Market Line，简称 SML），如图 10－15 所示。由于β衡量的是市场风险程度，所以 SML 反映的是资产的市场风险和预期收益之间的关系。β值有以下几种情况：

$E(r_i) > E(r_m)$　　$\beta_i > 1$

$E(r_i) < E(r_m)$　　$\beta_i < 1$

$E(r_i) = E(r_m)$　　$\beta_i = 1$

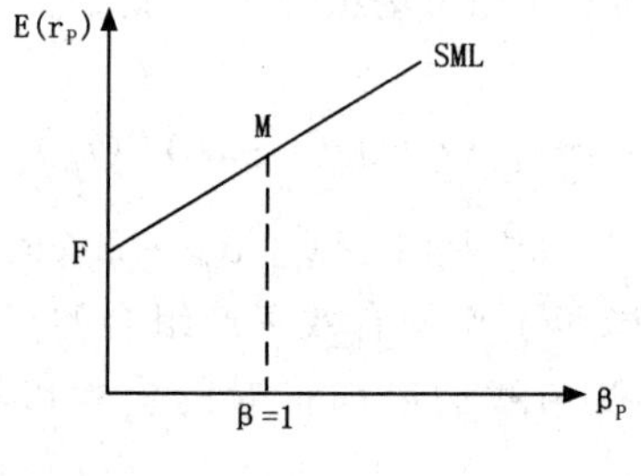

图 10－15　证券市场线

作为 CAPM 两个最重要的结论，尽管 SML 和 CML 之间存在一些较为明显的差异：CML 只适于描述无风险资产与有效率的风险资产组合经过再组合后的有效风险资产组合的收益和风险关系，即市场组合的风险溢价是资产组合标准差的函数；而 SML 描述的是任意一种资产或资产组合的收益和风险之间的关系，其中测度单个资产风险工具不再是资产的方差或标准差，而是资产对于资产组合方差的贡献度。

（四）CAPM 的含义

首先，无论是对于市场组合还是单个风险资产而言，其收益都是由两个部分组成的：一是无风险资产收益 r_f，或者是对时间的补偿；二是与风险直接相关的超额收益，即 $E(r_m) - r_f$，或称风险补偿。这体现了收益与风险成正比的原理。

其次，并非风险资产承担的所有风险都要予以补偿，给予补偿的只是系统风险。因为非系统风险是可以通过多元化投资分散掉的，当投资者持有市场组合时，可以说是没有非系统风险，那也就无须补偿。

（五）CAPM 的应用

1. 资产估值

证券价格不可能一直处于均衡状态，市场价格和理论价值受多种因素影响，往往存在偏离，在资产估值方面，CAPM 模型主要用来判断证券的市场价格是被高估还是低估，如图 10－16 所示，资产 A 的均衡价格低于实际价格，资产 A 的价值被市场高估了，应卖出；资产 B 的均衡价格高于实际价格，资产 B 的价值被市场低估了，应该买入。

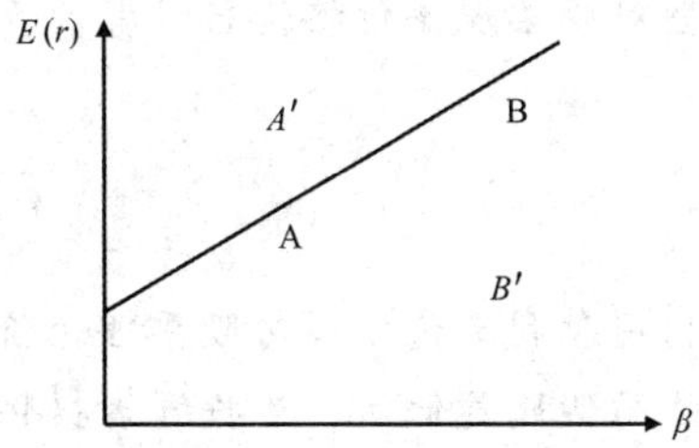

图 10－16　资产实际价格与均衡价格的比较

【例 10－3】 A 公司今年每股股息为 0.30 元，预期今后每股股息将以每年 5% 的速度稳定增长。当前的无风险利率为 5%，市场组合的收益率为 12%，A 公司股票的 β 值为 0.8。那么，A 公司股票当前的合理价格 P_0 是多少？如果 A 公司股票市场价格为 6 元，投资者应如何操作？

（1）根据 CAPM 模型，可得出：

$$k = r_f + [E(r_m) - r_f] \times \beta = 5\% + (12\% - 5\%) \times 0.8 = 10.6\%$$

（2）根据零增长模型，可得出：

$$p_0 = \frac{D_0}{k - g} = \frac{0.3}{10.6\% - 5\%} = 5.36\ (元)$$

（3）市场价格 > 理论价格，A 股票被高估，应卖出。

2. 资源配置

资本资产定价模型在资源配置方面的一项重要应用，就是根据对市场走势的预测来选择具有不同 β 系数的证券或组合以获得较高收益或规避市场风险。

证券市场线表明，β 系数反映证券或组合对市场变化的敏感性，因此，当有很大把握预测牛市到来时，应选择那些高 β 系数的证券或组合。这些高 β 系数的证券将成倍地放大市场收益率，带来较高的收益。相反，在熊市到来之际，应选择那些低 β 系数的证券或组合，以减少因市场下跌而造成的损失。

模块四
套利定价模型

任务描述

利用套利定价模型对股票理论价格进行计算。

业务描述

证券公司分析师利用套利定价模型对股票理论价格进行计算，与股票市场价格进行对比，分析其是被高估或是低估，为投资者提供投资建议。

套利定价模型（APT，Arbitrage Pricing Theory）由罗斯在 1976 年提出，实际上也是有关资本资产定价的模型。模型表明，资本资产的收益率是各种因素综合作用的结果，诸如 GDP 的增长、通货膨胀的水平等因素的影响，并不仅仅只受证券组合内部风险因素的影响。

一、套利定价模型的含义

套利定价模型认为，如果市场未达到均衡状态的话，就存在无风险套利（低买高卖形成的差价），理性投资者具有厌恶风险和追求收益最大化的行为特征，因此投资者一旦发现有套利机会就会想方设法利用他们，而随着套利者的买进和卖出，有价证券的供求状况随之改变，套利空间逐渐减少直至消失，均衡价格得以实现。

套利机会不仅存在于单一证券上，还存在于类似的证券或组合中，投资者可以对一些相似的证券或组合通过部分买入、部分卖出方式进行套利。

二、因素模型和套利组合

（一）因素模型

因素模型把实践中的一些主要经济因素（包括经济周期、技术进步以及劳动力成本和原材料等）等的变化影响着整个证券市场，如果这些变量发生了非预期的变化，那么整个证券市场的收益率也会发生非预期的变化。

在实践中，投资者往往都在有意或无意地使用着因素模型的方法，其中又有单因素模型和多因素模型之分。

1. 单因素模型

把证券收益率变化看做某一宏观经济事件变化的结果（如 GDP 增长率）。

$$r_i = E(r_i) + \beta_i F_i + \varepsilon_i$$

式中 F_i 即宏观因素；β_i 即证券 i 对 F_i 的敏感度；ε_i 即公司风险；$E(\varepsilon_i)=0$。

2. 多因素模型

多因素模型相对较为复杂，它把证券收益率的决定看作是各种经济因素（如行业生产的变动率、预期通货膨胀的变动率、长期公司债券对长期政府债券的超额收益率、长期政府债券对短期政府债券的超额收益率等）集合作用的结果，公式为：

$$r_i = \alpha_i + \sum_{n=1}^{N} \beta_{i,n} F_n + \varepsilon_i$$

比较著名的多因素模型有法玛和费伦奇（1993）的三因素模型和卡哈特（1997）提出的四因素模型。

（二）套利组合

1. 前提

（1）它是一个不需要投资者任何额外资金的组合。

$x_1 + x_2 + \cdots\cdots + x_n = 0$

（2）套利组合对任何因素都没有敏感性。

$\beta_{pj} = 0$

（3）套利组合的预期收益率必须是正值。

$x_1E(r_1) + x_2E(r_2) + \cdots\cdots + x_nE(r_n) > 0$

当一个组合的投资权重可以同时满足上述三点要求时，该组合就是一个套利组合。这样一个套利组合对任何一个渴望高收益且不关心非因素风险的投资者都具有吸引力—因为它不需要任何额外资金，没有任何因素风险，却可以带来正常预期收益率。

【例 10－4】 某投资者拥有一个组合，假设组合中每种证券的收益率，可以用以下双因素模型来分析。

$$R_i = E(r_i) + R_i \times F_1 + R_i \times F_2$$

R_i 即收益率；F_1, F_2 表示系统性风险。

$$E(F_1) = E(F_2) = 0$$

$$\mathrm{cov}(F_1, F_2) = 0$$

表 10－4

证券	β_{1i}	β_{2i}	x_i	$E(r_i)$
A	2.5	1.4	0.3	13
B	1.6	0.9	0.3	18
C	0.8	1.0	0.2	10
D	2.0	1.3	0.2	12

通过增加 $x_B = 0.05$，构建一个套利组合

$$x_A + x_B + x_C + x_D = 0$$

$$x_A\beta_{1A} + x_B\beta_{1B} + x_C\beta_{1C} + x_D\beta_{1D} = 0$$

$$x_A\beta_{2A} + x_B\beta_{2B} + x_C\beta_{2C} + x_D\beta_{2D} = 0$$

$$x_AE(x_A) + x_BE(x_B) + x_CE(x_C) + x_DE(x_D) > 0$$

由于 $x_B = 0.05$，则有：$x_A + 0.05 + x_C + x_D = 0$

$$2.5x_A + 0.05 \times 1.6 + 0.8x_C + 2.0x_D = 0$$

$$1.4x_A + 0.05 \times 0.9 + 1.0x_C + 1.3x_D = 0$$

$$x_A = -0.043$$

$$x_B = -0.019$$

$$x_D = 0.012$$

$$k_i = 0.3\%$$

三、套利定价模型

（一）套利定价模型

对于一个高度多元化的资产组合，只有几个共同因素需补偿，证券 i 的收益率与这些共同因素的关系为：

$$E(r) = \lambda_0 + \beta_{i1}\lambda_1 + \beta_{i2}\lambda_2 + \cdots\cdots + \cdots\cdots\beta_{ik}\lambda_k$$

假设资产组合 P，只有与因素 1 有 k 单位的敏感度，即 $\beta_{i1} = \beta_{i2} = \cdots\cdots\beta_{ik} = 0$，则：

$$E(r_p) = \lambda_0 + \lambda_1$$

$$\lambda_1 = E(r_{p1}) - \lambda_0$$

即风险补偿可被理解为预期收益超过零 β，资产组合收益率的部分，p_1 被称为单因素组合。以此类推，代入其他 λ 值后，可把 APT 模型改为：

$$E(r) = \lambda_0 + \beta_{i1}[E(r_{p1}) - \lambda_0] + \beta_{i2}[E(r_{p1}) - \lambda_0] + \cdots\cdots + \beta_{ik}[E(r_{p1}) - \lambda_0]$$

资产 i 预期收益，取决于以下两点：

（1）确定系统因素，准确估计各 β 值。

（2）确定各因素资产组合的预期收益。

在一个多元化的资产组合中，由于各资产对某种因素有着不同的敏感度，因此从理论上说，我们可以通过对资产进行适当的组合而使资产组合对这一因素的敏感度（β 值）为 1 或 0。

【例 10-5】 已知 A、B、C、D 四个资产的 β 值（表 6-5）

表 6-5

	A	B	C	D
β_{i1}	0.5	-1.9	-3.3	3
β_{i2}	0.7	-2.9	2.3	-0.4

我们可以通过使 A、B、C、D 四个资产的权数分别为 10%、10%、20%、60% 的组合，使该资产组合对第一个因素的 β 值等于 1。即：

$$\beta_{p1} = 0.5 \times 0.1 + (-1.9) \times 0.1 + (-3.3) \times 0.2 + 3 \times 0.6 = 1$$

$$\beta_{p2} = 0.7 \times 0.1 + (-2.9) \times 0.1 + 2.3 \times 0.2 + (-0.4) \times 0.6 = 1$$

这样的组合还可以使资产组合对第二个因素的敏感度为零。

（二）套利定价模型的应用

如果把套利定价理论应用于消极的组合管理，投资者可以在已确定因素的情况下，建立一个最佳风险组合的资产组合，即β值的最佳组合。这种策略对只包含几种不同资产类型的大资产组合比较合适，因为它充分利用了不同类型资产对不同因素变动具有不同敏感度的特点。例如，债券和股票的收益率一般对利率因素的反应是相反的；零售业的股票比一般的股票对通货膨胀率更敏感等。所以，当资产组合很大时，各组合部分的特殊风险就被化解了。

在积极的资产组合管理中，可以利用对因素非预期波动的挖掘，判断资产价值是被高估还是被低估，并以此来选择资产、调整资产组合。

模块五

资 产 配 置

任务描述

明确资产配置的原因和目标，掌握资产配置的步骤和流程，构建投资组合。

业务描述

证券公司、基金公司、资产管理公司的资产配置业务。首先，根据投资者的年龄、收益预期、风险偏好、资金量对投资者风险度进行测试。其次，根据投资者风险承受能力选择匹配合适的投资顾问。最后，结合资产景气度与投资需求，选择投资品种，确定投资比例。

一、资产配置的含义

资产配置是指根据投资需求将投资资金在不同资产类别之间进行分配，通常是将资产在低风险、低收益证券与高风险、高收益证券之间进行分配。在现代投资管理体制下，投资一般分为资产配置、投资管理实施和调整三个阶段。资产配置是资产组合管理的基础和核心环节。资产配置既可以是股票、债券的优化组合，也可以是股票、债券与其他金融衍生工具的风险对冲。不同配置具有自身特有的理论基础和操作策略，并适用于不同的市场环境和客户投资需求。

二、资产配置管理的原因与目标

（一）资产配置管理的原因

1. 整合各类因素，提高投资效率

在半强势有效市场环境下，投资目标的信息、盈利状况、规模，投资品种的特征以及特殊的时间变动因素对投资收益都有影响，因此资产配置可以起到降低风险、提高收益的作用。

2. 降低投资风险

随着投资品种的不断丰富和完善，投资范围已经从单一资产扩展到多种资产、从国内市场扩展到国际市场，单一资产投资方案难以满足投资需求，资产配置的重要意义与作用逐渐凸显出来，通过合理、有效的资产配置，投资的非系统性风险得到明显的控制。

（二）资产配置管理的目标

从实际的投资需求看，资产配置的目标在于以资产类别的历史表现与投资者的风险偏好为基础，决定不同资产类别在投资组合中所占比重，从而降低投资风险，提高投资收益，消除投资者对收益所承担的不必要的额外风险。

三、资产配置的因素

（一）影响投资者进行投资决策的因素

包括投资者的生命周期、职业、收入、家庭财富和风险偏好等因素。个人投资周期大致分三个阶段，每一个阶段投资者的需求都呈现不同的特点：

1. 增长阶段

个人投资者在他们职业生涯的早中期处于增长阶段。在这个阶段他们会尽量增加资产额来满足近期需要，如住房按揭贷款，或是满足长期需求，如孩子教育费、退休生活费等。在这个阶段，他们的净财富较少，而且还可能会有未归还的贷款，他们的投资期较长并且收入逐渐增长。与此相适应的是，处于这一阶段的人愿意投资于那些高风险并取得高于平均收益水平的收益率。

2. 巩固阶段

处于巩固阶段的个人的职业生涯一般已过半，并已全部或基本支付所贷款项，他们已经或正在支付孩子的上学费用。收入大于开支，多余部分能被用来投资以满足退休后需要或不动产计划需要。典型的投资期还会较长（20 至 30 年），因此风险程度一般的投资会受到青睐。他们会对资本的安全性非常关注，因为他们不想让财富高风险。

3. 支出阶段

支出阶段开始于退休之后。生活费用可以用社会保险或以前的投资来清偿。由于他们的职业生涯已经结束（尽管有些人还会从事一些兼职工作或顾问类工作），以前累积的净财富就更值得重视了。他们必须在积蓄的名义价值的安全性与实际价值的安全性之间作出平衡。一般一个六十岁的退休者还能活二十年，因此尽管他们的投资组合总的来说要比在巩固阶段的风险小，他们仍然要有一些风险性的投资，例如普通股，来抵御通货膨胀风险。

（二）资本市场环境因素

主要指宏观经济因素，包括国际经济形势、国内经济状况与发展动向、通货膨胀、利率变化、汇率、失业率、经济周期波动和证券市场监管等。法律、经济、行政监管手段这些证券价格的外生变量，会通过一定路径影响证券价格的变动。

（三）资产的流动性

资产的流动性指资产交易和变现的难易程度，流动性好的投资品种在买入或卖出时不会遭遇较大的流动性损失、报价区间较小、价格密度较大。一般情况下，证券资产在所有资产中的流动性是最好的，投资者应该根据自己对资金的需求，建立投资中流动性资产的最低标准。

（四）税收因素

税收结果对投资决策意义重大，因为任何一个投资策略的业绩都是由其税后利润的多少来进行评价的。对面临高税率的个人投资者和机构投资者而言，他们更重视在整个资产配置中合理选择避税或缓税的投资产品。

四、资产配置的基本步骤

（一）明确投资目标和限制因素

投资者需要根据自己的投资风险承受能力、投资风险偏好水平、流动性需求、个人财富情况等，并考虑市场上实际的投资限制、投资规则、税收因素等问题，确定投资投资目标，并通过纵向比较和横向比较的方法确定投资的期望值。

（二）选择投资品种

通常情况下，投资品种大致包括股票、债券、证券投资基金、金融衍生工具、货币市场工具等。投资者需根据自己的风险偏好水平确定投资品种，风险偏好型投资者倾向选择金融衍生工具和股票这类风险、收益偏高的品种；风险厌恶型投资者倾向于选择债券、货币市场工具等这类固定收益证券；风险中立型投资者适合选择股票型基金、债券型基金这类风险、收益适中的品种。

（三）确定投资品种的比例

在确定了投资品种之后，投资者应根据自己的投资目标确定不同投资品种的投资比例，以确定适当的风险—收益水平。

（四）选择最佳的证券组合

这一步骤是指在满足投资者面对的限制因素的条件下，选择最能满足其风险收益目标的资产组合，确定实际的资产配置战略。这一步骤是指找出在既定风险水平下可获得最大预期收益的资产组合，确定风险修正条件下投资的指导性目标。

五、资产配置的主要类型

资产配置按照不同的标准可以有多种分类，这里我们主要侧重配置策略上的类型，按照这个标准，资产配置可分为买入并持有策略、恒定混合策略、投资组合保险策略等。买入并持有策略属于消极型的长期再平衡策略，恒定混合策略、投资组合保险策略则相对较为积极。下面主要对这三种资产配置策略进行介绍。

（一）买入并持有策略

买入并持有策略是指按确定的恰当的资产配置比例构造了某个投资组合后，在诸如 3 至 5 年的持有期间内不改变资产配置状态，保持这种组合，用于资本市场环境和投资者的偏好变化不大，或者改变资产配置状态的成本大于收益时的状态。买入并持有策略是消极型的长期再平衡方式，适用于中长线投资者进行投资。这种策略的优点是不易受证券价格短期波动的影响，交易成本和费用较低，而其缺点是不能从市场环境变动中获利，即投资者不可以通过改变效用函数提高投资效率。

（二）恒定混合策略

恒定混合策略是指保持投资组合中各类资产的比例固定。也就是说，在各类资产的市场表现出现变化时，资产配置应当进行相应的调整，以保持各类资产的投资比例不变。该策略认为，当风险资产价格下跌时，其抵御风险的能力不会随之下降，因而应增加风险资产在投资组合中的比重，当风险资产价格上涨时，其风险承受能力不会随之上升，因此应降低其在整个投资组合中的比例。

【例 10-6】 一个投资组合配置于 A、B 两种资产，A 资产是风险资产股票，B 资产时无风险资产债券，投资组合的资产价格是 1 000 万元，A 价值 600 万元，B 价值 400 万元，A、B 的比例为 6：4。

（1）当 A 资产价格上升到 700 万元，B 资产价格不变时，根据恒定比例策略，投资者应该如何进行调整？

当 A 资产价格上升到 700 万元时，投资组合价值上升到 1 100 万元，若想继续保持 A 与 B 的比例关系不变，则 A 资产价值应为 660 万元，但现在 A 的价值为 700 万元，因此投资者应卖出 40 万元股票，同时买入 40 万元债券，这样股票变为 660 万元，债券变为 440 万元，二者比例仍为 6：4。

（2）当 A 资产价格下降到 500 万元时，B 资产价格不变时，根据恒定比例策略，投资者应该如何进行调整？

当 A 资产价格下降到 500 万元时，投资组合价值下降到 900 万元，若想继续保持 A 与 B 的比例关系不变，则 A 资产价值应为 540 万元，但现在 A 的价值为 500 万元，因此投资者应买入 40 万元股票，同时卖出 40 万元债券，这样股票变为 540 万元，债券变为 360 万元，二者比例仍为 6：4。

由此可见，恒定混合策略类似于高抛低吸，适合于震荡市，但如果行情是单边市，则恒定混合策略的资产配置效果就会很差。

（三）投资组合保险策略

投资组合保险策略（Constant Proportion Portfolio Insurance，简称 CPPI）是将一部分资金配置于风险资产，实现增值的目标，将另一部分资金配置于无风险资产，实现保值的目的，是保本型基金采用的资产配置方式之一。该理论认为，当风险资产价格上升时，其抵御风险能力随之增强，因此，应增加其在投资组合中的比例，当风险资产价格下降时，其抵御风险能力随之减弱，因此，应降低其在投资组合中的比例。

【例 10－7】 一个投资组合的总资产为 100 万元，保本比例为 90 万元，根据风险资产配置的公式：

风险资产＝m×（A－F）

其中，m 为乘数；A 为总资产价值；F 为保本资产价值；假设 m＝5，则：

风险资产＝5×（100－90）＝50 万元

（1）当 A 资产价格上升到 55 万元，B 资产价格不变时，根据 CPPI 策略，投资者应该如何进行调整？

当 A 资产价格上升到 55 万元时，总资产价值变为 105 万元，则：

风险资产＝5×（105－90）＝75 万元，而当前 A 只有 55 万元，则应该再买入 20 万元 A 资产。

（2）当 A 资产价格下降到 45 万元，B 资产价格不变时，根据 CPPI 策略，投资者应该如何进行调整？

当 A 资产价格下降到 45 万元时，总资产价值变为 95 万元，则：

风险资产＝5×(95－90)＝25 万元，而当前 A 为 45 万元，则应该再卖出 20 万元 A 资产。

（四）买入并持有策略、恒定混合策略、投资组合保险策略的区别

上述三类资产配置策略是在投资者风险承受能力不同的基础上进行的积极管理，具有不同特征，并在不同的市场环境变化中具有不同的表现，同时它们对实施该策略提出了不同的市场流动性要求（参见表 10－6）。

表 10－6　不同资产配置策略的区别

资产配置策略	操作方式	有利的市场环境	对流动性要求
买入并持有策略	按兵不动	牛市	较小
恒定比例策略	下降时买入，上升时卖出	震荡市	适中
投资组合保险策略	下降时卖出，上升时买入	单边市	高

1. 操作策略

买入并持有策略在一定阶段不会对投资组合进行调整，因此基本不需要做任何调整；恒定比例策略是价格越低越买，价格越高越抛；投资组合保险策略是价格越涨越买，价格越跌越卖。

2. 收益情况与有利的市场环境

当市场处于单边市时，投资组合保险策略的收益最好，买入并持有策略居中，恒定混合策略的表现最差。当市场处于震荡市时，恒定混合策略的表现最好，买入并持有策略居中，投资组合保险策略的收益最低。

3. 对流动性的要求

对市场流动性要求最高的是投资组合保险策略，因为它需要在市场下跌时卖出而市场上涨时买入。恒定混合策略要求对资产配置进行实时调整，但调整方向与市场运动方向相反，因此对市场流动性有一定的要求但要求不高。买入并持有策略只在构造投资组合时要求市场具有一定的流动性，对流动性基本没有什么要求。

项目总结

操作要点

利用资本资产定价模型对股票价格进行计算。

利用套利定价模型对股票价格进行计算。

明确投资目标和限制因素。

选择投资品种。

确定投资品种的比例。

选择最佳的证券组合。

知识要点

有效市场包括弱式有效市场，半强式有效市场和强式有效市场等三个层次。市场异象包括小公司效应、市盈率效应、长期反转现象、孪生证券之谜、季节效应等。证券组合管理的方法包括主动管理办法和被动管理方法，证券组合管理的基本步骤包括确定证券投资策略、进行证券投资分析、构建证券投资组合、投资组合的修正、投资组合业绩评估。证券组合的收益率可用收益率的期望值表示，证券组合的风险可由方差来表示。多种证券的组合可行域是所有合法证券组合构成的 $E-\sigma$ 坐标系中的一个区域，资产组合线的上边是资产组合的有效边界，最佳证券组合是无差异曲线和投资组合有效边界相切的点。资本市场线是指表明有效组合的期望收益率和标准差之间的一种简单的线性关系的一条射线。证券市场线即在以预期收益和 β 值为坐标轴的坐标平面上，以 R_f 为起点的射线。CAPM 的含义是资产的收益来源于无风险补偿和风险补偿，而给予补偿的只是系统风险，CAPM 被广泛应用于资产估值和资源配置。

问题讨论

书中所介绍的 CAPM 模型为传统 CAPM 模型，除此之外，CAPM 模型还有几种发展形式，如零 β CAPM 模型、跨期 CAPM 模型、多 β CAPM 模型、以消费为基础的 CAPM 模型等，试查找相关资料，分析不同形式 CAPM 模型的区别。

推荐阅读

1. “投资组合管理实践：另类指数化投资”，《投资研究》，2014 年 8 月 10 日。
2. “投资组合理论在风险管理中的应用——以苹果供应链价格风险为例”，《江苏农业科学》，2014 年 5 月 25 日。
3. “投资组合理论与风险防范”，《经营管理者》，2014 年 9 月 5 日。
4. “未充分分散投资下的资本资产定价模型：基于中国 A 股市场的实证检

验”，《管理评论》，2014 年 10 月 31 日。

5. “基于投资者情绪的资本资产定价理论研究”，《经济经纬》，2014 年 5 月 10 日。

6. “资本资产定价模型在上证 A 股市场的实证研究”，《科技视界》，2014 年 9 月 5 日。

7. “尤金·法玛与有效市场理论”，《福建论坛（人文社会科学版）》，2014 年版。

8. “有为政府、有效市场、有机社会——中国道路与国家治理现代化”，《经济导刊》，2014 年 4 月 15 日。

9. “资产收益可预测的动态资产配置”，《系统科学与数学》，2014 年 5 月 15 日。

10. “经济转型周期中大类资产配置新思维”，《上海证券报》，2014 年 11 月 12 日。

问题讨论

1. 在投资实践中，有效市场假说理论受到哪些挑战？
2. 如何利用资本资产定价模型进行风险管理？
3. 如何利用资产配置策略调整投资组合？

做一做

一、选择题

1. 假设无风险利率为 6%，最优风险资产组合的期望收益率为 14%，标准差为 22%，资本市场线的斜率是（　　）。

A. 0.64　　B. 0.14
C. 0.08　　D. 0.36

2. 资本资产定价模型中，风险的测度是通过（　　）进行的。

A. 个别风险　　B. β
C. 收益的标准差　　D. 收益的方差

3. 市场资产组合的 β 值为（　　）。

A. 0　　B. 1
C. −1　　D. 0.5

4. 关于市场资产组合，哪种说法不正确？（　　）

A. 它包括所有证券　　B. 它在有效边界上
C. 市场资产组合中所有证券所占比重与他们的市值成正比
D. 它是资本市场线和无差异曲线的切点

5. 关于资本市场线，哪种说法不正确？（　　）

A. 资本市场线通过无风险利率和市场资产组合两个点

B. 资本市场线是可达到的最好的市场配置线

C. 资本市场线也叫做证券市场线

D. 以上各项均不正确

6. 证券X期望收益率为0.11，β值为1.5，无风险收益率为0.05，市场期望收益率为0.09。根据资本资产定价模型，这个证券（　　）。

A. 被低估　　B. 被高估

C. 定价公平　　D. 无法判断

E. 以上各项均不正确

7. 无风险收益率为0.07，市场期望收益率为0.15，证券X期望收益率为0.12，β值为1.3。那么你应该（　　）。

A. 买入X，因为它被高估了　　B. 卖出X，因为它被高估了

C. 卖出X，因为它被低估了　　D. 买入X，因为它被低估了

E. 以上各项均不正确，因为它的定价公平

8. APT是1976年由（　　）提出的。

A. 林特纳　　B. 莫迪格利安尼和米勒

C. 罗斯　　D. 夏普

E. 以上各项均不正确

9. 利用证券定价错误获得无风险收益称作（　　）。

A. 套利　　B. 资本资产定价

C. 因素　　D. 基本分析

10. 一般投资者都是风险厌恶者，他们的无差异曲线簇表现为（　　）。

A. 向右上凸　　B. 向右下凸

C. 向左下凸　　D. 向左上凸

11. 假设证券市场上的借贷利率相同，那么有效组合具有的特性包括（　　）。

A. 具有相同期望收益率水平的组合中，有效组合的风险水平最低

B. 在有相同风险水平的组合中，有效组合的期望收益率水平最高

C. 有效组合的非系统风险为零

D. 除无风险证券外，有效组合与市场组合之间呈完全正相关关系

12. 反映证券组合期望收益水平和风险水平之间均衡关系的模型包括（　　）。

A. 证券市场线方程　　B. 证券特征线方程

C. 资本市场线方程　　D. 套利定价方程

E. 因素模型

13. 下列结论正确的有（　　）。

A. 同一投资者的偏好无差异曲线不可能相交

B. 特征线模型是均衡模型

C. 由于不同投资者偏好态度的具体差异，他们会选择有效边界上不同的组合

D. 因素模型是均衡模型

E. APT 模型是均衡模型

14. 证券市场线与资本市场线在市场均衡时，（ ）证券市场线是由资本市场线导出的，但其意义不同：（1）CML 给出的是市场组合与无风险证券构成的组合的有效集，任何资产（组合）的期望收益不可能高于 CML。（2）SML 给出的是单个证券或者组合的期望收益，它是一个有效市场给出的定价，但实际证券的收益可能偏离 SML。

均衡时刻，有效资产组合可以同时位于资本市场线和证券市场线上，而无效资产组合和单个风险资产只能位于证券市场线上。对于资本市场线，有效组合落在线上，非有效组合落在线下，对于证券市场线，无论有效组合还是非有效组合或者单个证券，它们都落在线上。

A. 基本一致，但有所区别

B. 二者完全一致

C. 资本市场线有效组合落在线上，非有效组合落在线下

D. 证券市场线有效组合落在线上，非有效组合落在线下

15. 套利定价理论的假设有（ ）。

A. 资本市场处于竞争均衡状态

B. 投资者喜爱更多财富

C. 资产收益可用资本资产定价模型表示

D. 投资者对于各种资产的收益率、标准差、协方差具有齐性预期

16. 资本资产定价模型的假设条件包括（ ）。

A. 资本市场没有摩擦

B. 不允许卖空

C. 投资者对证券的收益和风险及证券间的关联性具有完全相同的预期

D. 投资者都依据组合的期望收益率和方差选择证券组合

17. 关于证券投资组合的方差，以下说法正确的是（ ）。

A. 如果投资组合中的各个证券都是零相关，那么投资组合的方差等于组合中各证券方差的加权平均数

B. 投资组合的方差等于组合中各证券的方差的加权平均数

C. 投资组合的方差与组合中各证券的方差和权重均有关

D. 投资组合的方差与组合中各证券间的相关系数有关

18. 证券投资的预期收益率与风险之间的关系是（ ）。

A. 证券的风险—收益率持仓会随着各种相关因素的变化而变化

B. 预期收益率越高，承担的风险越大

C. 反向联动关系

D. 正向联动关系

19. 在信息分类的基础上，将市场的有效性分为（ ）形式。

A. 弱式有效市场　　B. 半强式有效市场

C. 强式有效市场　　D. 无效市场

20. 与恒定混合策略相比，投资组合保险策略（ ）。
A. 在股票市场行情下跌时通常调高股票资产的投资比例
B. 在股票市场行情上涨时通常调高股票资产的投资比例
C. 在保持投资组合最低价值的基础上，不放弃资产升值的潜力
D. 虽然保持了投资组合的最低价值，但却放弃了资产升值的潜力

二、判断题

1. 如果市场是严格有效的，一旦有新信息出现，证券价格的市场反应会“一步到位”。（ ）

2. 马科维茨的投资组合理论确定了风险资产组合的有效边界与市场投资组合的关系。（ ）

3. 从无风险利率出发的直线与有效边界相切的切点，是能够给投资者带来最大效用的最优投资组合。（ ）

4. 多个证券组合可行域的特点是，其左边界必然是向左凸的曲线或直线。（ ）

5. 按照投资组合理论，每个投资者持有同一个风险证券组合的可行域。（ ）

6. 证券市场线的斜率是市场风险溢价。（ ）

7. 所谓套利就是在不增加风险的情况下，能够实现正预期回报率的机会。（ ）

8. 套利定价模型（APT）认为有多种因素影响股票价格，并清楚地描述了影响期望收益率的因素有哪些，因而扩大了资产定价的思考范围。（ ）

9. 从资产配置的角度看，投资组合保险策略是将全部资金投资于风险资产的一种动态调整策略。（ ）

10. 当股票价格单方向持续上升时，恒定混合策略的表现劣于买入并持有策略，而投资组合保险策略的表现优于买入并持有策略。（ ）

三、分析题

1. 假设市场证券组合由两个证券 A 和 B 组成。它们的预期回报分别为 10% 和 15%，标准差为 20% 和 28%，权重 40% 和 60%。已知 A 和 B 的相关系数为 0.30，无风险利率为 5%。求资本市场线方程。

2. 假设表 10－7 中的三种股票满足 CAPM，请填充其中的空格。

表 10－7

股票	预期回报	标准差	β 值	误差项方差
A	0.15	（ ）	2.00	0.10
B	（ ）	0.25	0.75	0.04
C	0.09	（ ）	0.50	0.17

项目十一

行 为 金 融

知识学习目标：

要求学生了解传统金融理论的发展脉络，并认识其存在的局限性；理解人类投资决策过程中的心理和行为偏差，以及对金融市场的影响；掌握基于行为资产定价理论和行为资产组合理论的行为投资策略。

技能训练目标：

通过该课程的教学，大量的文献阅读与实验教学方法的引进，增进学生对于金融理论前沿的把握。同时，案例教学和心理学实验的实施，加深学生对于金融交易实务的认知。

案例导入

我国开放式基金赎回之谜：原因与对策

开放式基金因其具有自由申购和赎回的特征，加之本身可以在原本指定的地点和时间来进行基金申购赎回，越来越成为中国金融市场上活跃的一种基金形式，由于开放式基金存在“开放式”的特征，其基金申购的形式和赎回的方式日趋多元化。中国的开放式基金因其优胜劣汰机制的形成，这更加促使基金管理部门加大对基金管理的投入，提高基金的管理绩效。绩效的提高吸引更多的投资者加入，从而促进开放式基金有更大的发展，进而激励基金管理者更加努力提高业绩，也使基金投资者对基金管理人能够有效监督从而形成良性循环。开放式基金投资者的申购和赎回行为，符合金融监管和市场的需求，对开放式基金的生存和发展以及市场的稳定有着重要的影响。与封闭式基金相比，开放式基金解决了基金管理人和投资者之间信息不对称的问题，“赎回机制”使投资者和基金管理人的利益更趋一致且克服了封闭式基金有关“折价”问题。

从2001年9月伊始，借鉴国外的一些经验，我国开始发行开放式基金，与西方成熟市场中开放式基金赎回机制相比，由于刚刚起步，我国对开放式基金的了解不够成熟，开放式基金投资者的申购和赎回行为未能如开放式基金赎回机制设计时所预期的那样发挥“优胜劣汰”机制，反而形成一种“逆淘汰机制”。当基金单位资产净值出现整体上升时，投资者感觉收益提高时，基金投资者大量赎回业绩优良的开放式基金，反之而当基金净值跌到面值以下时，投资者的赎回比例反而降低，业绩良好的基金面临赎回的压力较大，业绩较差的基金面临的赎回压力相对比较小，这一现象被我们称为中国开放式基金“赎回之谜”。统计资料显示，2006年第一季度总申购额达3 406.49亿元，而总赎回额为2 873.23亿元，净申购额533.26亿元，基金规模保持较稳定的增长。然而，189家基金中有96家出现净赎回现象，占样本总数比重为50.79%。其中，嘉实策略的净赎回现象最为严重。2006年第一季度该基金申购额仅为26.84亿元，而赎回金额却高达167.42亿元，净赎回份额达到140.59亿元。在93家的基金净申购中，赎回的情况不容乐观。若以净赎回比净申购计算赎回额占申购比例，计算结果发现在所有这些基金中有35家的指标值大于0.5，其中最高的嘉实服务和泰信优质分别为0.97和0.9。当年一季度表现好于大盘，比如华夏也达到0.5，其申购额3.55亿元，赎回额达到3.14亿元，二者也相差无几。此外，180ETF、富国天益、国泰金马、金鹰小盘和新动力等五家基金值都达到0.5以上。这与成熟资本市场的开放式基金中没有发生或很少发生净赎回的情况有一定差异。因此我国开放式基金市场出现的净赎回现象比较严重，这成为影响基金管理人进行投资决策的重要问题。

资料来源：王重阳，“我国开放式基金赎回之谜：原因与对策”，《时代金融》，2014年1月。

模块一

非理性行为

任务描述

了解行为金融学的理论基础；理解投资者的有限理性；掌握投资中的心理误区。

业务描述

列举投资过程中投资者的几种非理性行为，并作出行为金融学解释。

一、行为金融学概念

行为金融学是以心理学、行为学为基础，以人们的实际决策心理为出发点，通过对投资者的投资行为特征研究，为投资者避免投资决策失误，制定正确的风险控制措施、投资策略提供理论和实践的指导的一门学问。它注重投资者决策心理的多变性，突破了现代投资理论的最优决策模型，简单地认为理性投资决策模型就是决定证券市场价格变化的实际投资决策模型的假设，使人们对金融市场投资者行为的研究由"应该怎么做决策"转变为"实际是怎样做决策"，研究结论更接近实际。

二、对"理性人"假设的质疑

长久以来，投资决策似乎与理性严谨有着与生俱来的紧密关系，建立在理性基础之上的一系列严格的理论假设成了传统投资学的理论基石。但是在金融市场上，参与者常常面对庞大的信息流、复杂的情形及交易压力，为迅速做出判断与决策，他们通常借助一些直觉和框架。直觉是人们认识事物的方法，它帮助人们迅速找到的解决方案不一定最优，可能接近于正确答案，但也可能出现一些系统性的偏差。

（一）"理性人"假设的由来

1. "经济人"假设

二百多年前，亚当·斯密（Adam Smith）提出了"经济人"的原始含义。他提出了以下一段著名的言论："每个人都在力图应用他的资本来使其生产的产品得到最大的价值。一般来说他并不企图增进公共福利，他也不知道他所增进的公共福利是多少。他所追求的仅仅是他个人的安乐，仅仅是他个人的利益。"显然，古典经济学家认为个人利益是唯一不变的、普遍的人性动机。所以，经济人的理性体现在个体是否出于利己的动机，是否力图以最小的经济代价获取最大的经济利益。"经济人"假设主张以下几点。

（1）人是有理性的，每个人都是自己利益的最好判断者，并在各项利益的比较过程中选择自我的最大利益。

（2）利己是人的本性，人们在从事经济活动中追求的是个人利益，通常没有促进社会利益的动机。

（3）个人利益的最大化通常只有在与他人利益的协调中才能得以实现。交换是在"经济人"的本性驱使下自然而然地发生的，人类的交换倾向是利己本性的外在形式和作用方式。

通常可以把经济人分为两种表现类型：利他主导型和利己主导型。但在具体分析经济问题时，一般假设经济主体的目标或效用函数的主要内容是自私自利。因此，经济学的"经济人"假设事实上有两层含义，其根本的含义是理性人，其通常的含义则是自利人。

2. "理性人"假设

"理性人"包含了两层含义：其一是投资者在进行投资决策时都是以效用最大化作为目标；其二是投资者能够对已知信息做出正确的加工处理，从而对市场趋势做出无偏估计。效用最大化是经济学家对于人类天性的抽象和概括，使得"理性人"假设具体化为一整套以效用最大化为原则的现代经济理论体系，完全理性的经济人几乎成为标准理论的分析基础。

效用最大化原则构成了现代投资学理论中最基础、最重要的前提假设，是微观经济学中各种经济主体的目标函数。经济学中的"理性人"假设进入到现代投资学的各个领域，传统投资学中投资者的心理与行为具有理性预期、风险回避和效用最大化三个特点，即投资者是理性人。

（二）对于"理性人"假设的质疑

"经济人"或"理性人"作为一种高度抽象的理性模型，固然使得传统投资学理论研究的公理化、体系化、逻辑化成为可能，然而，基于心理学视角的行为经济学研究结果则不认同这一经济人理性。

（1）它不承认"经济人"这一前提。传统投资学理论把自利置于理论考察的中心，但事实表明，利他主义、社会公正等客观上也是广泛存在的，否则就无法解释人类社会生活中大量存在的非物质性动机（或非经济性动机）。行为经济学研究认为，人类行为不只是自私的，它还会受到社会价值观的制约，从而做出不会导致个体利益最大化的行为决策。

（2）传统投资学理论认为由于人们会理性地自利，因而社会经济运行也具有其自身的理性。然而，行为经济学研究则认为由于人本身就不是理性的，因而社会经济活动也不是理性的。例如，证券市场中的股票价格通常并不是对公司的经营业绩做出反应，而是对投资者的市场情绪做出反应，因此，投资者的表象思维、心理定式、环境影响等行为因素往往会导致非理性的决策错误的出现。当然，这里所谓的非理性是指非经济人理性，而不是彻底否定理性。

（三）有限理性学说

大量心理学研究表明，人们实际投资决策并非完全更改的。比如，人们总是过分相信自己的判断，人们更多是根据其对结果的盈亏的主观判断进行决策，尤其值得指出的是，这种对更改决策的偏离是非常普遍和系统性的，并不能因为统计平均而消除。人们在许多基本领域偏离标准的决策模型，这些领域可简单分为三类：

（1）个人没有遵循理性规则来评价有风险赌局。相反，在评价这些赌局时，人们不是看其最终能获得的财富水平，而是看相对于某一参考点的收益和损失，并且表现出厌恶损失，即对损失比收益更加敏感。

（2）在预测不确定结果时，个人系统偏离贝叶斯规则和其他概率论公理。例如，人们常利用短期历史数据，寻找这一短期历史代表着什么样的更长期的图形模式，从而预测未来不确定事件。在关注这种代表性时，他们常常没有充分注意到近期历史可能是由偶然因素引起的，而不是由他们构建的模型产生的。这种直觉（heuristics）在许多生活情境中非常有用，能帮助人们辨别数据中的模式，节省计算，但也可能会导致严重错误。

（3）个人依赖框架是指当人们面临不同问题时会做出不同的选择，会因此问题的框架进而影响决策。据此，行为金融学认为，投资者完全理性的假设是不能成立的。人们在现实中是有限理性的，普遍表现为一种缺乏经验的投资者或者噪声交易者，有时把这些投资者所依据的直觉称为投资者情绪。投资者情绪实际上反映了许多投资者的共同判断误差和市场上的总错误及偏差。这导致精确预测市场的难度增加。

现实中的投资者不可能具备完全知识，面对大量信息和瞬息万变的情况人们对信息的注意和处理具有选择性，不同经验和背景的人会对同一信息有不同解释。也就是说，投资者在做出投资决策时受价值取向、目标多元性、情绪和个性等因素的影响，导致其决策并非完全理性。这种决策无法坚持最优原则，只能是满意原则。决策者的认知因素和人格心理结构及决策情境因素，都对真实决策过程产生重要影响，并使决策过程在很大程度上偏离效用理论给出的理性规则。

三、投资心理、偏好以及误区

金融理论中引入心理学的研究成果是行为金融学的发展最重要的推动力量。心理学家们通过一系列的实验发现，人们在面临不确定条件时会表现出一些特殊的心理特征，这些心理特征表现在以下几个方面。

（一）损失回避（loss aversion）

卡尼曼（Kahneman）和特维尔斯基（Tversky）在1979年所做的积极和消极展望偏好的实验当中发现，人们对待收益和损失的态度非常不一样。当遭受损失时，人们往往有进一步冒险的心理偏好，而当人们获得收益时，则会有较强的风险规避心态，也叫做损失厌恶。

小链接

卡尼曼（Kahneman）和特维尔斯基（Tversky）给出一个例子：有两项选择，一是损失\$7 500，二是75%的概率损失\$10 000，25%的概率没有损失。

研究发现绝大多数人选择后者，他们将这种现象称为损失厌恶（loss aversion）。

（1）这两种选择的数学期望是一样的，也就是计算的结果没有差别。

（2）进一步研究发现一项损失给人带来的影响大约是同等收益给人带来影响的2.5倍。

（3）亏损带给投资者的痛苦要高于盈利带来的快乐。

（二）心理账户（mental accounting）

人们除了钱包这种实际账户外，在人的头脑里还存在着另一种心理账户。比如，我们会把工资划归到靠辛苦劳动日积月累下来的“勤劳致富”账户中；把年终奖视为一种额外的恩赐，放到“奖励”账户中；而把买彩票赢来的钱，放到“天上掉下来的馅饼”账户中。

对于“勤劳致富”账户里的钱，我们会精打细算，谨慎支出。而对“奖励”账户里的钱，我们就会抱着更轻松地态度花费掉，比如买一些平日舍不得买的衣服，作为送给自己的新年礼物等。“天上掉下来的馅饼”账户里的钱就最不经用了，通常是来也匆匆，去也匆匆。这就是心理账户在起用。

（三）过度自信（overconfidence）

心理学家们发现人们对自己的知识和能力都表现出过分自信。心理学研究表明：在很多方面，大多数人对自己的能力以及未来的前景都表现得过于乐观。比如在关于驾驶水平、与人相处、幽默感等方面所做的调查显示，90%的被调查者都表示自己的能力要高出平均水平。例如，对一项关于司机对于驾驶能力的自我判断的调查显示，有65%到80%的司机都认为自己的能力是“超过平均水平”（above average）的。

小链接

投资者在投资决策过程中总是倾向于过高估计自己的判断力，从而表现出过分的自信。但心理学研究发现，如果人们称对某事抱有90%的把握时，成功的概率大约只有70%。

（1）现实生活中这种过度自信的投资者比比皆是。

（2）Langer and Roth（1975）研究发现：男性投资者比女性投资者更倾向于过度自信。

（四）归因偏差（self－enhanced biased self－attribution）

人们常常将好的结果归功于自己的能力，而将差的结果归罪于外部的环境。所以人们难于理性修正自己信念，导致人们过度自信，也叫做“自我归因（self－attribution）”。

（五）代表性偏误

人类的大脑会利用“代表性”迅速地组织及处理大量信息，认为具有类似特质的事物就是相近的，而所谓的代表性偏误就是指投资人会以一般的刻板印象作为判断的基础（Nofsinger，2002）。

（六）过度反应

过度反应指投资者对于某一事件过于重视，导致股票价格偏离其均衡价格，利空过度下跌——利好过度上涨。

过度反应认为现在饱受异常低收益之苦的输家（losers），在未来应会享受异常的高收益；而现在享受异常高收益的赢家（winers），在未来应会饱受异常低收益之苦（Pettengill and Jordan，1990）。

（七）反应不足

反应不足和过度反应的现象恰好相反，通常当重要消息出现时，股票价格只有些许的变化，而当一段时间过去之后，股票价格才会有大幅度的变动。

（1）对新信息反应不足，“保守主义”。

（2）反应不足认为顺势而为的操作方式，应能带来正的收益，即股价上涨之股票会顺势上涨；而股价下跌之股票会顺势下跌，即所谓动量策略。

小链接

例如，在一、二次连续的良好业绩公布后，投资者对该企业的赢利表现判断为处于“趋势”状态，他因此预期该企业在下一次业绩公布中还会出现良好表现，因而将股票价格推高。真实情况则是该企业只有50%的可能在下一次业绩表现较好，合理的预期应当低于上面投资者所作的非理性预期，投资者反应过度。反过来，在保守主义的判断偏差下，投资者对某企业所公布的良好业绩会认为只是暂时现象，对企业表现判断处于“回归”状态，他会预期企业下一次业绩会下降，结果将股票价格压低。实际则是该企业只有50%的可能在下一次业绩表现较差，合理的预期应当高于上面投资者所作的非理性预期，投资者反应不足。

（八）羊群效应

羊群效应也称从众行为或群体行为。是指投资者在交易过程中观察并模仿他人的交易行为，从而导致一段时间内买卖相似的股票。在信息高度不对称的市场环境下，投资者无法直接获得别人的私有信息，但却可以通过观察机构投资者的买卖行为来推断其私有信息，此时容易产生个人投资者和机构投资者的羊群行为，出现“群体压力”等情绪下贯彻的非理性行为。

在股票市场上，当股价出现某种明显的上涨或者下跌变动趋势时，投资者就会容易变得对自己原有的投资理念产生怀疑，更加相信市场中还存在一些自己还未掌握的信息。于是，在这种情况下，选择跟从其他投资者的操作方向进行交易就成了投资者比较容易接受的选择。

1. 我国开放式基金也存在羊群行为

通过对我国开放式基金实证研究发现，我国开放式基金在整体上存在显著的羊群行为。

（1）“抱团取暖”。

（2）基金经理们选择的投资组合经常会非常接近他们所管理基金业绩基准的资产组合，目的是最大限度地避免组合业绩低于业绩基准所造成的风险。或者他们会随大流，选择其他基金经理人买进的组合，以免落在别人后面，给人留下无能的印象（Scharfstein and Stein，1990）。

2. 羊群效应在投资中较为普遍

（1）分析师对于上市公司的评论（独立性的丧失），担心出错。

（2）人家买我也买，防止收益落后于他人。

（3）卖出羊群效应，买入羊群行为。

（九）处置效应

1985年，Shefrin和Statman发现在股票市场上投资者往往对亏损股票存在较强的惜售心理，即继续持有亏损股票，不愿意实现损失，而愿意较早卖出股票以锁定利润，这种现象称为“处置效应”。

我国学者赵学军和王永宏对中国股市的“处置效应”进行了实证研究，他们得出了我国的投资者更加倾向于卖出盈利股票，继续持有亏损股票，而且这种“处置效应”的倾向比国外投资者更为严重。“处置效应”的存在表明投资者并非完全理性。

小链接

上海证券交易所的一项调查显示：我国证券市场投资者卖出盈利股票的概率约是其卖出亏损股票的两倍。有49.41%的投资者因为害怕遭受损失而采取了“决不止损”的手法，显示出风险偏好的行为特征。深交所的调查也显示，当投资者所持股票下跌时，选择采取“长期持有，直到解套”的投资者为数最多，约占总数的41%；其次是选择采取“不断补仓，拉低价位”的投资者，约占总数的32%；而选择采取“忍痛割肉”的投资者约占总数的27%。这些调查结果显示，我国证券市场中的投资者有着较为典型的损失厌恶与风险偏好共同存在的行为特征。

此外，人们还有“后见之明”，即人们经常在不确定性结果发生后，自我觉得似乎“我早就知道很可能这个结果”等。还有锚定现象，即日常人们所说的“第一印象”，“先入为主”等。

模块二

证券市场异常现象

任务描述

了解有效市场的内涵和分类；理解非完全市场的理念；掌握异常现象的表现和内容。

业务描述

搜集资料，分析我国资本市场的长期回报。

一、异常现象的定义

（一）异常现象含义

证券市场的异常现象是指证券价格在不同时期、不同国家的市场上表现出来的不能用理性人和有效市场假设所解释的现象称为证券市场异常现象。

（二）理性人假设

理性人假设是指作为经济决策的主体都是充满理智的，既不会感情用事，也不会盲从，而是精于判断和计算，其行为是理性的。在经济活动中，主体所追求的唯一目标是自身经济利益的最优化。如消费者追求的满足程度的最大化，生产者追求的是利润最大化。

每一个从事经济活动的人所采取的经济行为都是力图以自己的最小经济代价去获得自己的最大经济利益。西方经济学家认为，在任何经济活动中，只有这样的人才是理性人，否则就是非理性的人。

（三）有效市场

1. 有效市场

有效市场是指这样一种市场，在这个市场上，所有信息都会很快被市场参与者领悟并立刻反映到市场价格之中。简而言之，在每一个时点上，市场都已经消化了可以得到的全部最新消息，并且将它包含在股票价格或谷物价格或其他投机价格之中。

2. 有效市场的前提假设条件

第一，整个市场没有摩擦，即不存在交易成本和税收；第二，所有资产完全可分割，可交易，没有限制性规定；第三，整个市场充分竞争，所有市场参与者都是价格的接受者；第四，信息成本为零，并同时到达投资者；第五，投资者都是理性的，并且追求效用最大化。

3. 有效市场的形式

有效市场的形式包括若有效市场、半强有效市场和强有效市场，下面分别说明。

弱式有效市场，弱式有效市场中以往价格的所有信息已经完全反映在当前的价格之中，所以利用移动平均线和 K 线图等手段分析历史价格信息的技术分析法是无效的。

半强形式有效市场，除了证券市场以往的价格信息之外，半强形式有效市场假设中包含的信息还包括发行证券企业的年度报告，季度报告等在新闻媒体中可以获得的所有公开信息，依靠企业的财务报表等公开信息进行的基础分析法也是无效的。

强式有效市场，强式有效市场假设中的信息既包括所有的公开信息，也包括所有的内幕信息，例如：企业内部高级管理人员所掌握的内部信息。如果强形式有效市场假设成立，上述所有的信息都已经完全反映在当前的价格之中，所以，即便是掌握内幕信息的投资者也无法持续获取非正常收益。

4. 有效市场假说的意义

有效市场假说的理论意义是提高证券市场的有效性的根本问题，并且建立上市公司强制性信息披露制度；公开信息披露制度是建立有效资本市场的基础，资本市场有效性得以不断提高的起点。

有效市场假说不仅具有理论上的意义，在具体的证券投资操作也具有实践意义。

第一，有效市场与技术分析的关系。如果市场未达到弱式下的有效，则当前的价格未完全反映历史价格信息，那么未来的价格变化将进一步对过去的价格信息作出反应。如果市场是弱式有效的，则过去的历史价格信息已完全反映在当前的价格中，未来的价格变化将与当前及历史价格无关，这时使用技术分析和图表分析当前及历史价格对未来作出预测将是徒劳的。如果不运用进一步的价格序列以外的信息，明天价格最好的预测值将是今天的价格。因此在弱式有效市场中，技术分析将失效。

第二，有效市场与基本分析的关系。如果市场未达到半强式有效，公开信息未被当前价格完全反映，分析公开资料寻找误定价格将能增加收益。如果市场半强式有效，那么仅仅以公开资料为基础的分析将不能提供任何帮助，其变化纯粹依赖于明天新的公开信息。

第三，有效市场和证券组合管理的关系。如果市场是强式有效的，人们获取内部资料并按照它行动，这时任何新信息将迅速在市场中得到反映。对于证券组合理论来说是假设证券市场是充分有效的，所有市场参与者都能同等地得到充分的投资信息，因此投资者一般指数化的方式进行投资。

（四）关于市场完全性和随机性

传统金融理论假设金融市场是完全的而且市场交易也是随机的。市场的完全性体现在一旦市场上出现了关于某一证券基本价值的消息时，证券的价格就应做出迅速而且正确的反应，以体现这一消息。相应的，没有关于证券的基本价值消息时，证券的价格应该保持不变。在风险中性的假定下，市场交易可简化为随机游走假说，即投资者不可能通过股票过去的收益对未来的走势进行预测。

经济学家采用序列相关系数对市场进行检验，考察股票当前的收益与未来几期收益之间的相关关系。结果表明，绝大多数股票自身的相关系数显著不为零。这就表明，无论相关系数为正还是为负，市场交易的随机假说都不成立，投资者可以利用股票的价格对未来作出预测。行为金融理论认为金融市场是非完全市场，市场的交易也不只是随机的，而是取决于个体和群体行为的表现。作为市场的投资主体，投资者的心态、心理以及行为决定了投资对象的交易价格。现实市场中的投资者形成投资理念，对证券进行评估，随后进行交易。投资者的心态理论可以为证券的价格和收益的变化提出比较明确的预测。

二、异常现象的表现

按照有效市场和货币时间价值理论股票价格应等于预期未来各期发放红利的贴现值之和，股票价格的决定因素是预期的各期红利，换句话说只有当影响投资者对红利预期的新信息出现时，股价才会变化，但证券市场的大量实际情况证明在预期红利没有变化时证券价格也会发生大量变化，这就是证券市场的异常现象。

（一）日期异常

日期现象是指证券市场上与日期相联系的非正常收益，主要包括一月现象、周末现象等，分别指证券市场上与月份、周有关的非正常收益。

1. 一月现象

研究发现股价指数 1 月份的收益率明显高于其他 11 个月的收益率。对于一月现象的解释最主要的有减税卖出假说和橱窗现象假说：减税卖出假说认为，人们会在年底抛售下跌的股票，抵消当年其他股票资产增值，以达到少缴税收的目的。而年关过后，人们又重新买回这些股票。这种集体买卖行为导致了年终股市的下跌而次年一月股市的上扬。橱窗现象假说认为机构投资者希望卖出亏损股票买入赢利股票以装点年终报表，这种买卖在年底对于赢利股票产生正向价格压力而对于亏损股票产生反向压力，当年终机构投资者的卖出行为停止时，前一年度被打压的亏损股票在一月将产生巨大反弹，导致较大的正收益的产生。其他解释还包括代际馈赠说、购买压力说、避税退休计划说等。

2. 周一现象

不但股票市场的投资收益率存在月度收益率异常现象，在日收益率上也存在异常现象。研究表明，股票市场的周一的平均回报率比其他交易日要低得多，我们称之为“周一效应”。

表 11－1　　美国、日本股票市场 1953～1983 年间平均日投资收益率比较

国家	时间	周一	周二	周三	周四	周五	周六
美国	1953～1977	－0.17%	0.02%	0.10%	0.04%	0.09%	
日本	1970～1983	－0.01%	－0.06%	0.12%	0.03%	0.06%	0.10%

不过，有趣的是，可能由于大家都知道周一效应的存在，纷纷进行套利，经过长时间的交易，投资者的套利行为将导致股票市场的周一效应逐渐消失。统计一周中没有信息的交易日，发现周五取得较高的平均收益而周一较低。对于周一现象两个最典型的解释包括日历时间假说和交易时间假说。

（二）规模异常

按照标准金融学的理解规模大的公司竞争力更强，应该能给其投资者带来更多的投资回报，根据统计数据分析可知小公司股票给投资者带来的投资回报高于大规模公司股票给投资者带来的投资回报，人们把这种现象称为规模异常现象。研究发现了公司规模最小的普通股票的平均收益率要比根据 CAPM 模型预测的理论收益率高出近 10%。市盈率与收益率的反向关系对 EMH 形成严峻的挑战，因为这时已知的信息对于收益率有明显的预测作用。

（三）新股上市异常

新股是指首次公开发行出售的股份，可以分为首次公开发行并上市（IPO）和增发上市两种情况。新股上市异常是指在相当长的时间内新股价格的变动普遍表现出与其他股票价格变动不同的现象。

新股上市异常主要表现在两个方面，一方面是指首次公开发行股票的定价比较低，另一方面是指新股上市后，股价往往定价过高进而导致在相当长的时间里股价表现较差。

（四）过度反应和反应不足

过度反应是指投资者对最近的价格变化赋予过多的权重，对近期趋势的外推导致与长期平均值的不一致。反应不足是指证券价格对影响公司价值的基本面消息没有做出充分的、及时的反应。

1. 过度反应和反应不足表现

对于过度反应，是由于人们过于重视新的信息而忽略老的信息，使得在市场上升时变得过于乐观而在市场下降时变得过于悲观。

反应不足在证券价格的变动上表现为当影响价格的消息到来后，证券价格会在最初价格反应的基础上，没有调整到其应有的水平，或者需要很长的时间才调整到其应有的水平。在这个价格调整过程中投资者可以通过在利好消息时买入证券和在利空消息时卖空证券来获得超额收益，这显然违背了有效市场的半强态有效，即不可能通过对公开信息的分析获得超额收益。

2. 过度反应和反应不足的解释

代表性启发和保守主义是造成这一现象的重要心理因素。人们进行投资决策时，代表性启发法使投资者过分重视近期数据的变化模式，而对产生这些数据的总体特征重视不够，而且代表性启发法使人们太过于使用小样本的形式进行推断，于是可能造成人们对某种类型信息过度反应。一般说来，人们会对很容易处理的信息做出过度的反应，而对难以获取或处理成本高的信息反应不足。

过度自信和自我归因（serf - contribution）偏差是导致这一现象的另一个重要的心理和行为因素。过度自信导致投资者夸大自己对股票价值判断的准确性；自我归因偏差则使他们低估关于股票价值的公开信息。再有，投资者对信息处理的方式不一样，也可能导致这一现象。

（五）公告效应

公告效应是指上市公司发布的收购公告，往往导致收购双方股价异常波动的现象。一般来说当收购的公告发布以后，收购双方的股价会出现较为明显的分化走势。具体表现如下：

（1）收购方的股价会下跌。

（2）被收购方的股价会上涨。

（3）收购双方的整体市场价值会有下降。

出现上面股价变化的原因一般被认为收购方向被收购方支付的对价过多，并且收购后难以保证公司很快整合，短期内公司利润会下降，还被人们认为收购决策是由具有强烈自信心的个人而不是由集体作出的，即自大假说。

（六）封闭式基金之谜

研究发现，封闭式基金单位份额交易的价格不等于其净资产现值，虽然有时候基金份额与资产净值比较是溢价交易，但实证表明，折价 10% 至 20% 已经成为一种普遍的现象。这种与有效市场假设相矛盾的价格表现就是所谓的封闭式基金之谜（Closed - end mutual fund puzzle）。

1. 封闭式基金折溢价的特征

（1）封闭式基金溢价发行。

（2）封闭式基金折价交易：封闭式基金交易价格从交易开始之后就会下降，其交易时折价超过 10%，并且通常就一直保持折价交易。

（3）封闭式基金折价率大幅波动：封闭式基金折价交易的程度随着时间的变化而波动。

（4）封闭式基金折价缩小：当宣布封闭式基金清算或者转为开放式基金时，基金价格会显著上升，折价变小，但直到最终清算或转为开放式基金之前，仍会有小部分的折价留存下来。

2. 封闭式基金之谜的行为金融解释

行为金融学学者认为，基金折价率的变化反映的是个人投资者情绪的变化，由此认为具有相同投资者结构的投资品种，将会受到类似的投资者情绪的影响。

（1）封闭式基金发行上市时，由于认知偏差的存在，噪音交易者对封闭式基金会非常乐观，这种乐观的程度远远超出了对基金未来业绩的理性预期，从而导致基金的过度交易，使基金的交易价格高于其资产净值，产生溢价。

（2）封闭式基金折价水平随投资者对基金未来收益水平预期的情绪波动而波动。

（七）指数效应

指数效应是指股票入选股票指数的成分股后带来股票收益率的异常提高的现象。

对于一个证券市场而言，每年都有一些股票从指数中撤出，通常都是因为这些公司被接管。然后交易所一般会用其他的股票取而代之，这在很大程度上是为了达到维持指数的代表性这一目标。入选这一指数是一件有趣且值得研究的事情，因为这不太可能传递其他公司的相关信息，但在实质上影响了对股票的购买。在美国证券市场，公司入选标准普尔指数会给股票带来超额收益。

（八）股票溢价之谜

股票溢价是指股票相对债券所高出的那部分资产收益。所谓的“谜”是指理论模型在定量分析中难以解释现实中如此高的股票溢价，即理论模型的数值模拟和实际经济数据间存在着难以解释的差距。

1. 股票溢价之谜的表象股票溢价发生在美国、英国、日本、德国、瑞典和澳大利亚等发达国家，以及印度等新兴国家的证券市场均存在显著的股票溢价，由此可见高股票溢价的普遍性（见表 11－2、表 11－3）。

表 11－2　　　1802～2005 年美国证券市场收益

时间	市场指数平均收益率	无风险证券平均收益率	风险溢价
1802～2004 年	8.38%	3.02%	5.36%
1871～2005 年	8.32%	2.68%	5.64%
1889～2005 年	7.67%	1.31%	6.36%
1926～2004 年	9.27%	0.64%	8.63%

表 11－3　　　英国、日本、德国和法国证券市场收益

国家	时间	市场指数平均收益率	无风险证券平均收益率	风险溢价
英国	1900～2005 年	7.4%	1.3%	6.1%
日本	1900～2005 年	9.3%	-0.5%	9.8%
德国	1900～2005 年	8.2%	-0.9%	9.1%
瑞典	1900～2005 年	10.1%	2.1%	8.0%
澳大利亚	1900～2005 年	9.2%	0.7%	8.5%
印度	1991～2004 年	12.6%	1.3%	11.3%

2. 股票溢价之谜的解释

为什么股票的收益率会高于无风险证券的收益率呢？

通常的解释是，股票相对于无风险证券承担了更多的风险，由于风险溢酬的存在，股票应该获得更高的收益率。短期股票市场回报率存在的风险很大，因此股票必须提供更高的回报率来吸引投资者。但股票短期风险并不能对股票溢价做出完整的解释，在长时期内，实际上是固定收入的长期债券，而不是股票拥有更高的风险，因为消费价格指数尽管每月变动很小，但在长时间间隔里是变化很大的，因而具有很大的购买力风险。

在有效市场条件下是不会出现上述这些股票收益的规律的，原因是投资者可以利用这些规律进行套利活动，赢得超额回报。如果所有的投资者都这样做，则会使所有的投资者只获得平均回报，由此根除各种异象。而大量研究表明这些异象在世界许多国家普遍存在。

模块三

行为金融投资策略

任务描述

了解基本分析和技术分析方法的作用；理解基本分析和技术分析方法的局限性；掌握行为金融学的证券投资策略的具体内容。

业务描述

向普通投资者推荐几种实用的行为金融学证券投资方法，并分析其心理学的意义。

一、基本分析与技术分析的心理基础

（一）个人与市场群体的博弈

在一个大多数市场参与者都是非理性或者是有限理性的资本市场中，怎样才能战胜市场？在金融市场上，价值投资理念是以公司内在价值为依据的，假定股票价格会在公司内在价值上实现均衡，是一种理性思考的投资策略；技术分析更多地考虑市场买卖双方投资者的博弈心理、行为与力量，从而判断股票价格可能的趋势与均衡，是一种基于群体博弈、特别是买卖双方博弈的可能结果而采取相应的投资策略。

实验结果对金融市场投资的启示是：完全的理性人和完全的盲从者都可能在市场博弈中失败。只有这种情况才能取得成功，即：既要知道股票的客观均衡值即公司的内在价值是多少，也要知道市场上参与者的理性只有有限的几步，所以也有通过技术分析判断市场上投资者的心理、价值取向和判断以及买卖双方的博弈力量，从而在一定程度上采取顺势而为的策

略。在投资策略上则表现为价值投资理念和技术分析的结合。

（二）技术分析方法的意义与局限

1. 技术分析方法的意义

技术分析是以统计学为技术基础，通过图表或技术指标的记录，研究市场过去和现在的行为反应，以推测未来价格的变动趋势。它包括指标技术分析和形态技术分析，但无论是指标技术分析还是形态技术分析，其目的都是预测市场未来发展趋势，同时表明这种趋势处于哪个阶段。技术分析的具体方法包括：K 线图表、道氏理论、趋势理论、反转形态、持续形态、移动平均线、波浪理论、成交量理论等等。

技术分析是指以市场行为为研究对象，以判断市场趋势并跟随趋势的周期性变化来进行股票及一切金融衍生物交易决策的方法的总和。技术分析法从股票的成交量、价格、达到这些价格和成交量所用的时间、价格波动的空间几个方面进行股票趋势分析并预测未来。技术分析的基本观点是：影响股票价格和交易量的种种因素中，除了决定公司价值的基本因素以外，还包括股票市场上的投资者对未来的希望、担心、恐惧等心理因素，并集中反映在股票的价格和交易量上。

技术分析更多地考虑市场买卖双方投资者的博弈心理、行为与力量，从而判断股票价格可能的趋势与均衡，是一种基于群体博弈、特别是买卖双方博弈的可能结果而采取相应的投资策略。技术分析实际是对市场上各种不同类型的投资者（理性、有限理性和非理性等）表现的综合力量博弈状况进行的分析。

按技术图形最重要的意义在于为投资者提供了投资操作的规则，使投资者在作决策时排除情绪的影响，通过寻找交易价格的底部信号和顶部信号，形成一个买入和卖出的不带任何情绪的操作法则。技术图形使投资者判断出什么时候有人开始买进某个股票，而不必知道为什么会发生，投资者只需要关注哪些股票会涨和哪些股票会跌。

2. 技术分析方法的局限性

人们在进行技术分析时典型地运用了启发法，于是不可避免地可能犯启发式认知偏差，特别是代表性偏差。由于市场的复杂性，股票价格的变动受到许多因素的影响，价格预测是一项很艰巨的任务，于是人们找到了一个将复杂问题简单化的方法。技术分析实质是一种代表性启发法，即人们试图用过去熟悉的模式来对不确定的未来做出判断，不考虑这种模式产生的客观信息基础，或这种模式重复的可能性。这种代表性启发策略的运用可以使价格预测这个复杂的问题变得比较简单，但其预测结果可能是正确的也可能是错误的。

（三）基本分析方法的意义与局限性

1. 基本分析法的意义

基本分析法是以长期投资为目标的投资分析工具，从内在价值入手，注重公司的内在潜力与长期发展前景。影响股票价值的因素主要有：经济环境、各经济部门及各行业的状况、企业的经营状况等。基本分析法就是利用丰富的统计资料，运用多种多样的经济指标，采用各种分析工具与方法，研究宏观经济环境、中观的行业兴衰、区域分析以及微观企业的经营现状与前景等，对企业价值做出客观的评价，并预测其未来的变化，作为投资者投资决策的依据。具体而言，投资者运用基本分析法确定股票价值，就是估算从未来该股票获得的所有现金流的现值和折现值，投资者必须考察公司的利润表、资产负债表和投资规划，估算出公司的销售收入、营运成本、公司所得税率、会计折旧政策以及公司经营和发展所需资本的来源于成本；并且走访公司管理团队，做出评价，从而获得大量的公司信息；再结合公司所处行业的发展前景和宏观经济、政治、社会环境等，获取公司未来发展机遇的信息。最终得出了公司盈利的预期增长率、预期股利支付率、市场预期利率水平和风险水平，再利用现金流贴现模型从而得出公司的基本价值。

2. 基本分析方法的局限性

基本分析中人们最容易犯的认知错误是框定依赖偏差。上市公司具有其固有的内在价值，但不同的估算方式会让投资者得出不同的结论，不同的人对同样信息的理解也各不相同，因而不可避免地出现不同程度的估值偏差。人们试图透过复杂的表现形式认清上市公司的本质，并对其做出准确的估算，但往往会不自主地受到表面现象的干扰，特别是当上市公司为了掩盖自身经营中存在的问题时，往往会进行一些"框定诱导"，即运用错综复杂的业务结构、频繁的购并活动、和令人眼花缭乱的财务表现，来误导投资者对公司的判断，这种情况下，投资者要对公司的真实基本面做出正确的判断是非常困难的。

克服框定依赖偏差的办法，第一是深入的调查和分析，透过现象、特别是错综复杂的表象去认清公司价值的本质，这需要投资者足够的知识、智慧和投入的时间和精力；第二则是避免投资那些过于复杂和新颖的公司，那些公司即使没有在形式上进行框定诱导，也会因为经营活动过程过于复杂、业务过于超前、收购兼并活动过于频繁、扩张和业务发展过于快速等等原因，令企业经理人自身也难于驾驭和把握，其自身的认知不足也足以出现财务决策失误而导致公司价值的损害，为避免因此而带来的投资损失，最好的办法就是不去投资它。但要做到这一点需要投资者足够的判断力和控制力，因为这样的公司往往会以一种光辉灿烂的前景诱惑投资者的参与，而且代理问题（agency problem）的存在，也会促使机构投资者倾向于用魅力股的故事去打动他们的客户。

二、基于行为金融学的证券投资策略

市场上投资者的非理性造成的行为偏差导致了证券价格的偏离，合理利用这一偏差将能给投资者带来风险调整后的超额收益，这就构成了行为金融学投资策略的理论基础。人类的心理决策特征是在长期演化过程中逐渐形成的了，是稳定的和跨文化的。相应的，行为金融投资理念的投资策略也具有相当的持久性。目前金融市场中比较常见且相对成熟的行为金融投资策略包括反向投资策略、动量交易策略、成本平均策略和时间分散化策略。

（一）反向投资策略

反向投资策略是指对于反应过度和反应不足而言，投资者应该买进过去表现差的股票而卖出过去表现好的股票从而进行套利的投资方法，即"追跌杀涨"的策略。由于行为金融理论者认为，投资者在实际投资决策过程中，对股票近期的表现比较关注从而导致对业绩差的公司股价的过分低估和对业绩较好的公司的股价过分高估，这就为投资者利用反向投资策略套利提供了机会。反向投资策略要求投资者应该密切关注证券市场中的股票价格，并把它与股票的价值进行比较，寻找远离价值的股票，构建投资组合，在股票价值回归时获利。在实际的股票交易中，投资者可以选择低市盈率、低市净率历史、收益率低的股票，这样在股票未来价值回归中，投资者就有较大的获利空间。

实践证明：利用反向投资策略选出的投资组合，牛市有较强的盈利能力，而熊市中又有较强的抗跌能力，反向策略的超额获利能力是令人兴奋的。从学术的角度讲，它的存在已经开始动摇现代金融理论的基石—有效市场理论，反向投资策略具体可分为收益型反向投资策略和价格反向投资策略。

收益型反向投资策略是投资收益型的股票证券，B/M（账面价值与市场价值比率）、E/P（收益价格比）、U/P（现金流价格比）比率较高的股票以及 G/S（销售增长率）较低的证券被认为是收益型的，反之则被认为是成长型的证券。收益型策略要求购买那些价格相对收益、股利、现金流、历史价格、账面价值或其他价值测度而言价格较低的证券，并持有较长的时间。价格反向投资策略是指投资现在因价格较高而不被大众投资者看好．而未来具有较高成长性的证券的策略。

（二）动量交易策略

动量交易策略也称相对强度交易策略，该策略认为，如果某个股票在前一段时间内有较好的涨幅，那么在下一段时间内仍将会有良好的表现。因此，股票交易中动量交易策略是买进前期表现较好的证券，卖出前期表现较差的证券，即“追涨杀跌”的策略。动量投资策略要求在分析股票短期（一般指 1 个月至 1 年之间）的表现时，事先对股票收益率和交易量设定“筛选条件”，只有当条件满足时才买入或卖出股票。该投资策略起源于对股票中期收益延续性的研究，它的提出源于投资者的反应不足和保守性心理。

1992 年，Ritte 等学者研究发现，在一段较长的时间内，表现差的股票在其后的一段时间内有强烈的趋势经历相当大的逆转，而在给定的一段时间内，最佳股票则倾向于在其后的时间内出现差的表现，这就是反转效应。在实际的动量交易策略运用中，应该特别关注特定市场中的动量持续时间周期和规律，以便在这段时间中投资者普遍反应不足中买入强势股票、卖出弱势股票从而进行获利交易。

动量交易策略的超额收益在一定程度上证明了股票价格并非随机游走的，而是由于投资者对信息的非理性反应而有向同一方向持续变化的惯性。

对于动量交易为什么能够获利的问题上有着许多不同的解释：

（1）由于股票价格对信息反应不足，从而导致了股票价格的趋势能够延续一段时间。

（2）当股票收益的增长超过预期，或者当投资者一致预测股票未来收益会出现增长时，股票的收益会趋于升高，即收益是由于股票基本价值的变动带来的。

（3）动量投资策略的超额收益来源于风险溢价。

（三）成本平均策略和时间分散化策略

成本平均策略又称为币值成本平均策略（DCA），要求按定期的时间段（对许多投资者而言是一个月），无论市场价格如何变化，均投资固定数量的资金。

时间分散化策略是指承担投资股票风险的能力可能会随着投资期限的延长而降低，建议投资者在年轻时让股票占其资产组合较大的比例，而随着年龄的增长将这种比例逐渐减少而逐渐增加债券投资比例的投资策略。

具体的时间分散化投资策略可概括为两种：

（1）根据投资者自身不同阶段选择不同投资方式的比重。

（2）根据持有资产的时间以及对应的风险选择不同的投资策略，如短期选择债券、长期选择股票。

在运用成本平均策略时，应该制定好分批投资的价格规定，而且需要有一定的资金留存比例，这样就能在市场的波动中选择恰当的时机分配资金，降低投资成本。在运用时间分散化策略时，应该注意股票的真实价值，并且计划好股票买卖的频繁程度，通过时间分散化回避基本风险。成本平均策略和时间分散化策略有很多相似之处，都是在个人投资者和机构投资者中普遍采用并广受欢迎的投资策略，同时却又都被认为是收益较差的投资策略，与传统主流金融理论的预期效用最大化原则明显相悖。

由此可见，在执行投资计划时，由于受到认知错误的影响，投资者的自我控制是非常重要的。成本平均策略的规则有助于弥补投资者自我控制的不足，使投资者在股市前景不看好时仍然坚持买进股票，有利于投资计划的顺利完成。投资者将资金在储蓄和消费上进行分配时也经常面临着消费的诱惑，因此在执行一个储蓄计划时，制订规则是非常有用的。从短期的观点来看只考虑现在的消费，但是从长远来看不仅要考虑现在的消费还要考虑为将来进行储蓄，一些规则比如只消费红利不动用资本有助于投资者做到自我控制。不要动用资本就是投资者用于约束自己消费的一个规则。

综上所述，可以利用期望理论、后悔厌恶、认知错误和自我控制四个行为金融学概念分析成本平均策略。根据期望理论对财富在不同资产形式之间进行转换的决策进行分析后发现，使用成本平均策略进行资产转换比整体转换对投资者来说更有吸引力。投资者对自豪和后悔的考虑也会影响到财富在不同资产形式之间的转换。易受认知错误的影响，尤其是投资者常常外推股价的近期趋势这一倾向，解释了当股价经过一段时间的下跌后投资者难以继续坚持成本平均策略的原因。同时，有必要制订规则以协助投资者的自我控制，也解释了成本平均策略的非有序性本质。值得注意的是，Statman 等人的研究重心是投资者的行为，而不是证券的价格，但是成本平均策略的使用对证券的定价也有重要影响。即使在缺乏消息的情况下，投资的流动也会影响价格，这一点学术界已经达成共识。如 Warther 的研究成果就揭示了现金流在共同基金中的流进和流出与共同基金持有的股票的收益之间存在密切的联系。使用成本平均策略的投资者与其他投资者相比，更有可能在股价经过一段时间的持续下跌后仍然继续买进股票，同时也更不可能在股价经过一段时间的持续上涨后加速买进股票。因此，预测使用成本平均策略的投资者数量的增加将有助于减少股价的波动。

（四）价值平均策略

价值平均策略（VA）是一种更具弹性的公式化投资策略，通过集中精力于事先确定的价值增长，要求投资者秉承价值平均理念，在股票价格低时多购买股票，在股票价格高时多卖出股票。

价值平均投资策略有两个主要特点：

（1）平均投资策略的平均买入价格小于等于各期价格的平均数。

（2）该投资策略与投资者原有投资结构有关。

价值平均策略与币值成本平均策略的重要不同在于：股价的大幅上涨导致的是股票的卖出而不是买入，而币值成本平均策略最多只能在股价较高时较少地买入股票。如果价格上升得足够多，价值平均策略规则所要求的一个月的价值增长，可以单由组合价值的增长所满足，这种情况下投资者不需要再进行额外的投资。而当股价特别低时，价值平均策略不仅如币值成本平均策略那样“逢低买入”，而且会买入得格外多。当然，“低”是相对于前期价格而言，并不能保证这个所谓的低价有任何绝对意义，或是相对未来价格的低价。

由于具有加速买入和有机会就卖出的投资特点，价值投资策略在短期和中期投资时段内给投资者更多提高收益率的机会，同时相对于币值成本平均策略并未增加下跌风险。较长的时间段，投资者所使用的策略在其投资总回报中起到的作用就比较小了，即使是使用价值平均策略，坏的年景仍然是坏的年景，投资者所选择的投资品种比投资者所运用的策略要重要得多，最好在非常多样化的投资上运用价值平均策略。如投资范围很广的共同基金，特别是指数基金。

（五）利用行为偏差策略

行为金融学认为市场是非有效或不完全有效的，这是由于投资者受经验法则的牵引和情绪因素的影响，进而做出的错误投资决策，这会导致证券的市场价格与理论价格发生偏差。通过发现这些偏差，买入低估的股票，卖出高估的股票，可以获得超额的收益。

例如，根据行为金融学的理论，市场中的投资主体可能会对市场中的信息反应迟缓，在利好消息造成某种证券价格上涨后，这种上涨的趋势就有可能会持续一定的时间。因此，买入价格开始上涨的证券，卖出价格开始下跌的证券的惯性交易策略就成为基金经理可以选择的投资策略。惯性交易策略是首先对股票收益和交易量设定过滤准则，当股市收益和交易量满足过滤准则就买入或卖出股票的投资策略。

（六）投资组合策略

行为金融学认为，证券市场并不是有效的（一般指半强势有效）。这就意味着传统的证券组合投资理论中“在有效市场中，投资者不可能获得与其所承担风险不对称的额外收益”的提法在实践中是不成立的，也就是说，通过选择合适的组合投资策略，投资者将可能获得额外收益。

（七）购买并持有策略

个人或者机构投资于股票应执行几种能帮助控制认识错误和心理障碍的安全措施。控制这些心理障碍的关键方法是所有类型的投资者都要实施一种严格的交易策略—“购买并持有”策略。投资者在为组合购入一只股票时应详细记录购买理由，而且要指定一定的标准以利于进行投资决策。长期采取“购买并持有”策略，通常业绩将超过高周转率的短期交易策略。

（八）捕捉并集中投资策略

行为金融理论下的投资者应该追求的是努力超越市场，采取有别于传统型投资者的投资策略从而获取超额收益。要达到这一目的，投资者可以通过三种途径来实现：

一是尽力获取相对于市场来说超前的信息优势，尤其是未公开的信息；二是选择利用较其他投资者更加有效的模型来处理信息，而这些模型也并非是越复杂就越好，关键是实用和有效；三是利用其他投资者的认知偏差等心理特点来实施成本集中策略。一般的投资者受传统投资理念的影响，注重投资选择的多样化和时间的间隔化来分散风险，从而导致收益随着风险的分散而降低。而行为金融投资者则在捕捉到市场价格被错误定价的股票后，率先集中资金进行集中投资，赢取更大的收益。

项目总结

操作要点

对于人类在不确定性条件下的决策过程，是无法用标准的语言和数据来说明的，将采用心理学实验的方式，让学生从亲身决策的角度来了解人类决策中偏离于标准金融学理论假设前提下的心理和行为偏差。

知识要点

行为金融学是以心理学、行为学为基础的学科。心理学家们发现在面临不确定条件时人们会表现出损失回避、心理账户、过度自信、归因偏差、代表性偏误、过度反应、反应不足、羊群效应、处置效应等心理现象。同时，学者们也发现日期异常、规模异常、新股上市异常、过度反应和反应不足、公告效应、封闭式基金之谜、指数效应、股票溢价之谜等证券市场异常现象。

行为金融学的投资策略是利用大众投资者的非理性造成的行为偏差，采用适合的操作策略从而带来超额收益。相对成熟的行为金融投资策略主要包括反向投资策略、动量交易策略、成本平均策略和时间分散化策略。

问题讨论

1. 我国股票市场有哪些典型的异象？描述一个你知道的证券市场异象，为什么会出现？谈谈自己的观点。

2. 行为金融与标准金融的具体差异表现在哪些方面？

3. 传统经济学中理性人的假设是什么？行为金融学如何对其进行了修正？

4. 请举例说明人类心理和行为会对证券价格的影响。

推荐阅读

1. 陆剑清，《行为金融学》，立信会计出版社，2009 年版。

2. 朱宪辰，《人类行为的法则：学习行为实验经济学研究》，浙江大学出版社，2009 年版。

3. 董志勇，《行为金融学》，北京大学出版社，2009 年版。

做一做

一、选择题

1. 有限理性的决策标准是（　　）。

A. 最优　　B. 效用最大化

C. 满意　　D. 风险最小

2. 现代标准金融学理论产生的标志是（　　）。

A. Markowitz 资产组合理论　　B. 套利定价理论

C. 资本资产定价模型　　D. 有效市场假说

3. 根据性别，过度自信，频繁交易和所承担的投资风险之间的关系，（　　）投资者承担的投资风险可能最大。

A. 单身女性　　B. 已婚女性

C. 单身男性　　D. 已婚男性

4. 过度自信通常不会导致人们（　　）。

A. 高估自己的知识　　B. 低估风险

C. 对预测有效性的变化敏感　　D. 夸大自己控制事情的能力

5. 对信息反应不足一定程度上可以用来解释（　　）。

A. 价格翻转现象　　B. 收益序列正相关

C. 信息不足　　D. 信息瀑布

6. “市场总是被高估或低估，因为人们总是贪婪和恐惧”，人的这种非理性由下列那种因素主导（　　）。

A. 人的本能　　B. 生理能力的限制

C. 环境因素　　D. 心理因素

7. 反应过度可以用来解释（　　）现象。

A. 收益率序列正相关　　B. 价格翻转

C. 动量　　D. 价格升降通道

8. 根据性别，过度自信与频繁交易之间的关系，可以推测下列投资者频繁交易程度由高到低的可能排序（　　）。

A. 单身男性——单身女性——已婚男性——已婚女性

B. 单身男性——已婚男性——单身女性——已婚女性

C. 单身男性——已婚男性——已婚女性——单身女性

D. 已婚女性——单身女性——单身男性——已婚男性

9. 1985 年，Shefrin 和 Statman 发现在股票市场上投资者往往对亏损股票存在较强的惜售心理，即继续持有亏损股票，不愿意实现损失，而愿意较早卖出股票以锁定利润，这种现象称为（　　）。

A. 损失厌恶　　B. 反应不足

C. 处置效应　　D. 反应过度

10. 卡尼曼（Kahneman）和特维尔斯基（Tversky）在实验中发现，人们对待收益和损失的态度非常不一样。当遭受损失时，人们往往有进一步冒险的心理偏好，而当人们获得收益时，则会有较强的风险规避心态。这种心理叫做（　　）。

A. 过度自信　　B. 损失厌恶

C. 代表性偏误　　D. 归因偏差

二、判断题

1. 无套利是均衡条件的推论，如果市场达到均衡，那么一定没有套利机会存在。（　　）

2. 损失厌恶反映了人们的风险偏好并不是一致的，当涉及的是收益时，人们表现为风险偏好；当涉及的是损失时，人们则表现为风险厌恶。（　　）

3. 现代标准金融学承袭了“经济人”的基本分析假定，提出了有效市场假说，建立了现代标准金融学完整的理论体系。（　　）

4. 凯恩斯是最早强调心理预期在投资决策中作用的经济学家。（　　）

5. 理性人假设认为，人是理性的且具有理性预期，但对未来的认知可能会存在一定的偏差。（　　）

6. 对投资的评估频率越高，发现损失的概率越高，就越可能受到损失厌恶的侵袭。（　　）

7. 拇指法则是一种启发式判断法。（　　）

8. Kendall 与 Roberts 等人发现股票价格序列类似于随机漫步，他们最终把这些理论形式化为有效市场假说。（　　）

9. 20 世纪 20 年代至 40 年代，资本市场分析基本上由两大派所主宰：基本分析派与数量分析派。（　　）

10. 锚定与调正启发法倾向于低估复杂系统成功的概率和高估其失败的概率。（　　）

三、简述题

1. 有效市场假说有哪些缺陷？

2. 描述人们对他们所面对的选择的得失进行评价的三类账户。

3. 简述封闭式基金的价格波动的特征？

4. 为什么过长的牛市可能会引起赌场资金效应？

项目十二

证券组合（基金）评价

知识学习目标：

理解证券组合（基金）评价的定义和意义，了解证券组合（基金）评价的三个角度和证券组合（基金）评价的程序；掌握证券组合（基金）评价的因素和绩效衡量的方法；熟练掌握基金评级的应用。

技能训练目标：

能够区分不同评价机构的评级意义，根据评级情况选择两只稳健型基金。

案例导入

不同基金评级机构对同一只基金评级结果的差异

图 12－1 是晨星评级、海通证券、银河证券、上海证券、招商证券、济安金信和天相投顾等评价机构对部分股票基金的评级结果，通过观察我们可以发现，不同评级机构对同一只基金评级结果可能不一样，例如对景顺长城优选基金来说，晨星评级银河证券和招商证券等评级机构给予五星级评级，海通证券和上海证券给予四星级评级，天相投顾给予三A（相当于三星）级评级。是什么原因导致评级结果不一样，在使用评级结果时应该注意什么？

代码	基金简称	晨星评级（三年）	海通证券评级	银河证券评级	上海证券评级	招商证券评级	济安金信评级	天相投顾评级
040025	华安科技动力	★★★★★	--	--	--	--	★★★★★	--
070013	嘉实研究精选	★★★★★	★★★★★	★★★★★	★★★★★	★★★★	★★★★★	AAAA
070027	嘉实周期优选	★★★★★	--	--	--	--	★★★★	--
090015	大成内需增长	★★★★★	★★★★	★★★★★	★★★★★	--	★★★★★	AAAA
160505	博时主题行业	★★★★★	★★★★★	★★★★★	★★★★★	★★★	★★★★★	AAAAA
163406	兴全合润分级股票	★★★★★	★★★★★	★★★★★	★★★★★	★★★★★	★★★★★	AAAAA
163409	兴全绿色投资	★★★★★	★★★★★	★★★★★	★★★★★	--	★★★★★	AAAAA
165508	信诚深度价值LOF	★★★★★	★★★★★	★★★★★	★★★★★	★★★★★	★★★★★	AAAAA
165512	信诚新机遇LOF	★★★★★	★★★★★	★★★★★	--	--	★★★★	--
166009	中欧新动力	★★★★★	★★★★★	★★★★★	★★★★	--	★★★★★	AAAA
213008	宝盈资源优选	★★★★★	★★★★★	★★★★★	★★★★★	★★★★★	★★★★★	AAAA
217010	招商大盘蓝筹	★★★★★	★★★★★	★★★★★	★★★★★	★★★	★★★★★	AAA
240017	华宝新兴产业	★★★★★	★★★★★	★★★★★	★★★★	--	★★★★★	AAA
257040	国联安红利	★★★★★	★★★★	★★★★★	★★★★	★★★★	★★★★	AAA
260101	景顺长城优选	★★★★★	★★★★	★★★★★	★★★★	★★★★★	★★★★	AAA
260116	景顺长城核心竞争力	★★★★★	--	--	--	--	★★★★★	--
270025	广发行业领先	★★★★★	★★★★★	★★★★★	★★★★★	--	★★★★★	AAAAA
290008	泰信发展主题	★★★★★	★★★★	★★★★★	★★★★★	--	★★★★	AAAAA
320012	诺安主题精选	★★★★★	★★★★★	★★★★★	★★★★★	--	★★★★★	AAAAA
350008	天治成长精选	★★★★★	★★★★	★★★★★	--	--	★★★★	--
377530	上投摩根行业轮动	★★★★★	★★★★★	★★★★★	★★★★	★★★★★	★★★★★	AAAA

图 12－1　基金评级

资料来源：和讯网，http：//funds. hexun. com/。

模块一

证券组合（基金）绩效衡量

任务描述

掌握证券组合（基金）评价收益率计算，掌握风险调整收益衡量的方法。

业务描述

找到上年度的一只股票基金，计算其加权平均收益率，根据该基金在整个基金市场的表现提出投资建议。

一、收益率衡量

证券组合（基金）的收益率是投资者购买的最重要的参考因素，对于一般投资者来说，需要了解和掌握的证券组合（基金）收益率有两个：一个是简单收益率；另一个是时间加权收益率。

（一）简单收益率计算

证券组合（基金）简单收益率的计算不考虑分红再投资时间价值的影响，即用证券组合（基金）期末净值减去期初净值后再除以期初净值。

【例 12 - 1】 假设某基金在 2014 年 12 月 3 日的净值为 14.848 亿元，2015 年 9 月 1 日的净值为 17.886 亿元，期间基金曾经在 2015 年 2 月 28 日分红 2.75 亿元，那么这一阶段该证券组合（基金）的简单收益率则为：

简单收益率 = (17.886 + 2.75 − 14.848)/14.848 × 100% = 38.98%

（二）时间加权收益率

证券组合（基金）简单收益率由于没有考虑分红的时间价值，因此只能是一种基金收益率的近似计算。时间加权收益率由于考虑到了分红再投资，能更准确地对证券组合（基金）的真实投资表现作出衡量。

投资者投资基金产品时，要选择红利再投资的红利分配方式，才能实现时间加权收益率，时间加权收益率为：

时间加权收益率 = 〔(1 + R1)(1 + R2)…(1 + Rn) − 1〕× 100%

【例 12 - 2】 上例中，假设已知该基金在 2009 年 2 月 28 日分红后净值为 18.976 元，那么：

$R_1 = (18.976/14.848 - 1) \times 100\% = 27.8\%$

$R_2 = [17.886/(18.976 - 2.75) - 1] \times 100\% = 10.23\%$

因此，该基金在该期间的时间加权收益率为：

$R = [(1 + 27.80\%)(1 + 10.23\%) - 1] \times 100\% = 40.87\%$

可以看出，考虑分红再投资的时间加权收益率在数值上也就大于简单收益率。时间加权收益率反映了 1 元投资在不取出的情况下（分红再投资）的收益率，其计算将不受分红多少的影响，可以准确地反映证券组合（基金）管理者的真实投资表现，现已成为衡量基金收益率的标准方法。

二、风险调整收益衡量方法

（一）特雷诺指数

特雷诺指数等于考察期内证券组合（基金）的平均收益率减去平均的无风险收益率后

除以证券组合（基金）承担的系统风险，特雷诺指数给出了基金份额系统风险的超额收益率，即证券组合（基金）在承担单位系统风险时组合证券（基金）获得的额外报酬。

可以根据特雷诺指数对证券组合（基金）的绩效加以排序。特雷诺指数越大，证券组合（基金）的绩效表现越好。

（二）夏普指数

夏普指数等于证券组合（基金）的平均收益率减去平均无风险收益率后除以证券组合（基金）承担的全部风险，即证券组合（基金）在承担单位风险时组合证券（基金）获得的额外报酬。一般来说，夏普指数越大，绩效越好。

（三）詹森指数

詹森指数是由詹森在资本资产定价模型的基础上发展出的一个风险调整差异衡量指标。将管理组合的实际收益率与具有相同风险水平的市场组合的期望收益率比较，两者之差即为詹森指数。

夏普指数与特雷诺指数给出的是单位风险的超额收益率，而詹森指数给出的是差异收益率。夏普指数考虑的是总风险，而特雷诺指数考虑的是市场风险。一般而言，当证券组合（基金）完全分散投资或高度分散，用夏普比率和特雷诺比率所进行的业绩排序是一致的。但当分散程度较差的组合与分散程度较好的组合进行比较时，用两个指标衡量的结果就可能不同。

模块二

证券组合（基金）评价

任务描述

本模块需要了解证券组合（基金）评价的含义和评价角度。掌握证券组合（基金）评价需要考虑的因素，熟练掌握证券组合（基金）评价原则和评价程序，尤其要掌握使用证券组合（基金）评价结果的注意事项和证券组合（基金）评价的局限性。

业务描述

本部分不要求掌握具体的证券组合（基金）评价，但要掌握证券组合（基金）评价在应用方面的知识点和操作要点。找到三家证券组合（基金）评价机构评价的同一只基金，分析一下评价结果的差异和怎样应用。如果你是一个投资顾问，请你根据现有某家机构股票基金评价结果说明你怎样为投资者提供投资建议？

一、证券组合（基金）评价概述

一般来说，一个证券投资基金就是一个证券组合，所以，所谓证券组合评价就是对基金的评价。

（一）证券组合（基金）评价定义

证券组合（基金）评价就是通过一些定量指标或定性指标，对证券组合（基金）的风险、收益、风格、成本、业绩来源以及基金管理人的投资能力进行分析与评判，其目的在于帮助投资者更好地了解投资对象的风险收益特征、业绩表现，方便投资者进行基金之间的比较与选择。

（二）证券组合（基金）评价的三个角度

1. 对单个证券组合（基金）的分析评价

对单个证券组合（基金）的分析研究通常是将其与同类基金进行比较，考察其在相同市场环境下的业绩表现。这包括对基金业绩的计算、对基金风险的评估以及对业绩表现的归因分析等。对单个基金业绩的分析和研究主要采用定量分析方法。

2. 对证券组合（基金）管理者的分析和评价

对证券组合（基金）管理者的分析和评价主要是对其投资管理能力和操作风格进行考察和评估。这在一定程度上与对该证券组合（基金）业绩的分析和评价是一致的。但由于一只历史较长的基金可能有多任证券组合（基金）管理者，因此有时仅从证券组合（基金）业绩的维度很难评判一名证券组合（基金）管理者长期和真实的资产管理能力。特别是当新基金成立时，因为没有历史业绩，很难进行相关分析，这时就需要根据证券组合（基金）管理者的过往业绩及投资风格对该证券组合（基金）的投资价值进行一定的评估。对证券组合（基金）管理者的分析评价常采用定性研究的方法，在研究中还应考虑其所在基金公司的投资文化和投资决策流程等，因为这些因素会影响证券组合（基金）管理者在基金管理中作用的发挥程度。

3. 对证券组合（基金）的管理者的分析和评价

对资产管理者分析评价会影响证券组合（基金）管理者的投资管理。事实上基金业绩除反映证券组合（基金）管理者的管理水平外，在很多方面也反映了整个公司的综合实力。随着行业竞争的激烈和投资环境的日益复杂化，仅靠证券组合（基金）管理者个人能力很难保持业绩的长期稳定，公司平台的作用日益明显。

二、证券组合（基金）评价考虑的因素

证券组合（基金）评价的基础在于假设证券组合（基金）管理者比普通投资大众具有信息优势。他们或者可以获取比一般投资者更多的私人信息，或者可以利用其独到的分析技术对公开信息加以更好的加工和利用。在这种假设的基础上，人们期望能够通过评价将具有超凡投资能力的优秀证券组合（基金）管理者鉴别出来。为了对证券组合（基金）绩效作出有效的衡量，下列因素必须加以考虑：

（一）证券组合（基金）的投资目标

证券组合（基金）的投资目标不同，其投资范围、操作策略及其所受的投资约束也就不同。例如，债券型基金与股票型基金由于投资对象不同，在证券组合（基金）评价上就不具有可比性。再例如，一位仅可以进行小型股票投资的证券组合（基金）管理者与一位仅投资于大型公司的证券组合（基金）管理者也不具有可比性。因此，在绩效比较中必须注意投资目标对证券组合（基金）评价可比性所造成的影响。

（二）证券组合（基金）的风险水平

现代投资理论表明，投资收益是由投资风险驱动的，而投资组合的风险水平深深地影响着组合的投资表现，表现较好的基金可能仅仅是由于其所承担的风险较高所致。因此，为了对不同风险水平证券组合（基金）的投资表现作出恰当的考察，必须考察该基金所获得的收益是否足以弥补其所承担的风险水平，即需要在风险调整的基础上对证券组合（基金）的绩效加以衡量。

（三）比较基准

从成熟市场看，大多数证券组合（基金）管理者人倾向专注于某一特定的投资风格，而不同投资风格的基金可能受市场周期性因素的影响而在不同阶段表现出不同的群体特征。因此，在证券组合（基金）的相对比较上，必须注意比较基准的合理选择。

（四）时期选择

在证券组合（基金）绩效比较中，计算的开始时间和所选择的计算时期不同，衡量结果也会不同。一些公司常常会挑选对自己有利的计算时期进行业绩的发布。因此，必须注意时期选择对绩效评价可能造成的偏误。

（五）证券组合（基金）的稳定性

基金操作策略的改变、资产配置比例的重新设置、经理的更换等都会影响证券组合（基金）的稳定性。因此，在实际评价中必须对这些问题加以考虑。

三、证券组合（基金）评级的意义

证券组合（基金）评价是对证券组合（基金）管理者投资能力的衡量，具体来说有以下目的。

（一）对投资者的意义

对于绝大多数的投资者而言，自身没有相关的投资知识，也无法对证券组合（基金）的优劣做出正确的判断。投资者通过对证券组合（基金）评级结果的分析为投资和进一步的投资选择提供决策依据。

（二）对投资（理财）顾问的意义

我国的商业银行、证券公司和保险公司拥有大量的投资（理财）顾问。这些投资（理财）顾问每天需要为大量的客户做理财（投资）方案。投资（理财）顾问自己没有时间对证券组合（基金）做出有效评价，但可以利用证券组合（基金）评价的结果向投资者提供有效的投资（理财）建议。

（三）对证券组合（基金）管理者的意义

对于证券组合（基金）管理者而言，最重要的事情就是增加管理的证券组合（基金）规模，增加收入。所以证券组合（基金）管理者利用证券组合（基金）业绩表现吸引投资者增加购买其发行产品，实现市场营销增量；此外，也会根据评价提供的反馈机制进行证券组合（基金）投资监控，并为改进投资操作提供帮助。

（四）对监管部门的意义

监管部门从保护投资者利益的角度出发也会对如何恰当地使用评价指标进行规范。所有这些方面都依赖于对证券组合（基金）评价的正确以及对该结果的恰当利用。不言而喻，不正确的评价结果以及对评价结果的不恰当运用可能会带来不利甚至灾难性的后果。

四、证券组合（基金）评价原则

为规范证券组合（基金）评价业务，中国证监会于 2009 年 11 月颁布了《证券投资证券组合（基金）评价业务管理暂行办法》，要求以公开形式发布证券组合（基金）评价结果。机构在从事证券组合（基金）评价业务的过程中应遵循下列原则：

（1）长期性原则，即注重对证券组合（基金）的长期评价，培育和引导投资人的长期投资理念，不得以短期、频繁的证券组合（基金）评价结果误导投资人。

（2）公正性原则，即保持中立地位，公平对待所有评价对象，不得歪曲、诋毁评价对象，防范可能发生的利益冲突。

（3）全面性原则，即全面综合评价证券组合（基金）的投资收益和风险或基金管理人的管理能力，不得将单一指标作为基金评级的唯一标准。

（4）客观性原则，即证券组合（基金）评价过程和结果客观准确，不得使用虚假信息作为证券组合（基金）评价的依据，不得发布虚假的证券组合（基金）评价结果。

（5）一致性原则，即证券组合（基金）评价标准、方法和程序保持一致，不得使用未经公开披露的评价标准、方法和程序。

（6）公开性原则，即使用市场公开披露的信息，不得使用公开披露信息以外的数据。

五、基金评级程序

对证券组合（基金）的评级主要通过能反映基金风险收益特征的指标体系或评级模型对基金定期公布的数据进行分析，并将结果予以等级评价。其通常的做法是：

（一）对基金进行分类

不同的基金因投资策略、投资范围及投资品种等的不同，表现出不同的风险收益特征，如果将所有基金放在一起直接比较，会影响评级的有效性。

分类比较是通过恰当的分组，消除由于证券组合（基金）类型差异业绩所造成的不利影响。分类比较目前仍然是最普遍、最直观、最受媒体欢迎的绩效评价方法。基金评级是“苹果与苹果比”式的同类比较，因此分类是评级的基础。

（二）建立评级模型

设计合理的指标体系，并以此建立有效可行的评级模型是公正、客观评价证券组合（基金）的关键步骤。评级指标通常基于风险调整后收益的建立，对风险的调整主要有两种方法。一种是通过杠杆的调整作用，使证券组合（基金）的收益处于相同的风险水平，常用的夏普指数、詹森指数和特雷诺指数等就是此类调整的计算方法。另一种是建立在投资人风险偏好基础上的期望效用理论，通过“惩罚风险”的方式获得风险调整后收益。

（三）计算评级数据

建立可靠、安全的数据库和高效的基金评级系统是快速、正确计算评级数据的保障，也是进行客观、规范、持续评级的技术要求。

（四）划分评价等级

根据评级指标的计算结果，制定等级设置规则，对同类基金进行等级评价。为了评价哪些证券组合（基金）是优异的，常常需要一个比较基准，即该比较基准是可投资的、未经管理的、与基金具有相同风格的证券组合。

一般来说，一个良好的比较基准应具有明确的组成成分、可实际投资的、可衡量的、适当的和预先确定的五个特征。基准组合可以是全市场指数、风格指数，也可以是由不同指数复合而成的复合指数。

目前，通用的等级评价主要根据指标的排序范围设置为 5 个等级，为方便投资者直观的了解，一般采用星级标识，如“五星级”、“四星级”等。

（五）发布评级结果

证券组合（基金）评价结果通常由证券组合（基金）评价机构制作，并以机构的名义向非特定对象公开发布，不能以证券组合（基金）评价人员的个人名义发布。公开发布评价结果的形式包括通过报刊、电台、电视台、互联网等公众传播媒体形式或讲座、报告会、分析会、电脑终端、电话、传真、电子邮件、短信等形式。

投资者可以方便地在报纸、网络中获取不同证券组合（基金）评价机构发布的证券组合（基金）评价结果。证券组合（基金）评价结果通常以基金评级的形式出现。基金评级常常以具有特定含义的符号、数字或文字等便于投资者理解的形式展示分析结果，例如以星级的形式展示。

六、使用评价结果的注意事项

证券组合（基金）评级是对基金过往业绩的一种评价，不是对基金未来业绩的预测，并且不同的评级其理论依据和指标含义也不尽相同，因此在使用各类基金评级结果要注意以下问题：

（一）关注评价机构的合规性

根据《证券投资证券组合（基金）评价业务管理暂行办法》的规定，证券组合（基金）评价机构应先加人中国证券业协会，再向中国证监会报送书面材料进行备案。《证券投资证券组合（基金）评价业务管理暂行办法》对包括基金评级在内的证券组合（基金）评价业务作了严格规范，投资者在参考评级结果时，应首先考察评级机构及评级结果的合规性。

（二）侧重证券组合（基金）的长期评级

从海外成熟市场的经验看，判断基金业绩优劣的时间跨度至少应在 36 个月以上，因此投资者应侧重 36 个月以上的业绩表现，而不应过多关注基金单项指标的短期排名。

（三）避免不同类基金一起比较

证券组合（基金）的评级旨在反映证券组合（基金）管理者的主动管理能力，不同类型的基金在面对相同的系统风险时可能表现迥异，但这种差异主要由两类基金不同的风险特征所致，而不是由证券组合（基金）管理者不同的主动管理能力所致。比如在降息的市场环境中许多债券证券组合（基金）的业绩表现好于股票基金，但其中主要原因与证券组合（基金）管理者的管理能力是无关的。因此，我们不能说五星级的债券基金比四星级的股票基金更加优秀。

（四）正确理解等级高低的含义

基金评级对基金运作绩效的衡量大都基于风险调整后收益，因此，对证券组合（基金）的综合表现不能简单地从等级评价上判断，获得同样等级评价的两只基金由于承担了不同的风险，收益可能相差很大。获得较高等级评价的基金未必安全，它本身可能是高风险的品种，只是在承担风险的同时获得了较高的收益；同时，获得较低等级评价的基金也不应被忽略，低风险低收益特征的基金是稳健型投资者应关注的品种。

（五）不简单按评级买基金

基金评级是基于历史业绩的定量分析，是对过往业绩的总结，对基金定量的分析不能反映证券组合（基金）的所有特征。与基金业绩相关的因素处于不断变化之中，如基金公司的管理团队、运营策略、证券组合（基金）管理者的操作风格、市场条件等都是影响基金业绩的关键，因此投资者不能用基金评级的高低作为基金投资的直接依据。《证券投资证券组合（基金）评价业务管理暂行办法》规定，基金评级报告等文件也将声明评价结果并不是对未来表现的预测，不应视作投资证券组合（基金）的建议。

随着基金评级市场的发展和评级机构的增多，各评级体系的评价原理和方法不尽相同，同一只基金在不同的评级体系中可能会获得不一致的评价，因此投资者在一定程度上需了解和比较各评级体系的原理与方法，从而对评级结果有客观、理性的认识。

七、证券组合（基金）评价的局限性

基于历史数据对基金进行定期的等级评价，为审视基金过往业绩表现和证券组合（基金）管理者投资管理能力提供了直观、明确的结论，但基金评级也存在着一些局限性，所以在对证券组合（基金）的分析研究时还应采用多种手段和方法，这样才能获得有价值的投资策略和品种选择。基金评级的局限性主要表现为：

（1）基金评级难有预测性。基金评级是对基金过去业绩的评价，在基金业绩持续性不能得到有效验证之前，证券组合（基金）的过往业绩不能保证未来表现，基金评级对投资者的引导意义有限。

（2）基金评级只是对基金本身的评价，并未兼顾到对基金公司投资能力的评价。

（3）基金评级考虑的是业绩的相对性，而非业绩的绝对性，五星级基金只是相对同类基金表现最好的基金而已。

（4）基金评级是对基金过去某一特定时期表现的评价，随着时间的变化，评级结果可能会发生很大变化，而这种变化并不具有可预测性。

项目总结

操作要点

本部分的操作主要就是掌握对基金评级结果的应用和应用的注意事项。找到2007年成立的三只股票基金，查找不同评价机构对这三只股票基金的评价结果，分析整理每只基金评价结果的投资建议。

知识要点

证券组合（基金）的收益率主要包括简单收益率和时间加权收益率。风险调整收益衡量方法包括特雷诺指数、夏普指数和詹森指数。证券组合（基金）评价就是通过一些定量指标或定性指标，对证券组合（基金）的风险、收益、风格、成本、业绩来源以及基金管理人的投资能力进行分析与评判。证券组合（基金）评价考虑的因素包括证券组合（基金）的投资目标、风险水平、比较基准、时期选择和稳定性。机构在从事证券组合（基金）评价业务的过程中应遵循长期性、公正性、全面性、客观性、一致性和公开性原则。

基金评级过程包括基金进行分类、建立评级模型、计算评级数据、划分评价等级和发布评级结果等五个步骤。使用评价结果时要关注评价机构的合规性、侧重证券组合（基金）的长期评级、避免在不同类基金一起比较、正确理解等级高低的

含义和不简单按评级买基金五个方面。基金评级的局限性主要表现为：基金评级难有预测性、基金评级只是对基金本身的评价、基金评级考虑的是业绩的相对性、基金评级是对基金过去某一特定时期表现的评价。

问题讨论

1. 为什么同一个基金不同评级机构会有不同的评价结果？
2. 基金评级机构的收入来源是什么？
3. 五星级基金的收益率一定高于三星级基金的收益率吗？

推荐阅读

《证券投资基金》，中国证券业协会，中国金融出版社，2012 年版。

做一做

一、选择题

1.（　　）以标准差作为基金风险的度量，给出了基金份额标准差的超额收益率。

A. 特雷诺指数　　B. 道氏指数

C. 夏普指数　　D. 詹森指数

2. 对基金绩效做出有效的衡量，不需要考虑（　　）。

A. 基金的风险水平　　B. 比较基准

C. 基金的投资目标　　D. 基金托管人

3. 分组比较就是根据（　　）等，将具有可比性的相似基金放在一起进行业绩的相对比较。

A. 资产配置的不同　　B. 投资人的不同

C. 风格的不同　　D. 投资区域的不同

4. 关于风险调整衡量方法的区别与联系的说法正确的是（　　）。

A. 夏普指数与特雷诺指数衡量的都是单位风险的收益率，二者对风险的计量相同

B. 夏普指数与特雷诺指数在对基金绩效的排序结论上有可能不一致

C. 特雷诺指数与詹森指数只对绩效的深度加以了考虑，而夏普指数则同时考虑了绩效的深度与广度

D. 詹森指数要求用样本期内所有变量的样本数据进行回归计算

5. 特雷诺指数考虑的是（　　）。

A. 风险　　B. 系统风险

C. 非系统风险　　D. 全部风险。

6.（　　）由于没有考虑分红的时间价值，因此只是一种近似计算；时间

加权收益率由于考虑到了分红再投资，能更准确地对基金的真实投资表现做出衡量。

A. 简单收益率　　B. 时间加权收益率

C. 几何收益率　　D. 投资收益率

7. 证券组合（基金）评价考虑的因素包括（　　）。

A. 投资目标　　B. 风险水平

C. 比较基准　　D. 时期选择

8. 对于绝大多数的（　　）而言，自身没有相关的投资知识，也无法对证券组合（基金）的优劣做出正确的判断。通过对证券组合（基金）评级结果的分析为投资和进一步的投资选择提供决策依据。

A. 投资顾问　　B. 证券公司

C. 投资者　　D. 基金公司

9. 证券组合（基金）评价业务的过程中应遵循（　　）原则。

A. 长期性原则　　B. 公正性原则

C. 全面性原则　　D. 客观性原则

10. （　　）是基于历史业绩的定量分析，是对过往业绩的总结，对基金定量的分析不能反映证券组合（基金）的所有特征。

A. 基金分析　　B. 基金评级

C. 基金投资　　D. 基金定投

二、判断题

1. 证券组合（基金）的收益率主要包括简单收益率和时间加权收益率。（　　）

2. 风险调整收益衡量方法包括特雷诺指数、夏普指数和 M2 测度。（　　）

3. 特雷诺指数等于考察期内证券组合（基金）的平均收益率减去平均的收益率后除以证券组合（基金）承担的系统风险。（　　）

4. 詹森指数等于证券组合（基金）的平均收益率减去平均无风险收益率后除以证券组合（基金）承担的全部风险。（　　）

5. 詹森指数与特雷诺指数给出的是单位风险的超额收益率，而詹森指数给出的是差异收益率。夏普指数考虑的是总风险，而特雷诺指数考虑的是市场风险。（　　）

6. 证券组合（基金）评价就是通过一些定量指标或定性指标，对证券组合（基金）的风险、收益、风格、成本、业绩来源以及基金管理人的投资能力进行分析与评判。（　　）

7. 证券组合（基金）评价考虑的因素包括证券组合（基金）的投资目标、风险水平、比较基准、时期选择和稳定性。机构在从事证券组合（基金）评价业务的过程中应遵循长期性、公正性、全面性、客观性、一致性和公开性原则。（　　）

8. 基金评级过程包括对基金进行分类、建立评级模型、计算评级数据、划

分评价等级和发布评级结果等五个步骤。 （ ）

9. 使用评价结果时要关注评价机构的能力、侧重证券组合（基金）的长期评级、避免在不同类基金一起比较、正确理解等级高低的含义和不简单按评级买基金五个方面。 （ ）

10. 基金评级的局限性主要表现为：基金评级难有预测性、基金评级只是对基金本身的评价、基金评级考虑的是业绩的相对性、基金评级是对基金过去某一特定时期表现的评价。 （ ）

三、简述题

1. 投资顾问利用基金评级的注意事项有哪些？
2. 经典风险调整收益的衡量方法有什么作用？
3. 时间加权收益率的优势是什么？

参 考 答 案

项　目　一

一、选择题

1. C	2. A	3. B	4. D	5. A	6. A
7. B	8. D	9. A	10. A		

二、判断题

1. √	2. ×	3. √	4. ×	5. ×	6. ×
7. ×	8. ×	9. √	10. √		

三、简述题

1. 现实中判断投资与投机的方法：投机是对时机的分析和把握，一般注重短期价差回报，等于买卖时机的把握。投资的本质一般来说投资可以视为与公司共同成长，其动机是公司能成长并赢利，要看未来的成长性，例如投资股票也就是投资公司。

2. 股票上市对上市公司好处：(1) 股票上市后，上市公司就成为投资大众的投资对象，因而容易吸收投资大众的储蓄资金，扩大了筹资的来源。(2) 股票上市后，上市公司的股权就分散在千千万万个大小不一的投资者手中，这种股权分散化能有效地避免公司被少数股东单独支配的危险，赋予公司更大的经营自由度。(3) 股票交易所对上市公司股票行情及定期会计表册的公告，起了一种广告效果，有效地扩大了上市公司的知名度，提高了上市公司的信誉。(4) 上市公司主权分散及资本大众化的直接效果就是使股东人数大大增加，这些数量极大的股东及其亲朋好友自然会购买上市公司的产品，成为上市公司的顾客。

3. 组合分析法在应用时应该注意：需要具备计算复杂模型的能力；计算组合比例需要大量的数据支撑；交易成本的存在、对信息的了解度等；组合中要包括足够数量的证券。

项　目　二

一、选择题

1. A	2. C	3. C	4. B	5. B	6. C
7. D	8. A	9. ABCD	10. A		

二、判断题

1. √　2. ×　3. ×　4. √　5. ×　6. ×
7. ×　8. √　9. √　10. √

三、简述题

1. 简述股票的分类？常见的股票分类包括普通股股票和优先股股票、记名股票和无记名股票、面额股票和无面额股票；我国特定股票称谓包括内资股、外资股。行情表中的特殊股票称谓包括字母 N + 股票简称、字母 * ST + 股票简称、字母 XD + 股票简称、字母 XR + 股票简称、字母 DR + 股票简称、字母 ST + 股票简称等。投资者常用股票称谓包括蓝筹股、绩优股、成长股、大盘股、中盘股、小盘股、白马股、黑马股、新股、次新股、热门股、冷门股、题材股、投机股。

2 为什么说股票是虚拟资产：这是在股票真实印刷情况下的一种说法，因为股票本身没有价值（或者说价值很小），但股票所代表的股份却是有价值的。现在，股票不进行真实印刷，股票是股票账户中的电子符号，这种符号本身没有价值，但股票这种符号所代表的股份依然是有价值的，持有股票可以获得红利和资产分配，拥有表决权。所以说股票是一种虚拟资产。

3. 某上市公司进行红利分配，分配方案为每 10 股派现金 3.50 元（含税），送 3 股，股权登记日收盘价为 6 元，计算除权除息日开盘参考价？

根据公式可知：除权除息日开盘参考价 = （6 - 0.35）/（1 + 0.3） = 4.35 元

4. 蓝筹股、成长股和绩优股的区别联系？

（1）蓝筹股指在某一行业中处于重要支配地位，业绩优良，交易活跃，红利优厚的大公司的股票。绩优股就是业绩优良公司的股票。成长股是指这样一些公司所发行的股票，它们的销售额和利润额持续增长，而且其速度快于整个国家和本行业的增长。

（2）规模比较大的绩优股一般来说是蓝筹股；业绩优良成长性好的绩优股就是成长股；业绩优良、规模比较大的成长股一般就是绩优股或蓝筹股。

项　目　三

一、选择题

1. A　2. B　3. B　4. C　5. D　6. B
7. ABC　8. ABC　9. ABC　10. C

二、判断题

1. √　2. ×　3. ×　4. ×　5. √　6. ×
7. √　8. ×　9. √　10. ×

三、简述题

1. 债券是一种有价证券，是社会各类经济主体为筹集资金而向债券投资者出具的、承诺按一定利率定期支付利息的、并到期偿还本金的债权债务凭证。

2.（1）按照发行债券单位的性质不同可以将债券划分为政府债券、金融债券和公司债券；根据偿还期限的长短，债券可以分为短期债券、中期债券和长期债券；根据付息方式的不同，债券可分为附息票债券和贴现债券；按债券有无担保可以分为无担保债券和有担保债券两大类；根据债券是否记名可分为记名债券和无记名债券；按发行区域分类，债券可分为国内债券和国际债券。

（2）依据到期期限对国债的分类。

短期（bill）：期限≤1 年　中期（note）：1 年＜期限≤10 年　长期（bond）期限＞10 年

依据发行价对国债的分类：

折价交易（面值＞发行价）　平价交易（面值＝发行价）

溢价交易（面值＜发行价）

3. 资产证券化是以特定资产组合或特定现金流为支持，发行可交易证券的一种融资形式。

利用金融资产证券化可提高金融机构资本充足率。增加资产流动性，改善银行资产与负债结构失衡。利用金融资产证券化来降低银行固定利率资产的利率风险。银行可利用金融资产证券化来降低筹资成本。银行利用金融资产证券化可使贷款人资金成本下降。金融资产证券化的产品收益良好且稳定。

项 目 四

一、选择题

1. C	2. C	3. A	4. A	5. D	6. ABC
7. AD	8. ABCD	9. AB	10. ABCD		

二、判断题

1. ×	2. √	3. ×	4. √	5. ×	6. ×
7. ×	8. ×	9. √	10. √		

三、简述题

1. 按组织形式的不同分为契约型基金、公司型基金；公司型基金与契约型基金所筹资金的性质不同、基金投资者的地位不同、基金的营运依据不同；证券投资基金按是否可自由赎回和基金规模是否固定，可分为封闭式基金和开放式基金。封闭式基金与开放式基金存续期限不同、发行规模限制不同、基金份额交易方式不同、基金份额的交易价格计算标准不同、交易费用不同、投资策略不同和基金份额资产净值公布的时间不同；证券投资基金按投资对象不同，可分为债券基金、股票基金、混合基金和货币市场基金四种形式。证券投资基金按投资目标划分，可分为成长型基金、收入型基金和平衡型基金。证券投资基金按交易变现方式的差异可以划分为交易所交易基金和上市开放式基金。证券投资基金按投资理念的不同划分，可分为主动型基金和被动（指数）型基金。特殊类型基金主要包括包括系列基金、保本基金和分级基金。

2. 如果一个工作日内的基金单位净赎回申请（赎回申请总数扣除申购申请总数后的余额）超过当日基金单位总份数的10%，即认为是发生了巨额赎回。当出现巨额赎回时，基金管理人可以根据该基金当时的资产组合状况决定全额赎回、部分顺延赎回和暂停赎回。

3. （1）估值频率。（2）交易价格。（3）价格操纵。（4）滥估问题。（5）估值方法的一致性及公开性。

4. 封闭式基金与开放式基金区别：存续期限不同、发行规模限制不同、基金份额交易方式不同、基金份额的交易价格计算标准不同、交易费用不同、投资策略不同、基金份额资产净值公布的时间不同。

5. 申购赎回标的不同、场所不同、限制不同、投资策略不同、净值报价不同。

项　目　五

一、选择题

1. C	2. D	3. B	4. A	5. D	6. B
7. A	8. C	9. A	10. C	11. ABCD	12. ACD
13. BC	14. ABCD	15. BC	16. ABC	17. ABCD	18. ABCD
19. BD	20. CD				

二、判断题

1. ×	2. ×	3. ×	4. √	5. ×	6. √
7. ×	8. √	9. ×	10. √		

三、简述题

1. 投资者需要做空头套期保值。

该投资者需要卖出的期货合约数量 =3 000 000/（1 200 ×300） ×1.1 =10 手

投资者现货市场上损失 = （10 -9） ×10 + （20 -18） ×5 + （25 -23） ×4 =28 万元

投资者期货市场上盈利 = （1 200 -1 100） ×10 ×300 =30 万元

投资者最终盈利 =30 -28 =2 万元

投资者实现了完全保值，并盈利 2 万元。

2. 应该进行买 6 卖 3 的套利操作。投资者无法套到利，因为买 6 的盈利是 100 点，而卖 3 的亏损时 200 点，价差进一步缩小到 100 点，投资者亏损 100 点。

3. 盈利 = （3 300.8 -3 234.6） ×10 ×300 =198 600 元

保证金 =3 234.6 ×10 ×300 ×10% =970 380 元

盈利率 = 盈利/保证金 ×100% =198 600/970 380 =22.47%

项　目　六

一、单选题

1. B	2. C	3. A	4. C	5. B	6. C

7. C　8. C　9. B　10. B　11. ABCD　12. AC
13. ABD　14. ABC　15. BC　16. AB　17. ABD　18. B
19. AB　20. ABCD

二、判断题

1. √　2. √　3. √　4. ×　5. ×　6. √
7. ×　8. ×　9. √　10. √

三、简述题

1. 债券的价格是由其未来现金流入量的现值决定的。债券未来现金收入由各期利息收入和到期时债券的变现价值两部分组成。

2. 协定价格与市场价格；权利期间；标的物价格的波动性；标的资产的收益。

3. 降低投资成本；降低持股股价下跌的损失（保值）。

项 目 七

一、选择题

1. B　2. D　3. C　4. C　5. C　6. C
7. B　8. A　9. A　10. B　11. AC　12. ACD
13. ABD　14. AD　15. AB　16. ABC　17. ABCD　18. AC
19. ABCD　20. AB

二、判断题

1. √　2. √　3. √　4. ×　5. √　6. √
7. √　8. √　9. ×　10. ×

三、简述题

1. 我国证券交易遵循的是公开、公平、公正原则，即“三公”原则。

2. 首次公开发行股票的程序。

3. 证券交易费用包括：(1) 证券投资者在进行证券交易时，需支付佣金、过户费和印花税等费用。(2) 佣金是投资者在委托买卖证券成交后按成交金额一定比例支付的费用，是证券公司为客户提供证券代理买卖服务收取的费用。A 股、B 股、证券投资基金的交易佣金实行最高上限向下浮动制度，证券公司向客户收取的佣金不得高于证券交易金额的 3‰。A 股、证券投资基金每笔交易佣金不足 5 元的，按 5 元收取；B 股每笔交易佣金不足 1 美元或 5 港元的，按 1 美元或 5 港元收取。过户费是委托买卖的股票成交后，买卖双方为变更证券登记所支付的费用。在上海证券交易所，A 股的过户费费率为成交面额的 0.75‰；沪深 B 股交易结算费费率为成交金额的 0.5‰，中国结算深圳分公司收取的交易结算费最高不超过 500 港元。印花税是根据国家税法规定，在 A 股和 B 股成交后投资者按照规定的税率征收的税金。我国证券交易的印花税税率标准曾多次调整，现在执行印花税税率标准为1‰，且为单边收取，即只对卖出方征收印花税，对买入方不征收印花税。

4. 我国主要股价指数包括：我国的股价指数体系的综合指数包括上证综合指数和深证综合指数；成分指数包括上证180指数、深证成分股指数、沪深300指数、中小板指数和创业板指数。

5. 我国证券交易所的交易程序可分为开户、委托、竞价成交、结算等几个步骤。

项目八

一、选择题

1. B	2. B	3. C	4. B	5. C	6. A
7. D	8. A	9. C	10. D	11. ABD	12. ABC
13. ABC	14. ACD	15. AC	16. ABCD	17. BCD	18. AB
19. BC	20. ABCD				

二、判断题

1. √	2. √	3. ×	4. √	5. √	6. ×
7. √	8. √	9. ×	10. ×		

三、简述题

1. 具体原因包括：

（1）存货的变现速度最慢。

（2）部分存货可能已损失报废但还没做处理。

（3）部分存货已抵押给某债权人。

（4）存货估价存在着成本与合理市价相差悬殊的问题。

2. 影响行业兴衰的因素包括：社会进步；技术进步；政府政策；产业组织创新；全球化趋势。

3. 行业生命周期的各阶段为：起步（增长率迅速上升）阶段、巩固（稳定增长）阶段、成熟（缓慢增长）阶段和相对下降（小幅或负增长）阶段。在起步阶段，没有历史性资料，因此，难以识别具有成功潜能的企业。但一般情况下，公司均在此时低价出售，所以投资者会实行“分散化政策”，购买该行业中多种不同公司的股票，如果该行业经营成功，其中存活的企业的股价会大幅度升值，被淘汰出局的企业的股票损失惨重。通常，在这一阶段，公司极少或根本不分红。随着行业从起步进入巩固阶段，公司开始分红或增加红利。在成熟阶段，增长缓慢，红利可能会上升，风险同时下降。在相对衰退阶段，公司缺乏新注入资本以刺激增长，此时股票可能会变成“收入股”，红利高于平均水平。在这一阶段，对于兴趣点在红利而规避风险的退休者来说，股票会有一定吸引力，然而，此时持股得小心翼翼才行，因为这个行业有消亡的危险。

项 目 九

一、选择题

1. B　2. D　3. C　4. A　5. C　6. A
7. B　8. C　9. D　10. B　11. A　12. C
13. A　14. ABCD　15. ABD　16. ABDE　17. ABCDE
18. ABC　19. BCD　20. ABCD

二、判断题

1. √　2. √　3. √　4. ×　5. ×　6. √
7. ×　8. √　9. √　10. √

三、实训题

（略）

项 目 十

一、单选题

1. D　2. B　3. B　4. D　5. C　6. C
7. B　8. C　9. A　10. B　11. ABCD　12. ACD
13. AC　14. AC　15. AB　16. ACD　17. ACD
18. ABD　19. ABC　20. BC

二、判断题

1. √　2. √　3. ×　4. √　5. √　6. √
7. ×　8. ×　9. ×　10. √

三、分析题

1. $E(R_M) = \sum_{i=1}^{n} w_i R_i = 40\% \times 10\% + 60\% \times 15\% = 13\%$

$$\sigma_M^2 = w_A^2\sigma_A^2 + w_B^2\sigma_B^2 + 2w_A w_B \rho_{AB}\sigma_A\sigma_B$$
$$= 4\%^2 \times 20\%^2 + 60\%^2 \times 28\%^2 + 2 \times 0.4 \times 0.6 \times 0.3 \times 0.2 \times 0.28$$
$$= 0.04268356$$

$\sigma_M = 20.66\%$

CML 的斜率 $= \dfrac{E(R_M) - R_F}{\sigma_M} = \dfrac{13\% - 5\%}{20.66\%} = 0.39$

2. CAPM：$E(R_i) = R_F + [E(R_M) - R_F] \times \beta_i$

所以：$E(R_1) = R_F + [E(R_M) - R_F] \times \beta_1$

$E(R_3) = R_F + [E(R_M) - R_F] \times \beta_3$

则由方程组 $0.15 = R_F + [E(R_M) - R_F] \times 2$

$0.09 = R_F + [E(R_M) - R_F] \times 0.5$

求得 $R_F = 0.07$, $E(R_M) = 0.11$

$E(R_2) = R_F + [E(R_M) - R_F] \times \beta_2 = 0.07 + [0.11 - 0.07] \times 0.75 = 0.1$

而 $\sigma_2^2 = \beta_2^2\sigma_M^2 + \sigma_{e2}^2$,即:$0.25^2 = 0.75^2\sigma_M^2 + 0.04$

所以 $\sigma_M^2 = 0.04$

所以 $\sigma_1^2 = \beta_1^2\sigma_M^2 + \sigma_{e1}^2 = 2^2 \times 0.04 + 0.1 = 0.26$,$\sigma_1 = 0.51$,$\sigma_3^2 = \beta_3^2\sigma_M^2 + \sigma_{e3}^2 = 0.5^2 \times 0.04 + 0.17 = 0.18$,$\sigma_3 = 0.42$

资产市场线方程:$E(r_p) = 5\% + 0.39\ \sigma_p$

项 目 十 一

一、选择题

1. C	2. A	3. C	4. C	5. B	6. D
7. B	8. B	9. C	10. B		

二、判断题

1. √	2. ×	3. ×	4. √	5. ×	6. √
7. √	8. ×	9. ×	10. ×		

三、简述题

1. 有效市场假说的成立主要依赖于几个基本假定。假定一：资本市场上所有的投资者都是理性人；假定二：当有些投资者不完全理性时，这些投资者的交易策略是互不相干的；假定三：即使这些非理性投资者的交易以相同的方式偏离于理性标准，竞争市场中理性套利者的存在也会消除其对价格的影响，使资产价格回归基本价值；假定四：即使非理性交易者在非基本价值的价格交易时，他的财富也将逐渐减少，以致不能在市场上生存。由以上几个假定可以看出，资本市场上并非所有的投资者都是理性的，并且非理性投资者之间的交易并非相互独立，而是存在许多集聚的现象。同时他们有时也能获利，并没有在资本市场上消失，因此有效市场的缺陷主要在于其假设远远偏离现实。

2. 在决策过程中，人们通过三种心理账户对他们所面对的选择的得失进行评价。

(1) 最小账户。仅仅与可选方案间的差异有关，而与各个方案的共同特性无关。

(2) 局部账户。描述的是可选方案的结果与参考水平之间的关系，这个参考水平由决策的背景所决定。

(3) 综合账户。从更广的类别对可选方案的得失进行评价。

3. 封闭式基金的价格波动特征包括：

(1) 封闭式基金溢价发行：当发起人募集封闭式基金时，基金往往溢价发行，其溢价幅度大约为10%。

(2) 封闭式基金交易价格从交易开始之后的约120天之内就会下降，其交易时折价超过10%，并且通常就一直保持折价交易。

（3）封闭式基金折价率大幅波动，交易的程度随着时间的变化而波动。

（4）当宣布封闭式基金清算或者转为开放式基金时，基金价格会显著上升，折价变小，但直到最终清算或转为开放式基金之前，仍会有小部分的折价留存下来。

4. 牛市引起的资金效应是因为：

（1）已经获得收益的投资者在未来的决策中会倾向于更加过度自信。

（2）已经获得收益的投资者在损失时痛苦较小，因为赌本来自于赌场，如果在接下来的赌博中他输了，心里会认为这些钱本来就不是他的，他的痛苦就比较小，而且痛苦也容易被已获得收益所带来的愉悦感缓冲了。

（3）投资者在实现了收益后，有更多的资金进行更大的投资活动，这时变得不再回避风险。

项 目 十 二

一、选择题

1. C	2. D	3. C	4. ABCD	5. B	6. A
7. ABCD	8. C	9. ABCD	10. B		

二、判断题

1. √	2. √	3. ×	4. ×	5. ×	6. √
7. √	8. √	9. ×	10. √		

三、简述题

1. 投资顾问利用基金评级的注意事项包括：使用评价结果时要关注评价机构的合规性、侧重证券组合（基金）的长期评级、避免不同类基金一起比较、正确理解等级高低的含义和不简单按评级买基金五个方面。

2. 经典风险调整收益的衡量方法有：夏普指数与特雷诺指数给出的是单位风险的超额收益率，而詹森指数给出的是差异收益率。夏普指数考虑的是总风险，而特雷诺指数考虑的是市场风险。一般而言，当证券组合（基金）完全分散投资或高度分散，用夏普比率和特雷诺比率所进行的业绩排序是一致的。但当分散程度较差的组合与分散程度较好的组合进行比较时，用两个指标衡量的结果就可能不同。

3. 时间加权收益率的优势有：考虑分红再投资的时间加权收益率在数值上也就大于简单收益率。时间加权收益率反映了1元投资在不取出的情况下（分红再投资）的收益率，其计算将不受分红多少的影响，可以准确地反映证券组合（基金）管理者的真实投资表现，现已成为衡量基金收益率的标准方法。

参 考 文 献

[1] 吴晓求，《证券投资学》[M]，中国人民大学出版社，2014 年版。
[2] 曹凤岐、刘力、姚长辉，《证券投资学》[M]，北京大学出版社，2013 年版。
[3] 中国证券业协会，《证券投资分析》[M]，中国金融出版社，2012 年版。
[4] 樊玉红，《证券投资》[M]，机械工业出版社，2013 年版。
[5] 姜国华，《财务报表分析与证券投资》，北京大学出版社，2008 年版。
[6] 杨明龙，《画线技术精讲——从入门到精通》[M]，化学工业出版社，2011 年版。
[7] 魏强斌，《外汇交易圣经》[M]，经济管理出版社，2008 年版。
[8] 赵文君、赵学增，《证券投资基础与实务》[M]，中国金融出版社，2010 年版。